Dedicatória

Dedico a minha esposa e aos meus filhos, com todo o meu amor.

Agradecimentos

Agradeço a Deus e a todos
que me auxiliaram
nesta obra.

Apresentação

Essa obra é voltada para o aluno que pretende aprender Direito do Trabalho. Cada linha escrita dessa obra é fruto das aulas que ministro há mais de dez anos em faculdade e em cursos preparatórios.

Em nenhum momento pretendo tergiversar sobre o assunto Direito do Trabalho e procuro a todo momento ser objetivo e direto.

A base para a realização dessa obra foram as provas aplicadas nos mais variados concursos e o entendimento recente do TST.

Bons estudos e meu forte abraço,

Prof. Gleibe Pretti

prof.gleibe@yahoo.com.br
www.clt.spaceblog.com.br

ÍNDICE

1. **HISTÓRIA E CONCEITOS BÁSICOS,** 25
    - 1.1. Evolução Mundial, 25
    - 1.2. Evolução no Brasil, 28
    - 1.3. Conceito de Direito do Trabalho, 30
    - 1.4. Natureza Jurídica, 30
    - 1.5. Direito Individual e Coletivo, 31
    - 1.6. Autonomia do Direito do Trabalho, 31
    - 1.7. Fontes do Direito do Trabalho, 31
    - 1.8. Princípios do Direito do Trabalho, 34
        - 1.8.1. Princípio da Proteção do Trabalhador, 35
        - 1.8.2. Princípio da Irrenunciabilidade, 38
        - 1.8.3. Princípio da Continuidade da Relação de Emprego, 38
        - 1.8.4. Princípio da Primazia da Realidade, 39
        - 1.8.5. Princípio da Flexibilização do Direito do Trabalho, 41
        - 1.8.6. Outros princípios, 42
    - 1.9. Eficácia, 44
    - 1.10. Hierarquia das normas, 44
    - 1.11. Interpretação, 45
    - 1.12. Integração, 46

2. **DIREITO INTERNACIONAL DO TRABALHO,** 47
    - 2.1. Introdução, 47
    - 2.2. Organização Internacional do Trabalho – OIT, 48

2.3. Normas Internacionais, 49
    2.3.1. Convenções, 49
    2.3.2. Tratados, 50
    2.3.3. Denúncia, 52
    2.3.4. Recomendação, 53
    2.3.5. Declaração, 53
2.4. Convenção de Viena, 54
2.5. Comissão de peritos e comitê de liberdade sindical, 55
2.6. *Dumping*, cláusulas e selos sociais, 56

3. CONTRATO DE TRABALHO, 59

3.1. Conceito, 59
3.2. Natureza Jurídica, 59
3.3. Características do contrato de trabalho, 60
3.4. Responsabilidade pré-contratual, 61
3.5. Sujeitos, 63
3.6. Formação, 64
3.7. Requisitos, 66
3.8. Classificação, 68
3.9. Conversão do contrato por tempo determinado em indeterminado, 69
3.10. Circunstâncias possibilitadoras do contrato por tempo determinado, 70
3.11. Formas de rescisão do contrato por tempo determinado, 72
3.12. Alteração do contrato de trabalho, 73
    3.12.1. Princípio da Imodificabilidade, 74
    3.12.2. *Jus variandi* e *Jus resistentiae*, 75
    3.12.3. Transferência de empregados, 77
    3.12.4. Adicional de transferência, 78
3.13. Reversão, 79
3.14. Multifuncionalidade, 80
3.15. Retrocessão, 80

3.16. Suspensão e interrupção do contrato de trabalho, 80
    3.16.1. Conceitos e fundamentos legais, 80
    3.16.2. Casos de suspensão, 81
    3.16.3. Casos de interrupção, 83
    3.16.4. Situações especiais, 84
    3.16.5. Dispensa injustificada na suspensão ou interrupção, 85
    3.16.6. Suspensão ou interrupção nos contratos a prazo determinado, 85

3.17. Procedimento de admissão, 85
    3.17.1. Carteira de Trabalho e Previdência Social – CTPS, 86
    3.17.2. Registro em livro, 88
    3.17.3. Exame médico admissional, 88

4. RELAÇÕES DE EMPREGO E TRABALHO, 91

4.1. Conceito, 91
    4.1.1. Diferença entre empregado e trabalhador, 92

4.2. Elementos caracterizadores da relação de emprego, 93
    4.2.1. Subordinação, 94
        4.2.1.1. Parassubordinação, 94
    4.2.2. Habitualidade, 96
    4.2.3. Onerosidade, 96
    4.2.4. Pessoalidade, 96
    4.2.5. Pessoa física, 96

4.3. Tipos de sujeitos do contrato de trabalho, 97
    4.3.1. Empregado doméstico, 97
    4.3.2. Rural, 103
    4.3.3. Mãe social, 106
    4.3.4. Aprendiz, 108
    4.3.5. Cipeiro, 109
    4.3.6. Trabalhador autônomo, 111
    4.3.7. Trabalhador eventual, 112
    4.3.8. Trabalhador voluntário, 113
    4.3.9. Trabalhador avulso, 114
    4.3.10. Estagiário, 116
    4.3.11. Trabalhador temporário, 118

4.3.12. Trabalhador cooperado, 121
4.3.13. Diretor de companhia/sociedade, 123
4.3.14. Cargo de confiança, 124
4.3.15. Empregado acionista, 126
4.3.16. Menor, 126
    4.3.16.1. Conceito, 126
    4.3.16.2. Jornada de trabalho, 126
    4.3.16.3. Prorrogação de jornada, 127
    4.3.16.4. Principais proibições, 128
    4.3.16.5. Salário – Deveres e responsabilidades em relação ao menor, 128
    4.3.16.6. Assistência dos responsáveis, 129
    4.3.16.7. Prescrição do menor, 129
4.3.17. Mulher, 130
    4.3.17.1. Introdução, 130
    4.3.17.2. O salário, 130
    4.3.17.3. Duração do trabalho, 131
    4.3.17.4. Horas extraordinárias, 131
    4.3.17.5. Períodos de descanso, 131
    4.3.17.6. Trabalho noturno, 132
    4.3.17.7. Trabalho insalubre e perigoso, 132
    4.3.17.8. Trabalho com benzeno, 132
    4.3.17.9. Métodos e locais de trabalho, 133
    4.3.17.10. Limites de peso, 133
    4.3.17.11. Do casamento, 133
    4.3.17.12. Proibição das práticas discriminatórias, 134
    4.3.17.13. Empregada gestante, 135
    4.3.17.14. A adoção e o aborto, 137
    4.3.17.15. O período de amamentação, 138
    4.3.17.16. Licença-paternidade, 138
4.3.18. Preso, 139
4.3.19. Servidor público e empregado público, 140
4.3.20. Pequeno empreiteiro, 143
4.4. **Empregador – conceito, 143**
4.5. **Riscos da atividade econômica, 144**
4.6. **Poder de direção do empregador, 145**
    4.6.1. Poder de organização, 145

4.6.2. Poder de controle, 146
4.6.3. Poder disciplinar, 146
4.7. Responsabilidade solidária do grupo de empresa, 147
4.8. Sucessão de empresas, 148
4.9. Alterações na empresa, 151

5. REMUNERAÇÃO E SALÁRIO, 153

5.1. Conceito, 153
5.2. Salário utilidade ou *in natura* ou indireto, 154
5.3. Programa de Alimentação do Trabalhador – PAT, 157
5.4. Gratificação natalina ou 13º salário, 159
5.5. Formas de pagamento de salário, 160
    5.5.1. Salário por produção, 160
    5.5.2. Salário por tarefa, 161
    5.5.3. Salário por tempo, 161
    5.5.4. Salário complessivo, 161
5.6. Formas especiais de salário, 162
    5.6.1. Gorjetas, 162
    5.6.2. Adicionais, 163
        5.6.2.1. Adicional de horas extras, 163
        5.6.2.2. Adicional noturno, 165
        5.6.2.3. Adicional de insalubridade, 166
        5.6.2.4. Adicional de periculosidade, 168
        5.6.2.5. Adicional de transferência, 170
        5.6.2.6. Adicional de penosidade, 171
    5.6.3. Abonos, 172
    5.6.4. Comissões, 172
    5.6.5. Gratificação, 174
    5.6.6. Ajuda de custo, 176
    5.6.7. Diárias, 177
    5.6.8. Prêmios, 177
    5.6.9. Gueltas, 178
    5.6.10. Luvas, 179
    5.6.11. Quebra de caixa, 179

5.6.12. Participação nos lucros ou resultados, 180
5.6.13. PIS-PASEP, 180
5.6.14. Salário-família, 182
5.6.15. Salário-maternidade, 183
5.6.16. Salário-educação, 184
5.6.17. Multa por atraso de pagamento, 185
5.6.18. Indenização adicional, 186

5.7. Prova do pagamento salarial, 186
5.8. Dia do pagamento do salário, 187
5.9. Valor do salário, 187
    5.9.1. Salário mínimo, 188
    5.9.2. Salário profissional, 189
    5.9.3. Salário normativo, 189
5.10. Meios de pagamento, 189
    5.10.1. Pagamento em dinheiro, 189
    5.10.2. Pagamento em cheque, 190
    5.10.3. Pagamento em utilidades, 190
5.11. Normas de proteção ao salário, 190
    5.11.1. Irredutibilidade, 190
    5.11.2. Inalterabilidade, 191
    5.11.3. Intangibilidade, 192
    5.11.4. Impenhorabilidade, 192
    5.11.5. Isonomia, 193
5.12. Equiparação salarial, 193
    5.12.1. Princípio isonômico, 193
    5.12.2. Requisitos para a caracterização da equiparação salarial, 193
    5.12.3. Excludentes do direito à equiparação salarial, 195
5.13. Equivalência salarial, 197
5.14. Substituição salarial, 198

6. EXTINÇÃO DO CONTRATO DE TRABALHO, 199

6.1. Conceito e terminologia, 199
6.2. Proteção legal, 199

6.3. Extinção do contrato de trabalho, 200
    6.3.1. Extinção do contrato por iniciativa do empregador, 201
        6.3.1.1. Dispensa arbitrária ou sem justa causa, 201
        6.3.1.2. Dispensa com justa causa, 202
            6.3.1.2.1. Requisitos da justa causa, 203
    6.3.2. Extinção do contrato por iniciativa do empregado, 211
        6.3.2.1. Pedido de demissão, 211
        6.3.2.2. Rescisão indireta, 212
            6.3.2.2.1. Problemas jurídicos sobre a dispensa indireta, 213
            6.3.2.2.2. Figuras da justa causa pelo empregador, 213
        6.3.2.3. Aposentadoria espontânea/voluntária, 216
    6.3.3. Extinção do contrato por iniciativa de ambas as partes, 218
        6.3.3.1. Acordo entre as partes, 218
        6.3.3.2. Culpa recíproca, 218
    6.3.4. Extinção do contrato de trabalho por desaparecimento dos sujeitos, 220
        6.3.4.1. Morte do empregador (pessoa física), 220
        6.3.4.2. Morte do empregado, 220
        6.3.4.3. Extinção (fechamento) da empresa, 220
    6.3.5. Extinção do contrato por motivo de força maior ou caso fortuito, 221
    6.3.6. Falência, 221
    6.3.7. *Factum principis* (Fato do príncipe), 221
    6.3.8. Extinção de contrato por prazo determinado, 223
        6.3.8.1. Rescisão antecipada do contrato por prazo determinado, 223
        6.3.8.2. Extinção antecipada por vontade do empregado, 223
        6.3.8.3. Cessação do contrato por prazo determinado, 223
        6.3.8.4. Extinção antecipada por justa causa do empregado, 224
        6.3.8.5. Extinção antecipada com cláusula assecuratória, 224
6.4. Homologação da rescisão contratual, 224
6.5. Prazo para quitação das verbas rescisórias, 226
6.6. Seguro-desemprego, 226

7. JORNADA DE TRABALHO, 229

- 7.1. Conceito, 229
- 7.2. Critérios para composição da jornada de trabalho, 230
- 7.3. Horas *in itinere*, 232
- 7.4. Classificação da jornada de trabalho, 234
- 7.5. Prontidão e sobreaviso, 235
- 7.6. Empregados excluídos da proteção da jornada de trabalho, 237
- 7.7. Jornada de trabalho em tempo parcial, 239
- 7.8. Jornada extraordinária, 240
- 7.9. Horas extras nos casos de necessidade imperiosa, 242
- 7.10. Acordo de prorrogação de horas, 244
- 7.11. Acordo de compensação de horas e banco de horas, 245
- 7.12. Turno ininterrupto de revezamento, 248
- 7.13. Trabalho noturno, 250
    - 7.13.1. Hora noturna, 250
    - 7.13.2. Hora noturna reduzida, 251
    - 7.13.3. Adicional noturno, 251
- 7.14. Horário flexível, 252
- 7.15. Controle de ponto, 253
- 7.16. Intervalos de descanso, 255
    - 7.16.1. Intervalo interjornada ou entrejornada, 255
    - 7.16.2. Intervalo intrajornada, 256
    - 7.16.3. Descanso semanal remunerado – DSR, 259
- 7.17. Flexibilização, 262

8. AVISO PRÉVIO, 264

- 8.1. Conceito, 264
- 8.2. Aviso prévio indenizado, 265
- 8.3. Aviso prévio trabalhado, 265
- 8.4. Características do aviso prévio, 266

8.5. Aviso prévio e estabilidade provisória, 267
8.6. Indenização adicional e o aviso prévio, 269
8.7. Direito de retenção e ação judicial, 270
8.8. Acidente ou doença no transcorrer do aviso prévio, 271
8.9. Concessão da justa causa no decorrer do aviso prévio, 271
8.10. Prazo do aviso prévio, 272

9. FÉRIAS, 273

9.1. Breve histórico, 273
9.2. Conceito, 273
9.3. Características, 274
9.4. Período aquisitivo, 274
9.5. Período concessivo, 275
9.6. Férias concedidas após o período concessivo, 275
9.7. Férias no regime de tempo parcial, 276
9.8. Remuneração das férias, 277
9.9. Os efeitos da cessação do contrato de trabalho, 278
9.10. Perda do direito de gozar as férias e suspensão do direito, 279
9.11. Prescrição das férias, 279
9.12. Abono pecuniário, 280
9.13. Férias coletivas, 281
9.14. Férias do empregado doméstico, 283
9.15. Férias do professor, 286
9.16. Férias e a Convenção n. 132 da OIT, 287

10. FGTS, 289

10.1. Conceito e origem, 289
10.2. Estabilidade geral, 290
10.3. Sistema optativo de 1967, 291

10.4. Regras de transição, 292
10.5. Natureza jurídica, 293
10.6. Administração, competência e prescrição, 293
10.7. Levantamentos do FGTS e suas hipóteses, 294
10.8. *Factum principis*, 295
10.9. Culpa recíproca, 296
10.10. Lei complementar n. 110/2001, 297
10.11. Regime, depósitos e benefícios, 298
10.12. Devedores do FGTS, 300
10.13. Dispensa sem justa causa e os 40% de indenização, 300

11. ESTABILIDADE E GARANTIA NO EMPREGO, 301

11.1. Conceito, 301
11.2. Classificação, 302
    11.2.1. Estabilidade definitiva, 302
        11.2.1.1. Estabilidade decenal ou por tempo de serviço, 302
    11.2.2. Estabilidade provisória, 303
        11.2.2.1. Gestante, 303
        11.2.2.2. Dirigente sindical, 305
        11.2.2.3. Diretor de CIPA, 306
        11.2.2.4. Acidentado do trabalho, 307
        11.2.2.5. Portadores de deficiência física, 308
        11.2.2.6 Membro do Conselho Curador do FGTS e do Conselho Nacional de Previdência Social, 308
        10.2.2.7. Membro da Comissão de Conciliação Prévia (CCP), 309
        11.2.2.8. Empregados eleitos diretores de cooperativas, 309
        11.2.2.9. Servidores públicos celetistas, 310
        11.2.2.10. Estabilidade convencional, 311
        11.2.2.11. Serviço militar, 312
        11.2.2.12. Período eleitoral, 312
    11.2.3. Extinção da estabilidade, 312

12. SEGURANÇA E MEDICINA DO TRABALHO, 314

12.1. Conceito, 314
12.2. Inspeção prévia do estabelecimento, interdição e embargo, 315
12.3. Acidente do trabalho, 316
12.4. Equipamento de Proteção Individual (EPI), 318
12.5. Equipamento de Proteção Coletivo (EPC), 320
12.6. CIPA – Comissão Interna de Prevenção de Acidentes, 320
12.7. CIPATR – Comissão Interna de Prevenção de Acidentes do Trabalho Rural, 321
12.8. Prevenção de riscos ambientais, 322
    12.8.1. Insalubridade, 323
        12.8.1.1. Jurisprudência correlata, 325
    12.8.2. Periculosidade, 326
        12.8.2.1. Jurisprudência correlata, 327
    12.8.3. Perícia técnica, 327
    12.8.4. Controle médico, 329
12.9. Atividades perigosas, 329
    12.9.1. Vigilantes, 330
12.10. Ergonomia, 331
    12.10.1. Prevenção da fadiga, 333
12.11. Proteção ao trabalho do menor, 334
    12.11.1. Extinção do contrato de aprendizagem, 335
12.12. Penosidade, 336
12.13. Outras regras de proteção, 337

13. FISCALIZAÇÃO DO TRABALHO, 339

13.1. Introdução, 339
13.2. Fundamentação legal, 340
13.3. Sujeitos, 340
13.4. Documentação obrigatória, 342
13.5. Concessão de prazo para exibição dos documentos, 345

13.6. Acesso livre, 347
13.7. Atuação do auditor fiscal, 349
13.8. Defesa e recurso, 350
13.9. Empresa enquadrada no Simples, 350
13.10. Força policial ou especialista, 351

14. TERCEIRIZAÇÃO, 352

14.1. Conceito e considerações, 352
14.2. Contrato de prestação de serviço, 356
14.3. Descaracterização da terceirização, 357
14.4. Responsabilidade e obrigação trabalhista, 359

15. PRESCRIÇÃO E DECADÊNCIA, 361

15.1. Conceito, 361
15.2. Previsão constitucional – empregado urbano e empregado rural, 362
15.3. Classificação, 362
    15.3.1. Prescrição extintiva, 362
    15.3.2. Prescrição aquisitiva, 363
15.4. Elementos que integram a prescrição, 364
    15.4.1. Causas impeditivas da prescrição, 364
    15.4.2. Causas suspensivas da prescrição, 365
    15.4.3. Causas interruptivas da prescrição, 366
15.5. Prescrição total, prescrição parcial e seus efeitos, 367
15.6. Prescrição quinquenal, 369
15.7. Prescrição bienal, 369
15.8. Outros prazos prescricionais, 370
15.9. Decadência no Direito do Trabalho, 375

16. DIREITO COLETIVO DO TRABALHO, 378

16.1. Introdução, 378
16.2. Denominação, 379
16.3. Conceito, 379
16.4. Função, 380

17. LIBERDADE SINDICAL, 381

17.1. Conceito, 381
17.2. Garantias sindicais, 383
17.3. Classificação da liberdade sindical, 384
17.4. Sistema sindical brasileiro, 384
17.5. Autonomia sindical, 385
17.6. A intervenção estatal e a autonomia sindical, 386

18. ORGANIZAÇÃO SINDICAL BRASILEIRA, 390

18.1. Conceito, 390
18.2. Diferenças entre sindicato, sindicato de profissionais, associação desportiva e cooperativa, 391
18.3. Natureza jurídica da organização sindical, 391
18.4. Classificação dos sindicatos, 392
    18.4.1. Verticais e horizontais, 392
    18.4.2. Abertos, fechados, puros, misto, de direito, de fato e espúrios, 392
18.5. Unicidade Sindical, 393
18.6. Registro e criação dos sindicatos, 395
18.7. Representação sindical por categorias, 397
    18.7.1. Categoria econômica, 397
    18.7.2. Categoria profissional, 398
    18.7.3. Categoria profissional diferenciada, 399
18.8. Enquadramento sindical, 400
    18.8.1. Sindicalismo rural, 401

18.9. Órgãos do sindicato, 401
18.10. Eleições sindicais, 403
18.11. Órgãos sindicais: federação, confederação e central sindical, 404
   18.11.1. Federação, 404
   18.11.2. Confederação, 405
   18.11.3. Central Sindical, 405
18.12. Proteção à sindicalização, 406
18.13. Comunicação da candidatura do dirigente sindical, 408
18.14. Filiação e desligamento do ente sindical, 409
18.15. Práticas antissindicais ou foro sindical ou práticas desleais ou atos antissindicais, 410
18.16. Funções das entidades sindicais, 411
   18.16.1. Função de representação, 411
   18.16.2. Função negocial, 412
   18.16.3. Função econômica, 413
   18.16.4. Função política, 413
   18.16.5. Função assistencial, 414
18.17. Receitas do sindicato, 415
   18.17.1. Contribuição sindical, 415
   18.17.2. Contribuição confederativa, 420
   18.17.3. Contribuição assistencial, 424
   18.17.4. Mensalidade sindical, 426

19. **REPRESENTAÇÃO DOS TRABALHADORES NAS EMPRESAS,** 427

   19.1. Classificação, 427
   19.2. Cogestão ou participação na gestão, 429

20. **CONFLITOS COLETIVOS DE TRABALHO,** 431

   20.1. Conceito e classificação, 431
   20.2. Formas de solução, 432

20.2.1. Autodefesa ou autotutela, 432
20.2.2. Autocomposição, 432
20.2.3. Heterocomposição, 433
    20.2.3.1. Mediação, 433
        20.2.3.1.1. Comissão de Conciliação Prévia (CCP), 435
    20.2.3.2. Arbitragem, 436
    20.2.3.3. Jurisdição ou tutela, 438
        20.2.3.3.1. Dissídio coletivo, 439

21. AUTONOMIA SINDICAL, COLETIVA OU PRIVADA COLETIVA, 441

21.1. Disposições gerais, 441

22. NEGOCIAÇÃO COLETIVA DE TRABALHO, 445

22.1. Considerações relevantes, 445
22.2. Níveis de negociação, 449
22.3. Instrumentos da negociação coletiva, 449

23. CONTRATO COLETIVO DE TRABALHO, 450

23.1. Considerações importantes acerca do contrato coletivo de trabalho, 450

24. CONVENÇÕES E ACORDOS COLETIVOS DE TRABALHO, 452

24.1. Conceito, 452
24.2. Acordo dos trabalhadores e empregadores, 453
24.3. Natureza jurídica, 455
24.4. Aplicação, eficácia e conteúdo das convenções e acordos coletivos, 458
24.5. Cláusulas obrigacionais e normativas, 460
24.6. Incorporação das cláusulas normativas no contrato de trabalho, 460

24.7. Validade e prazo, 463
24.8. Sanções, descumprimento e multas das normas coletivas, 465
24.9. Superveniência de acordo ou convenção coletiva, 468
24.10. Convenção coletiva no setor público, 470
24.11. Competência, 470

25. GREVE, 472

25.1. Conceito, 472
25.2. Natureza jurídica, 473
25.3. Greve lícita, ilícita e abusiva, 474
25.4. Limites da greve, 475
25.5. Serviços e atividades essenciais, 476
25.6. Legitimidade, 479
25.7. Dissídio coletivo, 481
25.8. Assembleia geral, 482
25.9. Comunicação da greve, 483
25.10. Substituição de funcionários, 483
25.11. Direitos e deveres dos paredistas, 484
25.12. Abusividade, 485
25.13. Contrato de trabalho: efeitos e pagamentos, 486
25.14. Justa causa do empregado, 488
25.15. Greve no setor público, 490
25.16. *Lockout* ou locaute, 491

ABREVIATURAS E SIGLAS, 493

REFERÊNCIAS, 495

Site, 496

1 | História e conceitos básicos

1.1. Evolução Mundial

A história do trabalho leva-nos primeiramente a uma história de terror vivenciada pela escravidão existente há mais de 5.000 anos. Nela o escravo era considerado um ser que, trabalhando incessantemente e sem qualquer direito, podia ser torturado, mutilado, sofrer amputações e receber os mais diversos abusos. Seu trabalho não respeitava horário ou esforço, e sua vida era mera mercadoria, dependendo apenas do desejo de seu senhor.

Com a evolução da sociedade, a escravidão começa a dar espaço para as primeiras formas de trabalho: as servidões, que acabavam vinculando o trabalhador rural à terra tornando-os submissos, e as corporações de ofício, formadas pelos mestres, companheiros e aprendizes.

A partir do século XVI a servidão entra em declínio devido à perda da importância da terra, à formação de nações e o surgimento do mercantilismo. Nesta época surgem as primeiras vilas e cidades e, com elas, os artesãos que se agruparam formando as corporações de ofício.

Estas corporações eram dirigidas pelos mestres que atuavam exclusivamente em defesa dos interesses das classes, preservando o mercado de trabalho para seus herdeiros. Os subordinados (companheiros, oficial e aprendizes) deveriam obedecer às regras impostas pelos mestres, que eram muito rígidas acerca de salários, preços, métodos de produção, entre outros.

Com o crescimento das cidades e o surgimento de ideias capitalistas mercantilistas, estas regras acabaram inviabilizando as corporações que necessitavam de regras que assegurassem a livre economia de mercado.

Em 1791, logo após a Revolução Francesa, a Lei *Le Chapeller* proibiu o restabelecimento das corporações de ofício, o agrupamento de profissionais e as coalizões, eliminando as corporações de cidadãos.

No século XVIII, a Revolução Industrial fez fervilhar novas ideias, trazendo consigo o avanço tecnológico, marcado principalmente pelo surgimento da máquina a vapor como fonte de energia, da máquina de fiar (1738), do tear mecânico (1784), e pela migração da mão de obra rural. Estes fatores foram determinantes para o aparecimento da sociedade industrial e do trabalho assalariado, que revolucionou as relações entre patrões e trabalhadores.

Foi uma época difícil que marcou a história do trabalho com grande desemprego e revolta, pois, se de um lado a máquina gerava mais lucros aos empresários, por outro trazia desemprego ao trabalhador, jornadas abusivas, além da exploração do trabalho de crianças e mulheres. Estes fatores contribuíram para a desigualdade social e tornavam as condições de vida do trabalhador cada vez mais difícil.

Com o rápido desenvolvimento das indústrias, a mão de obra foi aos poucos sendo reabsorvida, mas, sem a existência de um controle estatal, as condições de trabalho continuavam sendo extremamente adversas e os salários, baixos, para uma jornada de trabalho que ia até o esgotamento físico humano.

Muitos empregadores utilizavam-se da força de trabalho de crianças com até 6 anos de idade e de mulheres que eram submetidas a jornadas de 14 ou 15 horas de trabalho, ou enquanto houvesse luz, pagando metade ou menos dos salários que eram pagos aos homens.

O sofrimento dos empregados era imenso diante de um salário miserável que não permitia uma morada digna e uma alimentação adequada. Muitos sofriam espancamento por parte dos empregadores devido a erros insignificantes ou atrasos.

Os abusos levaram os trabalhadores a se unir, pressionando o Estado a intervir na relação capital/trabalho. Dá-se então início a uma causa jurídica, cujo objetivo era reivindicar melhores condições de trabalho e de salários, a diminuição das jornadas excessivas e ir contra a exploração de menores e mulheres. Diante disso, o Estado começa a intervir nas relações de trabalho e o trabalhador passa a ser protegido jurídica e economicamente.

História e conceitos básicos

Capítulo 1

Em 1802, a Lei de Peel, na Inglaterra, limitou a jornada de trabalho em 12 horas, desde que fosse iniciada a partir das 6 horas e se encerrasse às 21 horas. Estabeleceu ainda normas relativas a educação e higiene. No entanto, com sua aprovação em 1819, tornou-se ilegal o emprego de menores de 9 anos.

Na esteira de mudanças nas relações de trabalho, em 1813, a França proibiu o trabalho dos menores em minas; em 1814, foi vedado o trabalho aos domingos e feriados; em 1839, foi proibido o trabalho de menores de 9 anos e a jornada de trabalho passou a ser de 10 horas para os menores de 16 anos.

A Igreja também teve sua parcela de contribuição ao determinar, em 1891, regras para intervenção estatal entre empregador e empregado dispostas na Encíclica *Rerum Novarum*, do Papa Leão XIII. Novas encíclicas foram elaboradas posteriormente versando sobre o tema: *Quadragesimo anno*, em 1931, e *Divini redemptoris*, de Pio XII; *Mater et magistra*, em 1961, de João XXIII; *Populorum progressio*, em 1967, de Paulo VI; *Laborem exercens*, do Papa João Paulo II, em 14/09/1981.

O México, em 1917, foi o pioneiro a tratar do tema em sua Constituição, estabelecendo em seu artigo 123 a jornada de oito horas, a proibição de trabalho de menores de 12 anos, a limitação da jornada dos menores de 16 anos para seis horas, a jornada máxima noturna de sete horas, o descanso semanal, a proteção à maternidade, o salário mínimo, o direito de sindicalização e de greve, a indenização de dispensa, o seguro social e a proteção contra acidentes do trabalho.

A Constituição de Weimar, em 1919, disciplinava a participação dos trabalhadores nas empresas, autorizando a liberdade de coalização. Tratou também da representação dos trabalhadores na empresa, estabelecendo a criação de um sistema de seguro social e também a possibilidade de os trabalhadores colaborarem com os empregadores na fixação de salários e demais condições de trabalho.

Neste mesmo ano, o Tratado de Versailles previu a criação da Organização Internacional do Trabalho (OIT), a qual ficou incumbida de proteger as relações entre empregados e empregadores no âmbito internacional, expedindo convenções e recomendações sobre temas trabalhistas e previdenciários.

Em 1927, aparece na Itália a *Carta del Lavoro*, que acabou instituindo um sistema corporativista-fascista, inspirando o sistema político adotado pelo Brasil. Esta Carta previa um sindicato único, o imposto sindical, a representação classista, a proibição da greve e do *lockout*.

Em 1948, com a Declaração Universal dos Direitos do Homem, os direitos dos trabalhadores encontraram mais um aliado que previa alguns direitos, como limitação razoável do trabalho, férias remuneradas periódicas, repouso e lazer etc.

Posteriormente, as Constituições dos demais países começaram a versar sobre as normas do Direito do Trabalho.

1.2. Evolução no Brasil

A Constituição Brasileira de 1824 e a Constituição Republicana de 1891 sofreram influência europeia, em que inexistia qualquer intervenção estatal nas relações de emprego. No entanto, a Constituição de 1824 determinou a abolição das corporações de ofício (artigo 179, XXV), dando liberdade do exercício de ofícios e profissões.

Muitas leis ordinárias foram promulgadas disciplinando-se o trabalho de menores (1891), a organização de sindicatos rurais (1903) e urbanos (1907), e as férias. Em 1930, foi criado o Ministério do Trabalho, Indústria e Comércio, expedindo decretos e normas trabalhistas.

Sob a influência dos imigrantes e diante da necessidade da regulamentação das relações trabalhistas, a Constituição de 1934 estabeleceu alguns direitos ao trabalhador, como: liberdade sindical (artigo 120), isonomia salarial, salário mínimo, jornada de oito horas de trabalho, proteção do trabalho das mulheres e menores, repouso semanal, férias anuais remuneradas (§ 1º do artigo 121), além da negociação coletiva.

A Lei n. 62, de 1935, assegurou diversos direitos trabalhistas aos industriários e comerciários, dentre eles:

- Indenização de dispensa sem justa causa (artigo 1º).
- Garantia da contagem do tempo de serviço na sucessão de empresas (artigo 3º) ou na alteração da sua estrutura jurídica.
- Privilégio dos créditos trabalhistas na falência (artigo 4º).
- Enumeração das figuras de justa causa (artigo 5º).
- Efeitos da força maior nos créditos trabalhistas (artigo 5º, §§ 1º e 2º).
- Transferência para o Governo da responsabilidade de indenizar quando der causa à cessação da atividade (artigo 5º, § 3º).
- Aviso prévio (artigo 6º).
- Rescisão antecipada de contratos a prazo (artigo 7º).
- Suspensão do contrato (artigo 9º).
- Estabilidade decenal (artigo 10).

- Redução do salário (artigo 11).
- Nulidade das estipulações contratuais contrárias às normas legais (artigo 14).
- Exclusão dos aprendizes da proteção legal (artigo 15).
- Responsabilidade solidária do sindicato ou associação que der causa ao inadimplemento das obrigações contratuais, pelas respectivas indenizações (artigo 16).
- Prescrição de um ano para reclamar indenização.

A Constituição de 1937 estabeleceu normas para a instituição de um sindicato único, imposto por lei, vinculado ao Estado quando se criou o imposto sindical, dispondo parte de sua arrecadação ao Estado. Os Tribunais do Trabalho passaram a ter competência normativa, evitando o entendimento direto entre trabalhadores e empregadores. A greve e o *lockout* foram considerados recursos antissociais, nocivos ao trabalho e ao capital, e incompatíveis com os interesses da produção nacional (artigo 139).

Como existiam várias normas esparsas sobre os mais diversos assuntos trabalhistas, muitas vezes desconexas e até contraditórias, surge a necessidade de sistematização, resultando em uma reunião. Foi editado o Decreto-lei n. 5.452, de 1º/05/1943, aprovando a Consolidação das Leis do Trabalho (CLT), tornando-se um marco em nosso ordenamento jurídico, cujo objetivo era reunir estas leis, consolidando-as.

A Constituição de 1946 trouxe como novidade a participação dos trabalhadores nos lucros (artigo 157, IV), repouso semanal remunerado (artigo 157, VI), estabilidade (artigo 157, XII) e o direito de greve (artigo 158).

Já a Constituição de 1967 manteve os direitos trabalhistas estabelecidos nas Constituições anteriores, no artigo 158, tendo praticamente a mesma redação do artigo 157, da Constituição de 1946, com algumas modificações.

Em 05/10/1988, foi aprovada a atual Constituição que trata de direitos trabalhistas nos artigos 7º a 11º, incluídos no Capítulo II, "Dos Direitos Sociais", do Título II, "Dos Direitos e Garantias Fundamentais", trazendo algumas modificações significantes, entre as quais: redução da jornada de trabalho para 44 horas semanais; incentivo à negociação coletiva; abono de 1/3 sobre as férias; indenização nas dispensas arbitrárias; adicional de horas extras de no mínimo 50%; licença gestante de 120 dias; licença-paternidade de 5 dias; idade mínima para admissão de menor de 16 anos, com exceção do aprendiz; participação nos lucros das empresas; obrigatoriedade de creches e pré-escolas; estabilidade para os dirigentes sindicais, gestantes e comissões internas de prevenção de acidentes; ampliação do direito à greve, dentre outros.

1.3. Conceito de Direito do Trabalho

São inúmeras as definições do Direito do Trabalho pelos doutrinadores. Sérgio Pinto Martins conceitua o Direito do Trabalho como o conjunto de princípios, regras e instituições atinentes à relação de trabalho subordinado e situações análogas, visando assegurar melhores condições de trabalho e sociais ao trabalhador, de acordo com as medidas de proteção que lhe são destinadas. (Sérgio Pinto Martins. *Direito do Trabalho*. 25. ed. São Paulo: Atlas, 2009, p. 16)

O objetivo do Direito do Trabalho é regular as relações típicas de emprego, além das situações dos trabalhadores avulsos, temporários, domésticos e eventuais, aplicando a estes medidas de proteção que respeitem os princípios e normas e visem a melhorias nas condições sociais do trabalhador.

1.4. Natureza Jurídica

Existem controvérsias acerca da natureza jurídica do Direito do Trabalho, e se faz necessário tecer alguns comentários para melhor entendimento do tema.

O Direito Público é composto predominantemente de normas de ordem pública, as quais se tornam obrigatórias e imperativas, enquanto no Direito Privado há a predominância de normas de ordem privada, isto é, vigoram enquanto a vontade dos interessados não dispuser de modo diferente do previsto pelo legislador.

Alguns doutrinadores consideram o Direito do Trabalho como um ramo do Direito Privado que defende a ideia de que a relação entre empregado e empregador é de natureza contratual e civilista, uma vez que seus sujeitos são particulares. Outra corrente acredita que é um ramo do Direito Público, uma vez que as normas a ele inerentes são de ordem pública, cujo caráter é imperativo e estatuário.

Outros autores consideram-no um Direito Misto, pois é composto por normas de ordem pública e de ordem privada. E, por fim, outra corrente defende que não se trata de um ramo do Direito Público nem do Direito Privado, mas sim de um Direito Social.

Prevalece entre os juristas o entendimento de que o Direito do Trabalho é um ramo do Direito Privado.

1.5. Direito Individual e Coletivo

O Direito divide-se em direito individual e coletivo. O primeiro trata das relações entre empregado e empregador, enquanto o segundo é um ramo do Direito do Trabalho que estuda os princípios e as normas que regulam as relações laborais e as atividades dos trabalhadores como grupo organizado, membros de uma coletividade que tem personalidade jurídica própria e autonomia perante os empresários e o Estado.

O objetivo do direito coletivo do trabalho é o de regular o direito de diversas pessoas com interesses em comum, que venham a pertencer a um mesmo conjunto de características, assim se ocupa da negociação coletiva em geral, das convenções e dos acordos coletivos, bem como das formas de soluções desses conflitos.

1.6. Autonomia do direito do trabalho

O Direito do Trabalho tem sua autonomia reconhecida pelo fato de possuir princípios próprios, normas próprias como a CLT, inúmeras leis esparsas e ainda autonomia didática e científica diante dos demais ramos do direito. Ele possui estrutura e organização própria, uma vez que é composto pelo TRT, pelo TST e pelos Juízes do Trabalho (artigo 111 da CF).

1.7. Fontes do Direito do Trabalho

O Direito do Trabalho possui fontes formais e materiais. As fontes materiais são os fatos que inspiram o legislador a editar a lei. As fontes formais são as impostas pelo ordenamento jurídico e dividem-se em diretas e indiretas.

História e conceitos básicos

Capítulo 1

As fontes formais indiretas do Direito do Trabalho são a jurisprudência, a doutrina, os princípios gerais do Direito e o Direito Comparado. Veja a seguir cada uma delas, resumidamente.

A jurisprudência, conforme nos ensina, é a interpretação da lei feita pelos juízes e Tribunais nas suas decisões. Depois de reiteradas decisões jurisprudenciais no mesmo sentido, os Tribunais emitem súmulas e precedentes normativos acerca das decisões, que, embora não obriguem o juiz em suas decisões, são formas de orientação. Como exceção da obrigatoriedade, existe a Súmula vinculante do STF, introduzida pela EC 45/2004 e a decisão definitiva de mérito proferida pelo STF na ação de constitucionalidade. Insta relembrar que não se usa mais a expressão "Enunciados" para se referir às Súmulas (Resolução 129/2005 do TST). Os Tribunais poderão emitir, além das Súmulas, os precedentes normativos. A Orientação Jurisprudencial (OJ) são tendências, incidentes passíveis de uniformização jurisprudencial, caminhando para se transformarem em Súmulas.

A doutrina refere-se aos comentários, aulas, tratados, pareceres, monografias, são os posicionamentos dos pensadores do Direito.

Os princípios e as normas gerais do Direito são essenciais a ele e são critérios que, muitas vezes não expressos, constituem os pressupostos lógicos necessários das normas legislativas.

O direito comparado remete-nos às normas aplicadas a outros países, desde que não haja sobreposição do interesse de uma classe particular sobre o interesse público.

De acordo com o artigo 8º da CLT, na ausência de legislação, aplica-se a jurisprudência, a analogia, a equidade, os princípios e as normas gerais do Direito, os usos e costumes, e o Direito Comparado para solucionar questões trabalhistas.

A analogia e a equidade são utilizadas quando não houver norma prevista em lei. A analogia consiste em aplicar a um caso concreto disposição relativa a caso semelhante. Já a equidade é a criação de uma solução própria na hipótese em que a lei for omissa. A analogia, assim como a equidade, são técnicas de integração com o intuito de suprir lacunas na lei.

As fontes formais diretas encontradas no Direito do Trabalho são: a Constituição, as leis, os decretos, portarias, regulamentos, instruções, os costumes, as sentenças normativas, os acordos e convenções coletivas, os regulamentos empresariais e os contratos de trabalho.

A Constituição é uma fonte de imensa importância para o Direito do Trabalho, uma vez que dela se emanam todas as normas. A Constituição brasileira estabelece em seus artigos 7º ao 11º, os direitos básicos dos trabalhadores e de suas entidades representativas. De acordo com o artigo 22, I da CF, compete à União legislar sobre o Direito do Trabalho.

As leis ordinárias são normas cujo processo de elaboração, tramitação e aprovação é ordinário, conforme estabelece o artigo 61 da Constituição Federal. A CLT é a principal legislação trabalhista, contudo, não é um código, e sim o Decreto-lei n. 5.452/43. Há diversas outras leis esparsas que versam sobre a legislação trabalhista.

Os decretos, portarias, regulamentos e instruções são instrumentos previstos em lei que, sem o poder de alterá-las, são aptos a regulamentá-las, explicando-as e detalhando-as.

O uso e o costume são condutas reiteradas e aceitas como um direito, e podem se referir a uma única empresa, a toda uma categoria econômica, ou até a todo o sistema trabalhista.

As sentenças normativas são decisões proferidas pelos Tribunais do Trabalho quando julgados os dissídios coletivos e abrange toda a categoria econômica e seus respectivos empregados. É reconhecida no artigo 7º, XXVI da CF, e seu fundamento está no artigo 114, § 2º da CF. Ocorre quando os sindicatos não chegam em um consenso na negociação coletiva ou na arbitragem, resultando assim na instauração do dissídio coletivo. A decisão desse dissídio coletivo resulta na sentença normativa, e esta deve respeitar as condições mínimas de proteção ao trabalhador (artigo 114, § 2º da CF).

Os acordos coletivos são ajustados entre sindicato dos empregados e uma ou mais empresas (artigo 611, § 1º da CLT), enquanto as convenções coletivas são ajustes firmados entre o sindicato dos empregados e o sindicato patronal (artigo 611 da CLT). Tanto o acordo como a convenção possuem um efeito normativo, acarretando com isso na obrigação do cumprimento do que foi estabelecido. A diferença é que as convenções atingem a todos os trabalhadores e empresas integrantes da mesma categoria, dentro do território do respectivo sindicato. Já o acordo coletivo obriga o sindicato, a empresa e todos os seus empregados. Tanto o acordo quanto a convenção coletiva possuem um prazo máximo de 2 anos e deve ser formalizado por escrito, sem rasuras ou emendas, em tantas vias quanto forem os contratantes, passando a vigorar 3 dias após a entrega da via depositada para registro e arquivamento no órgão do Ministério do Trabalho.

Os regulamentos de empresa foram instituídos para disciplinar as condições gerais de trabalho, como promoções e prêmios. Integra o contrato de trabalho e abrange todos os empregados desde o início da vigência do contrato de trabalho e é considerado fonte extra-estatal, autônoma. Sua concordância pode ser tácita. É um contrato unilateral, mas nada impede a participação dos empregados na sua elaboração.

No contrato de trabalho são estipulados direitos e deveres das partes pactuantes, ou seja, empregado e empregador, onde são aprazadas as condições de trabalho (artigo 8º da CLT).

1.8. Princípios do direito do trabalho

Os princípios são a base do direito. No Direito do Trabalho são fundamentos que nos permitem orientar, na falta de disposições legais ou contratuais, a exata compreensão das normas, cujo sentido é obscuro, complementando estas lacunas da lei. Assim, diante da falta de dispositivo legal, aplica-se os princípios (artigo 8º da CLT).

No Direito do Trabalho existem princípios específicos previstos na Constituição Federal, dentre eles:
- Igualdade nas relações de trabalho e garantia da dignidade da pessoa humana.
- Artigo 5º, XIII – Liberdade de exercício de qualquer trabalho, ofício ou profissão.
- Artigo 7º, I – Proteção contra dispensa arbitrária ou sem justa causa.
- Artigo 7º, VI – Irredutibilidade dos salários.
- Artigo 7º, XXVI – Reconhecimento das Convenções e Acordos Coletivos.
- Artigo 7º, XXVII – Proteção em face da automação.
- Artigo 7º, XXX, XXXI, XXXII – Princípio da não discriminação nas admissões, contratação ou extinção do contrato de trabalho.
- Artigo 8º – Liberdade sindical.
- Artigo 9º – Direito de greve.
- Artigo 11 – Representação dos trabalhadores nas empresas.

Estabelece o artigo 8º da CLT que "as autoridades administrativas e a Justiça do Trabalho, na falta de disposições legais ou contratuais, decidirão, conforme o caso, pela jurisprudência, por analogia, por equidade e outros princípios e normas gerais de direito, principalmente do Direito do Trabalho, e, ainda, de acordo com os usos e costumes, o direito comparado, mas sempre de maneira que nenhum interesse de classe ou particular prevaleça sobre o interesse público".

São princípios próprios do Direito do Trabalho: o princípio da proteção ao trabalhador, que se desdobra em *in dubio pro operario*, na norma mais favorável e na condição mais benéfica. O princípio da norma mais favorável também se desdobra no princípio da hierarquia das normas, no princípio da elaboração da norma mais favorável e no princípio da interpretação mais favorável.

Além destes, tem o princípio da irrenunciabilidade dos direitos, o princípio da continuidade da relação de emprego, o princípio da primazia da realidade e o princípio da flexibilização do Direito do Trabalho.

1.8.1. Princípio da proteção ao trabalhador

O princípio da proteção ao trabalhador tem por objetivo equilibrar a relação laboral, tornando-se uma forma de compensar a desigualdade econômica presente nas relações de emprego, ou seja, "tratar desigualmente os desiguais, na medida em que se desigualam" (Rui Barbosa).

Desdobra-se no *in dubio pro operario,* nas regras da aplicação da condição mais benéfica e da norma mais favorável.

O *in dubio pro operario* determina que, se houver dúvida, o aplicador da lei deve optar pela solução mais favorável ao empregado.

A verdadeira aplicação do princípio do *in dubio pro operario* está na aferição e valoração dos fatos no processo do trabalho, para que assim se possa obter a verdade e eliminar a dúvida.

> Jurisprudência:
> *PRINCÍPIO IN DUBIO PRO OPERARIO. ÔNUS DA PROVA.*
> *O princípio in dubio pro operario se traduz em critério de interpretação da norma trabalhista, quando comportar mais de uma interpretação viável. Não se presta a subverter o ônus da prova no processo do trabalho. Assim, não tendo a reclamante se desincumbido satisfatoriamente de seu ônus probatório quanto ao recebimento de prêmios "por fora" dos recibos mensais, impõe-se a manutenção do julgado de origem.* (TRT 2ª Região. Processo n. 00925-2005-017-02-00-4. Ano: 2007. Turma: 12ª. Relator: Adalberto Martins. Data de Publicação: 03/04/2009)

A aplicação da condição mais benéfica estabelece que, mesmo que sobrevenha uma norma mais nova, esta nunca deverá servir para diminuir as condições mais favoráveis ao trabalhador, permanecendo neste caso o trabalhador na situação anterior, se mais favorável.

Quando houver mais de uma norma aplicável, a opção é aplicar aquela que seja melhor ao empregado, mesmo que hierarquicamente inferior.

> Jurisprudência:
> *BANESPA. DIFERENÇAS DE COMPLEMENTAÇÃO DE APOSENTADORIA. Tratando-se de complementação de aposentadoria, incide, na hipótese, o entendimento da Súmula 288 do C. TST, aplicando-se a norma em vigor na data de admissão, se mais benéfica. Assim, no caso concreto deve ser aplicado o Regulamento Interno de 1965, em seu art.106 e parágrafo, que não traçou forma específica de cálculo dos proventos de aposentadoria, incidindo, como suporte interpretativo, o vetor principiológico que elege a prevalência da norma mais favorável e da condição mais benéfica. Daí porque o cálculo deve ser realizado como pretendido na inicial e previsto na norma originária mais favorável, ou seja, utilizando-se o divisor 30, multiplicado pelo tempo de serviço efetivo incidente sobre o resultado da subtração dos proventos de INSS do salário-base (remuneração efetiva da categoria) da época da aposentadoria, que resulta em complemento de aposentadoria maior do que o pago pela reclamada, consoante cálculos embasados na fórmula traçada no Regulamento Interno de 1975, art.87, parágrafo 8º.* (TRT 2ª Região. Processo n. 00091-2008-026-02-00-0. Ano: 2009. Turma: 4ª. Relator Ricardo Artur Costa e Trigueiros. Data: 03/07/2009)

O princípio da norma mais favorável também pode ser desdobrado em três: princípio da hierarquia das normas, princípio da elaboração da norma mais favorável e princípio da interpretação mais favorável.

Determina o princípio da hierarquia que, independentemente da hierarquia entre as normas, sempre deverá ser aplicada a que for mais benéfica ao empregado.

O princípio da elaboração da norma mais favorável estabelece que, quando o legislador elabora uma lei trabalhista, ele deve sempre ampliar sua proteção, buscando a melhoria de condições ao trabalhador.

Pelo princípio da interpretação mais favorável, prevalecerá o entendimento que for mais benéfico aos interesses do trabalhador.

Jurisprudência:
ORGANIZAÇÃO SINDICAL – ENQUADRAMENTO. Todos os empregadores, empregados, agentes ou trabalhadores autônomos, assim como profissionais liberais, sem exceção, podem associar-se livremente, desde que exerçam, respectivamente, a mesma atividade ou profissão, ou atividades, ou profissões similares ou conexas. A filiação sindical é um direito garantido constitucionalmente e integra o princípio da liberdade sindical, que até poderia ser o único princípio informador do Direito Sindical. Por conseguinte, a viga mestra do sindicalismo brasileiro é a categoria, que pode ser diferenciada e se forma por empregados que exerçam profissões ou funções diferenciadas por força de estatuto profissional especial ou em consequência de condições de vida singulares. No vértice de uma ou de outra figura, deparamos com o mesmo ponto de envergadura jurídica: a categoria, cuja aglutinação se dá pela identidade de atividade e de vida. O enquadramento sindical do empregado é determinado em estrito paralelismo com a atividade preponderante da empresa para a qual presta serviços subordinados. O ponto de partida é a atividade preponderante da empresa, e o de chegada é a categoria profissional, sendo que o caminho inverso, na maioria das vezes, leva ao mesmo resultado, porque poucas são as categorias diferenciadas, e o foco predominante na empresa acaba por dominar e arrastar a maioria das atividades desenvolvidas por seus empregados. A economia moderna, marcada pela fusão de empresas e pela diversidade de atividades, tem conduzido o capital à exploração de diversas atividades, com linhas tênues quanto à efetiva predominância de uma sobre a outra. Evidenciado, no caso em exame, que a Reclamada atuava em vários segmentos de ordem assistencial, mas tendo havido a predominância da assistência social em detrimento da filantropia pura e havendo mais de um instrumento normativo disciplinando a mesma situação fática, pode o intérprete aplicar a norma mais favorável ao empregado, porque se trata de um princípio da essência do Direito do Trabalho clássico, que deve ser valorizado, em um mundo de uma economia em constante mutação, com tendências à priorização dos bens materiais em detrimento da pessoa humana, que é, em qualquer circunstância, o núcleo dos núcleos do ordenamento jurídico. (TRT 3ª Região. Processo n. RO – 00292-2009-112-03-00-9. 4ª Turma. Relator Luiz Otávio Linhares Renault. DEJT. Data: 13/07/2009)

1.8.2. Princípio da Irrenunciabilidade

O princípio da irrenunciabilidade dos direitos vem previsto nos artigos 9º, 444 e 461 da CLT, e estabelece que os direitos trabalhistas não podem ser renunciados, pois representam as condições mínimas asseguradas pelo legislador ou mesmo por convenções ao trabalhador.

A renúncia é o ato unilateral do empregado, onde desiste de um direito garantido por lei. Somente será permitida a renúncia se tratar de norma legal cogente, ou que derive de sentença normativa ou de cláusula indisponível de pacto coletivo. Mesmo assim, a renúncia só será possível quando realizada em juízo e comprovado que o empregado não foi coagido.

São consideradas como justificativas para este princípio: as normas trabalhistas são de ordem pública, ou seja, o Estado as caracteriza como imprescindível e essencial para a sociedade, as normas trabalhistas não podem ser transacionadas, portanto são indisponíveis, as normas trabalhistas tratam de condições mínimas ao trabalhador, por isso são imperativas.

Estabelece o artigo 9º da CLT que os atos praticados para desvirtuar, impedir ou fraudar a aplicação dos direitos celetistas são nulos.

> Jurisprudência:
> *RECURSO ADESIVO DA RECLAMADA – FUNCEF – COMPETÊNCIA DA JUSTIÇA DO TRABALHO – COMPLEMENTAÇÃO DE APOSENTADORIA. Compete à Justiça do Trabalho o processamento e julgamento de lide que versa sobre a existência ou não de diferenças de complementação de aposentadoria, já que oriundas da relação de trabalho. Nego provimento. RECURSO DA RECLAMANTE – TRANSAÇÃO. Por se tratar de previdência complementar, em que a adesão se dá por ato voluntário de qualquer empregado da CEF que seja associado ao FUNCEF, poderá o empregado transacionar qualquer de suas cláusulas; diferente do que ocorre com a previdência social do INSS, que é um direito irrenunciável amparado pelo princípio da irrenunciabilidade dos direitos trabalhistas. Nega-se provimento ao recurso.* (TRT 23ª Região. RO – 00208-2008-003-23-00. Relator Desembargador Osmair Couto. Data: 31/10/2008)

1.8.3. Princípio da continuidade da relação de emprego

No Direito do Trabalho prevalece à preferência aos contratos por tempo indeterminado, atribuindo, à relação de emprego, a mais ampla duração sob todos os aspectos.

História e conceitos básicos

Capítulo 1

Determina a lei que o contrato de trabalho será por tempo indeterminado, salvo quando houver permissão legal, aplicando-se assim o contrato por prazo determinado.

O objetivo deste princípio é reprimir a sucessão de contratos, ou seja, a demissão e readmissão em curto prazo que visam fraudar os direitos trabalhistas.

>Jurisprudência:
>*PEDIDO DE DEMISSÃO. EMPREGADO COM MAIS DE UM ANO DE SERVIÇO. AUSÊNCIA DE HOMOLOGAÇÃO. VÍCIO DE FORMA. 'O pedido de demissão ou recibo de quitação de rescisão do contrato de trabalho, firmado por empregado com mais de 1 (um) ano de serviço, só será válido quando feito com a assistência do respectivo Sindicato ou perante a autoridade do Ministério do Trabalho', nos termos do § 1º do art. 477 da CLT. A exigência a que alude a lei não pode ser mitigada, sob pena de desvirtuar o intuito da norma mencionada, visto que o legislador infraconstitucional objetivou salvaguardar o empregado, em observância aos princípios da proteção e da continuidade da relação de emprego, que normalmente se encontra em situação de hipossuficiência. Trata-se, pois, de condição sine qua non para a validade do ato.* (TRT 23ª Região. RO – 00067-2008-022-23-00. Relator desembargador Roberto Benatar. Data: 30/06/2009)

1.8.4. Princípio da primazia da realidade

Estabelece esse princípio que o ocorrido deve ser levado em conta, prevalecendo o fato real, do que aquilo que consta de documentos formais.

>Jurisprudência:
>*VÍNCULO DE EMPREGO. PRÉ-CONTRATO. PRINCÍPIO DA PRIMAZIA DA REALIDADE. O princípio da primazia da realidade prevalece no Direito do Trabalho, de modo que as relações jurídicas são definidas e conceituadas pelo seu conteúdo real, sendo irrelevante o nome que lhes foi atribuído pelas partes. Assim, demonstrado nos autos que a empresa reclamada arregimentou trabalhadores em outras cidades, levando-os para Santo André sob a promessa de que seriam contratados após a realização de exames médicos, e que após tais exames o reclamante chegou a participar de curso de integração, deve ser mantida a r. sentença que reconheceu a existência de*

vínculo de emprego no período em que o autor permaneceu à disposição da empresa. (TRT 3ª Região. RO – 00474-2008-097-03-00-0. 1ª Turma. Relatora Maria Laura Franco Lima de Faria. Data: 12/06/2009)

CONTRATO – CONTEÚDO – CONVERSÃO SUBSTANCIAL – MANIFESTAÇÃO DA VONTADE – PERTINÊNCIA QUANTO AO CUMPRIMENTO DAS PRESTAÇÕES – AUTONOMIA PRIVADA. A conversão substancial do contrato, no fundo e a rigor, nada mais é do que a aplicação do princípio da primazia da realidade, tão caro e importante para os estudiosos do Direito do Trabalho. O contrato de representação comercial, assim como outros contratos afins, tem como elemento central para o seu cumprimento uma atividade do ser humano, pessoa física, e que se consubstancia na prestação de serviços para outrem. A fronteira entre os tipos contratuais costuma ser tênue, pois os extremos se aproximam: autonomia e subordinação. Aproximam-se, porque, na verdade, ninguém é completamente autônomo, isto é, ninguém possui um poder tão amplo de ditar todas as suas normas. Todavia, isso não impede que a autonomia, própria do contrato de representação comercial e a subordinação, típica do contrato de emprego, sejam diferenciadas, com certa margem de segurança. Em primeiro lugar, cumpre observar que os aspectos formais da contratação são fruto da autonomia privada e não fazem uma espécie de coisa julgada sobre o tipo jurídico encetado pelas partes. O juiz pode avaliar a espécie de contrato, muitas vezes avençado sob determinada forma, por uma questão de necessidade, imprimindo-lhe autenticidade negocial. A constituição de pessoa jurídica, a assinatura de contrato de representação comercial, a inscrição seja perante o órgão de classe, seja perante a Previdência Social ou mesmo perante o Município, para fins de pagamento de ISS, são aspectos formais, aos quais se deve atribuir valor relativo. Valem na medida e na proporção que guardam pertinência com a realidade dos fatos, que sempre deve prevalecer, pois é sobre ela que se assenta, se afirma e se desenvolve, sem máscaras, a relação jurídica. Em segundo lugar, a subordinação possui diversos matizes e a cada dia vai ganhando mais opacidade, tendo em vista os avanços tecnológicos, que permitem, em certas atividades, o controle da prestação de serviços à distância, sem a presença física do prestador de serviços. Assim, a inserção objetiva do trabalho no núcleo do empreendimento ganha relevância e permite *ao intérprete que estabeleça uma conversão substancial do conteúdo contratual, reconhecendo a presença dos pressupostos e dos requisitos do contrato de emprego.* (TRT 3ª Região. RO – 00175-2009-007-03-00-1. 4ª Turma. Relator Luiz Otávio Linhares Renault. Data: 12/06/2009)

1.8.5. Princípio da flexibilização do direito do trabalho

O princípio da flexibilização no Direito do Trabalho significa a adaptação das relações de trabalho a uma determinada situação econômica, resultando assim em oposição à existência de um direito inflexível e engessado.

Significa um ajuste na legislação trabalhista à realidade, sem modificar sua estrutura e seus fundamentos.

Jurisprudência:

TRABALHO EM REGIME PARCIAL – ART. 58-A DA CLT – DIREITO A DIFERENÇAS SALARIAIS E REFLEXOS. O regime de tempo parcial previsto no art. 58-A da CLT, com salário proporcionalmente fixado, insere-se no contexto mais geral de reestruturação produtiva, do qual emergem, no âmbito das relações de trabalho, processos e medidas dotados de crescente flexibilização, que diversificam a tutela arquetípica do sistema jurídico-laboral. Pode atender à política de emprego, como, sem controle, pode traduzir-se em pura e simples precarização do trabalho, pela supressão ou redução de direitos. Nessa esteira, insere-se na segunda hipótese a contratação de vigilante para trabalhar 4 horas mensais, como uma forma de atendimento à exigência da Polícia Federal de que a empresa de vigilância conte com no mínimo trinta empregados (consoante declaração do próprio preposto), caracterizando um meio de contornar a fiscalização da atividade (cf. Lei n. 7.102/83). Ainda que o art. 58-A não tenha fixado um limite mínimo para a jornada, estabelece o limite máximo de 25 horas semanais. Portanto, a semana, com seus sete dias consecutivos, é o período de tempo dentro do qual, observadas outras condições, será lícita a contratação de empregado para trabalhar em horário reduzido. Note-se que o legislador reafirmou o critério de contar-se o tempo de trabalho em função da semana ao tratar das férias, no art. 130-A da CLT. Demais disso, é indispensável que haja controle, administrativo e/ou judicial, para recusar validade à avença que se mostrar, à vista da situação concreta, abusiva e prejudicial à proteção jurídica do empregado ou desconforme ao princípio de razoabilidade. E, tratando-se de uma contratação atípica, alguma formalidade se deve exigir no plano de sua validade jurídica, impondo-se a adoção da forma escrita. Por outro lado, o tempo parcial foi, no caso, objeto de convergência do próprio reclamante, regime acolhido, genericamente, no instrumento normativo, resultado, portanto de negociação coletiva. O problema situa-se, como visto, no uso abusivo do regime de tempo. Considero solução razoável e adequada à presente controvérsia assegurar-se ao empregado o pagamento de salário correspondente a 25 horas semanais de trabalho, pois à falta de estipulação válida considera-se que esse esteve à disposição do empregador pelo menos durante tal jornada reduzida. Recurso provido para deferir ao autor as diferenças salariais e reflexos, consoante os parâmetros fixados. (TRT 3ª Região. RO – 01454-2008-011-03-00-0. 1ª Turma. Relatora Maria Laura Franco Lima de Faria. Data: 31/07/2009)

1.8.6. Outros princípios

Além destes princípios constitucionais e gerais do Direito do Trabalho, a doutrina ainda cita vários outros:
- Princípio da razoabilidade – o aplicador da lei deve ser razoável baseando sua conduta no bom senso.
- Princípio da boa-fé – as partes devem utilizar a boa-fé na execução do contrato laboral.
- Princípio da integralidade e intangibilidade dos salários – o salário é impenhorável e imune de descontos não previstos em lei.
- Princípio da autonomia da vontade – não havendo ofensa à ordem jurídica e ao interesse público, a vontade dos contratos é livre.
- Princípio da força obrigatória dos contratos – os contratos devem ser cumpridos.

> Jurisprudência:
> *DANO MORAL. FIXAÇÃO DO "QUANTUM" INDENIZATÓRIO. O processo de estimação do dano moral decorre do arbítrio do julgador. Para fixação dos valores há de se observar o princípio da razoabilidade acautelando-se o magistrado para que a indenização atenda aos objetivos retributivo e pedagógicos, vale dizer, prestando-se a tentar amenizar a dor da vítima e a penalizar o agente ofensor de modo a evitar a recidiva no mesmo ato ilícito. Na hipótese, considerando*

HISTÓRIA E CONCEITOS BÁSICOS

Capítulo 1

o fato de que o trabalhador, ainda na tenra idade de 20 anos e no seu primeiro emprego, foi vítima de acidente do trabalho causado por negligência da reclamada que resultou na amputação parcial de dois dedos e contusão de outro, da mão esquerda, e considerando ainda que a reclamada é empresa com capital social de mais de nove milhões de reais, considera-se razoável fixar o valor de R$50.000,00 como reparação dos danos morais constatados. (TRT 3ª Região. RO – 01099-2008-062-03-00-2. 6ª Turma. Relator Convocado Fernando Antonio Viegas Peixoto. Data: 13/07/2009)

INDENIZAÇÃO POR DANOS MORAIS. MANUTENÇÃO DO EMPREGADO EM OCIOSIDADE. Uma das principais obrigações patronais, ao lado do pagamento da contraprestação laboral, é o de fornecer trabalho aos empregados. A atitude do empregador, ao manter a empregada em completa ociosidade, isso já no período noturno, após toda uma jornada de labor, soa como espécie de castigo por ver-se obrigada a, finalmente, cumprir o comando legal de concessão integral do intervalo intrajornada, antes parcialmente concedido, tendo que ajustar os horários de trabalho. O procedimento extrapola os limites do exercício regular do direito, constituindo abuso, ofensivo ao princípio da boa-fé e da dignidade do empregado. Cabe, portanto, reparação pelo ilícito perpetrado, nos termos dos artigos 187 e 927 do Código Civil. (TRT 3ª Região. RO – 00417-2008-036-03-00-1. Turma: Turma Recursal de Juiz de Fora. Relator Heriberto de Castro. Data: 19/11/2008)

HORAS EXTRAS. CARGO DE CONFIANÇA. GERENTE DE NEGÓCIOS. Hipótese em que o reclamante, exercente de função revestida de fidúcia especial, estava sujeito a jornada de oito horas diárias, sendo extraordinárias as trabalhadas além da 8ª. Entendimento jurisprudencial consubstanciado no En. 232 da SJTST. QUILÔMETROS RODADOS E REEMBOLSO DE COMBUSTÍVEL. O salário do empregado é amparado pelos princípios da integralidade e da intangibilidade, razão pela qual não é lícito que o mesmo suporte as despesas decorrentes do desgaste e depreciação a que foi submetido seu veículo particular em proveito da atividade econômica desenvolvida pela empresa. (TRT 4ª Região. RO n. 00428.661/98-0. Ano: 1998. Turma: 5ª Turma. Relator Juiz João Ghisleni Filho. Data: 04/12/2000)

1.9. Eficácia

Quanto à eficácia das normas trabalhistas, estas entram em vigor na data de sua publicação. Sendo norma omissa, a vigência será 45 dias após a publicação.

Segundo o § 1º do artigo 614 da CLT, as convenções ou acordos coletivos entram em vigor três dias após o depósito na DRT (Delegacia Regional do Trabalho).

Estabelece ainda o artigo 867 da CLT que a sentença normativa entrará em vigor a partir da publicação, salvo se as negociações se iniciaram 60 dias antes da data-base, situação em que vigorará a partir da data-base.

No Direito do Trabalho, a lei brasileira trabalhista deverá ser aplicada no território brasileiro, tanto aos trabalhadores nacionais quanto aos estrangeiros que laboram no Brasil.

1.10. Hierarquia das normas

A norma jurídica regula as atividades dos sujeitos em suas relações sociais. A norma jurídica imputa certa ação ou comportamento a alguém, que é seu destinatário.

Para a aplicação das normas, devemos obedecer uma hierarquia existente entre elas, lembrando-se sempre que as leis não possuem o mesmo valor, uma vez que apresentam diferenças em sua essência e força, já que cada qual é dotada de uma elaboração peculiar e posição hierárquica diversa das demais. Assim, uma norma superior deve prevalecer sobre uma norma inferior, sob pena de ser ilegal ou mesmo inconstitucional.

No Direito do Trabalho, também devemos obedecer a uma hierarquia das normas, mas sempre levando em conta que, havendo conflito de normas, deverá ser aplicado a norma mais favorável ao empregado.

Seguindo o que estabelece o artigo 59 da Constituição Federal, inexiste hierarquia entre a lei complementar, a ordinária, a delegada e a medida provisória, pois todas utilizam seus fundamentos de validade na própria Constituição Federal.

São hierarquicamente inferiores a estas leis, os decretos, os regulamentos, as normas internas da Administração Pública, as portarias, as circulares e as ordens de serviço.

As convenções, os acordos coletivos e as sentenças normativas são hierarquicamente inferiores à lei, e, consequentemente as disposições contratuais são inferiores a estas.

> Jurisprudência:
> *REVELIA – MICROEMPRESA – SÚMULA N. 377/TST – LEI COMPLEMENTAR 123/2006 – AUSÊNCIA DE INCONSTITUCIONALIDADE. Havendo disposição legal sobre determinado assunto em relação a qual não tenha sido declarada a sua inconstitucionalidade em contraposição a súmula de Tribunal Superior, resta prejudicado qualquer tratamento acerca de hierarquia das normas legais, uma vez que Súmula de entendimento uniformizado do Tribunal Superior do Trabalho não se reveste de grau qualificador de abstratividade, não se podendo cogitar de imperatividade pertinente às normas legiferantes. Nesse viés, aplica-se às relações jurídicas deduzidas em juízo a disposição contida no artigo 54 da Lei Complementar 123/2006, a qual, no capítulo concernente à simplificação das relações de trabalho, regulamentou a representação da microempresa, podendo fazer-se representar por quem não seja seu empregado ou sócio. Recurso parcialmente provido.* (TRT 23ª Região. RO – 00993-2007-036-23-00. Relator Juiz Convocado Paulo Brescovici. Data: 31/01/2008)

1.11. Interpretação

Interpretação é o entendimento perfeito do texto, é também expor, dar o sentido, dizer o fim, significar o objetivo, extraindo do objeto tudo aquilo que ele tem de essencial. Quando o objeto de interpretação é a norma jurídica, é preciso, além do sentido, fixar seu alcance, estabelecendo em que situações ou a que pessoas a norma jurídica interpretada será aplicada.

No Direito do Trabalho, temos como forma de interpretação: gramatical ou literal, lógica, teleológica ou finalista; sistemática, extensiva ou ampliativa; restritiva ou limitativa; histórica, autêntica, sociológica.

> Jurisprudência:
> *AGRAVO DE PETIÇÃO. DELIMITAÇÃO DOS VALORES INCONTROVERSOS. ALCANCE. A exigência contida no parágrafo 1º do artigo 897 da CLT alcança apenas o devedor. O objetivo da lei é evitar a impugnação protelatória, vazia de conteúdo, genérica, o recurso*

fácil, ou seja, busca-se impedir o devedor de lançar mão do recurso apenas para protelar a execução. E o credor é que não tem interesse nisso. Daí que se o agravante-credor não delimita o valor da matéria impugnada, apenas inviabilizará o prosseguimento da execução do remanescente. Portanto, é só a ele que o legislador pretendeu alcançar. É a interpretação lógica, a única que faz sentido no contexto e que, por isso, há de prevalecer sobre a interpretação meramente gramatical. (TRT 2ª Região. Proc n. Agravo de Petição 01 – 00518-1995-317-02-01. 11ª Turma. Relator Eduardo de Azevedo Silva. Data: 09/01/2007)

1.12. INTEGRAÇÃO

A integração tem por objetivo suprir as eventuais lacunas da lei, e, segundo estabelece o artigo 8º da CLT, poderão ser utilizados como métodos a doutrina, a jurisprudência, a analogia, os costumes e os princípios.

Jurisprudência:
ADICIONAL DE INSALUBRIDADE – BASE DE CÁLCULO. Uma vez reconhecida a inconstitucionalidade do salário mínimo "como indexador de base de cálculo de vantagem de servidor público ou de empregado", não cabe mais a aplicação do art. 192 da CLT. Tal importaria em violação à Súmula Vinculante n. 4. A ausência de norma legal, constitucional e válida, sobre a matéria, justifica a invocação do art. 4º da Lei de Introdução ao Código Civil, ou seja, no caso concreto, essa lacuna normativa deve ser colmatada com base na analogia, nos costumes ou nos princípios gerais do direito. Por razões de relevante similitude, aplica-se ao art. 193 do CLT, que ao disciplinar o adicional de periculosidade fixou o salário do empregado (salário em sentido estrito e não a remuneração), para o cálculo do adicional de insalubridade. (TRT 3ª Região. RO – 00059-2008-016-03-00-2. 2ª Turma. Relatora Convocada Taísa Maria Macena de Lima. Data: 10/09/2008)

2 | Direito internacional do trabalho

2.1. Introdução

O Direito Internacional do Trabalho não é considerado um dos segmentos do Direito do Trabalho, mas sim um ramo do Direito Internacional Público, motivo pelo qual será feito um breve comentário a respeito do assunto.

O Direito Internacional do Trabalho tem como objetivo proteger o trabalhador enquanto parte numa relação laboral onde existam elementos que mereçam cuidado ao serem analisados, tais como: a moeda fixada na remuneração, a nacionalidade das partes, o domicílio, o local de celebração ou de execução do contrato, entre outros.

Baseando-se nas normas da OIT – Organização Internacional do Trabalho e do Tratado de Versalles, o ordenamento jurídico brasileiro, em busca da solução dos conflitos trabalhista internacionais, utiliza-se dos tratados, acordos e convenções internacionais, que, após prévia aprovação do Poder Legislativo, são incorporados ao ordenamento interno.

2.2. Organização Internacional do Trabalho – OIT

Criada em 1919, pela Conferência de Paz, a Organização Internacional do Trabalho – OIT é um organismo internacional criado pelo Tratado de Versalhes, com sede em Genebra, ao qual podem filiar-se todos os países-membros da ONU – Organização das Nações Unidas.

A OIT é um organismo especializado em questões trabalhistas e tem como objetivo principal a dignificação do trabalho e do trabalhador. Para isso busca a justiça social e o bem-estar entre os povos, condição básica para a manutenção da paz internacional.

A OIT contém os seguintes órgãos:

- **Conferência ou Assembleia Geral**, realizada em junho de todos os anos e constituída atualmente por 182 Estados-membros. Integram esta conferência tanto membros do Governo como trabalhadores e empregadores acompanhados de suas delegações. Em face de sua função deliberativa, cabe a ela a adoção e a revisão das normas internacionais do trabalho, aprovando as políticas gerais, o programa de trabalho e o orçamento da OIT.

- **Conselho de Administração**, órgão colegiado que exerce a administração da OIT, composto de 28 representantes do Governo, 14 dos trabalhadores e 14 dos empregadores que são os representantes dos países de maior importância industrial eleitos a cada três anos. Por ter função administrativa e executiva, é responsável pela elaboração e pelo controle das políticas e programas da OIT.

- **Repartição Internacional do Trabalho (RIT)** funciona como a secretaria da OIT. Tem como competência "a centralização e a distribuição de todas as informações concernentes à regulamentação internacional das condições de vida e de trabalho dos trabalhadores e, em particular, ao estudo das questões a serem submetidas à discussão da Conferência, para a adoção de convenções internacionais, assim como a realização de inquéritos especiais determinados pela Conferência ou pelo Conselho de Administração". (§ 1º, do artigo 10, da Constituição da OIT).

Capítulo 2

Jurisprudência:
IMUNIDADE DE JURISDIÇÃO E DE EXECUÇÃO. ORGANISMO INTERNACIONAL. ORGANIZAÇÃO DAS NAÇÕES UNIDAS. A imunidade de jurisdição parte do princípio 'par in parem nom habet judicium' (não haverá jurisdição entre os iguais) que, mesmo não estando previsto expressamente em nenhum texto positivado, acabou por se firmar como norma consuetudinária que sempre regeu as relações internacionais. Apesar de avançadíssimo posicionamento da jurisprudência pátria, que vem entendendo pela relativização desses princípios para que não se cometam injustiças com os empregados brasileiros, a ONU – Organização das Nações Unidas – é um organismo internacional universal de fins gerais, que não tem a sua imunidade de jurisdição e execução somente assegurada por norma consuetudinária, mas sim garantida por meio de norma expressa, disposta nos tratados de sua constituição e/ou estabelecimento em outro Estado. E, com efeito por força de normas escritas perfeitamente integradas no ordenamento jurídico brasileiro por meio dos Decretos 52.288/63 e 59.308/66, a Organização das Nações Unidas detém imunidade de jurisdição e de execução, não comportando quaisquer ressalvas que se possa fazer a atos de mera gestão, já que constitui prerrogativa do referido Organismo tão somente a renúncia à imunidade de jurisdição. (TRT 23ª Região. RO – 00248-2004-003-23-00. Relatora Juíza Leila Calvo. Data: 31/03/2005)

2.3. NORMAS INTERNACIONAIS

2.3.1. CONVENÇÕES

São normas internacionais: convenções, tratados, denúncia, recomendação e declaração.

Convenções são normas editadas pela Assembleia Internacional da OIT, aprovadas por maioria de 2/3 dos presentes e tem como objetivo estabelecer regras gerais obrigatórias para os Estados que as ratificarem.

No Brasil, as convenções da OIT deverão ser aprovadas pelo Congresso Nacional e promulgadas por decreto do Presidente da República, passando a ser admitidas como Leis ordinárias federais. De acordo com o artigo 5º,

§ 3º da CF, quando aprovados os tratados e as convenções internacionais sobre direitos humanos, nos dois turnos por 3/5 dos votos, em cada Casa do Congresso Nacional, serão equivalentes às emendas constitucionais.

O início da vigência das convenções vem previsto expressamente no diploma aprovado pela OIT, mas geralmente a vigência internacional se inicia 12 meses após o registro das ratificações.

> **Jurisprudência:**
> AÇÃO CIVIL PÚBLICA – CONSTITUCIONALIDADE OU INCONSTITUCIONALIDADE DO DECRETO 2.100/96 – DENÚNCIA DA CONVENÇÃO 158 DA OIT. *As convenções internacionais, para serem obrigatórias no território nacional, dependem de prévia ratificação, que se dá por ato conjunto do chefe do Poder Executivo e do Congresso Nacional. No lado oposto, para se efetuar a denúncia de convenções internacionais, novamente sobressai o princípio da coparticipação Executivo-Legislativo, conforme interpretação conjunta do disposto nos artigos 84, IV e VIII, e 49, I, ambos da Constituição da República. Assim, a denúncia da Convenção Internacional configura um ato complexo, resultante da conjugação de duas vontades homogêneas: a do Congresso Nacional, que resolve, definitivamente, mediante decreto legislativo, sobre tratados, acordos ou atos internacionais (CR, artigo 49, I) e a do Presidente da República, que, além de poder celebrar esses atos de direito internacional (CR, artigo 84, VIII), também dispõe – como Chefe de Estado – da competência para denunciá-los, desde que referendado pelo Congresso. Sob este prisma, é constitucional o ato unilateral do Presidente da República, que por meio do Decreto n. 2.100, de 20/12/1996, publicado em 23/12/1996, tornou pública a denúncia pelo Brasil da Convenção 158 da OIT, relativa ao término da relação de trabalho por iniciativa do empregador, sendo que, para se configurar a eficácia plena da denúncia nele contida, é necessário o referendo do Congresso (cf. artigo 49, I, CR).* (TRT 3ª Região. RO 00260-2007-054-03-00-5. 1ª Turma. Relatora: Convocada Taísa Maria Macena de Lima. Data: 11/04/2008)

2.3.2. Tratados

Considerado a principal fonte do Direito Internacional, o tratado é o acordo solene envolvendo dois ou mais Estados soberanos que estipulam direitos e obrigações entre si.

Conceitua a Convenção de Viena em seu artigo 2º, § 1, "*a*" os tratados internacionais como "acordos formais concluídos entre os sujeitos de Direito Internacional, regidos pelo direito das gentes, visando à produção de efeitos jurídicos para as partes contratantes e, em certos casos, inclusive para terceiros não partes no acordo".

Para que tenha eficácia jurídica, o tratado necessita passar por processo de negociação, celebração e retificação, em que o Congresso e a Presidência da República estarão dotados de competências diversas, mas voltados para a mesma finalidade.

Estabelece o artigo 24 da Convenção de Viena: "1. Um tratado entrará em vigor da maneira e na data que nele se disponha ou que acordem os Estados negociadores. 2. Na falta de tal disposição ou acordo, o tratado entrará em vigor tão pronto haja certeza do consentimento de todos os Estados negociados em obrigar-se pelo tratado. 3. Quando o consentimento de um Estado em obrigar-se por um tratado se verifique numa data posterior à da entrada em vigor do respectivo tratado, este entrará em vigor com relação a esse Estado na referida data, salvo se o tratado dispuser outra coisa."

O Tratado é um ato jurídico que, quando entra em vigor, obriga as partes e deve ser cumprido obedecendo aos princípios da boa-fé para que garanta a segurança das relações.

> **Jurisprudência:**
> HABEAS CORPUS *PREVENTIVO. INDEFERIMENTO. Nos autos resta cristalino que o impetrante é depositário infiel, sem justificativa plausível. Assim, não há ilegalidade alguma em se decretar sua prisão civil, cabendo-nos ressaltar que o Pacto de San José da Costa Rica, ratificado pelo Brasil, não revogou o dispositivo constitucional que permite a prisão do depositário infiel, eis que a Lei Magna somente pode ser modificada por meio de Emenda Constitucional. Mister também se faz ressaltar que os instrumentos internacionais ratificados pelo Brasil têm status de lei ordinária, de modo que não possuem força para modificar a Constituição Federal. Frise-se, ainda, que o § 3º, do art. 5º, da Lei Maior, preceitua que "Os tratados e convenções internacionais sobre direitos humanos que forem aprovados, em cada Casa do Congresso Nacional, em dois turnos, por três quintos dos votos dos respectivos membros, serão equivalentes às emendas constitucionais", de modo que resta claro que somente no caso de instrumentos internacionais que versem sobre direitos humanos, e ainda assim, desde que sejam aprovados pelo Congresso Nacional,*

é que podem ter status *de Emenda Constitucional. Salvo conduto indeferido.* (TRT 19ª Região. HC – 00118-2006-000-19-00-8. Ano: 2006. Turma: TP – Tribunal Pleno. Relator Juiz Relator José Abílio Neves Sousa. Data: 27/12/2006)

HABEAS CORPUS. PRISÃO CIVIL. DEPOSITÁRIO JUDICIAL INFIEL. JURISPRUDÊNCIA CONSTITUCIONAL DO SUPREMO TRIBUNAL FEDERAL. ILEGITIMIDADE JURÍDICA DA DECRETAÇÃO DA PRISÃO CIVIL. ORDEM CONCEDIDA. *Não mais subsiste, no sistema jurídico pátrio, a prisão civil por infidelidade depositária. O Supremo Tribunal Federal vem destacando, nos julgamentos acerca deste tema, o que dispõem a Convenção Americana sobre Direitos Humanos/Pacto de São José da Costa Rica (artigo 7º, parágrafo 7º) e o Pacto Internacional sobre Direitos Civis e Políticos, adotando entendimento de que os tratados e convenções internacionais sobre direitos humanos aos quais o Brasil aderiu têm* status *de norma supralegal. Nesse sentido, a subscrição pelo Brasil aos referidos tratados, limitando a prisão civil por dívida ao descumprimento inescusável de prestação alimentícia, implicou a derrogação das normas estritamente legais referentes à prisão do depositário infiel. Incabível, desse modo, no sistema constitucional vigente no Brasil, a decretação de prisão civil do depositário infiel. Ordem de Habeas Corpus deferida.* (TRT 3ª Região. HC – 00742-2009-000-03-00-5. 8ª Turma. Relator Márcio Ribeiro do Valle Data: 20/07/2009)

2.3.3. Denúncia

A denúncia é uma notificação do Estado soberano, indicando que não continuará mais acatando determinada norma internacional. Esta notificação estabelece um prazo para que os efeitos destes sejam cessados.

A faculdade de denunciar os tratados, vem, via de regra, consignada como uma de suas cláusulas, e, sendo o tratado em caráter perpétuo, essa cláusula diz-se subentendida.

Jurisprudência:
AÇÃO CIVIL PÚBLICA – CONSTITUCIONALIDADE OU INCONSTITUCIONALIDADE DO DECRETO 2.100/96 – DENÚNCIA DA CONVENÇÃO 158 DA OIT. *As convenções internacionais, para serem obrigatórias no território nacional, dependem de prévia*

ratificação, que se dá por ato conjunto do chefe do Poder Executivo e do Congresso Nacional. No lado oposto, para se efetuar a denúncia de convenções internacionais, novamente sobressai o princípio da coparticipação Executivo-Legislativo, conforme interpretação conjunta do disposto nos artigos 84, IV e VIII, e 49, I, ambos da Constituição da República. Assim, a denúncia da Convenção Internacional configura um ato complexo, resultante da conjugação de duas vontades homogêneas: a do Congresso Nacional, que resolve, definitivamente, mediante decreto legislativo, sobre tratados, acordos ou atos internacionais (CR, art. 49, I) e a do Presidente da República, que, além de poder celebrar esses atos de direito internacional (CR, art. 84, VIII), também dispõe – como Chefe de Estado – da competência para denunciá-los, desde que referendado pelo Congresso. Sob este prisma, é constitucional o ato unilateral do Presidente da República, que por meio do Decreto n. 2.100, de 20/12/1996, publicado em 23/12/1996, tornou pública a denúncia pelo Brasil da Convenção 158 da OIT, relativa ao término da relação de trabalho por iniciativa do empregador, sendo que, para se configurar a eficácia plena da denúncia nele contida, é necessário o referendo do Congresso (cf. art. 49, I, CR). (TRT 3ª Região. RO – 00260-2007-054-03-00-5. 1ª Turma. Relatora Convocada Taísa Maria Macena de Lima. Data: 11/04/2008)

2.3.4. Recomendação

A recomendação é um ato pelo qual um órgão consultivo ou deliberativo, diante de uma pendência entre os Estados soberanos, aconselha ou convida as partes interessadas a encontrar a solução sobre determinada norma a fim de que evitem litígios entre elas.

Em resumo, a recomendação é a proposta que não logrou êxito no *quorum* de 2/3 e serve de simples orientação.

2.3.5. Declaração

Declaração são documentos com normas não obrigatórias, gerais, de conteúdo programático, que servem de orientação para os Estados soberanos.

2.4. Convenção de Viena

A Convenção de Viena (1961) foi aprovada no Brasil pelo Decreto Legislativo n. 103/64 e promulgada pelo Decreto n. 56.435/65. É um dos mais importantes acordos internacionais.

Alguns dispositivos da Convenção de Viena estão relacionados a isenções e imunidades, e merecem destaque no âmbito trabalhista.

O artigo 4º estabelece que o Estado acreditante (país de origem) deverá nomear um Chefe da Missão que seja aceito pelo Estado acreditado (país de destino). Não sendo aceito o chefe da missão, o Estado acreditado não é obrigado a esclarecer suas razões.

Poderá o Estado acreditado, a qualquer momento, sem a obrigação de se justificar, notificar que um membro do pessoal diplomático é uma *persona non grata*. Essa pessoa pode ser declarada não aceitável mesmo antes de chegar ao território do Estado acreditado (artigo 9).

Os locais da Missão e todos os bens nele situados não poderão ser objetos de busca, requisição, embargo ou medida de execução (artigo 22).

O agente diplomático goza de imunidade de jurisdição penal, civil e administrativa, salvo se tratar de ação relativa a qualquer profissão liberal ou atividade comercial quando exercida fora de suas funções oficiais (artigo 31).

No que se refere às ações cíveis ou administrativas, a renúncia à imunidade de jurisdição não implicará renúncia à imunidade quanto às medidas de execução da sentença, para as quais nova renúncia será necessária (artigo 32).

O agente diplomático, quanto aos serviços prestados ao Estado acreditante, estará isento das disposições sobre seguro social que vigorarem no Estado acreditado. A isenção estende-se a todos os trabalhadores que se acham a serviço do agente diplomático (artigo 33).

Os trabalhadores a serviço dos membros da Missão, quando não nacionais ao Estado acreditado nem nele tenham residência permanente, estarão isentos de impostos e taxas sobre os salários que perceberem pelos seus serviços (artigo 37).

O agente diplomático não exercerá no Estado acreditado nenhuma atividade profissional ou comercial em proveito próprio (artigo 42).

Jurisprudência:
RECLAMAÇÃO TRABALHISTA. CONSULADO. IMUNIDADE DE JURISDIÇÃO. As Convenções de Viena firmadas em 1961 e 1963 que regulamentam, respectivamente, os serviços diplomático e

consular, não garantiam a imunidade de jurisdição do Estado, mas tão somente de seus representantes (diplomatas e cônsules). A imunidade do Estado decorria de norma consuetudinária advinda da máxima "par in parem non habet judicium" (entre iguais não há jurisdição). Atento a essa prática costumeira na esfera internacional, o Excelso Supremo Tribunal Federal inclinava-se pela extensão da imunidade de jurisdição ao próprio Estado estrangeiro. A partir da década de 1970, essa tendência caminhou em sentido contrário, com a edição da Convenção Europeia, em 1972, a qual afasta a imunidade no caso de demanda trabalhista ajuizada por súdito, ou pessoa residente no território local, contra representação diplomática estrangeira (art. 5º). Na mesma década, veio a lume lei norte-americana (1976), abolindo a imunidade nos feitos relacionados com danos, ferimentos ou morte, produzidos pelo Estado estrangeiro no território local. A Grã-Bretanha também promulgou legislação semelhante (1978), baseada nos dois textos mencionados acima. A partir dessa época, portanto, a imunidade deixou de ser absoluta no plano internacional. Na esteira desse entendimento, o Excelso Supremo Tribunal Federal alterou o posicionamento até então adotado, passando a se manifestar pelo afastamento da imunidade absoluta. O entendimento que tem prevalecido, desde essa época, é o de que o ente de direito público externo está sujeito a cumprir a legislação trabalhista na hipótese de contratação de empregados. Apenas os atos de império atraem a imunidade de jurisdição. Os atos de gestão, como, por exemplo, a contratação de pessoas residentes ou domiciliadas no país acreditado, não estão abrangidos pela referida imunidade. Logo, o Poder Judiciário não deverá negar a prestação jurisdicional devida a brasileiros que venham alegar lesão a seus direitos trabalhistas pela atuação de Estados estrangeiros, dentro do território nacional. (TRT 3ª Região. RO – 01558-2001-001-03-00. 2ª Turma. Relatora Juíza Alice Monteiro de Barros. Data: 01/05/2002)

2.5. Comissão de Peritos e Comitê de Liberdade Sindical

Entre as comissões permanentes, cabe destacar a Comissão de Peritos na Aplicação de Convenções e Recomendações e a Comissão de Peritos em Seguridade Social, integrada por 21 juristas e um especialista provenientes de várias partes do mundo, originários de sistemas políticos, econômicos e sociais. São pessoas que possuem grande experiência em questões de política social e legislação do trabalho, eleitos a título pessoal pelo Conselho de Administração, por proposta do Diretor-Geral, para um mandato de três anos, que pode ser renovado sucessivamente.

Cabe à Comissão de Peritos, que recebe e avalia queixas, supervisionar a aplicação das convenções ratificadas, das convenções não ratificadas e das recomendações, emitindo observações e produzindo relatórios aos países-membros.

Os Governos dos Estados-membros, que não ratificaram determinadas convenções ou não acataram uma recomendação, informam periodicamente ao Diretor-Geral da Repartição as dificuldades encontradas. A Comissão de Peritos, considerando tais relatórios, verifica em que medida estão sendo aplicadas determinadas convenções por parte desses países, bem como certas recomendações indicando os obstáculos encontrados que estão a retardar ou impedir sua adoção ou total aplicação. As obrigações são iguais para os Estados-membros que adotam o sistema federativo.

A Comissão de Peritos, desde 1977, por delegação da ONU, vem examinando a aplicação de normas de Direito do Trabalho, de direitos sindicais e de seguridade social contidas no Pacto Internacional sobre Direitos Econômicos, Sociais e Culturais.

O Comitê de Liberdade Sindical é mantido pelo Conselho de Administração da OIT. O Comitê de Liberdade Sindical analisa reclamações acerca de violações à liberdade sindical (Convenção 87 não ratificada pelo Brasil) e aos direitos à sindicalização (Convenção 98), além de proteger a autonomia das negociações coletivas.

2.6. DUMPING, CLÁUSULAS E SELOS SOCIAIS

O *dumping* é uma forma de concorrência desleal fundada no desrespeito à legislação social, pois implica exploração do trabalhador em benefício do mercado.

Para combater esse desrespeito, alguns países adotaram as denominadas cláusulas sociais, devidamente inseridas nos acordos internacionais de comércio.

As cláusulas sociais inseridas nos acordos internacionais de comércio lutam contra a exploração de trabalhadores no mercado de trabalho, buscando preservar os princípios fundamentais do trabalho, quais sejam, tratam da não discriminação de trabalhadores, da negociação coletiva, da proibição do trabalho forçado, da liberdade de organização sindical e outros.

O sistema do selo ou etiqueta social é considerado também uma forma de repressão aos abusos trabalhistas, e, por meio de estampas nas embalagens dos produtos destinados à exportação, as "etiquetas" funcionam como selo de garantia de que tais mercadorias foram manufaturadas, respeitando-se as convenções internacionais do trabalho.

Jurisprudência:
DUMPING SOCIAL. INDENIZAÇÃO. *É indevida a indenização por dumping social, fundamentada no argumento de que a ausência do pagamento das horas extras configuraria vantagem em relação à concorrência, bem como em razão de prejuízo a princípios ou valores presentes no texto constitucional. O dano que o reclamante sofreu pelo não pagamento das horas extras está sendo reparado pela condenação. Deferir mais ao reclamante, em que pesem os argumentos utilizados pelo juízo, implicaria malferir o princípio da restituição integral, dando-se mais ao autor do que lhe é devido.* (TRT 3ª Região. RO – 01519-2008-063-03-00-7. 9ª Turma. Relatora Convocada Maristela Iris da Silva Malheiros. Data: 24/06/2009)

"DUMPING SOCIAL". *A "teoria do dumping social" teve origem no contexto de globalização da economia, com o consequente desmembramento da plantas industriais, como nos casos da produção de tênis e de bolas esportivas. Nesses conhecidos exemplos, constatou-se que as grandes indústrias desses materiais transferiram a maior parte de sua produção para os países asiáticos, em que a mão de obra é sabidamente barata, alijada de qualquer direito que regulamente as relações de trabalho. Essa situação motivou um movimento mundial destinado a restringir o mercado para tais produtos resultantes da força de trabalho infantil de Bangladesh. Daí criaram-se os selos comprobatórios de que a mercadoria foi produzida em respeito aos direitos dos trabalhadores, o que geraria um plus para a empresa, demonstrativo de sua responsabilidade social. Afora tais exemplos extremos, não se pode considerar que o trabalho em sobrejornada – o que sequer foi confirmado no julgamento do recurso – e para o que existe regulamentação própria no Brasil (desde 1942) possa produzir o tal* dumping *social. Aliás, as relações de trabalho já são conflituosas em si mesmas e não carecem de "pós-modernidades" que venham no sentido de mais incitá-las.* (TRT 3ª Região. RO – 02345-2008-063-03-00-0. 9ª Turma. Relator Antônio Fernando Guimarães. Data: 18/03/2009)

3 | Contrato de trabalho

3.1. Conceito

A CLT define contrato de trabalho em seu artigo 442, *caput*: "contrato individual de trabalho é o acordo tácito ou expresso correspondente à relação de emprego."

É o acordo no qual as partes ajustam direitos e obrigações recíprocas, em que uma pessoa física (empregado) se compromete a prestar pessoalmente serviços subordinados, não eventuais, a outrem (empregador), mediante o pagamento de salário.

O contrato de trabalho é um ato jurídico, tácito ou expresso que cria a relação de emprego, gerando, desde o momento de sua celebração, direitos e obrigações para ambas as partes. Nele, o empregado presta serviços subordinados mediante salário.

3.2. Natureza Jurídica

As teorias contratualista e anticontratualista procuram explicar a natureza jurídica do contrato de trabalho.

A teoria contratualista considera a relação entre empregado e empregador um contrato porque decorre de um acordo de vontade entre as partes, devendo este ser escrito. Por outro lado, a teoria anticontratualista entende que o empregador é uma instituição na qual há uma situação estatutária e não contratual, em que as condições de trabalho demonstram uma subordinação do empregado pelo empregador, podendo ser este um acordo verbal.

No Brasil, adotamos a teoria mista, intermediária, que determina que o contrato de trabalho tem natureza contratual, podendo este ser tanto escrito como verbal (artigo 442, *caput,* CLT).

3.3. Características do contrato de trabalho

A Doutrina classifica o contrato de trabalho como um negócio jurídico de direito privado, expresso ou tácito, pelo qual uma pessoa física (empregado) presta serviços continuados e subordinados a outra pessoa física ou jurídica (empregador) percebendo para tanto um salário. O contrato de trabalho é um negócio jurídico bilateral, sinalagmático, oneroso, comutativo, de trato sucessivo, já que não se completa com um único ato e que se estabelece entre empregador e o empregado, relativo às condições de trabalho. Resumindo, são características do contrato de trabalho: ser oriundo do direito privado, consensual, sinalagmático, comutativo, de trato sucessivo, oneroso, subordinativo.

- É oriundo do direito privado, uma vez que as partes, empregado e empregador, pactuam seus próprios regulamentos, porém são limitados à legislação trabalhista.
- É um contrato consensual e não solene, pois a lei não exige forma especial para sua validade, bastando o simples consentimento das partes (artigo 443, CLT).
- É um negócio jurídico sinalagmático (convenção, pacto, contrato) e bilateral, uma vez que cada uma das partes se obriga a uma prestação. Por resultar em obrigações contrárias e equivalentes, a parte que não cumprir sua obrigação não tem o direito de reclamar.
- É comutativo, uma vez que de um lado há a prestação de trabalho e do outro lado há a contraprestação dos serviços.
- É considerado de trato sucessivo, pois não se exaure em uma única prestação.
- É oneroso, uma vez que o objeto do contrato é a prestação de serviços mediante salário e de mês a mês as obrigações se repetem.
- Classifica-se como subordinativo pelo fato de o empregado se subordinar às ordens do empregador.

O que caracteriza o contrato de trabalho, ou seja, o que é capaz de diferenciar este contrato dos demais, é a dependência ou subordinação do empregado ao empregador (subordinação técnica, social, econômica e jurídica). A subordinação jurídica é a que predomina na doutrina, uma vez que o empregado cumpre as ordens do empregador. Isso ocorre em razão da relação contratual laboral.

Jurisprudência:
DANOS MORAIS E MATERIAIS. PEDIDO INDENIZATÓRIO FULCRADO NA DECLARAÇÃO DA NULIDADE DO CONTRATO DE TRABALHO (CF, ARTIGO 37, II). INDEFERIMENTO. INEXISTÊNCIA DE PREJUÍZO. O contrato de trabalho é fundamentalmente um acordo de vontades, de onde resulta seu caráter sinalagmático (CLT, artigo 442). Por esse raciocínio, não há como entender que o contrato de trabalho mantido entre o trabalhador e o ente público, declarado judicialmente nulo por ausência de prévia submissão a concurso público (CF, artigo 37, § 2º), tenha sido um ato unilateral da administração pública, de forma a imputar-se eventual responsabilidade da contratação apenas a esta. Ambas as partes pactuaram um contrato em desatenção ao mandamento constitucional (artigo 37, II) e não há como concluir que o ente público tenha que indenizar o trabalhador, se este também participou da ilicitude e ainda se beneficiou em detrimento dos demais cidadãos, em razão da inexistência de concorrência legal e justa. Portanto, a declaração de improcedência dos pedidos trabalhistas formulados em razão da contratação irregular não gera direito de indenização por danos morais e materiais. Recurso improvido por unanimidade. (TRT 24ª Região. RO – 683-2005-021-24-08. Turma: TP – Tribunal Pleno. Relator João de Deus Gomes de Souza. Data: 26/01/2006)

3.4. Responsabilidade pré-contratual

Atualmente a responsabilidade do empregador não se limita somente ao período da contratação, sendo possível ao empregado pleitear perante a Justiça do Trabalho danos morais e materiais.

O contrato de trabalho deve criar uma confiança entre as partes (princípio da boa-fé dos contratos), motivo pelo qual precisa ser reconhecida a responsabilidade daquele que desiste da concretização do negócio jurídico.

Em afronta ao princípio da dignidade da pessoa humana e com a discriminação em entrevista de emprego, é possível pleitear na Justiça do Trabalho eventual dano moral.

Ainda os danos emergentes e os lucros cessantes também podem ser angariados diante da falsa proposta de emprego, pois muitas vezes o trabalhador recusa outras propostas ou pede demissão do atual emprego em detrimento da promessa de emprego.

Jurisprudência:
RESPONSABILIDADE PRÉ-CONTRATUAL. INDENIZAÇÃO INDEVIDA. A responsabilidade civil do empregador não está limitada ao período contratual, podendo alcançar também a fase pré-contratual. É que a seriedade nas negociações preliminares cria uma confiança entre as partes, possibilitando que se reconheça a responsabilidade daquele cuja desistência na concretização do negócio ensejou prejuízos a outrem, ante a existência de uma convicção razoável em torno do cumprimento das obrigações inerentes ao contrato. Todavia, não havendo provas de que a reclamada tenha garantido a contratação do reclamante, e não demonstrados os prejuízos por ele suportados enquanto aguardava ser convocado para iniciar suas atividades, não há falar em pagamento da indenização vindicada. (TRT 3ª Região. RO – 00235-2006-055-03-00-7. 1ª Turma. Relator Rogério Valle Ferreira. Data: 04/08/2006)

DANOS MORAIS. RESPONSABILIDADE PRÉ-CONTRATUAL. A indenização por dano moral repousa na teoria subjetiva da responsabilidade civil, cujo postulado básico estriba-se no conceito de culpa, e esta, fundamentalmente, tem por pressuposto a infração de uma norma preestabelecida, revelando-se necessário, ainda, que a conduta do agente venha a atingir, efetivamente, algum dos bens elencados no artigo 5º, X da CF/88, quais sejam, a intimidade, vida privada, honra e imagem. Todas essas ponderações acerca dos pressupostos da responsabilidade civil pelos danos causados na fase contratual também são aplicáveis ao dano pré-contratual, correspondente às despesas e prejuízos que a parte suportou em decorrência da frustração injustificada da formação do contrato de trabalho, bastando fique comprovada a violação dos deveres de lealdade, proteção e informação pela empresa para com o futuro empregado, além do princípio da boa-fé objetiva que incide no campo obrigacional. Na hipótese, não restando demonstrada a má-fé da empresa na promessa de contratação frustrada, bem assim que tenha a autora deixado de aceitar outra proposta de emprego em razão da promessa de contratação havida, ou, ainda, que tal expectativa tivesse alterado substancialmente sua rotina e de sua família, a ponto de causar-lhe prejuízo de ordem moral capaz de ensejar a respectiva indenização, tenho por não comprovado o resultado lesivo, não havendo falar em indenização por danos morais. (TRT 23ª Região. RO – 00049-2008-006-23-00. Relator Desembargador Roberto Benatar. Data: 30/09/2008)

3.5. Sujeitos

Os sujeitos do contrato de trabalho são as pessoas físicas, naturais ou jurídicas que possam ser contratadas. Estabelece a CLT que são sujeitos do contrato de trabalho o empregado e o empregador (artigos 2º e 3º da CLT).

O empregador tem o dever de assumir os riscos da atividade econômica, admitindo, dirigindo e assalariando aquele que lhe presta os serviços.

O profissional liberal, a instituição de beneficência, as associações recreativas e outras instituições sem fins lucrativos que contratem trabalhadores como empregados são equiparados por lei ao empregador.

A família e a massa falida, mesmo sem personalidade jurídica, podem assumir as condições de empregador.

Jurisprudência:
RESPONSABILIDADE CIVIL DO EMPREGADOR – DANOS MORAIS – REPARAÇÃO DE VIDA. Empregado e empregador, como sujeitos do contrato de trabalho, devem pautar suas relações pelo respeito recíproco. O tratamento humilhante dispensado por gerente da empresa à empregada, que era chamada de "burra" na frente de seus colegas de trabalho, caracteriza grave ofensa moral. O dano, neste caso, é deduzido do próprio insulto, bastando o implemento do ato ilícito para criar a presunção dos efeitos negativos na órbita subjetiva da vítima. O empregador deve arcar com a reparação moral devida à obreira tendo em vista ser legalmente responsável por atos de seus prepostos, praticados no exercício do trabalho que lhes competir ou em razão dele (artigos 932, inciso III, e 933 do Código Civil). Não se pode olvidar, ainda, que a empresa permitiu que a obreira fosse humilhada em seu ambiente de trabalho, sem tomar qualquer providência, configurando-se, assim, uma omissão culposa. Presentes todos os pressupostos para a responsabilização da Ré, a decisão monocrática que

a condenou ao pagamento de indenização por danos morais merece ser confirmada. (TRT 3ª Região. RO – 00343-2007-006-03-00-0. 8ª Turma. Relator Márcio Ribeiro do Valle. Data: 10/11/2007)

3.6. Formação

Como todo negócio jurídico, o contrato de trabalho deve respeitar as condições previstas no artigo 104 do Código Civil brasileiro que exige agente capaz, objeto lícito e possível, determinado ou indeterminado e forma prescrita ou não defesa em lei. Será considerado nulo o ato jurídico quando for ilícito ou impossível seu objeto (artigo 166, II, CC).

São requisitos necessários para a formação do contrato de trabalho:
• Capacidade dos contratantes;
• manifestação de vontade;
• objeto lícito;
• forma prescrita em lei.

No que se refere à capacidade dos contratantes, o Direito do Trabalho veda qualquer trabalho ao menor de 16 anos, salvo na condição de aprendiz, mas somente a partir dos 14 anos (CF, artigo 7º, XXXIII). Para o Direito do Trabalho, o menor entre 16 e 18 anos é considerado relativamente capaz. A capacidade absoluta só se adquire aos 18 anos (artigo 402 da CLT). Portanto, é proibido o contrato de trabalho com menor de 16 anos, porém, caso ocorra a prestação de serviço, este produzirá efeitos. De acordo com o artigo 439 da CLT, é lícito ao menor firmar recibo pelo pagamento dos salários. Tratando-se, porém, de rescisão do contrato de trabalho, é vedado ao menor de 18 (dezoito) anos dar, sem assistência dos seus responsáveis legais, quitação ao empregador pelo recebimento da indenização que lhe for devida.

A contratação de servidor público, quando não aprovado em concurso público, deve obedecer às determinações do artigo 37, II, § 2º, que lhe confere o direito ao pagamento da contraprestação em relação ao número de horas trabalhadas.

Os contratantes devem manifestar livremente sua vontade, devendo estar livre dos vícios que possam fraudar a lei ou prejudicar as partes contratadas tais como o erro, a má-fé, a coação, a simulação e a fraude. Os vícios praticados sem dolo não fraudam a lei, o contrário sim.

Desde que não contrariem as normas legais pertinentes, insta mencionar que as cláusulas constantes do contrato de trabalho são de livre estipulação das partes.

Em relação ao objeto lícito, a atividade desenvolvida deve ser lícita, permitida por lei, aceita pelo Direito.

A forma prescrita em lei reza que o contrato deve ser escrito ou verbal, salvo os casos previstos em lei que exigem a forma escrita.

Para elucidar, ressalta-se alguns contratos que exigem forma escrita na lei: o contrato temporário (Lei n. 6.019/74, artigo 11), contratos por prazo determinado (artigo 443 da CLT), contrato de aprendizagem (artigo 428 da CLT), contrato em regime de tempo parcial (artigo 58-A, § 2º da CLT), trabalho voluntário (Lei n. 9.608/98, artigo 2º) e outros.

De acordo com o artigo 443, da CLT, os contratos de trabalho podem ser celebrados por tempo determinado ou indeterminado. Assim, no contrato por tempo determinado, antecipadamente as partes ajustam seu termo. No contrato por tempo indeterminado, não há prazo para a terminação do pacto laboral.

> Jurisprudência:
> *CONTRATO DE TRABALHO. BENEFÍCIOS. PROMESSA VERBAL. O artigo 427 do Código Civil é claro em estabelecer que "a proposta de contrato obriga o proponente, se o contrário não resultar dos termos dela, da natureza do negócio, ou das circunstâncias do caso". Verifica-se, pois, que toda proposta tem força obrigacional, pois, aquele que promete, obriga-se pelos termos da promessa efetuada inserida nas linhas estruturais do negócio. Especificamente nos pactos trabalhistas, cumpre ressaltar que o fato de o ajuste eventualmente ser verbal em nada altera o referido entendimento, haja vista que, nos termos do artigo 443 da CLT, "o contrato individual de trabalho poderá ser acordado tácita ou expressamente, verbalmente ou por escrito (...)". Por assim ser, evidenciado nos autos que a Reclamada formulou uma promessa verbal ao Reclamante, comprometendo-se a ressarcir os gastos com alimentação e transporte, aquela se converteu em um adendo benéfico ao contrato de trabalho, sendo o suficiente para obrigar a proponente a cumpri-la. Contudo, se a Ré assim não procedeu, correta se mostra a decisão primeira que determinou o ressarcimento das despesas suportadas pelo Obreiro.* (TRT 3ª Região. RO – 00064-2009-075-03-00-3. 8ª Turma. Relator Márcio Ribeiro do Valle. Data: 20/07/2009)

3.7. Requisitos

Para melhor entendermos os requisitos do contrato de trabalho, devemos levar em consideração as definições encontradas nos artigos 2º e 3º da CLT:

> *Artigo 2º: Considera-se empregador a empresa, individual ou coletiva, que assumindo os riscos da atividade econômica, admite, assalaria e dirige a prestação pessoal de serviços.*
>
> *Artigo 3º: Considera-se empregado toda pessoa física que prestar serviços de natureza não eventual a empregador, sob a dependência deste e mediante salário.*
>
> *Parágrafo único: Não haverá distinções relativas à espécie de emprego e à condição de trabalhador, nem entre o trabalho intelectual, técnico e manual.*

Dentro dessas definições, podemos considerar os seguintes requisitos do contrato de trabalho:

- **Continuidade:** por ser um ajuste de vontade, o contrato de trabalho deve ser prestado de forma contínua, não eventual.
- **Onerosidade:** deve ser prestado de forma onerosa, mediante o pagamento de salários, pois o trabalhador deverá receber pelos serviços prestados.
- **Pessoalidade:** o empregado deverá ser pessoa física ou natural e não poderá ser substituído por outra pessoa (*intuitus personae*).
- **Alteridade:** o empregador assume qualquer risco, pois a natureza do contrato é de atividade e não de resultado.
- **Subordinação:** existe uma relação hierárquica entre empregado e empregador.

> **Jurisprudência:**
> *SALÁRIO MARGINAL. PROVA. EXISTÊNCIA. Compete ao autor, por ser fato extraordinário e constitutivo do seu direito, demonstrar de forma cabal e inconteste de dúvidas o pagamento de salário a latere, ex vi art. 818 da CLT, c/c art. 333, I, do CPC. Conseguindo o demandante produzir provas no sentido do alegado, imperioso se torna deferir-lhe o pleito de pagamento de salário 'por fora' com os reflexos legais, vez que logrou êxito em se desvencilhar do ônus probante que contra si pesava. PRINCÍPIO DA ALTERIDADE. RISCOS DA ATIVIDADE ECONÔMICA. Na seara trabalhista, os inúmeros e*

prováveis insucessos da atividade econômica devem ser suportados exclusivamente pelo empregador, não podendo este repassá-los aos seus empregados, na forma do previsto no art. 2º, da CLT. Se o trabalhador não participa da distribuição dos lucros, não pode responder pelos prejuízos. (TRT 23ª Região. RO – 01101-2003-003-23-00. Relator Juiz Osmar Couto. Data: 31/01/2006)

RELAÇÃO DE EMPREGO – ELEMENTOS CONSTITUTIVOS – INDISPENSABILIDADE DA PRESENÇA DO CLÁSSICO ELEMENTO DA SUBORDINAÇÃO JURÍDICA. Em se tratando da relação jurídica de emprego, é imprescindível a conjugação dos fatos: pessoalidade do prestador de serviços; trabalho não eventual; onerosidade da prestação; e subordinação jurídica. Portanto, apenas o somatório destes requisitos é que representará o fato constitutivo complexo do vínculo de emprego, que deve ser provado por quem invoca o direito. A adotar-se o difuso e etéreo conceito de "subordinação estrutural" será possível o reconhecimento de vínculo de emprego em qualquer situação fática submetida a esta Justiça, simplesmente porque não há, no mundo real das relações econômicas, qualquer atividade humana que não se entrelace ou se encadeie com o objetivo final de qualquer empreendimento, seja ele produtivo ou não. Para fins de aferir a existência de relação de emprego, ainda prevalece a clássica noção de subordinação, na sua tríplice vertente: jurídica, técnica e econômica. Ao largo dessa clássica subordinação, nada mais existe a não ser puro diletantismo ou devaneio acadêmico, máxime na realidade contemporânea onde a tendência irrefreável da história é a consagração do trabalho livre e competitivo. (TRT 3ª Região. RO – 00824-2008-070-03-00-0. 9ª Turma. Relator Convocado João Bosco Pinto Lara. Data: 06/05/2009)

COZINHEIRA. VÍNCULO DE EMPREGO. As declarações da própria autora desautorizam o reconhecimento do vínculo de emprego, contornando a seguinte realidade fática: exercia atividade autônoma de produção e comercialização de refeições para empregados e não empregados da fazenda de propriedade do reclamado, a partir da utilização de mantimentos custeados pelo seu esposo, este sim empregado do réu. Além de refeições, a autora também comercializava roupas para auferir renda. Ausentes os requisitos ensejadores de uma autêntica relação de emprego, quais sejam: subordinação jurídica, onerosidade, não eventualidade e pessoalidade, estes últimos pelas viagens confessadamente empreendidas pela autora com duração de uma semana. Nega-se provimento. (TRT 24ª Região. RO – 273-2006-071-24-04. Turma: TP – Tribunal Pleno. Relator Ricardo G. M. Zandona. Data: 18/07/2007)

3.8. Classificação

O Contrato de Trabalho pode ser classificado quanto à forma: tácito ou expresso, escrito ou verbal (artigo 442 e 443 CLT), e quanto a sua duração (determinado e indeterminado).

Quanto à forma, ele será tácito quando a manifestação de vontade decorrer de um comportamento que indique a relação de emprego, caracterizada pela existência de emprego. Será tácito quando não houver palavras escritas ou verbais.

O contrato também poderá ser expresso de forma escrita ou verbal, hipótese em que existe um contrato ou a manifestação verbal.

De acordo com o artigo 29 da CLT, independentemente da forma de contrato de trabalho, este sempre deverá ser anotado na CTPS.

Quanto à sua duração, o contrato poderá ser por prazo determinado ou indeterminado, fato que não muda sua natureza jurídica, pois ambos são regidos pelas leis trabalhistas, o que muda é a estipulação do prazo.

Será por prazo determinado quando seu término estiver previsto no momento da celebração, quando os contratantes expressam e previamente limitam sua duração, determinando o seu fim mediante termo ou condição. Neste caso, o término do contrato pode ocorrer com data certa ou data aproximada da conclusão dos serviços.

O contrato por prazo indeterminado é a forma mais utilizada pelas empresas, pois nele as partes, ao celebrá-lo, não estipulam a sua duração nem prefixam o seu termo extintivo. A indeterminação da duração é uma característica peculiar do princípio da continuidade.

Ademais o artigo 443, § 2º, da CLT, estabelece as hipóteses admitidas do contrato de trabalho por tempo determinado:
- Transitoriedade do serviço do empregado. Exemplo: implantação de sistema de informática.
- Transitoriedade da atividade do empregador. Exemplo: época da Páscoa, vender panetone no Natal.
- Contrato de experiência.

Jurisprudência:
CONTRATO DE EXPERIÊNCIA – OCORRÊNCIA DE ACIDENTE DO TRABALHO NO SEU CURSO – DIREITO À ESTABILIDADE PROVISÓRIA – INEXISTÊNCIA. Como modalidade de contrato por prazo determinado, o contrato de experiência extingue-se naturalmente pelo decurso do prazo previamente ajustado entre as partes, se não há cláusula de prorrogação automática, sendo, portanto, pela sua própria natureza, incompatível com qualquer espécie de estabilidade provisória no emprego, inclusive com aquela prevista no art. 118 da Lei n. 8.213/91. O instituto da estabilidade provisória aplica-se aos contratos por prazo indeterminado e somente terá aplicação no contrato a termo, quando da ocorrência de acidente do trabalho no seu curso, se assim for acordado previamente pelas partes, por aplicação analógica do art. 472, § 2º, da CLT. (TRT 3ª Região. RO – 00982-2008-103-03-00-6. 7ª Turma. Relator Paulo Roberto de Castro. Data: 14/05/2009)

3.9. Conversão do contrato por tempo determinado em indeterminado

O contrato de trabalho por prazo determinado será convertido em prazo indeterminado de acordo com as hipóteses a seguir:
a) Estipulação de prazo maior do que o previsto em lei (2 anos) – (Lei n. 9.601/98) ou 90 dias.
b) Estipulação do contrato por prazo determinado fora das hipóteses previstas no § 2º, do artigo 443, CLT:
I – Serviços de natureza ou transitoriedade justifiquem a predeterminação de prazo;
II – Atividades empresariais de caráter transitório; e
III – Contrato de experiência.
c) Se houver mais de uma prorrogação, o contrato vigorará sem prazo. O contrato de trabalho por prazo determinado que for prorrogado mais de uma vez passará a vigorar sem determinação de prazo (artigo 451, CLT).
d) Sucessão – para celebrar um novo contrato por prazo determinado com um mesmo empregado, é necessário respeitar o interregno de 6 meses para o novo pacto contratual.

e) Cláusula de rescisão contratual antecipada – uma vez ocorrida a rescisão antecipada do contrato, vigorará as normas concernentes ao contrato de trabalho por prazo indeterminado.

>Jurisprudência:
>DESCARACTERIZAÇÃO DO CONTRATO POR PRAZO DETERMINADO – MODALIDADE POR OBRA CERTA. Evidenciada a existência de diversos contratos celebrados por obra certa e por prazo determinado, percebe-se que as reclamadas têm necessidade permanente de mão de obra, tanto que chegou a contratar o empregado por reiteradas vezes em curtos intervalos e em períodos até mesmo consecutivos, sem solução de continuidade. E se o pressuposto objetivo do contrato não é mais o trabalho específico do empregado em obra certa, podendo o trabalhador ser deslocado de uma obra para outra, também por este motivo deve-se entender que a contratação se deu por prazo indeterminado. Na ocorrência desses casos, deve-se entender que o ajuste é de prazo indeterminado, pois o contrato de obra certa de que cogita a Lei n. 23.956/56 pressupõe a realização de obra ou serviço certo como fator determinante da prefixação do prazo contratual. A transitoriedade, se existente, se dava em relação às empresas tomadoras dos serviços da reclamada e não em relação aos empregados da prestadora dos serviços. (TRT 3ª Região. RO – 00623-2008-144-03-00-4. 10ª Turma. Relatora Convocada Taísa Maria Macena de Lima. Data: 23/04/2009)

3.10. Circunstâncias possibilitadoras do contrato por tempo determinado

O contrato de trabalho por tempo determinado é aquele cuja vigência se dará por tempo certo. Este prazo poderá ser uma data determinada, a realização de certos serviços ou um fato futuro que tenha uma duração aproximada (artigo 443, § 1º, CLT).

O artigo 443, § 2º, da CLT estabelece as hipóteses admitidas do contrato de trabalho por tempo determinado.

Cita-se como exemplo de transitoriedade do serviço do empregado os serviços, cuja natureza ou transitoriedade justifiquem a predeterminação do prazo, e a safra agrícola que não justifica o trabalho do empregado fora dessas épocas.

A atividade transitória pode ser da própria empresa e estará ligada a um serviço específico, como no caso do Comitê Eleitoral. Nesta hipótese, não existe nenhum propósito em dar continuidade ao trabalho fora daquele período.

Os contratos de experiência poderão ser fixados no máximo por 90 dias (artigo 445, CLT), sendo permitida uma única prorrogação (artigo 451, CLT). Havendo prorrogação, esta não poderá exceder 2 anos, e para os contrato de experiência não poderá exceder 90 dias, sob pena de se tornarem indeterminados.

O contrato de experiência é um contrato por prazo determinado cuja duração é reduzida, possibilitando ao empregador verificar as aptidões técnicas do empregado e a este avaliar a conveniência das condições de trabalho.

Determina o artigo 445 da CLT que o prazo de duração do contrato de trabalho por tempo determinado não poderá ser superior a 2 anos, podendo ser prorrogado apenas uma vez, se firmado por prazo inferior, e desde que a soma dos dois períodos não ultrapasse o limite de 2 anos (artigo 451 da CLT). Exige a lei que este contrato seja expresso e devidamente anotado na CTPS.

Somente será permitido um novo contrato após seis meses da data de conclusão do pacto anterior (artigo 452, CLT), salvo nas hipóteses em que a expiração do contrato dependeu da execução de serviços especializados ou da realização de certos acontecimentos.

É proibida a contratação de empregados por prazo determinado visando substituir pessoal regular e permanente contratado por prazo indeterminado.

Havendo cláusula que permita a rescisão imotivada antes do prazo determinado, este será regido pelas mesmas regras do contrato por tempo indeterminado (artigo 481, CLT), cabendo aviso prévio.

São exemplos de contratos por prazo determinado: obra certa; safra (Lei n. 5.889/73); atletas profissionais (Lei n. 9.615/98); aprendizagem (CLT, artigo 428).

Jurisprudência:
CONTRATO DE EXPERIÊNCIA – OCORRÊNCIA DE ACIDENTE DO TRABALHO NO SEU CURSO – DIREITO À ESTABILIDADE PROVISÓRIA – INEXISTÊNCIA. Como modalidade de contrato por prazo determinado, o contrato de experiência extingue-se naturalmente pelo decurso do prazo previamente ajustado entre as partes, se não há cláusula de prorrogação automática, sendo, portanto, pela sua própria natureza, incompatível com qualquer espécie

de estabilidade provisória no emprego, inclusive com aquela prevista no art. 118 da Lei n. 8.213/91. O instituto da estabilidade provisória aplica-se aos contratos por prazo indeterminado e somente terá aplicação no contrato a termo, quando da ocorrência de acidente do trabalho no seu curso, se assim for acordado previamente pelas partes, por aplicação analógica do art. 472, § 2º, da CLT. (TRT 3ª Região. RO – 00982-2008-103-03-00-6. 7ª Turma. Relator Paulo Roberto de Castro. Data: 14/05/2009)

ESTABILIDADE. CONTRATO DE TRABALHO POR TEMPO DETERMINADO. INAPLICABILIDADE. *O empregado contratado por tempo determinado não tem direito a estabilidade por acidente de trabalho.* (Processo 00218-2007-022-05-00-9 RO, ac. n. 011531/2008, Relator Desembargador Alcino Felizola, 1ª Turma, DJ 05/06/2008)

CONTRATO POR TEMPO DETERMINADO. *Estabelecido prazo inferior ao máximo permitido por lei para a vigência de contrato de trabalho por tempo determinado, e escoado o seu lapso, a manutenção do empregado em atividade faz com que o contrato se transforme em contrato por tempo indeterminado.* (Processo 00512-2007-101-05-00-8 RO, ac. n. 003057/2008, Relatora Desembargadora Graça Laranjeira, 2ª Turma, DJ 27/02/2008)

3.11. Formas de rescisão do contrato por tempo determinado

Via de regra, o contrato extingue-se a partir da data estipulada pelas partes; no entanto, podem ocorrer hipóteses de rescisão antecipada sem justa causa.

Neste caso, os efeitos do término do contrato dependerão da existência ou não de cláusula que preveja o direito recíproco de rescisão. Se não houver esta cláusula e a rescisão for provocada pelo empregador, este será obrigado a pagar, a título de indenização, a metade da remuneração que o empregado teria direito até o final do contrato (artigo 479, CLT).

Se a rescisão ocorrer por parte do empregado, este deverá indenizar o empregador pelos prejuízos sofridos, efetivamente comprovados, até o limite do que lhe seria devido na situação inversa (artigo 480, CLT).

Na existência de Convenção ou Acordo Coletivo, estes deverão estipular a indenização a ser paga, não se aplicando as indenizações já previstas na CLT, artigos 479 e 480.

As partes poderão rescindir o contrato antecipadamente se existir cláusula assecuratória do direito recíproco de rescisão, e a rescisão acarretará os mesmos direitos do contrato por prazo indeterminado.

> Jurisprudência:
> *CONTRATO DE TRABALHO TEMPORÁRIO. MULTA DO ART. 479 DA CLT. INAPLICABILIDADE. A Lei n. 6019/74 não prevê espécie de contrato por prazo determinado, mas apenas um contrato de duração limitada ao máximo de 90 dias. Despedido o trabalhador temporário antes desse prazo, não faz jus à multa prevista no art. 479 da CLT, devida apenas na rescisão antecipada, pelo empregador, de contratos que tenham termo estipulado.* (TRT 2ª Região. 7ª Turma. RS01 – 00225-2006-049-02-00. Redatora designada Sonia Maria de Barros. Data: 17/10/2006)
>
> *ANOTAÇÃO NA CTPS DE CONTRATO POR OBRA CERTA. Reclamada que pretende fazer valer contrato de trabalho temporário. Não caracterização da modalidade contratual alegada pela Reclamada. Dispensa injustificada antecipada. Indenização do artigo 479 da CLT. Devida. Apelo não provido.* (TRT 2ª Região. RO01 – 00543-2004-254-02-00. 1ª Turma. Relator Plínio Bolivar de Almeida. Data: 10/01/2006)

3.12. Alteração do contrato de trabalho

Muitas das condições estabelecidas em um contrato de trabalho podem ser alteradas no decorrer do tempo. No entanto, estabelece a lei alguns requisitos para que produzam efeito no contrato de trabalho.

O artigo 468 da CLT esclarece-nos que, para a validade de uma alteração nas disposições do contrato de trabalho, primeiramente as partes devem estar de acordo mutuamente, além do que o empregado não deverá sofrer nenhum prejuízo direta ou indiretamente, independentemente de sua natureza (salários, benefícios, jornadas de trabalho, comissões, vantagens).

Jurisprudência:
PLANO DE CARGOS E SALÁRIOS. ALTERAÇÃO UNILATERAL. IMPOSSIBILIDADE. A posterior exclusão das definições específicas previstas na primeira versão do Plano de Cargos e Salários causou prejuízos à reclamante, porquanto ficou evidenciado que, ao desconsiderar a conceituação dos padrões, a reclamada pagava salários sem a equivalência com a responsabilidade do cargo, constituindo alteração unilateral lesiva do contrato de trabalho. A expectativa do empregado, quando da adesão a determinado plano de cargos e salários, é a de que terá vantagens, de modo que a alteração das regras do plano pela empresa, após a opção do laborista, com a supressão de vantagens antes instituídas, desestabiliza a relação jurídica, encontrando vedação no art. 468 da CLT. (TRT 3ª Região. RO – 00784-2008-019-03-00-0. 2ª Turma. Relator Luiz Ronan Neves Koury. Data: 15/04/2009)

3.12.1. Princípio da imodificabilidade

Previsto no artigo 468 da CLT, o princípio da imodificabilidade estabelece que as condições do contrato de trabalho não podem ser modificadas unilateralmente evitando que o empregado, sendo o polo mais fraco da relação, não seja prejudicado por imposições do empregador.

Diante da ausência de prejuízo do empregado e com a concordância deste, esta regra é afastada. A concordância do empregado poderá ser escrita, verbal ou tácita, salvo quando imprescindível a forma escrita nos contratos de trabalho.

O prejuízo ao empregado poderá ser imediato ou mediato, uma vez que a alteração pode causar prejuízo no momento de sua modificação, ou ainda, logo depois.

Contudo, ainda que o empregado concorde com a alteração e esta alteração cause prejuízo imediato ou remoto ao trabalhador, ela não terá validade e, por conseguinte, poderá o trabalhador prejudicado postular a reparação de danos sofridos com o retorno do contrato à situação anterior.

Jurisprudência:
INALTERABILIDADE CONTRATUAL. ÓBICE LEGAL. A regra geral é que o contrato de emprego é protegido contra modificações unilateralmente impostas pelo empregador pelo princípio da imodificabilidade ou inalterabilidade. O art. 468, caput, da Consolidação

das Leis do Trabalho é claro, ao dispor que nos contratos individuais de trabalho só é lícita a alteração das respectivas condições por mútuo consentimento, e, ainda assim, desde que não resultem, direta ou indiretamente, prejuízos ao empregado. A conclusão emergente é que alterações contratuais somente são aceitas se forem bilaterais e, cumulativamente, não causarem prejuízos ao trabalhador. Quaisquer tipos de modificações nocivas são nulas, na forma do art. 9º Consolidado. (TRT 2ª Região. RO01 – 02822-2000-036-02-00. 4ª Turma. Relator Paulo Augusto Câmara. Data: 06/05/2005)

3.12.2. Jus variandi e Jus resistentiae

O *jus variandi* é o poder do empregador em realizar pequenas alterações no contrato de trabalho, das quais não ocorram mudanças que não modifiquem substancialmente o pacto laboral. Esta relação é oriunda do poder de direção do empregador e da subordinação do empregado.

No *jus variandi*, o empregador tem o direito de alterar algumas condições contratuais legalmente, por exemplo, qualquer mudança no horário de trabalho (entrada, saída, turno, intervalo), alteração na sala em que o empregado realiza suas atividades ou mesmo o retorno ao cargo anteriormente ocupado (artigos 468 e 450 da CLT).

Salutar mencionar o que dispõe o artigo 468, parágrafo único da CLT: "Não se considera alteração unilateral a determinação do empregador para que o respectivo empregado reverta ao cargo efetivo, anteriormente ocupado, deixando o exercício de função de confiança."

A Constituição Federal prevê exceções às regras do artigo 468 da CLT, como nas hipóteses em que são exigidos negociação, acordo ou convenção coletiva para sua validade, redução de salários prevista no artigo 7º, VI ou aumento da jornada de trabalho nos turnos ininterruptos de revezamento (artigo 7º, XIV).

Neste mesmo raciocínio, dispõe o artigo 450 da CLT: "Ao empregado chamado a ocupar, em comissão, interinamente ou em substituição eventual ou temporária, cargo diverso do que exercer na empresa, serão garantidas a contagem do tempo naquele serviço, bem como a volta ao caso anterior."

Por outro lado, não será lícita a alteração contratual que causar prejuízos, mesmo que indiretamente, ao empregado (*Jus resistentiae*), sendo-lhe permitido pleitear pela rescisão indireta do contrato de trabalho (artigo 483, CLT).

Aduz a Súmula 265 do TST: "A transferência para o período diurno de trabalho implica perda do direito ao adicional noturno."

Jurisprudência:
ESTABILIDADE GESTACIONAL. RESCISÃO CONTRATUAL RESULTANTE DO ENCERRAMENTO DE ESTABELECIMENTO. TRANSFERÊNCIA DO TRABALHADOR. LIMITES DO JUS VARIANDI. O art. 469, parágrafo 2º da CLT garante o jus variandi do empregador de transferir o empregado para localidade diversa da resultante do contrato no caso de extinção do estabelecimento. Entretanto, esse direito deve ser utilizado dentro de parâmetros razoáveis e não abusivamente, de modo a caber ao empregador oferecer a transferência para localidade mais próxima daquela em que se situava o estabelecimento extinto, pois induvidosamente menos gravosa para os obreiros. No caso de empregada amparada por estabilidade por seu estado gravídico a proteção à maternidade garantiria mesmo que ela se recusasse a aceitar qualquer transferência, pois o art. 469 /S 2-o dispõe de regra para empregados em geral e a grávida possui estabilidade especialíssima, a lhe permitir a maternidade tranquila, bem maior tutelado por tal garantia, de modo a permanecer na localidade em que se encontra amparada por seus familiares e fazendo seu pré--natal de modo seguro, sem ter que realizar deslocamentos diários e longos para ir à nova localidade. (TRT 3ª Região. RO – 01160-2007-059-03-00-8. 5ª Turma. Relatora Convocada Rosemary de Oliveira Pires. Data: 21/06/2008)

ALTERAÇÃO CONTRATUAL PREJUDICIAL. NULIDADE. ART. 468 DA CLT. JUS RESISTENTIAE AUTORIZADO. JUSTA CAUSA NÃO CONFIGURADA. A mudança do horário anteriormente cumprido, das 9:00/15:00h e 14:00/20:00h, com duas folgas semanais, para 17:00/22:00h, de terça-feira a domingo, configura alteração contratual que acarreta prejuízos pessoais para a empregada, que tem todo o direito de recusá-la. A alteração contratual lesiva é vedada pelo art. 468, caput *da CLT, cabendo à empregada o direito de resistência, sem que fique configurada a insubordinação e a consequente justa causa, pois o direito potestativo do empregador é limitado.* (TRT 2ª Região. RO01 – 00591-2003-021-02-00. 4ª Turma. Relator Paulo Augusto Câmara. Data: 26/05/2006)

3.12.3. Transferência de empregados

O empregador não pode transferir o empregado para localidade diversa do contrato de trabalho sem a sua devida anuência. Não será caracterizada transferência se a alteração do local de trabalho não obrigar o empregado a mudar seu domicílio (artigo 469, *caput* da CLT). Quando o legislador menciona a expressão "domicílio" quer dizer residência, onde o trabalhador tem sua moradia, fica sua família.

São requisitos para a validade da transferência: o consentimento do empregado e a demonstração da necessidade de prestação de serviços em outra localidade.

Ao empregador é vedado transferir o empregado, sem a sua anuência, para localidade diversa da que resultar do contrato. Contudo, no artigo 469, §§ 1º e 2º da CLT, a lei abre algumas exceções, vejamos:

a) Exercício de cargo de confiança;
b) extinção do estabelecimento onde prestar serviços;
c) quando o contrato estiver convencionado a uma real necessidade imperiosa do serviço; e
d) quando a condição for implícita do contrato, decorre da própria natureza do serviço.

A Súmula 43 do TST considera abusiva a transferência de que dispõe o § 1º do artigo 469 da CLT, quando inexistir a comprovação da necessidade do serviço.

Aqueles empregados contratados no Brasil e que são transferidos para trabalhar no exterior, por empresas de engenharia, obras, projetos, regulados pela Lei n. 7.064/82, com aplicação analógica para todos aqueles que forem transferidos para o exterior, terão como garantia: FGTS e PIS/PASEP, Previdência Social e aplicação da legislação brasileira de proteção ao trabalhador.

A lei n. 7.064/82, em seu artigo 16, aduz que "a permanência do trabalhador no exterior não poderá ser ajustada por período superior a 3 (três) anos, salvo quando for assegurado a ele e seus dependentes o direito de gozar férias anuais no Brasil, com despesas de viagem pagas pela empresa estrangeira." Para a transferência do empregado para o exterior, deve-se pedir autorização do Ministério do Trabalho.

> Jurisprudência:
> *NO CONTRATO CELETISTA A TRANSFERÊNCIA DO EMPREGADO SUBMETE-SE A REGRA CONTIDA NO ARTIGO 469 DA CLT, VEDADO TRANSFERIR O ASSALARIADO, SEM A SUA*

ANUÊNCIA, PARA LOCALIDADE DIVERSA DA QUE RESULTAR DO CONTRATO. Ainda que o edital que deu origem ao concurso não especifique o local certo da lotação, mas, em respeito ao trabalhador e sua família, deve ser dado interpretação literal ao artigo 469 da CLT, de sorte a admitir a possibilidade de transferência somente na eventualidade de cláusula expressa nos respectivos contratos; com o acréscimo de que, ainda assim, deve ser conjugado com a comprovação da real necessidade de serviço. (TRT 7ª Região. RO n. 357-2005-029-07-00-4. 1ª Turma. Relator Desembargador Cláudio Soares Pires. Data: 25/8/2006)

3.12.4. Adicional de transferência

Este adicional tem como função oferecer ao empregado uma compensação financeira em função de sua retirada do convívio familiar, lembrando que os gastos acarretados pela transferência como passagens, transporte, hospedagem, entre outros, correm por conta do empregador.

Ficará o empregador obrigado ao pagamento do adicional de transferência, enquanto durar a situação, que não poderá ser inferior a 25% do salário do trabalhador transferido (artigo 469, § 3º, CLT). Se a transferência se tornar definitiva, o pagamento deixará de ser devido.

O adicional só será devido para transferência provisória. Se a transferência for definitiva, o empregado não fará jus ao percebimento dos 25%, conforme entendimento do TST.

A Súmula 29 do TST estabelece que o empregado transferido por ato unilateral do empregador para local mais distante de sua residência, mesmo sem haver a necessidade de mudança de domicílio, terá direito a uma indenização face às despesas de transporte.

O adicional de transferência pago de forma habitual constitui salário (artigo 457, 1º, CLT).

O adicional de transferência não é definitivo, o empregado só terá direito ao seu percebimento enquanto perdurar a transferência provisória. Finda essa situação, cessa também o pagamento do adicional, portanto, a transferência não se incorpora ao salário.

Jurisprudência:
ADICIONAL DE TRANSFERÊNCIA – HIPÓTESE DE CABIMENTO. Nos termos do art. 469, § 3º, da CLT, analisado em conjunto com o entendimento sedimentado através da OJ 113 da SDI-1 do col.

TST, o empregado que se submete a transferência de local de trabalho por determinação do empregador faz jus ao adicional de transferência por todo o período enquanto perdurar a situação de "provisoriedade", mesmo em se tratando de empregado que exerce cargo de confiança. E para fins de averiguação do caráter "definitivo" ou não da transferência não basta apenas a verificação do número de meses em que o empregado permanece no local para o qual foi transferido, mas na ciência de que ali não permanecerá definitivamente, por determinação do empregador. Neste sentido, o Bancário que se submete a transferência para 03 cidades diversas num interregno de 05 anos, ainda que permaneça por mais de 02 anos em uma dessas localidades, não pode ter excluído o seu direito ao adicional em comento quando constatado que era praxe do Banco-reclamado promover transferências periódicas de seus gerentes visando adotar uma política de renovação do caráter da gestão em cada uma de suas agências. (TRT 3ª Região. RO – 00440-2008-058-03-00-3. 8ª Turma. Relatora Convocada Ana Maria Amorim Rebouças. Data: 22/06/2009)

ADICIONAL DE TRANSFERÊNCIA. Embora o contrato de trabalho do reclamante contenha previsão de transferência, esta foi provisória, o que é comprovado pelo fato de que o reclamante a cada dezoito dias retornava à cidade de São Paulo onde mora, pelo que faz jus ao adicional de transferência. (TRT 2ª Região. 12ª Turma. RO01 – 02702-2005-466-02-00. Relatora Vânia Paranhos. Data: 16/05/2006)

3.13. REVERSÃO

Prevista no artigo 450 da CLT, a reversão significa retornar, voltar, retroceder. Ocorre quando um trabalhador chamado a ocupar um cargo de confiança ou de comissão retorna à sua função anterior e à contagem do período no tempo de serviço.

No entanto, o empregado nesta situação não poderá ter nenhum tipo de prejuízo, pois as vantagens adquiridas na função anterior lhe são asseguradas.

Insta esclarecer que, com a extinção do cargo ocupado, o empregado retornará à função anterior ocupada; contudo, não ocorrerá o rebaixamento salarial ou diminuição de seus benefícios.

O artigo 468, parágrafo único da CLT, dispõe que: "Não se considera alteração unilateral a determinação do empregador para que o respectivo empregado reverta ao cargo efetivo, anteriormente ocupado, deixando o exercício de função de confiança."

3.14. Multifuncionalidade

A legislação trabalhista é omissa a respeito do tema, mas atualmente a multifuncionalidade vem tomando conta do mercado de trabalho. É a possibilidade de o trabalhador exercer diversas funções para um mesmo empregador.

3.15. Retrocessão

A retrocessão é retroceder, regressar, é a volta do empregado ao cargo antigo sem que tenha exercido a nova função. É o arrependimento de uma promoção. Trata-se de uma ilegalidade prevista no artigo 9º e 468 da CLT.

3.16. Suspensão e interrupção do contrato de trabalho

3.16.1. Conceitos e fundamentos legais

A suspensão e interrupção do contrato de trabalho encontram-se previstas no Capítulo IV, do Título IV da CLT, denominado "Da suspensão e da interrupção", referindo-se ao contrato de trabalho, e são tratados nos artigos 471 a 476 da CLT.

A suspensão envolve a cessação temporária e total da execução e dos efeitos do contrato de trabalho. Na interrupção, há a cessação temporária e parcial do contrato de trabalho, porém há a produção de efeitos.

A suspensão pode ser total ou parcial. Será total quando os salários e a prestação dos serviços são reciprocamente inexigíveis. Neste caso nenhum efeito se produz, e o tempo do afastamento não se incorpora ao tempo de serviço do empregado, salvo casos previstos em lei.

A suspensão parcial ocorre quanto existe a interrupção do contrato de trabalho, ou seja, o empregado não trabalha.

A interrupção mantém o vínculo e algumas obrigações contratuais, o empregado deixa de trabalhar, mas a empresa paga salários e o período é contado como tempo de serviço.

A diferença entre tais terminologias é que na *suspensão* a empresa não deve pagar salários nem contar o tempo de serviço do empregado que se encontra afastado, havendo, portanto uma cessação temporária e total. Na *interrupção*, por outro lado, o empregador deve pagar os salários contando-se também o tempo de serviço, portanto, é uma cessação temporária e parcial.

3.16.2. Casos de suspensão

São hipóteses legais de suspensão do contrato de trabalho:

a) Aposentadoria por invalidez – o contrato de trabalho será suspenso durante o prazo fixado pelas leis de previdência social para a efetivação do benefício (artigo 474 da CLT). Cancelada a aposentadoria por invalidez, mesmo após os 5 anos, o trabalhador terá o direito de retornar ao emprego, facultado, porém, ao empregador, indenizá-lo na forma da lei.

b) Ausências por motivo de doença – a partir do 16º dia (auxílio-doença) – Lei n. 8.213/91. Neste caso, tanto para o auxílio-doença como para o acidente de trabalho, os primeiros 15 dias de afastamento do empregado configuram interrupção do contrato de trabalho, pois não são remunerados pela empresa; porém, conta-se normalmente o tempo de serviço. Configurará o abandono de emprego quando o trabalhador não retornar ao serviço no prazo de 30 dias após a cessação do benefício previdenciário nem justificar o motivo de não o fazer.

c) Ausência para exercício de cargo público ou serviço militar – havendo intenção de retornar ao emprego, o empregado deve notificar o empregador sobre sua intenção dentro do prazo máximo de trinta dias, contados a partir da data de terminação de encargo a que estava obrigado (artigo 422, § 1º da CLT).

d) Período de suspensão disciplinar (artigo 474, CLT) – esta suspensão visa disciplinar o comportamento do empregado conforme as exigências da empresa.

e) Período em que o empregado esteve afastado respondendo a inquérito na Justiça Comum ou Militar, na polícia, ou ainda, preso aguardando julgamento na Justiça Criminal.

f) Suspensão do empregado estável, com o devido ingresso do inquérito para apuração de falta grave, contudo não foi comprovado via perícia a referida falta. Trata-se de medida preventiva, simples faculdade do empregador, não sendo, portanto, obrigatória. A suspensão perdurará até a decisão final do processo. Julgado procedente, a suspensão se converterá em despedida, se improcedente e não apurada a falta grave, determina a lei que o empregado seja reintegrado.
g) Curso ou programa de qualificação profissional (artigo 476-A, CLT).
h) Aborto criminoso.
i) Faltas injustificadas.
j) Greve (quando não foram pagos os dias parados).
k) Encargo sindical (se houver afastamento – artigo 543, § 2º da CLT). A lei protege apenas o diretor ou representante sindical, desde que seja feita a comunicação, pela entidade sindical, ao empregador, na forma do § 5º do artigo 543 da CLT.
l) Os demais membros do sindicato não se enquadram na possibilidade de interrupção contratual.

O empregado e o empregador, desde que não contrariem disposições legais, podem estabelecer um período de suspensão como simples interrupção.

    Jurisprudência:
    SUSPENSÃO DA PRESCRIÇÃO. NÃO CONFIGURAÇÃO. APOSENTADORIA POR INVALIDEZ. Quando o contrato de trabalho encontra-se suspenso em decorrência de aposentadoria do empregado por invalidez, como no caso dos autos, não se fala em fluência da contagem da prescrição bienal simplesmente porque não ocorreu a extinção do contrato de trabalho. Contudo, a suspensão do contrato de trabalho em decorrência de aposentadoria por invalidez não implica suspensão do prazo prescricional relativamente aos direitos exigíveis do empregador. A aposentadoria por invalidez implica suspensão contratual e não suspensão ou interrupção do prazo prescricional. As causas interruptivas ou suspensivas do curso da prescrição estão previstas nos arts. 197 a 202 do Código Civil vigente, não sendo contemplada previsão relacionada à suspensão do contrato de trabalho em razão de percepção de benefício previdenciário. (TRT 3ª Região. RO – 00167-2009-011-03-00-4. 2ª Turma. Relatora Convocada Sabrina de Faria Fróes Leão. Data: 22/07/2009)

> *JUSTA CAUSA. ABANDONO DE EMPREGO. SUSPENSÃO CONTRATUAL. O argumento de que a recorrida não foi comunicada do afastamento do recorrido pela previdência social não dá sustentação fática e nem jurídica à justa causa de abandono de emprego, já que se trata de questão de ordem pública prescrita pelo artigo 476 da CLT, que suspende o contrato de trabalho por motivo de enfermidade do obreiro. Acrescentamos à fundamentação da r. sentença recorrida o perdão tácito, já que a recorrente, não podendo ignorar as ausências do recorrido ao trabalho, não tomou atitude alguma, preferindo ficar alheia e indiferente ao exercício do seu poder de comando, fiscalização e disciplinar.* (TRT 3ª Região. RO – 01353-2008-041-03-00-1. 3ª Turma. Relator Convocado Milton Vasques Thibau de Almeida. Data: 30/03/2009)

3.16.3. Casos de interrupção

São hipóteses legais de interrupção do contrato de trabalho:
a) Período em que não houver serviço na empresa por culpa ou responsabilidade dela. Consiste em interrupção temporária do contrato de trabalho a chamada demissão temporária ou provisória. A demissão temporária resume-se como a alternativa à extinção do contrato de trabalho, interrompendo a vigência deste por um período de dois a cinco meses.
b) Licença remunerada.
c) Ausência por motivo de doença até o 15º dia.
d) Aborto. Em caso de aborto não criminoso, comprovado por atestado médico oficial, a mulher terá um repouso remunerado de 2 semanas, ficando-lhe assegurado o direito de retornar à função que ocupava antes de seu afastamento (artigo 395 da CLT).
e) Licença gestante.
f) Férias. Direito constitucional do trabalhador (artigo 7º, inc. XVII da CF88).
g) Hipótese em que o empregado é afastado do serviço por requisição de autoridade competente pelo motivo de interesse à segurança nacional, em até 90 dias.
h) Ausências legais. Exemplos: falecimento do cônjuge, ascendente, irmão ou dependente anotado na carteira profissional (2 dias, artigo 473 da CLT; 9 dias o professor, por falecimento de pai, mãe ou filho,

artigo 320); casamento (3 dias, artigo 473 da CLT); 9 dias o professor (artigo 320 da CLT); doação de sangue (1 dia por ano); alistamento eleitoral (2 dias); nascimento de filho (5 dias, artigo 473 da CLT).

i) Empregado estável é suspenso em razão do ajuizamento de inquérito para apuração da falta grave, quando a ação for julgada improcedente;
j) *Lockout*: é a suspensão temporária, total ou parcial, das atividades da empresa, deliberada pelos empregadores para defender seus interesses em face dos trabalhadores (Lei n. 7.783/89, artigo 17).
k) Testemunha, júri e comparecimento em juízo como parte.
l) DSR.

> **Jurisprudência:**
> *DISPENSA IMOTIVADA. INTERRUPÇÃO DO CONTRATO. VERBAS. Indeferem-se os pedidos formulados com fulcro em dispensa imotivada quando o contrato de trabalho continua em vigor, embora interrompido pelo gozo de licença gestante.* (TRT 15ª Região. Acórdão: 025283/1999. RO n. 017331. 1ª Turma. Relator: Eduardo Benedito de Oliveira Zanella. Data: 01/12/1999)

3.16.4. Situações especiais

Dentre as situações especiais, temos o afastamento para prestação de serviço militar obrigatório e por acidente de trabalho (artigo 4º, parágrafo único, CLT).

Dispõe o artigo 4º:

> *Considera-se como de serviço o período em que o empregado esteja à disposição do empregador, aguardando ou executando ordens, salvo disposição especial expressamente consignada.*
>
> *Parágrafo único. Computar-se-ão na contagem de tempo de serviço, para efeito de indenização e estabilidade, os períodos em que o empregado estiver afastado prestando serviço militar e por motivo de acidente do trabalho.*

Nestas hipóteses a doutrina atribui caráter diferente a tais situações, considerando alguns que estas não se caracterizam interrupção nem suspensão.

3.16.5. Dispensa injustificada na suspensão ou interrupção

A doutrina admite a hipótese de dispensa injustificada pelo empregador, desde que sejam respeitados os demais direitos do empregado.

Nas aposentadorias por invalidez, mesmo que depois do prazo de 5 anos, o empregador pode readmitir o empregado ao serviço ou dispensá-lo desde que venha a indenizá-lo na forma da lei. O mesmo ocorre com a aposentadoria espontânea, independentemente de qualquer estabilidade que venha a existir.

A CLT no artigo 482 prevê a hipótese da justa causa, uma vez que mesmo afastado do trabalho o empregado não se exime de algumas obrigações contratuais acessórias, condutas as quais não cumpridas poderão resultar em dispensa por justa causa. Um exemplo a ser citado são os atos de concorrência desleal à empresa para a qual trabalha, a condenação criminal transitada em julgado, a embriaguez habitual, a violação do segredo de empresa, a prática constante de jogos de azar, atos lesivos da honra e da boa fama e o grevista que pratica excessos (artigos 14 e 15 da Lei n. 7783/1989 e artigo 722 e seguintes da CLT).

No entanto, havendo pedido de demissão no período de suspensão do contrato, este pedido deverá ter a assistência sindical ou administrativa ou de jurisdição voluntária. Trata-se de um ato de renúncia (artigo 500, CLT).

3.16.6. Suspensão ou interrupção nos contratos a prazo determinado

Tanto a suspensão quanto a interrupção não afetam a fluência do contrato de trabalho por prazo determinado, uma vez que a expiração do contrato ocorrerá normalmente no prazo fixado.

Nesta hipótese estabelece o artigo 472, § 2º da CLT, que "nos contratos por prazo determinado o tempo de afastamento, se assim acordarem as partes interessadas, não será computado na contagem do prazo para a respectiva terminação."

3.17. Procedimento de admissão

Para que seja formalizada a admissão do empregado, a empresa deverá solicitar a apresentação de alguns documentos cuja finalidade, além da sua identificação, a de possibilitar o correto desempenho das obrigações trabalhistas, não só em relação ao próprio trabalhador, mas também nas relações da empresa com a fiscalização do Ministério do Trabalho e Emprego – MTE.

3.17.1. Carteira de Trabalho e Previdência Social – CTPS

A Carteira de Trabalho e Previdência Social – CTPS, emitida por órgão público, é documento obrigatório para o exercício de qualquer emprego, seja urbano ou rural e para aqueles que exercem atividade profissional remunerada, mesmo que em caráter permanente (artigo 13, CLT).

A idade mínima para emissão da CTPS é 14 anos, quando o menor poderá ser admitido como aprendiz.

As anotações feitas na CTPS relativas ao contrato de trabalho só poderão ser efetuadas pelo empregador, pelo INSS e pelas Varas do Trabalho.

É dever do empregador fazer as anotações relativas ao contrato de trabalho, data de admissão, remuneração e demais condições caracterizadoras, dentro do prazo de 48 horas. Essas anotações acabam se tornando uma forma de caracterizar o emprego e uma prova relativa (*jus tantum*) para o Direito do Trabalho.

Importante ressaltar que a falta de anotação na CTPS resultará a lavratura de auto de infração pelo auditor fiscal do trabalho, que, de ofício, comunicará o órgão competente para instauração de processo administrativo.

As anotações relativas a acidente do trabalho e fins previdenciários serão efetuadas pelo INSS e as demais retificações ou anotações somente poderão ser realizadas pelas Varas do Trabalho.

Havendo localidades onde a CTPS não é emitida, poderá o empregado ser admitido, até 30 dias, ficando a empresa obrigada a dispensar o empregado para que se dirija ao posto de emissão mais próximo (artigo 13, § 3º, CLT). Neste caso, caberá ao empregador fornecer ao empregado uma cópia do contrato de trabalho, fazendo as devidas anotações, retroagidas à data de admissão.

Na hipótese de o empregador se recusar a fazer as devidas anotações ou mesmo devolver a CTPS ao empregado, este poderá fazer uma reclamação perante a Delegacia Regional do Trabalho, que notificará o empregador para que tome as devidas providências.

É vedado ao empregador efetuar anotações desabonadoras à conduta do empregado.

Não havendo mais espaço destinado ao registro e às anotações na CTPS, o interessado deverá se locomover ao órgão competente para obter a segunda via de sua CTPS, a qual será conservada o número e a série anterior (artigo 21, CLT).

Jurisprudência:
ANOTAÇÃO DE DISPENSA MOTIVADA NA CTPS DE EMPREGADO. INDENIZAÇÃO POR DANOS MORAIS. CABIMENTO. O registro da justa causa como motivo ensejador da ruptura contratual na carteira de trabalho do empregado, além de configurar abuso de direito, excede o limite de informações que podem ser registradas no referido documento, sendo expressamente vedado pelo parágrafo 4º do art. 29 da CLT. Tal conduta patronal causa desnecessário constrangimento ao empregado, além de expor indevidamente seu passado funcional, prejudicando sua recolocação no mercado de trabalho, sendo patente o dano à sua imagem e à sua honra, o que é passível de reparação. (TRT 3ª Região. RO – 01191-2008-007-03-00-0. 9ª Turma. Relatora Convocada Maristela Iris da Silva Malheiros. Data: 08/07/2009)

ANOTAÇÃO DA CTPS. PRESCRIÇÃO. O parágrafo 1º do artigo 11 da CLT estabelece a imprescritibilidade do direito às ações que tenham por objeto anotações para fins de prova junto à Previdência Social. Logo, não há que se falar em prescrição quanto à pretensão do reclamante de anotação de sua CTPS com o registro do contrato de trabalho havido entre as partes. Nesse sentido já se manifestou o C. TST no exame do processo RR-422/2002-018-04-00.1 Julgamento: 12/09/2007, Relator Ministro: Carlos Alberto Reis de Paula, 3ª Turma, Publicação: DJ 11/10/2007. (TRT 3ª Região. RO – 00407-2008-055-03-00-4. 7ª Turma. Relatora Alice Monteiro de Barros. Data: 07/05/2009)

INICIAL. AUSÊNCIA DE PEDIDO. Não houve qualquer manifestação por parte do juízo de primeira instância sobre a matéria ora objurgada, agindo estritamente no limite do pedido do autor, portanto, inviável a análise, neste momento processual, do pedido de retificação da CTPS para constar com função exercida pelo autor, como de vendedor de aeronaves agrícola, sob pena de supressão de instância. Pleito não conhecido. SALÁRIO POR FORA. ANOTAÇÃO NA CTPS. ÔNUS DA PROVA. Em que pese o disposto no inciso I, do art. 40, da CLT, o valor probante dos registros em Carteira de Trabalho e dos comprovantes de pagamento não é absoluto, podendo o empregado demonstrar a inveracidade das anotações, através de contraprova capaz de desconstituí-los, sob pena de presumirem-se verdadeiras as informações contidas naqueles documentos. Nessa esteira, entendo que o reclamante não conseguiu comprovar suas alegações, razão pela qual prevalecem os dados existentes na CTPS. Recurso a que se nega provimento. (TRT 23ª Região. RO – 00665-2008-006-23-00. Relator Desembargador Osmair Couto. Data: 31/10/2008)

3.17.2. Registro em livro

As empresas são obrigadas a adotar o Livro de Registro de Empregados no início de suas atividades. Nele serão anotados todos os dados sobre o empregado, tais como: nacionalidade, estado civil, documentos pessoais, qualificação profissional, data de admissão, salário-base, férias, acidentes e todas as demais circunstâncias que interessem à proteção do trabalhador.

A lei admite a adoção de ficha individualizada de registro de empregados no lugar do livro. A falta do registro implica imposição de multa.

Jurisprudência:
JORNADA DE TRABALHO. HORAS EXTRAS. CARTÕES DE PONTO. REGISTROS INVARIÁVEIS. Prova testemunhal produzida pelo próprio autor, com indicação de que os registros eram corretos. Anotações, ademais, manuscritas e com registro de horas extras. Contexto em que, à falta de outros elementos, permite concluir pela exatidão dos registros, apesar dos horários sem variação. Sentença mantida. (TRT 2ª Região. RO01 – 01079-2005-271-02-00. 11ª Turma. Relator Eduardo de Azevedo Silva. Data: 12/09/2006)

3.17.3. Exame médico admissional

É exigido do empregado, na data de admissão e antes que assuma suas funções, o exame médico que compreende a avaliação clínica, anaminese ocupacional, exame físico e mental e demais exames complementares especificados na NR-7.

No exame, deverá o médico emitir o Atestado de Saúde Ocupacional (ASO) em duas vias, que será remetida a primeira ao empregador, para arquivá-lo no local de trabalho, e a segunda será entregue ao empregado.

Jurisprudência:
ATLETA PROFISSIONAL DE FUTEBOL – DANOS MORAIS E MATERIAIS – LESÃO MUSCULAR PREEXISTENTE À CONTRATAÇÃO. Pacífico na doutrina e jurisprudência que é necessário o atendimento de alguns requisitos para configuração do direito à indenização por dano moral e material, quais sejam a existência da lesão ou da enfermidade; o nexo causal entre a lesão ou a enfermidade e o trabalho; a incapacidade parcial, permanente ou temporária, ou necessidade de maior esforço para executar a atividade decorrente do acidente e a culpa do empregador. Não evidenciado o nexo causal entre a atividade laborativa do atleta profissional de futebol e a distensão muscular de natureza leve que o acometeu, impossível falar-se em indenização, já que o empregador não pode ser responsabilizado por danos à saúde do empregado aos quais não deu causa. O fato de a prova testemunhal ter declarado que para que o atleta seja contratado pelo Clube de Futebol é necessária aprovação em exame médico não autoriza a conclusão automática de que o Reclamante foi admitido sem qualquer lesão, mormente quando ele próprio admitiu para a Perita que suas dores eram preexistentes, devendo ser considerada, ainda, a natureza leve da distensão que o acomete, o que pode ter passado despercebido no exame admissional. A ausência de nexo de causalidade quanto à alegada distensão muscular leve e a culpa do Reclamado, como também de qualquer prova de dano quanto à honra e imagem do Autor, que está plenamente capacitado para o trabalho, inviabiliza os pleitos de indenização por danos materiais e morais, em face do não preenchimento de todos os pressupostos que o delineiam. (TRT 3ª Região. RO – 01486-2007-039-03-00-0. 6ª Turma. Relatora Emília Facchini. Data: 12/06/2008)

ADICIONAL DE INSALUBRIDADE – MÉDICA DO TRABALHO – AUSÊNCIA DE CONTATO PERMANENTE COM PACIENTES EM POSTOS DE ATENDIMENTO. Situações que geram o pagamento do adicional de insalubridade são as exclusivamente normatizadas. A lei atribui tão só à regulamentação, tipificação e apuração do que caracteriza a insalubridade, assim como neutralização ou eliminação. Afinal, o fim da norma é a saúde e a integridade física do trabalhador, não o mero interesse financeiro ou pecuniário de quem quer que seja. O contato pessoal com "pacientes" em hospitais ou postos de atendimento contempla o manuseio de objetos de uso pessoal deles, não previamente esterilizados, é atrativo do grau médio conforme norma regulamentar. Não podem ser considerados "pacientes", no sentido técnico da palavra (pessoa doente sob cuidados médicos), os funcionários da ativa da empresa atendidos pela Autora em exames admissionais, demissionais, periódicos e outros da mesma natureza. A interpretação é restritiva, não havendo possibilidade de uma interpretação extensiva ao disposto no Anexo 14, da NR-15, da Portaria 3.214/78. (TRT 3ª Região. RO – 00853-2007-026-03-00-2. 6ª Turma. Relatora Emília Facchini. Data: 22/05/2008)

4 | Relações de emprego e trabalho

4.1. Conceito

Para compreender a relação de emprego e trabalho, é necessário deter-se ao estudo dos elementos diferenciadores da relação de trabalho e da relação de emprego. A principal diferença é que somente a relação de emprego é protegida pela CLT e poderá ser objeto de ação ajuizada perante a Justiça do Trabalho. Assim, somente poderá ser considerada relação protegida pelas regras do Estatuto Consolidado e caracterizar o "Empregado" quando presentes alguns requisitos que serão estudados mais adiante (art. 3º da CLT):

a) Pessoa física, pois a pessoa jurídica não pode ser considerada empregada.
b) O trabalho tem de ser prestado de forma contínua, pois trabalho eventual não consolida uma relação de emprego a ser protegida pela CLT, como o caso de convocar um mensageiro autônomo para enviar uma determinada mensagem.
c) Trabalho subordinado, pois o empregado, no exercício de seu mister, cumpre ordens de seu empregador.
d) Existência de contraprestação, posto que o trabalho prestado de forma voluntária, sem pagamento de salário, também descaracteriza a relação de emprego.

4.1.1. Diferença entre empregado e trabalhador

Trabalhador é um gênero e o empregado é uma de suas espécies. O trabalhador presta atividade profissional independentemente de troca de salário ou não, não há subordinação nem habitualidade. Conclui-se, portanto, que não há vínculo de emprego. Para ser classificado como empregado, deve ser atendido aos requisitos da relação empregatícia, enquanto, para ser trabalhador, este não ocorre.

Outro paralelo que se pode fazer está na relação de trabalho e na relação de emprego:
- Relação de Trabalho (gênero) – relação de trabalho é o gênero, que compreende o trabalho autônomo, eventual, avulso etc.
- Relação de Emprego (espécie) – relação de emprego é espécie, trata do trabalho subordinado do empregado em relação ao empregador.

A Lei Brasileira define a relação entre empregado e empregador como um contrato, mas afirma que o contrato corresponde a uma relação de emprego. Segundo o art. 442 da CLT, "contrato individual de trabalho é o acordo, tácito ou expresso, correspondente à relação de emprego". A relação de emprego é realmente contratual, ou seja, é uma manifestação de vontade, com características de subordinação, habitualidade, onerosidade, pessoalidade com relação ao empregado e este deve ser pessoa física.

Em resumo, a relação de emprego é sempre relação de trabalho; mas nem toda relação de trabalho é relação de emprego.

> Jurisprudência:
> RELAÇÃO DE EMPREGO – ELEMENTOS CONSTITUTIVOS – INDISPENSABILIDADE DA PRESENÇA DO CLÁSSICO ELEMENTO DA SUBORDINAÇÃO JURÍDICA. *Em se tratando da relação jurídica de emprego, é imprescindível a conjugação dos fatos: pessoalidade do prestador de serviços; trabalho não eventual; onerosidade da prestação; e subordinação jurídica. Portanto, apenas o somatório destes requisitos é que representará o fato constitutivo complexo do vínculo de emprego, que deve ser provado por quem invoca o direito. A adotar-se o difuso e etéreo conceito de "subordinação estrutural" será possível o reconhecimento de vínculo de emprego em qualquer situação fática submetida a esta Justiça, simplesmente porque não há, no mundo real das relações econômicas, qualquer atividade humana que não se entrelace ou se encadeie com o objetivo final de qualquer empreendimento, seja ele produtivo ou não. Para fins de aferir a existência de*

relação de emprego, ainda prevalece a clássica noção de subordinação, na sua tríplice vertente: jurídica, técnica e econômica. Ao largo dessa clássica subordinação, nada mais existe a não ser puro diletantismo ou devaneio acadêmico, máxime na realidade contemporânea onde a tendência irrefreável da história é a consagração do trabalho livre e competitivo. (TRT 3ª Região. 9ª Turma. RO – 00824-2008-070-03-00-0. Relator Convocado João Bosco Pinto Lara. Data: 06/05/2009)

AÇÃO DE COBRANÇA – HONORÁRIOS DE CORRETAGEM IMOBILIÁRIA – COMPETÊNCIA ABSOLUTA DA JUSTIÇA DO TRABALHO – INTELIGÊNCIA DO ART. 114, I DA CR/88. A EC/45/2004 ampliou os contornos da competência da Justiça do Trabalho, acolhendo os conflitos decorrentes da relação de trabalho, conforme se infere do art. 114, I da CR/88. A cobrança de honorários de corretagem imobiliária é decorrente de relação de trabalho, e não de consumo (bens materiais), pois o objeto do Direito do Trabalho não se reduz mais à relação de emprego (trabalho assalariado). A prestação de serviços de corretagem imobiliária é uma atividade cujo resultado não se objetiva em um bem material e não gera riqueza ou valor para a sociedade. Não obstante esta atividade imaterial seja profissional, não é assalariada e não descaracteriza sua adequação ao conceito de "relação de trabalho". O art. 114, I da CR/88, restringiu o conceito de consumo apenas para "bens materiais", mas não de atividade profissional de pessoas físicas, competência desta Justiça do Trabalho, que, se não acompanhar a viragem histórica, estará fadada a se encolher e perder legitimidade perante a sociedade. (TRT 3ª Região. 4ª Turma. RO – 00922-2008-094-03-00-07. Relator Convocado Eduardo Aurélio Pereira Ferri. Data: 23/03/2009)

4.2. ELEMENTOS CARACTERIZADORES DA RELAÇÃO DE EMPREGO

Para ser caracterizado como empregado, mister é o preenchimento de alguns requisitos (**SHOPP** – método mnemônico), que são:
Subordinação
Habitualidade
Onerosidade
Pessoalidade
Pessoa física

Imperioso notar que a exclusividade não é um requisito para a configuração da relação laboral, e não haverá distinções relativas à espécie de emprego e à condição de trabalhador, nem entre o trabalho intelectual, técnico e manual (artigo 3º, parágrafo único da CLT) e, por derradeiro, não se distingue entre o trabalho realizado no estabelecimento do empregador e o executado no domicílio do empregado, desde que esteja caracterizada a relação de emprego (artigo 6º da CLT).

Portanto, para a devida caracterização, é necessário que os cinco requisitos estejam juntos, respeitando assim a base legal do artigo 3º da CLT, os quais serão estudados, como segue:

4.2.1. Subordinação

Trata da submissão do empregado em relação ao empregador, acatando as ordens impostas por este e atendendo as exigências para a realização do trabalho. Nada mais é que uma subordinação jurídica em razão do poder de direção do empregador ao empregado.

4.2.1.1. Parassubordinação

Inserida neste tema aparece a **parassubordinação**, um instituto que tem ganhado bastante reconhecimento no mundo jurídico apesar de não ser prevista pela legislação brasileira, mas tão apenas discutida em artigos esparsos e escassa doutrina jurídica brasileira. O parassubordinado é a criação da figura do trabalhador que não é empregado, mas que exerce atividades similares as destes, mediante pagamento pelo serviço prestado. É a subordinação dos não empregados que têm características de emprego.

Na verdade, a parassubordinação aparece como um elemento entre a subordinação do empregado e o conceito de colaboração do trabalhador autônomo. O trabalho parassubordinado decorre de um contrato de colaboração no qual o trabalhador se compromete a desempenhar uma atividade mediante a coordenação, e não a subordinação, da empresa tomadora, que acorda de forma livre e bilateral as condições e formas com que o serviço será prestado, em nada alterando a autonomia do trabalho coordenado, ainda que preenchidos os requisitos da subordinação, continuidade e pessoalidade caracterizadores da relação de emprego. Ao passo que no trabalho subordinado as normas são impostas pelo empregador ao empregado de forma paritária, o qual lhe deve obediência.

Percebe-se, assim, que a distinção entre as duas hipóteses – subordinação e parassubordinação – se baseia na intensidade do poder diretivo do tomador.

> Jurisprudência:
> PARASSUBORDINAÇÃO – JORNALISTA CORRESPONDENTE – NATUREZA JURÍDICA DO CONTRATO RELACIONADO COM A PRESTAÇÃO DE SERVIÇOS. *Encontra-se sob o manto da legislação trabalhista, porquanto presentes os pressupostos do art. 3º da CLT, a pessoa física que prestou pessoalmente os serviços de correspondente jornalístico, onerosamente. Ao exercer a atividade relacionada com a busca de notícias, bem como com a respectiva redação de informações e comentários sobre o fato jornalístico, o profissional inseriu-se no eixo em torno do qual gravita a atividade empresarial, de modo que, simultaneamente, como que se forças cinéticas, a não eventualidade e a subordinação, esta última ainda que de maneira mais tênue, se atritaram e legitimaram a caracterização da relação empregatícia. As novas e modernas formas de prestação de serviços avançam sobre o determinismo do art. 3º da CLT e alargam o conceito da subordinação jurídica, que, a par de possuir diversos matizes, já admite a variação periférica da* **parassubordinação**, *isto é, do trabalho coordenado, cooperativo, prestado extramuros, distante da sua original concepção clássica de subsunção direta do tomador de serviços. Com a crescente e contínua horizontalização da empresa, que se movimenta para fora de diversas maneiras, inclusive via terceirização, via* **parassubordinação**, *via micro ateliers satélites, adveio o denominado fenômeno da desverticalização da subordinação, que continua a ser o mesmo instituto, mas com traços modernos, com roupagem diferente, caracterizada por um sistema de coordenação, de amarração da prestação de serviços ao empreendimento por fios menos visíveis, por cordões menos densos. Contudo, os profissionais, principalmente os dotados de formação intelectual, transitam ao lado e se interpenetram na subordinação, para cujo centro são atraídos, não se inserindo na esfera contratual do trabalho autônomo, que, a cada dia, disputa mais espaço com o trabalho subordinado. Neste contexto social moderno, é preciso muito cuidado para que os valores jurídicos do trabalho não se curvem indistintamente aos fatores econômicos, devendo ambos serem avaliados à luz da formação histórica e dos princípios informadores do Direito do Trabalho, de onde nasce e para*

onde volta todo o sistema justrabalhista. O veio da integração objetiva do trabalhador num sistema de trocas coordenadas de necessidades cria a figura da **parassubordinação** *e não da para-autonomia. Se a região é de densa nebulosidade, isto é, de verdadeiro fog jurídico, a atração da relação jurídica realiza-se para dentro da CLT e não para dentro do Código Civil, que pouco valoriza e dignifica o trabalho do homem, que é muito livre para contratar, mas muito pouco livre para ajustar de maneira justa as cláusulas deste contrato.* (TRT 3ª Região. 4ª Turma. RO – 00073-2005-103-03-00-5. Relator Juiz Luiz Otávio Linhares Renault. Data: 01/10/2005)

4.2.2. Habitualidade

Habitualidade ou não eventualidade, para a configuração desse requisito, deverá haver a prestação de serviço de forma contínua e certa, não podendo este ser de forma esporádica ou ocasional. Segundo posicionamento do TST, habitual é aquele serviço prestado em até 3 vezes por semana.

4.2.3. Onerosidade

Esse requisito alude acerca do contrato de trabalho não ser gratuito, mas sim oneroso, o empregador tem o dever de pagar o salário ao empregado pelos serviços prestados e o empregado tem a obrigação de prestar serviços ao empregador. Assim, se os serviços forem prestados espontânea e gratuitamente, não há relação empregatícia.

4.2.4. Pessoalidade

O contrato de trabalho é *intuitus personae*, quer dizer que o trabalho será realizado com pessoa certa e específica, sempre pessoa física, e esta não poderá se fazer substituir sob pena do vínculo empregatício.

4.2.5. Pessoa física

Só poderá ser empregado a pessoa física; pessoa jurídica não poderá ser empregada de outra pessoa jurídica.

Jurisprudência:

VÍNCULO EMPREGATÍCIO – MOTOQUEIRO-ENTREGADOR – PRESENÇA DOS PRESSUPOSTOS ESTABELECIDOS NOS ARTS. 2º E 3º DA CLT. Devido às particularidades da atividade desempenhada pelos motoqueiros-entregadores, conhecidos popularmente como "moto-boys", o reconhecimento do vínculo empregatício em muitos casos se torna uma tarefa tormentosa, porquanto demanda uma análise cuidadosa e circunstanciada dos fatos trazidos aos autos, a fim de que seja possível apontar com segurança a existência ou não dos pressupostos estabelecidos no artigo 3º da CLT, notadamente a **subordinação** *jurídica e a* **pessoalidade.** *Contudo, revelado pelo conjunto fático-probatório que o reclamante prestava serviços de entrega de mercadorias a domicílio de determinado comércio de hortifrutigranjeiros com* **habitualidade, onerosidade,** *não sendo substituído por outro motoqueiro e sofrendo constante ingerência no desempenho de sua atividade pelos sócios da reclamada, inclusive quanto aos horários em que deveria estar à disposição do estabelecimento reclamado para eventual entrega, além de gozar todos os benefícios concedidos aos demais empregados da reclamada, impõe-se o reconhecimento da relação de emprego, pouco importando se o reclamante constituiu sociedade com outro motoqueiro e celebrou contrato de prestação de serviços de frete, porquanto prevalece no caso em tela a aplicação do disposto no artigo 9º da CLT, assim como do princípio da primazia da realidade, no sentido de que as relações jurídicas na seara trabalhista se definem pela forma como se realizou a prestação de serviços, pouco importando a roupagem formal que lhe foi atribuída.* (TRT 3ª Região. 2ª Turma. RO – 00084-2008-048-03-00-0. Relator Sebastião Geraldo de Oliveira. Data: 22/10/2008)

4.3. Tipos de sujeitos do contrato de trabalho

4.3.1. Empregado doméstico

A Lei n. 5.859/72 foi regulamentada pelo Decreto n. 71.885/73 e trata dos empregados domésticos. Entende-se por empregado doméstico aquele que presta serviços de natureza contínua e de finalidade não lucrativa à pessoa ou à família, no âmbito residencial destas (artigo 1º da Lei n. 5.859/72).

Conclui-se, pois, que o empregador jamais será uma pessoa jurídica, empresa, mas uma pessoa ou família que admite, a seu serviço, empregado para trabalhar em seu ambiente doméstico.

Para melhor esclarecimento, o trabalho doméstico terá as seguintes características:
- Habitualidade na prestação de serviços (natureza contínua e sem interrupção);
- o trabalho será efetuado no âmbito residencial, familiar;
- não terá finalidade lucrativa para o empregador.

É de suma importância esclarecer que a natureza contínua deve ser interpretada da forma mais simples possível, ou seja, é aquela em que o empregador exige a presença do trabalhador em dias certos e jornada de trabalho definida, para sujeitar-se às suas ordens, mediante remuneração, ainda que em apenas alguns dias da semana, deixando claro que a natureza do trabalho é contínua, embora tenha sido tratado que os serviços sejam prestados em dias alternados ou descontínuos.

O TST vem entendendo que aquele trabalhador que presta serviços ao longo dos anos, por exemplo, 25 anos em uma única residência, caracteriza a continuidade do serviço, sendo possível então o reconhecimento do vínculo como doméstico.

Neste diapasão, a natureza contínua da prestação de serviços não se confunde com trabalho contínuo. Ocorre que, em alguns casos, a natureza do trabalho é mesmo a prestação de serviços de forma descontínua, como é o caso da babá que trabalha em regime de revezamento com outras babás. O que a lei procurou identificar é a diferença entre o trabalhador que presta serviços como verdadeiro autônomo, vendendo o produto de seu trabalho por preço que fixar, e aquele que se subordina às normas e ordens do contratante de forma objetiva prestando sua força de trabalho, mediante salário, ainda que de forma intermitente.

Outro aspecto de relevância está na finalidade não lucrativa, e deve ser entendido como o trabalho exercido fora da atividade econômica. Não há possibilidade de contratar um empregado doméstico para preparar salgados que serão vendidos, pois assim o empregador está buscando lucro na atividade deste trabalhador.

São considerados domésticos aqueles que prestam serviço de motorista particular, caseiro, cozinheiro, jardineiro, babá, mordomo, dama de companhia, governanta, faxineiro, lavadeira, arrumadeira, enfermeira e outros, assim considerados já que estão presentes os requisitos da subordinação e natureza contínua do trabalho.

São regidos pela CLT os empregados porteiros, zeladores, faxineiros e serventes de prédios de apartamentos residenciais, desde que a serviço da administração do edifício e não de cada condômino em particular (artigo 1º da Lei n. 2.575/56). Portanto, segundo a lei em questão, não são considerados como domésticos.

São direitos do trabalhador doméstico:
- Anotação na CTPS. Se a empregada doméstica trabalha em duas residências, apenas um dos empregadores deverá realizar o registro na CTPS, sendo ambos solidariamente responsáveis pelos deveres trabalhistas.
- Salário mínimo, fixado em lei.
- Irredutibilidade do salário. Poderá ser descontado do salário, desde que perceba 30% do salário: contribuição ao INSS, faltas injustificadas, prejuízos ao patrimônio do empregador munidos de dolo, independente de pacto contratual; contudo, se o prejuízo for culposo só poderá ser descontado com previsão contratual, 6% de desconto pelo vale-transporte sobre o salário base quando houver, moradia, quando for expressamente acordada entre as partes e a residência for em local diverso da que presta serviços.
- 13º salário com base na remuneração integral ou no valor da aposentadoria.
- Repouso semanal remunerado, preferencialmente aos domingos.
- Gozo de 30 dias de férias anuais remuneradas com, pelo menos, 1/3 a mais do que o salário normal.
- Garantia de emprego à doméstica gestante, contada da confirmação da gravidez até 5 meses após o parto. Essa determinação terá aplicação para os contratos por prazo indeterminado.
- Licença à maternidade, por período de 120 dias, pagos pela Previdência Social a partir do 23º semana de gestação. Não se aplica a estabilidade provisória do artigo 10, II "b" do ADCT (Ato das Disposições Constitucionais Transitórias).
- Jornada de trabalho diária de 8 horas ou 44 horas por semana. Cabe hora extra de 50%.
- Licença-paternidade, por período de 5 dias.

- Aviso prévio proporcional ao tempo de serviço, respeitando o período mínimo de 30 dias, podendo ser indenizado ou cumprido.
- Vale-transporte, que poderá ser descontado até 6% do salário (Leis n. 7.418/85, 7.619/87 e Decreto n. 95.247/87).
- Aposentadoria. Se for por invalidez, se dará mediante comprovação de incapacidade, realizada com exame médico pericial a cargo do INSS, com sujeição à carência de 12 meses. Caso volte a trabalhar, a aposentadoria por invalidez será cancelada. Se for aposentar por idade, será com 65 anos para homem e 60 anos para mulher, desde que haja o cumprimento de carência de, pelo menos, 180 contribuições mensais.

Até o presente, não foram assegurados aos empregados domésticos alguns direitos adquiridos por outras categorias. São eles:
- Jornada de trabalho diária de 8 horas ou 44 horas semanais.
- Acordos e convenções coletivas.
- Adicional de hora noturna.
- Adicional de transferência.
- Adicional de insalubridade.
- Adicional de periculosidade.
- Salário *in natura*: alimentação, vestuário e habitação, salvo moradia em local diferente.
- Auxílio-doença diante de enfermidade ou for vítima de um sinistro.
- Fundo de Garantia por Tempo de Serviço (FGTS), lembrando que é facultativo e irretratável, mas, uma vez pago pelo empregador, é vedada sua retirada (Lei n. 10.208/01 e Decreto n. 3.361/00). Por meio da apresentação da Guia de recolhimento do FGTS, o empregador irá requerer à Caixa Econômica Federal a inclusão do empregado no sistema, e este, por sua vez, estará automaticamente incluso no FGTS após o primeiro depósito na conta vinculada.
- Seguro-desemprego: o doméstico, uma vez filiado no regime do FGTS, estará segurado no benefício previdenciário do seguro-desemprego. Receberá um salário mínimo, por um período máximo de 3 meses, desde que tenha laborado ao menos 15 dos 24 meses.
- Estabilidade no emprego, salvo gestante.
- Equiparação salarial.
- Salário-família.
- Multa do artigo 467 e 477, § 8°, da CLT.

O prazo prescricional para o doméstico será de 5 anos, até o limite de 2 anos da rescisão contratual.

O empregado doméstico não precisa prestar serviço para um único empregador, pois não há exclusividade.

A Lei n. 11.324/2006, em seu artigo 4º-A, veda a dispensa arbitrária ou sem justa causa da empregada doméstica gestante desde a confirmação da gravidez até 5 (cinco) meses após o parto, acarretando com isso a garantia de emprego durante o período gestacional.

A referida lei também assegura aos domésticos os descansos nos feriados civis e religiosos sob pena do pagamento em dobro da respectiva remuneração, e também assegura ser vedado o desconto com as despesas de moradia quando essa se referir a local diverso da residência em que ocorrer a prestação de serviço, desde que acordado previamente entre as partes.

Sobreleva notar que a Lei concede a licença à gestante em virtude do nascimento de filho, em um total de 120 dias, concedidos 28 dias antes e 92 dias após o parto, período em que a gestante faz jus ao salário-maternidade, pago diretamente pela Previdência Social (INSS) às empregadas com situação regular de emprego, em valor equivalente ao recolhimento de seu último salário de contribuição (Lei n. 8.861/94).

O empregado doméstico demitido sem justa causa tem os seguintes direitos: 13º salário, proporcional, férias vencidas, se houver, e saldo de salário, se houver.

O fim da relação laboral do doméstico pode ocorrer com o pedido de demissão, dispensa com ou sem justa causa, falecimento de uma das partes ou aposentadoria do empregado:

a) O Empregado que pede demissão terá direito a: saldo de salário do mês, 13º proporcional e férias vencidas e proporcionais + 1/3.

b) O Empregado dispensado sem justa causa terá direito a: saldo de salário do mês, 13º proporcional, férias vencidas e proporcionais + 1/3, aviso prévio, se for o caso, receberá as guias do FGTS e seguro-desemprego.

c) O Empregado dispensado com justa causa, disposta no artigo 482 da CLT (salvo negociação habitual e revelação de segredos), terá direito a: saldo de salário e férias vencidas.

Destaca-se que, diante do trabalho desumano, ou ainda, perante condições ilegais de trabalho, o doméstico poderá ingressar na justiça com Rescisão Indireta, retirando-se imediatamente do local de labor, desde que, munido de provas e testemunhas, o que não acarretará prejuízo no recebimento de todas as verbas rescisórias que lhe são devidas.

Caso o empregado se recuse a assinar o termo de rescisão contratual, ou ainda, receber o valor devido, caberá "ação de consignação em pagamento". Insta esclarecer que para o doméstico não se faz necessária a homologação da rescisão perante os órgãos competentes (Ministério do Trabalho e sindicato da categoria).

Jurisprudência:
EMPREGADO DOMÉSTICO. AUSÊNCIA DE CONTINUIDADE NA PRESTAÇÃO DOS SERVIÇOS. NÃO RECONHECIMENTO DA RELAÇÃO DE EMPREGO. O art. 1º da Lei n. 5.859/72 define o empregado doméstico como aquele que presta serviços de natureza contínua e de finalidade não-lucrativa à pessoa ou à família no âmbito residencial destas. A continuidade a que se refere a Lei n. 5.859/72 não se confunde com a não-eventualidade mencionada no art. 3º da CLT. No âmbito doméstico, não basta que o serviço prestado seja não-eventual, sendo imprescindível que seja contínuo, ou seja, permanente, sem interrupção. Se a trabalhadora efetua faxinas apenas duas vezes por semana, certamente o seu trabalho é descontínuo, intermitente, o que descaracteriza o vínculo de emprego e a caracteriza como diarista. (TRT 3ª Região. 2ª Turma. PROC: RO – 01151-2008-086-03-00-0. Relator Sebastião Geraldo de Oliveira. Data: 13/05/2009)

DOMÉSTICA. TRABALHO EM TRÊS DIAS SEMANAIS E PRESTADOS AO LONGO DE VÁRIOS ANOS. VÍNCULO EMPREGATÍCIO RECONHECIDO. A continuidade prevista no artigo 1º da Lei n. 5.859/72, como elemento essencial à relação de emprego doméstico, caracteriza-se pelo comparecimento durante toda a semana ou, ao menos, na maior parte dos dias, à exceção dos domingos. À míngua de critérios objetivos na lei e que possam servir de parâmetro para tal conclusão, a jurisprudência tem se orientado no sentido de considerar empregado doméstico o trabalhador que preste serviços em pelo menos três dias na semana e para a mesma residência. Trata-se de construção jurisprudencial que adotou referido parâmetro por entendê-lo perfeitamente indicativo do requisito da continuidade e que se traduz no diferencial entre o trabalho na condição de verdadeiro empregado doméstico e o de simples diarista. (TRT 2ª Região. RO. Processo n. 00016-2006-313-02-00-6. Relator Paulo Augusto Camara. Data: 09/06/2006)

4.3.2. Rural

A Lei n. 5.889/73, em seu artigo 1º, dispõe que as relações de trabalho rural serão reguladas por esta Lei e, no que com ela não colidir, pelas normas da Consolidação das Leis do Trabalho, aprovada pelo Decreto-lei n. 5.452, de 01/05/1943, ou seja, a CLT (artigo 7º, "b", da CLT).

Empregador rural é a pessoa física ou jurídica que explora a terra, proprietário ou não, objetivando a produção vegetal, a criação de animais, a industrialização de produtos primários, em caráter temporário ou permanente, diretamente ou por meio de seus prepostos, com a ajuda de empregados (artigo 2º do Decreto n. 73.616/74 e artigo 3º da Lei n. 5.889/73).

É a atividade econômica de cultura agrícola, pecuária, reflorestamento e corte de madeira; nela se inclui o primeiro tratamento dos produtos agrários *in natura* sem transformação de sua natureza, tais como o beneficiamento, a primeira modificação e o preparo dos produtos agropecuários e hortifrutigranjeiros e das matérias-primas de origem animal ou vegetal, para posterior venda ou industrialização, e o aproveitamento dos seus produtos oriundos das operações de preparo e modificação dos produtos *in natura* acima referidos.

Equipara-se empregador rural aquele que executar serviços de natureza agrária mediante utilização do trabalho de outrem, como o empreiteiro e o subempreiteiro.

Empregado rural (ou rurícola) é toda pessoa física que, em propriedade rural ou prédio rústico, prestar serviços de natureza não eventual a empregador, sob a dependência deste, mediante salário (artigo 2º da Lei n. 5.889/73). Note-se que, para ser considerado empregado rural, obrigatória é a existência dos requisitos da relação de emprego, ou seja, pessoalidade (pessoa física), continuidade (natureza não eventual), subordinação (sob a dependência deste) e onerosidade (mediante pagamento de salário).

Propriedade rural é toda área de terreno da zona rural e de propriedade privada. Possui várias destinações, sendo as mais comuns a agricultura e a pecuária. Prédio rústico é o imóvel destinado a agro-silvo-pastoril, localizado tanto na zona urbana quanto na zona rural.

Os rurais e urbanos foram equiparados pela Norma Ápice, em seu artigo 7º em direitos e obrigações. Contudo, há algumas distinções para os rurais:

- Nos trabalhos executados na agricultura, considera-se trabalho noturno o executado entre as 21 horas de um dia e as 5 horas do dia seguinte; e, na atividade da pecuária, é considerado trabalho noturno o executado entre as 20 horas de um dia e as 4 horas do dia seguinte, com adicional de 25%, e a hora com duração de 60 minutos.

- O rural terá aviso prévio de 30 dias, e com a dispensa imotivada o rural terá um dia por semana para buscar uma nova recolocação no mercado.
- Será de acordo com o uso e costume local que o rural usufruirá do intervalo para descanso e alimentação, não havendo, portanto, imposição legal de tempo.
- Nos serviços intermitentes, há a ausência de cômputo como efetivo exercício dos intervalos de uma a outra parte da execução da tarefa diária.

A jornada de trabalho dos empregados rurais observará os usos, praxes e costumes de cada região, no que concerne a determinação de seu início e o término, e não pode, entretanto, exceder a 8 horas por dia. A duração normal do trabalho poderá ser acrescida de horas suplementares, no importe de 50%, em número não excedente de 2h, mediante acordo escrito entre o empregador e o empregado ou mediante contrato coletivo de trabalho. O contrato poderá ser celebrado por prazo indeterminado ou por safra (artigo 7º, incisos XIII e XVI da CF). O empregado deverá, obrigatoriamente, ter a CTPS assinada.

Não deve ser computado na duração do trabalho o intervalo obrigatório concedido nos trabalhos contínuos com duração superior a 6 horas.

É assegurado ao menor o salário mínimo, qualquer que seja sua idade (artigo 7º, IV e XXX, e Lei n. 5.889/73 artigo 11).

A partir da Constituição Federal de 88, o rural passou a ter direito ao FGTS (artigo 7º, III da CF).

Trabalhadores com idade inferior a 18 anos não poderão executar trabalhos no período noturno (artigo 7º, XXXIII, da CF e Lei n. 5.889/73 artigo 8º). Quando forem menores de 14 anos, não poderão trabalhar em qualquer trabalho rural (artigo 7º, XXXIII, da CF).

O rural terá os mesmo direitos que o urbano no que tange às férias anuais (artigo 7º, XVII, Decreto n. 73.626/74 artigo 4º), assim como o direito à aposentadoria para o rural será o mesmo do urbano (Lei n. 8.213/91).

O artigo 14-A da Lei n. 5.889/73 vaticina que o produtor rural pessoa física poderá realizar contratação de trabalhador rural por pequeno prazo para o exercício de atividades de natureza temporária. No parágrafo 1º da mesma lei, alude que a contratação de trabalhador rural por pequeno prazo poderá ocorrer no período máximo de 2 meses – dentro do período de 1 ano – para atividade temporária.

Assim, a filiação e a inscrição do trabalhador de que trata este artigo na Previdência Social decorrem, automaticamente, da sua inclusão pelo empregador na Guia de Recolhimento do Fundo de Garantia do Tempo de Serviço e Informações à Previdência Social – GFIP, cabendo à Previdência Social instituir mecanismo que permita a sua identificação.

A não inclusão do trabalhador na GFIP pressupõe a inexistência de contratação na forma deste artigo, sem prejuízo de comprovação, por qualquer meio admitido em direito, da existência de relação jurídica diversa.

A contribuição do segurado trabalhador rural contratado para prestar serviço é de 8% sobre o respectivo salário de contribuição.

O contrato de trabalho por pequeno prazo deverá ser formalizado mediante a inclusão do trabalhador na GFIP, mediante a anotação na Carteira de Trabalho e Previdência Social e em Livro ou Ficha de Registro de Empregados, por meio de contrato escrito, em 2 vias, uma para cada parte, onde conste, no mínimo, a expressa autorização em acordo coletivo ou convenção coletiva, a identificação do produtor rural e do imóvel rural onde o trabalho será realizado e indicação da respectiva matrícula e a identificação do trabalhador, com indicação do respectivo Número de Inscrição do Trabalhador – NIT.

De acordo com o Decreto n. 73.626/74 artigo 2º, § 4º consideram-se como exploração industrial em estabelecimento agrário as atividades que compreendem o primeiro tratamento dos produtos agrários *in natura* sem transformá-los em sua natureza, tais como:

> *I – o beneficiamento, a primeira modificação e o preparo dos produtos agropecuários e hortigranjeiros e das matérias-primas de origem animal ou vegetal para posterior venda ou industrialização;*
> *II – o aproveitamento dos subprodutos oriundos das operações de preparo e modificação dos produtos* in natura, *referidos no item anterior.*

A empresa pagará ao safrista, a título de indenização do tempo de serviço, importância correspondente a 1/12 (um doze avos) do salário mensal, por mês de serviço ou fração superior a 14 dias, depois de expirado normalmente o contrato (artigo 14 da Lei n. 5.889/73). Considera-se contrato de safra o que tenha sua duração dependente de variações estacionais da atividade agrária (Parágrafo único).

Nas regiões em que se adota a plantação subsidiária ou intercalar (cultura secundária), a cargo do empregado rural, quando autorizada ou permitida, será objeto de contrato em separado, de acordo com o artigo 12 da Lei n. 5.889/73.

Só poderão ser descontadas do empregado rural as seguintes parcelas, calculadas sobre o salário mínimo (artigo 9º da Lei n. 5.889/73):

a) até o limite de 20% (vinte por cento) pela ocupação da morada;
b) até o limite de 25% (vinte por cento) pelo fornecimento de alimentação sadia e farta, atendidos os preços vigentes na região;
c) adiantamentos em dinheiro.

Jurisprudência:
TRABALHADOR RURAL. INTERVALO INTRAJORNADA. OBSERVÂNCIA DOS USOS E COSTUMES DA REGIÃO. ART. 5º DA LEI N. 5.889/73. PRÉ-ESTIPULADO O INTERVALO INTRAJORNADA PELO EMPREGADOR EM CONTRATO, TEM O DEVER DE CONCEDÊ-LO. Se o empregador estipula contratualmente o intervalo intrajornada de seus empregados, ao não concedê-lo corretamente deve pagar a respectiva indenização. (TRT 23ª Região. RO – 00994-2008-021-23-00. Relator Desembargador Roberto Benatar. Data: 30/06/2009)

4.3.3. Mãe social

Considera-se mãe social, para efeito da Lei n. 7.644/87, aquela que, se dedicando à assistência ao menor abandonado, exerça seu encargo em nível social, dentro do sistema de casas-lares, que serão isoladas, formando, quando agrupadas, uma aldeia assistencial ou vila de menores.

A mãe social, enquanto desempenhar esse papel, deverá residir, juntamente com os menores que lhe forem confiados, na casa-lar que lhe for destinada. São recebidos até 10 menores em situação irregular nas casas-lares.

São instituições sem finalidade lucrativa, ou de utilidade pública de assistência ao menor abandonado, e que funcionem pelo sistema de casas-lares, utilizando mães sociais, com o objetivo de propiciar ao menor as condições familiares ideais ao seu desenvolvimento e reintegração social.

Aos menores são concedidos ensino profissionalizante, para que assim possam ser encaminhados ao mercado de trabalho.

São atribuições da mãe social propiciar o surgimento de condições próprias de uma família, orientando e assistindo os menores colocados sob seus cuidados, administrar o lar, realizando e organizando as tarefas a ele pertinentes e dedicar-se, com exclusividade, aos menores e à casa-lar que lhes forem confiados.

À mãe social ficam assegurados os seguintes direitos: anotação na Carteira de Trabalho e Previdência Social, remuneração em valor não inferior ao salário mínimo, repouso semanal remunerado de 24 (vinte e quatro) horas consecutivas, apoio técnico, administrativo e financeiro no desempenho de suas funções, 30 (trinta) dias de férias anuais remuneradas nos termos do que dispõe o capítulo IV da Consolidação das Leis do Trabalho, benefícios e serviços previdenciários, inclusive em caso de acidente do trabalho, na qualidade de segurada obrigatória, gratificação de Natal (13º salário), Fundo de Garantia do Tempo de Serviço ou indenização, nos termos da legislação pertinente (artigo 5º da Lei n. 7.644/87).

> Jurisprudência:
> *AGRAVO DE INSTRUMENTO EM RECURSO DE REVISTA. VÍNCULO EMPREGATÍCIO. MÃE SOCIAL. Ante a possibilidade de comprovação de divergência jurisprudencial, dou provimento ao agravo de instrumento, para determinar o processamento do recurso de revista. Agravo de instrumento a que se dá provimento. Recurso de revista. Vínculo empregatício. Mãe social. A jurisprudência do Tribunal Superior do Trabalho vem se firmando no sentido de que a prestação de serviços nos moldes da Lei n. 7.644/87, que disciplina a atividade de mãe social, gera vínculo empregatício entre as partes. FGTS. Prescrição. O Tribunal Regional decidiu em consonância com a Súmula n. 362 desta Corte. Incidência da Súmula n. 333 do TST e do art. 896, § 4º, da CLT. Indenização. Não-cadastramento no PIS. Competência da Justiça do Trabalho. A controvérsia relativa à competência da Justiça do Trabalho carece do devido prequestionamento, porquanto a Corte de origem em momento algum se manifestou sobre a matéria, o que inviabiliza a aferição de violação do art. 114 da Constituição Federal, bem como de divergência como arestos colacionados. Incidência da Súmula n. 297 do TST. Recurso de revista de que se conhece parcialmente e a que se nega provimento.* (TST. 7ª Turma. RR 0457 30457/2002-900-04-00.0. Relator Pedro Paulo Teixeira Manus. Data: 14/04/2008)

4.3.4. Aprendiz

Disposição legal artigo 7º, XXXIII da CF, artigos 424 a 433 da CLT e Decreto n. 5.598/05. O menor aprendiz é aquele que está entre 14 e 24 anos, e é realizado um contrato de trabalho especial pactuado por escrito e com prazo determinado (artigo 428 da CLT). O objetivo é a aprendizagem, e o empregador deve assegurar ao aprendiz a formação técnico-profissional metódica e compatível com seu desenvolvimento físico, mental e psicológico. Ele pode atuar no campo, no comércio, na indústria ou nos transportes.

O menor aprendiz deve ter seu contrato de trabalhado registrado no 1º dia de trabalho e perceberá pelo menos um salário mínimo por mês, respeitando o salário mínimo-hora, isto é, o valor do salário mínimo correspondente a uma hora.

Apesar de haver divergência doutrinária, a lei entende que o aprendiz é empregado (Decreto n. 31.546/52, artigo 1º).

Para aqueles aprendizes portadores de deficiência, não se aplica a idade máxima prevista, 24 anos (artigo 428, § 5º da CLT).

Se os Serviços Nacionais de Aprendizagem não oferecerem cursos ou vagas suficientes para atender a demanda dos estabelecimentos, o artigo 430 da CLT apresenta um rol de entidades qualificadas e autorizadas a proporcionar o curso de aprendizagem.

Importante destacar que as empresas, salvo entidade sem fins lucrativos, microempresas e as empresas de pequeno porte (artigo 14 do Decreto n. 5.598/05), devem atender as quotas para contratação de aprendizes (artigo 429 da CLT), quais sejam, 5% no mínimo e 15% no máximo dos trabalhadores existentes em cada estabelecimento.

O aprendiz é um empregado de tipo especial. A relação jurídica estabelecida na empresa é chamada de "contrato de aprendizagem" e possui como características contratuais:
- O aprendiz obrigatoriamente deve estar estudando e, caso seja reprovado nos estudos, poderá ser dispensado por justa causa.
- O empregador deve pagar o INSS.
- O FGTS é obrigatório. O empregador deposita 2,5% ao mês da remuneração (2% ao aprendiz e 0,5% ao Fisco).
- É assegurado o benefício do vale-transporte.
- O aprendiz não poderá fazer horas extras, salvo se for maior de 18 anos.
- O contrato de trabalho deverá ser por prazo determinado, ou seja, 2 anos.

- A jornada de trabalho é no máximo de 6 horas, sendo vedadas a prorrogação e a compensação de jornada (artigos 428 a 432 da CLT, redação das Leis 10.097/2000 e 11.180/2005). Contudo, o limite previsto neste artigo poderá ser de até 8 horas diárias para os aprendizes que já tiverem completado o ensino fundamental, se nelas forem computadas as horas destinadas à aprendizagem teórica (art. 432 e § 1ª da CLT). É obrigatória a anotação na CTPS.

A extinção do contrato de trabalho do aprendiz cessará quando: estiver no seu termo (2 anos); o aprendiz completar 24 anos; o aprendiz cometer falta disciplinar grave (artigo 482 da CLT); a pedido do aprendiz; desempenho insuficiente ou inadaptação do aprendiz; ausência injustificada à escola ou que implique perda do ano letivo.

>Jurisprudência:
>RECURSO EM RITO SUMARÍSSIMO. VÍNCULO EMPREGATÍCIO. CONTRATO DE APRENDIZAGEM. *Menor ou adolescente aprendiz que presta atividade em empresa comercial ou industrial, em favor de quem emprega sua força de trabalho recebendo como contraprestação aprendizagem e salário, está vinculado a um contrato de trabalho de tipo especial, qual seja, o de aprendizagem. Recurso não provido.* (TRT 19ª Região. 6ª Vara do Trabalho de Maceió. Turma: TP – Tribunal Pleno. ROPS – 01859-2003-006-19-00-1. Juíza Relatora: Helena e Mello. Data: 10/01/2006)

4.3.5. Cipeiro

Veja também os capítulos 12.6 CIPA e 12.7 CIPATR.

Primeiramente compete mencionar sobre a CIPA – Comissão Interna de Prevenção de Acidentes, que objetiva observar e relatar condições de risco nos ambientes de trabalho, solicitando medidas para reduzir, eliminar ou neutralizar os riscos existentes. Compõe-se esse órgão interno da empresa de representantes do empregador e dos empregados. Os representantes dos empregados são eleitos. A CIPA deve ser organizada e mantida em funcionamento obrigatoriamente pelas empresas privadas e públicas e pelos órgãos governamentais que tenham empregados regidos pela CLT.

A CLT estabelece que os titulares da representação dos empregados nas Comissões Internas de Prevenção de Acidentes (CIPAS) não podem sofrer despedida arbitrária (artigo 165, *caput*). Essa despedida arbitrária significa aquela que não se fundar em motivo disciplinar, técnico, econômico ou financeiro, segundo o dispositivo da lei. Diante da despedida, caberá ao empregador, em caso de reclamação à Justiça do Trabalho, comprovar a existência de qualquer um dos motivos mencionados (disciplinar, técnico, econômico ou financeiro), sob pena de ser condenado a reintegrar o empregado (parágrafo único do artigo 165 da CLT).

O artigo 10, inciso II, letra "a" da ADCT, vedou a dispensa arbitrária ou sem justa causa do empregado eleito para cargo de direção de CIPAS, desde o registro de sua candidatura até um ano após o final de seu mandato.

> **Jurisprudência:**
> *1 – AGRAVO DE INSTRUMENTO. JUSTIÇA GRATUITA. ISENÇÃO DAS CUSTAS. A concessão do benefício da Justiça Gratuita não se subordina à assistência judiciária prestada pelo sindicato da categoria profissional nem a limite para a remuneração, mas sim às condições objetivas estabelecidas tanto no inciso LXXIV do art. 5º, da CF quando fala na necessidade de comprovação de insuficiência de recursos, quanto no parágrafo único do art. 2º, da Lei n. 1.060/50, ao definir a situação de necessitado aos olhos da lei para auferir o benefício. 2 – RECURSO ORDINÁRIO. CIPA. GARANTIA DE EMPREGO INDENIZAÇÃO. O art. 165 da CLT c/c alínea "a" do inciso II do art. 10 do ADCT ao assegurar a estabilidade ao cipeiro objetivou garantir-lhe o exercício do mandato em benefício da categoria. Em outras palavras, a estabilidade provisória do empregado que exerce mandato como dirigente da CIPA permite-lhe desempenhar a sua função de zelo e preservação do ambiente de trabalho sem que com isso sofra pressões de seu empregador. O empregado que propõe reclamação trabalhista ainda dentro do prazo da estabilidade pleiteando apenas a indenização revela desinteresse com a garantia de emprego e com o seu mandato na CIPA. Tanto a norma constitucional como a norma consolidada consagram a garantia de emprego, donde se conclui que o bem protegido é o emprego, tendo como reflexo o pagamento de indenização caso não seja possível a reintegração do trabalhador. Não cabe à parte dar a interpretação que melhor lhe convir visando não à garantia de emprego, mas sim*

à *legalização da ociosidade remunerada através do recebimento de salários sem a efetiva contraprestação laboral.* (TRT 2ª Região. 12ª Turma. RO01 – 00632-2005-444-02-00. Relator Marcelo Freire Gonçalves. Data: 02/03/2007)

4.3.6. Trabalhador autônomo

O profissional autônomo é sinônimo de independência, relativa a um certo grau de liberdade, porém com limites. É se autogovernar, é a pessoa física que exerce, habitualmente e por conta própria, atividade profissional remunerada prestando serviço de caráter eventual a uma ou mais empresas, sem relação de emprego e assumindo o risco de sua atividade. Este trabalhador caracteriza-se, portanto, pela autonomia da prestação de serviços a uma ou mais empresas, sem relação de emprego, ou seja, por conta própria, mediante remuneração, com fins lucrativos ou não. (Lei n. 8.212/91, artigo 12, inciso V, alínea "h").

O autônomo não é empregado. Para o trabalhador autônomo aplica-se Lei especial, Código Civil e ainda o Código de Defesa do Consumidor (CDC), portanto, não se aplica a CLT.

Importante destacar que a diferença entre o autônomo e o empregado está na subordinação. O empregado é totalmente subordinado, jurídica e economicamente, enquanto o autônomo é independente, não está de nenhuma forma subordinado à figura do empregador, tem total liberdade para executar o trabalho durante o tempo que achar necessário, podendo começar e parar a qualquer momento, além de poder se fazer substituir.

Distingue-se o autônomo do eventual, já que o autônomo presta serviços com habitualidade, enquanto o eventual presta serviços ocasionalmente ao tomador de serviço.

Cabe salientar que o autônomo tem o direito de receber apenas as comissões sobre suas vendas, contudo, se receber comissão mais um salário fixo (independentemente do valor), será considerado empregado convencional.

São exemplos de autônomo: advogado, eletricista, chaveiro, médico, vendedor, representante comercial, arquiteto, engenheiro, marceneiro, encanador, entre outros. São profissionais que não trabalham como empregados, mas sim com independência e sem subordinação.

Quando a autonomia é desvirtuada, a jurisprudência tem reconhecido o vínculo.

Jurisprudência:
RECONHECIMENTO DO VÍNCULO EMPREGATÍCIO – SUBORDINAÇÃO. Ainda que não se prove a sujeição do reclamante a ordens da reclamada, pode-se afirmar, com suporte na doutrina trabalhista mais autorizada, que só o fato de estar desempenhando funções relacionadas à atividade-fim da empresa é suficiente para o reconhecimento do vínculo de emprego, pois, nessas condições, o fenômeno da subordinação atua sobre o modo de realização da prestação (teoria objetiva) e não sobre o estado de sujeição do trabalhador (visão subjetiva), eis que existe uma limitação de autonomia de vontade do trabalhador, em face da transferência ao empregador do poder de direção sobre a atividade desempenhada, mediante salário. Nesse sentido, manifesta-se Tarso Fernando Genro, de forma lapidar, em sua obra Direito Individual do Trabalho, *2. ed., pela LTr: "A subordinação não é sempre obediência a ordens no sentido comum do vocábulo. Ela pode ser a inserção do prestador num sistema coordenado, em função dos interesses do empregador, no qual os atos de trabalho não são atos de escolha, mas atos de integração no processo produtivo ou nos serviços exigidos pelas finalidades essenciais da empresa. A subordinação jurídica opõe-se à autonomia jurídica, que significa a possibilidade de o* **trabalhador autônomo** *optar, não só pela forma de prestação que lhe aprouver, como também significa que os atos de trabalho deste não são ordinariamente necessários ao cumprimento das finalidades da empresa, nem se inserem num sistema coordenado que, por si só, subordina o prestador, independentemente de sua vontade. (TRT 3ª Região. 1ª Turma. RO – 01480-2007-043-03-00-2. Relatora Deoclécia Amorelli Dias. Data: 11/07/2008)*

4.3.7. Trabalhador eventual

O trabalho eventual, embora prestado com pessoalidade, onerosidade e subordinação, consiste na prestação de serviços ocasionais sem constância, a uma ou mais pessoas, às quais não se vinculam por relação de continuidade. É prestado por pessoa física, de natureza urbana ou rural, não possui vínculo de emprego e presta serviço para evento determinado, em atividade diversa da atividade-fim do empregador.

A principal característica desse tipo de trabalho é a prestação de serviços sem qualquer caráter de permanência, só o fazendo de modo ocasional, esporadicamente. Portanto, o elemento diferenciador do eventual e do empregado é a continuidade. Presente a continuidade, a figura será a do empregado. Ausente esse requisito, o trabalho será eventual.

Nesse caso, pressupõe-se o contrato de trabalho por tempo determinado, tendo em vista a curta duração da prestação. E, uma vez que o eventual não é empregado, não se aplica a CLT, sendo assim regido pelo Código Civil (locação de serviços) e Lei n. 8.212/91, artigo 12, V, alínea "g".

4.3.8. Trabalhador voluntário

O trabalho voluntário é "a atividade não remunerada, prestada por pessoa física a entidade pública de qualquer natureza ou a instituição privada de fins não lucrativos, que tenha objetivos cívicos, culturais, educacionais, científicos, recreativos ou de assistência social, inclusive mutualidade" (artigo 1º, *caput* da Lei n. 9.608/98).

É importante constatar que, numa primeira análise, o trabalho voluntário sugere a não remuneração pela contraprestação do serviço voluntário. Não obstante, a mesma Lei, por força de alteração provocada pela posterior Lei n. 10.748, de 22 de outubro de 2003, permitiu que a União Federal concedesse um "auxílio financeiro" (regulamentado pelo Decreto n. 5.313, de 16 de dezembro de 2004) em favor do prestador de serviço voluntário com idade entre 16 e 24 anos, que seja integrante de família com renda mensal *per capita*, isto é, para cada pessoa de até meio salário mínimo (de acordo com o artigo 03-A, *caput*, da Lei Federal n. 9.608/1998). Contudo, a Lei n. 11.692/2008 revogou a Lei n. 9.608/98 artigo 3º-A, ficando assim a União desautorizada a conceder o auxílio financeiro mensal ao voluntário de baixa renda.

Houve por bem comentar que o serviço voluntário não gera vínculo empregatício entre as partes e, por derradeiro, afasta todas as demais obrigações de natureza trabalhista, previdenciárias ou relacionadas (de acordo com o parágrafo único do artigo 1º, da Lei Federal n. 9.608/1998), além de o "auxílio financeiro" não ser considerado remuneração, mas sim uma mera assistência ao trabalhador voluntário.

Para tanto, faz-se imperioso que seja pactuado um "termo de adesão" entre a entidade pública ou privada e o prestador de trabalho voluntário, devendo, nesse "termo de adesão", constar qual o serviço a ser prestado e como ele será prestado (artigo 2º).

O artigo 3º da Lei n. 9.608/1998 permite que haja o ressarcimento ao trabalhador voluntário pelas despesas que comprovadamente realizar no desempenho das atividades voluntárias.

4.3.9. Trabalhador avulso

Trabalhador avulso é aquele "quem presta, a diversas empresas, sem vínculo empregatício, serviços de natureza urbana ou rural definidos no regulamento" (Lei n. 8.212/91, artigo 12, VI). Não há vínculo empregatício. A relação de trabalho do trabalhador avulso não é *intuitus personae*, é sindicalizada ou não, porém com a intermediação obrigatória do sindicato de sua categoria ou órgão gestor de mão de obra (OGMO).

Não há vínculo de emprego para o trabalhador avulso nem subordinação com o sindicato, e muito menos com as empresas para as quais presta serviços. O sindicato apenas arregimenta a mão de obra e paga os prestadores de serviço de acordo com o valor recebido das empresas, que é rateado entre os que prestaram serviço.

Vale salientar que o trabalhador avulso não precisa ser sindicalizado. O que importa é que haja a intermediação obrigatória do sindicato na colocação do trabalhador na prestação de serviços às empresas, que procuram a agremiação em busca de trabalhadores.

Esse tipo de trabalhador terá todos os direitos de um empregado, menos as horas extras, e terá 5 anos de prazo para ingressar com ação trabalhista.

O trabalho avulso típico, a título de exemplo, é o realizado nos portos, na descarga de navios.

O OGMO é um órgão gestor, pessoa jurídica de direito privado com finalidade pública, sem fins lucrativos (artigo 2º da Lei n. 8.630/93). É vedada a exploração de qualquer outra atividade econômica não vinculada à gestão de mão de obra ou em prestação de serviços a terceiros. É considerado de utilidade pública.

São competências do OGMO administrar o fornecimento de mão de obra do trabalhador portuário (empregado) e do trabalhador portuário avulso; manter, com exclusividade, o cadastro do trabalhador portuário empregado e o registro do avulso; promover o treinamento e a habilitação profissional do trabalhador portuário empregado, inscrevendo-o no cadastro; selecionar e registrar o trabalhador portuário avulso; estabelecer o número de vagas, a forma e a periodicidade para acesso ao registro do avulso; expedir o documento de identificação dos trabalhadores portuários empregados; arrecadar e repassar, aos beneficiários, os valores devidos pelos operadores portuários, relativos à remuneração do avulso e encargos; aplicar penalidades disciplinares aos avulsos; cancelar o registro dos avulsos; promover a formação profissional do avulso; zelar pelas normas de medicina e segurança do trabalho avulso; escalar os trabalhadores avulsos em sistema de rodízio; verificar a presença dos avulsos escalados no local de trabalho e respeitar e cumprir as normas coletivas ajustadas entre as entidades representativas dos trabalhadores avulsos e os operadores portuários.

> Jurisprudência:
> *1 – AGRAVO DE INSTRUMENTO. JUSTIÇA GRATUITA. ISENÇÃO DAS CUSTAS. A concessão do benefício da Justiça Gratuita não se subordina à assistência judiciária prestada pelo sindicato da categoria profissional nem a limite para a remuneração, mas sim às condições objetivas estabelecidas tanto no inciso LXXIV do art. 5º da CF quando fala na necessidade de comprovação de insuficiência de recursos, quanto no parágrafo único do art. 2º, da Lei n. 1.060/50, ao definir a situação de necessitado aos olhos da lei para auferir o benefício. 2 – RECURSO ORDINÁRIO. TRABALHADOR PORTUÁRIO AVULSO. VALE-TRANSPORTE. O inciso XXXIV do art. 7º da CF estendeu ao trabalhador* avulso *todos os direitos assegurados aos trabalhadores com vínculo empregatício, o que inclui o vale-transporte instituído por força da Lei n. 7.418/1985. Esse preceito constitucional é norma de eficácia imediata, ou seja, independe de regulamentação.* (TRT 2ª Região. 12ª Turma. AI01 – 01454-2005-444-02-00. Relator Marcelo Freire Gonçalves. Data: 06/10/2006)

> *ANÁLISE CONJUNTA DO RECURSO DOS RECLAMADOS. TRABALHADOR AVULSO. VÍNCULO DE EMPREGO COM A ENTIDADE SINDICAL. RESPONSABILIDADE SOLIDÁRIA DO TOMADOR DE SERVIÇO. 1. Comprovados os requisitos da relação de emprego, em especial a pessoalidade, e afastada a transitoriedade da prestação de serviço, resta descaracterizado o trabalho avulso. 2. A existência de expediente fraudulento na contratação avulsa efetuada por intermédio do Sindicato destinada a afastar a incidência da legislação trabalhista autoriza o reconhecimento do vínculo de emprego com o Sindicato Reclamado e a responsabilidade solidária do tomador de serviço.* (TRT 15ª Região – Acórdão 010527/2008 – Desembargador Relator Luiz Antonio Lazarim – publicado em 29.02.2008)

4.3.10. Estagiário

As contratações de estagiários não são regidas pela CLT e não criam vínculo empregatício, salvo desentendimento à Lei n. 11.788/2008. Sob o aspecto da contratação, não incide nenhum dos encargos sociais previstos na CLT, visto que o estagiário não entra na folha de pagamento.

Qualquer estudante, a partir de 16 anos, de nível médio ou superior pode ser estagiário. A contratação é formalizada e regulamentada exclusivamente pelo Contrato de Estágio, e este deverá ser assinado pela Empresa, pelo Aluno e pela Instituição de Ensino.

A legislação que rege a contratação de Estagiários não exige o registro do estágio na carteira profissional. É um contrato formal, ou seja, deve ser obrigatoriamente escrito e assinado pelo estudante, pelo tomador de serviços (o oferecedor do estágio) e pela instituição de ensino (ou agentes de integração), o qual poderá ser renovado por mais 3 meses enquanto o estudante frequentar aulas.

O estagiário, a exclusivo critério da Empresa, pode receber os mesmos benefícios concedidos a funcionários, terá ainda 30 dias de férias e pode receber auxílio transporte.

A jornada de trabalho do Estagiário é livre desde que não prejudique a frequência às aulas. De acordo com o artigo 10 da Lei n. 11.788/08, "a jornada de atividade em estágio será definida de comum acordo entre a instituição de ensino, a parte concedente e o aluno estagiário ou seu representante legal, devendo constar do termo de compromisso ser compatível com as atividades escolares e não ultrapassar:

> I – 4 (quatro) horas diárias e 20 (vinte) horas semanais, no caso de estudantes de educação especial e dos anos finais do ensino fundamental, na modalidade profissional de educação de jovens e adultos;
> II – 6 (seis) horas diárias e 30 (trinta) horas semanais, no caso de estudantes do ensino superior, da educação profissional de nível médio e do ensino médio regular.

Não existe um piso de remuneração preestabelecido para o estagiário, o valor da bolsa-estágio é definido por livre acordo entre as partes e a quitação é feita mensalmente, mediante assinatura do Recibo de Bolsa-Estágio. O período médio de contratação é de 6 meses e pode ser rescindido a qualquer momento sem ônus para as partes. Pode, ainda o estagiário receber menos que 1 salário mínimo, e "deve estar estudando", ou seja, não pode ser diplomado.

O estagiário, obrigatoriamente, deverá estar coberto por um Seguro de Acidentes Pessoais. A ausência do Contrato de Estágio e/ou do Seguro de Acidentes Pessoais caracteriza vínculo empregatício e sujeita a Empresa às sanções previstas na CLT. Na falta destes requisitos, ou de quaisquer outros previstos na Lei n. 6.494/77 ou no Decreto n. 84.497/82, o contrato é o de trabalho ordinário, ou seja, regido pela Consolidação das Leis do Trabalho (CLT)), sendo, por conseguinte, devidos todos os demais direitos, tais como os devidos aos empregados comuns, ou seja, férias com 1/3, gratificação de Natal, repousos, FGTS, aviso prévio etc.

As atividades desenvolvidas pelo estagiário devem ser compatíveis com o curso realizado na instituição de ensino. Caso contrário, o estágio será considerado nulo, podendo ainda ser caracterizado o vínculo empregatício.

Urge mencionar que, em eventuais demandas judiciais, a competência é da Justiça comum e não da Justiça do Trabalho.

> Jurisprudência:
> ESTÁGIO. NULIDADE. INEXISTÊNCIA. *Como se sabe, a finalidade do contrato de estágio é proporcionar a complementação do ensino e da aprendizagem do estudante, por meio de sua participação em situações reais de vida e de trabalho, necessárias a sua inserção no meio profissional, social e cultural. Ainda que a prestação de serviços, neste caso específico, se dê com pessoalidade, onerosidade e não eventualidade, não se trata de relação de emprego por expressa exclusão da Lei regente (artigo 4º da Lei n. 6.494, de 1977). Embora se trate de contrato especial e de amplo alcance social, deparamo-nos, frequentemente, com ações trabalhistas por meio das quais o estagiário, findo o respectivo ajuste, formula pedido de declaração de vínculo de emprego com a entidade concedente, com pagamento de todas as verbas que daí decorrem. Alega-se, para fundamentar tal pretensão, que o estágio se desvirtuou de sua finalidade (aprimoramento dos estudos), o que configuraria fraude e acarretaria a nulidade do ajuste firmado. Entendemos,* data venia, *que a questão não pode ser examinada de forma simplista. Isto porque o contrato de estágio regularmente firmado não constitui contrato de emprego, não havendo subordinação entre o estagiário e o representante da entidade concedente.* (TRT 3ª Região. 3ª Turma. RO – 01130-2008-021-03-00-0. Relator Bolívar Viégas Peixoto. Data: 15/06/2009)

> *RECURSO ORDINÁRIO. ESTÁGIO. LEI 6.494/77. DESVIRTUA-MENTO. CARACTERIZAÇÃO DA RELAÇÃO DE EMPREGO. A utilização irregular de serviços de "estagiário" em atividades idênticas à dos empregados regulares, e em desobediência aos critérios fixados na Lei n. 6.494/77 e Decreto n. 87.497/82, implica caracterização do vínculo de emprego. (TRT 2ª Região. 11ª Turma. RO01 – 02098-2005-313-02-00. Relator Carlos Francisco Berardo. Data: 06/03/07)*

4.3.11. Trabalhador Temporário

O trabalhador temporário, regido pela Lei n. 6.019/74, tem algumas particularidades em relação ao empregado normal, regido pela CLT. Para o trabalhador temporário não há relação laboral entre o tomador e o trabalhador, apenas há o vínculo do trabalhador com a empresa de locação.

A vantagem do trabalho temporário está na possibilidade de se flexibilizar os recursos humanos contratados, adaptando-se o número de trabalhadores à duração e ao volume de trabalho a realizar. Uma empresa de trabalho temporário tem por finalidade colocar pessoal especializado, por tempo determinado, à disposição de outras empresas que dele necessite

O contrato entre a empresa de trabalho temporário e a empresa tomadora ou cliente, em relação a um mesmo empregado, não poderá exceder três meses, salvo autorização de prorrogação conferida pelo órgão local do MTE. Um aspecto de grande relevância é a existência de duas hipóteses que autorizam o trabalho temporário. A primeira diz respeito ao atendimento de necessidade transitória de substituição do quadro de pessoal da empresa. Cita-se, como exemplo, quando alguém cobre as férias de determinado empregado. A segunda diz respeito ao acréscimo de serviço na empresa, por ocasião do Natal, por exemplo, ou em épocas em que haja necessidade de mão de obra para atender o excedente de demanda, com remuneração equivalente aos efetivos e aos que laboram na mesma categoria da empresa.

A empresa de trabalho temporário é obrigada a celebrar contrato individual escrito com o trabalhador, no qual constem expressamente os direitos que lhe são conferidos, decorrentes de sua condição de temporário, ou seja:

a) Remuneração equivalente à percebida pelos empregados de mesma categoria da empresa tomadora ou cliente, calculados à base horária, garantida, em qualquer hipótese, a percepção do salário mínimo regional.

b) Jornada de oito horas, remuneradas as horas extraordinárias não excedentes de duas.
c) Férias proporcionais com 1/3 constitucional.
d) Repouso semanal remunerado.
e) Adicional por trabalho noturno.
f) Indenização por dispensa sem justa causa ou término normal do contrato, correspondente a 1/12 (um doze avos) do pagamento recebido.
g) Seguro contra acidente do trabalho.
h) Proteção previdenciária nos termos do disposto na Lei Orgânica da Previdência Social.
i) 13º salário.
j) FGTS (Lei n. 8.036/90, artigo 20, IX).
k) Vale-transporte,
l) Anotação na CTPS como temporário.

O tomador de serviços responde solidariamente pelas verbas trabalhistas e previdenciárias diante da falência da empresa locadora.

A duração do contrato não poderá exceder 3 meses, salvo autorização expressa pelo órgão local do Ministério do Trabalho (DRT). O contrato de trabalho temporário poderá ser prorrogado uma única vez, pelo mesmo período, desde que a empresa tomadora ou cliente informe e justifique que:
a) a necessidade transitória de substituição de pessoal regular e permanente excedeu ao prazo inicialmente previsto;
b) as circunstâncias que geraram o acréscimo extraordinário dos serviços e ensejaram o contrato de trabalho temporário foram mantidas.

Compreende-se como empresa de trabalho temporário a pessoa física ou jurídica urbana, cuja atividade consiste em colocar à disposição de outras empresas, temporariamente, trabalhadores, devidamente qualificados, por elas remunerados e assistidos (artigo 4º da Lei n. 6.019/74 e IN n. 3 artigo 6º). Para o funcionamento da empresa de trabalho temporário, é necessário registro no Departamento Nacional de mão de obra do Ministério do Trabalho e Previdência Social (artigo 5º da Lei n. 6.019/74). Com isto, pode-se observar que a empresa tomadora ou o cliente é que se beneficiam do trabalho do temporário.

No caso de falência da empresa de trabalho temporário, a empresa tomadora de serviços é solidariamente responsável pelo recolhimento das contribuições previdenciárias no tocante ao tempo em que o trabalhador esteve sob suas ordens, bem como pelo pagamento da remuneração e indenizações previstas nesta Lei, referentes a este mesmo período.

Note que esta determinação é bastante restritiva, pois prevê somente a possibilidade de responsabilização solidária da empresa tomadora de serviços na ocasião da falência da empresa de contrato temporário e, mesmo assim, a responsabilidade é limitada ao pagamento das contribuições previdenciárias, à remuneração devida e às indenizações previstas na Lei n. 6019/74.

Entretanto, atualmente, a doutrina e a jurisprudência têm considerado que a empresa tomadora de serviços é subsidiariamente responsável pelo adimplemento das obrigações trabalhistas não quitadas pela empresa de trabalho temporário, desde que este tenha participado da relação processual e conste do título executivo judicial (Súmula 331 do TST).

É nula de pleno direito qualquer cláusula proibitiva da contratação do trabalhador pela empresa tomadora de serviço ou cliente.

Jurisprudência:
CONTRATO DE TRABALHO TEMPORÁRIO. Prorrogação por mais de 03 meses sem a comunicação ao Ministério do Trabalho, exigida pela Instrução Normativa SRT/MTE n. 03/2004 (art. 1º, parágrafo 2º). Extrapolação do prazo fixado no art. 10 da Lei n. 6.019/74, importando o reconhecimento da relação de emprego com o tomador do serviço. (TRT 2ª Região. 6ª Turma. RS01 – 02094-2004-043-02-00. Relator Rafaela E. Pugliese Ribeiro. Data: 16/02/2007)

1 – RECURSO ORDINÁRIO OBREIRO. 1.1 – DANOS MORAIS. ACIDENTE DE TRABALHO. COMPETÊNCIA. JUSTIÇA DO TRABALHO. Em obediência ao comando da nova redação do artigo 114 da Carta Magna, após a Emenda Constitucional n. 45, é da competência material desta Justiça Especializada julgar lides referentes a danos morais decorrentes de acidente de trabalho. Inclusive o STF assim já decidiu, em obediência ao referido dispositivo. 1.2 – DANO MORAL. INEXISTENTE. O fato de o autor se acidentar no trabalho ao escorregar nas dependências da empresa, mesmo sendo verdadeira a alegação de que esta não tomou as devidas providências para o caso, descumprindo a legislação pertinente à segurança, saúde e higiene do trabalho, ou seja, não considerando as normas legais de proteção ao trabalhador, não levam por si só à configuração de dano moral, principalmente quando o autor não dá a menor demonstração nesse sentido. Não há prova de desídia por parte do empregador. Recurso Desprovido. 2 – RECURSO ORDINÁRIO DA RECLAMADA PRINCIPAL. CONTRATO DE TRABALHO TEMPORÁRIO. PROVA. FORMA ESCRITA. Nos termos do art. 11, da Lei n. 6.019/74 o "contrato de **trabalho** *celebrado entre empresa de trabalho temporário e cada um dos assalariados colocados à disposição de uma empresa tomadora ou cliente será, obrigatoriamente, escrito e dele deverão constar, expressamente, os direitos conferidos aos trabalhadores por esta Lei". Contudo, não há nos autos qualquer documento que comprove a existência de um contrato temporário, pelo que, correta, a decisão de piso que considerou como de prazo indeterminado o contrato em questão. Recurso desprovido. 3 – RECURSO ORDINÁRIO DA LITISCONSORTE. RESPONSABILIDADE SUBSIDIÁRIA EMPRESA TOMADORA DE SERVIÇOS. Com efeito, ante a orientação insculpida na Súmula n. 331, IV, do TST, desponta, de forma cristalina, a responsabilidade subsidiária da empresa tomadora de serviços. Não há justificativa para que não seja atingida pelo que dispõe o inciso referido. Ao contrário, a culpa em escolher empresa prestadora de serviços que descumpre as obrigações trabalhistas fundamentam sua condenação subsidiária, tendo em vista o princípio da proteção do hipossuficiente. Recurso desprovido.* (TRT 19ª Região. Turma: Tribunal Pleno. RO – 01345-2004-003-19-00-8. Relator Armando Silva Pinto. Data: 03/04/2006)

4.3.12. Trabalhador cooperado

Entende-se por cooperativa uma associação autônoma de pessoas físicas, trabalhadores autônomos ou eventuais, de um determinado ofício, classe ou profissão que se unem, voluntariamente, para satisfazer aspirações e necessidades econômicas, sociais e culturais comuns, por meio de um empreendimento de propriedade coletiva e democraticamente gerido, dispensando a intervenção de um patrão ou empresário.

Dispõe o artigo 3º da Lei n. 5.764/71:

> *Celebram contrato de sociedade cooperativa as pessoas que reciprocamente se obrigam a contribuir com bens ou serviços para o exercício de uma atividade econômica, de proveito comum, sem objetivo de lucro.*

Assim, o trabalhador que aderir a Cooperativa e, por estatuto desta adquirir o *status* de cooperado, não é caracterizado como empregado, portanto não há vínculo entre a sociedade de cooperativa e os associados nem entre os associados e os tomadores de serviços conforme CLT, art. 442, parágrafo único, e artigo 90 da Lei n. 5.764/71. Em suma, não há subordinação entre os membros e sim um regime de colaboração.

O objetivo da cooperativa é melhorar a situação econômica de determinado grupo de indivíduos, solucionando problemas ou satisfazendo necessidades comuns que excedam a capacidade de cada indivíduo satisfazer isoladamente. O objetivo da Cooperativa é então um meio para que um determinado grupo de indivíduos atinja objetivos específicos, por meio de um acordo voluntário para cooperação recíproca.

A doutrina institui duas normas principiológicas informativas da ação cooperativista e fundamentais. São elas:
- O princípio da dupla qualidade que vem a significar que o cooperado é, ao mesmo tempo, cliente da sociedade e sócio-fornecedor de serviços, beneficiando-se desta ambiguidade de posições.
- E o princípio da remuneração pessoal diferenciada, em que a finalidade principal da cooperativa é propiciar a seus associados uma retribuição pessoal superior àquela auferida pelo não cooperado, ou seja, a circunstância peculiar desta forma de associação é a possibilidade de ampliação, por meio de uma ação cooperada, das vantagens pessoais da atividade anteriormente desenvolvida de forma isolada.

Contudo, tem sido uma prática comum a utilização das cooperativas com o intuito de fraudar o reconhecimento do vínculo de emprego. Caso na investigação venha a ser confirmada a existência dos pressupostos caracterizadores da relação empregatícia e não se demonstre a presença da dupla qualidade e da remuneração pessoal diferenciada, diante está da fraude prevista no artigo 9º da CLT.

Direitos do cooperado: salário mínimo, jornada de trabalho de 8 horas por dia, 44 horas semanais, insalubridade, periculosidade, seguro acidente.

> Jurisprudência:
> *COOPERATIVA. RELAÇÃO DE EMPREGO. FRAUDE. COOPERATIVAS – VÍNCULO COM O TOMADOR. Hodiernamente, tornou-se comum a perpetuação de verdadeiras fraudes às leis trabalhistas através da utilização de trabalho subordinado sob a roupagem de cooperativas. O parágrafo único do artigo 442, CLT, tem por objeto as relações jurídicas que se processam entre cooperativas de trabalho e aqueles que contratam os seus serviços. A principal finalidade da cooperativa é captar serviços eventuais, de curta duração e distribuí-los equitativamente entre os seus filiados. Entretanto, se o cooperado labora por longo período em determinado estabelecimento e em condições caracterizadoras da subordinação, exsurge o vínculo empregatício.* (TRT 1ª Região. 2ª Turma. PROC: 00061-2004-049-01-00. Relatora Desembargadora Aurora de Oliveira Coentro. Data: 22/05/2006)

4.3.13. Diretor de companhia/sociedade

Só poderá ser caracterizado como empregado se houver a subordinação. Portanto, na ausência de subordinação, não será empregado. Alude a Súmula 269 do TST:

> O empregado eleito para ocupar cargo de diretor tem o respectivo contrato de trabalho suspenso, não se computando o tempo de serviço deste período, salvo se permanecer a subordinação jurídica inerente à relação de emprego.

> Jurisprudência:
> *DIRETOR DE SOCIEDADE ANÔNIMA. VÍNCULO DE EMPREGO. CARACTERIZAÇÃO. Comprovado nos autos que o reclamante, por um determinado tempo, prestou serviços como empregado para a reclamada e, posteriormente, após sua dispensa, é eleito diretor, sem, contudo, possuir autonomia própria da função, desempenhando apenas um cargo de maior fidúcia na empresa,*

mantém-se a r. sentença que reconheceu o liame empregatício, mesmo após a baixa na CTPS. (TRT 3ª Região. 5ª Turma. RO – 00015-2006-139-03-00-2. Relatora Lucilde D'Ajuda Lyra de Almeida. Data: 05/04/2008)

VÍNCULO EMPREGATÍCIO. DIRETOR DE SOCIEDADE ANÔNIMA. Não é empregado, mas órgão executivo da sociedade anônima o diretor eleito e investido no cargo pelo Conselho de Administração, que exerce seu mandato com plenos poderes de gestão, sem qualquer traço de subordinação jurídica, inerente à relação de emprego prevista no art. 3º da CLT. (TRT 3ª Região. 8ª Turma. RO – 01244-2008-092-03-00-7. Relator Convocado José Marlon de Freitas. Data: 06/04/2009)

4.3.14. Cargo de confiança

Também conhecidos por "altos empregados", a Lei trabalhista não contempla especificamente uma definição de cargo de confiança, sendo assim enquadrados pela doutrina e jurisprudência os gerentes, diretores, administradores, chefes de departamento, com amplos poderes e que ocupam função diretiva na empresa ou estabelecimento.

Aquele que ocupa um cargo de confiança não se confunde com um subordinado comum, uma vez que possui posição hierarquicamente superior de colaboração e até exercício do poder diretivo na empresa, além da fidúcia que nele é depositada pelo empregador, que não se confunde com uma confiança normal e inerente a toda a relação de emprego, mas um elemento objetivo da relação, expressão do cargo ocupado.

Contudo, um aspecto de grande relevância é que prevalece a primazia da realidade pactuada, em detrimento das cláusulas contratuais, isto é, o real tratamento conferido a este, mediante análise de alguns requisitos, tais como: se ele possui autonomia, poder de ingerência administrativa, se não está sujeito a controle de horário, ocupa posição hierarquicamente superior aos demais em seu departamento ou estabelecimento, bem como possui padrão salarial superior a seus subordinados, entre outros, observando caso a caso, visto que muitas vezes esses empregados são rotulados como gerente ou diretor para fraudar direitos trabalhistas.

Jurisprudência:

HORAS EXTRAS – CARGO DE CONFIANÇA – ART. 62, INCISO II, DA CLT. Em face da alteração do artigo 62 da CLT pela Lei n. 8.966/94, ocorreu a ampliação daqueles empregados que não fazem jus a horas extras, por não se exigir que seja considerado como verdadeiro "alter ego" do empregador, nem que detenha mandato legal, impondo-se, entretanto, a apuração da função efetivamente exercida para se verificar sobre a sua aplicação. Para a caracterização do cargo de confiança, nos moldes previstos no artigo 62, inciso II, as funções exercidas pelo empregado devem ser aquelas inerentes ao cargo de gestão, com autonomia em decisões relevantes para atividade empresarial, além de possuir padrão salarial mais elevado em comparação com os demais empregados do estabelecimento ou do setor, de modo a diferenciá-lo no local da prestação de serviços, independentemente do nome atribuído ao cargo efetivamente exercido, hipótese configurada nos autos. (TRT 3ª Região. 6ª Turma. RO – 00036-2008-023-03-00-6. Relator Convocado João Bosco Pinto Lara. Data: 25/09/2008)

CARGO DE CONFIANÇA. DESCARACTERIZAÇÃO. A legislação trabalhista brasileira fornece uma "ideia de confiança progressivamente crescente que se distingue", segundo a doutrina, em quatro graus: a) confiança genérica, presente em todos os contratos de trabalho e que exige um mínimo de fidúcia da parte do empregador; b) confiança específica, pertinente aos bancários (art. 224 da CLT); c) confiança estrita, a que alude o art. 499 da CLT; d) confiança excepcional, na qual se enquadra o gerente (art. 62, II da CLT). Os cargos de confiança estrita e excepcional colocam o empregado em posição hierárquica mais elevada, como "alter ego" do empregador. Sucede que a figura do empregado, como "alter ego" do empregador, vem sendo questionada pela moderna jurisprudência nacional e estrangeira, sob a alegação de que não corresponde aos atuais perfis da organização empresarial, em face de suas diferentes dimensões, traduzidas por uma pluralidade de dirigentes, de diversos níveis no âmbito de uma difusa descentralização de poderes decisórios e/ou, ainda, pelos elementos qualificadores do dirigente, entre os quais se situa a extraordinária eficiência técnica acompanhada de poderes de gestão, que tenham imediata incidência nos objetivos gerais do empregador. Comprovado que o trabalhador, como gerente de peças da reclamada, era responsável pelo setor comercial, subordinado apenas à diretoria, dirigindo ramo relevante da atividade empresarial, não há dúvida que sua função o enquadrava na excepcionalidade do art. 62, II, da CLT. Ocorre que esta exceção deve se verificar não só em razão da função, mas da liberdade de horário, inexistente, quando comprovada rigorosa fiscalização de jornada. O controle de horário exclui o gerente do art. 62, II do texto consolidado. (TRT 3ª Região. 2ª Turma. RO – 00477-2002-097-03-00. Relatora Juíza Alice Monteiro de Barros. Data: 18/09/2002)

4.3.15. Empregado acionista

É o empregado que possui algumas ações ou quotas que representem pequenas parcelas do capital social. Não encontra impedimento legal para ser considerado empregado da pessoa jurídica, desde que exista vínculo de subordinação.

Assim, não há nenhum impedimento para o empregado ser acionista da empresa que trabalha. Contudo, dependendo da quantidade de ações que este empregado passará a ter, este não será mais subordinado, e, assim, será descaracterizada a relação empregatícia.

4.3.16. Menor

4.3.16.1. Conceito

Veja também o capítulo 12.11 Proteção ao trabalho do menor.

A CLT trata do trabalho do menor do artigo 402 a 441. Considera-se menor, para efeitos da CLT, o trabalhador que tenha entre 14 e 18 anos de idade (art. 402 da CLT). É proibido qualquer trabalho a menor de 16 anos, salvo na condição de aprendiz (artigo 403 da CLT). A idade para ser considerado aprendiz é dos 14 anos até os 24 anos, conforme MP 251/05.

4.3.16.2. Jornada de trabalho

A duração da jornada de trabalho do menor é a mesma que do adulto, ou seja, 8 horas diárias ou 44 horas semanais (art. 411, CLT, c/c 7º, XIII, da

CF), salvo na condição de aprendiz que será de 6 horas. Destarte, após cada período de trabalho efetivo, quer contínuo, quer dividido em dois turnos, haverá um intervalo para repouso, não inferior a 11 horas (art. 412 da CLT).

4.3.16.3. Prorrogação de jornada

Ao menor é vedada a prorrogação da jornada diária de trabalho para cumprir as exigências rotineiras da empresa, salvo (artigo 413 da CLT):

a) Até mais duas horas, independentemente de acréscimo salarial, mediante convenção ou acordo coletivo, desde que o excesso de horas em um dia seja compensado pela diminuição, em outro, de modo a ser observado o limite máximo de horas semanais ou outro inferior legalmente fixado.

b) Excepcionalmente, nos casos de motivo de força maior, é possível a prorrogação até o máximo de 12 horas, com acréscimo salarial de 50% sobre a hora normal e desde que o trabalho do menor seja imprescindível ao funcionamento do estabelecimento.

Cabe comentar que em ambas as exceções é imperioso um descanso de 15 minutos antes do início do período extraordinário de trabalho, devendo inclusive haver a comunicação da prorrogação da jornada extraordinária ao Ministério do Trabalho, dentro do prazo de 48 horas.

Dispõe o artigo 414 da CLT quando "o menor de 18 anos for empregado em mais de um estabelecimento, as horas de trabalho em cada um serão totalizadas". É uma particularidade que caracteriza a limitação da jornada máxima de trabalho do menor. Ao contratar um segundo emprego, nele o menor não poderá cumprir um número de horas a não ser aquelas disponíveis para completar ao todo, incluídas aquelas em que já estiver prestando serviços em outro emprego, ou seja, 8 horas. A explicação dessa exigência está na preservação da escolaridade do menor, bem como na sua constituição fisiológica.

No que tange a frequência às aulas, o empregador é obrigado a conceder ao menor o tempo necessário para a sua participação. Além disso, os estabelecimentos situados em lugar onde a escola tiver a distância maior que dois quilômetros e que ocuparem, permanentemente, mais de 30 menores analfabetos, de 14 e 18 anos, serão obrigado a manter local apropriado em que lhes seja ministrada a instrução primária (artigo 427, parágrafo único da CLT).

4.3.16.4. Principais proibições
O Estado proíbe o trabalho do menor nos seguintes casos:
a) Serviços noturnos (art. 404 da CLT).
b) Locais insalubres, perigosos ou prejudiciais à sua moralidade (art. 405 da CLT).
c) Atividades penosas (artigo 67, II da Lei n. 8.069).
d) Trabalho em ruas, praças e logradouros públicos, salvo mediante prévia autorização do Juiz de Menores, que verificará se o menor é arrimo de família e se a ocupação não prejudicará sua formação moral (art. 405, § 2º da CLT).
e) O trabalho do menor não poderá ser realizado em locais prejudiciais à sua formação, ao seu desenvolvimento físico, psíquico, moral e social e em horários e locais que não permitam a frequência à escola (artigo 403, parágrafo único, da CLT). É considerado trabalho ou serviço prejudicial à sua moralidade, o prestado, de qualquer modo, em teatros de revista, cinemas, boates, cassinos, cabarés, *dancings* e estabelecimentos congêneres (artigo 405 da CLT). O trabalho a menores de 16 anos também é vedado como propagandista e vendedor de produtos farmacêuticos (Lei n. 6.244/75).

É vedado, ao empregador, utilizar o menor em atividades que demandem o emprego de força física muscular superior a 20 ou 25 quilos, conforme a natureza contínua ou descontínua do trabalho, com exceção se a força utilizada for mecânica ou não diretamente aplicada, ou seja, por impulsão ou tração de vagonetes sobre trilhos, de carros de mão ou quaisquer aparelhos mecânicos será permitido ao menor (artigos 390 e seu parágrafo único c/c § 5º do artigo 405 da CLT). E neste sentido, caso o menor esteja sendo efetivamente utilizado em funções incompatíveis e nas quais não possa trabalhar, a Fiscalização Trabalhista poderá obrigá-lo a abandonar o serviço, se for impossível seu reaproveitamento em outra função, acarretando uma rescisão indireta na forma do artigo 483 da CLT.

4.3.16.5. Salário – Deveres e responsabilidades em relação ao menor
Ao menor é assegurado o salário mínimo integral, bem como, se for o caso, o salário profissional. Seu reajustamento também sofrerá as mesmas atualizações aplicáveis aos demais empregados. O Tribunal Superior do Trabalho editou a Súmula n. 205, segundo a qual "tem direito a salário integral menor não sujeito a aprendizagem metódica".

As férias dos empregados menores submetem-se às mesmas regras do adulto, mas não poderão ser concedidas fracionadamente (art. 134, § 2º, CLT) e devem coincidir com o período das férias escolares (artigo 136 da CLT).

Não se observam as regras de proteção ao menor quando este labora em empresas familiares e que estejam sob direção do pai, mãe ou tutor. (artigo 402, parágrafo único).

4.3.16.6. Assistência dos responsáveis

O novo Código Civil estabelece a maioridade para aqueles que completem 18 anos, sendo a pessoa apta para todos os atos da vida civil, inclusive. O menor com idade inferior a 16 anos deverá estar representado ou assistido por seus pais no momento da celebração de um contrato, podendo inclusive o responsável pleitear a rescisão quando houver prejuízo de ordem física e moral do menor. Um ponto importante é que o menor pode assinar recibo de salário, exceto no caso de rescisão de seu contrato, que deve ter a assistência dos seus responsáveis legais, aos quais incumbe dar quitação ao empregador pelo recebimento das verbas rescisórias (art. 439 da CLT).

4.3.16.7. Prescrição do menor

Contra o menor de 18 anos não corre nenhum prazo prescricional (artigo 440 da CLT). Em lógica, decorrência do fato narrado, o prazo prescricional para ajuizamento de ação não corre quando o processo envolve herdeiro menor.

> Jurisprudência:
> *PRESCRIÇÃO – CAUSA IMPEDITIVA – ESPÓLIO – HERDEIROS MENORES. Com a morte do trabalhador, os direitos decorrentes do extinto contrato de trabalho transmitem-se, imediatamente, a seus herdeiros, nos termos do art. 1.784/CCB. Se há, dentre estes, menor absolutamente incapaz, a fluência prescricional, quanto a seu quinhão, encerra-se no momento mesmo do falecimento do empregado, uma vez que "contra os menores de 18 (dezoito) anos não corre nenhum prazo de prescrição" (art. 440/CLT) – cf. art. 198, I, do CCB. O fato de encontrarem-se os bens imersos na universalidade do espólio (art. 12, V, do CPC), cuja representação, em juízo, se dá necessariamente por inventariante maior e capaz (art. 5º, caput, do CCB), não se sobrepõe à situação jurídica civil dos herdeiros que se encontram, momentaneamente, sob o manto do inventário. "A isenção*

prescricional, na hipótese, traduz uma justa medida de tutela" (Alice Monteiro de Barros, Curso de Direito do Trabalho, 1. ed., p. 978). *Nesse sentido também vem decidindo o colendo TST, conforme se infere dos seguintes julgados: TST-E-RR – 569.384/99.8, Ac. SBDI-1, Relator Ministro João Batista Brito Pereira, DJ de 29.06.2001; TST-RR – 636.523/00.2, Ac. 6a. Turma, Relator Ministro Horácio Raymundo de Senna Pires, DJ de 17.11.2006; TST-RR-345.193/97.7, Ac. 1a. Turma, Relator Juiz Convocado Aloysio Corrêa da Veiga, DJ de 23.08.2002; TST-RR-181/2001-058-15-00.9, Ac. 1a. Turma, Relator Juiz Convocado Altino Pedrozo dos Santos, DJ de 11.11.2005; TST-RR – 339.602/97, Ac. 3a. Turma, Relator Juiz Convocado Mauro César Martins de Souza, DJ de 12.05.2000; TST-RR – 40.900/1996, Ac. 2ª Turma, Relator Ministro José Alberto Rossi, DJ de 30.4.1999.* (TRT 3ª Região. 1ª Turma. RO – 00703-2006-132-03-00-8. Relatora Desembargadora Deoclécia Amorelli Dias. Data: 08/12/2006)

4.3.17. Mulher

4.3.17.1. Introdução

Após a Revolução Industrial, o trabalho da mulher foi utilizado em larga escala nas indústrias, onde eram submetidas a jornadas de trabalho de até 16 horas diárias, recebendo salários que não chegavam nem à metade dos salários que eram pagos aos homens. Com isso, era mais vantajoso para o empresário contratar mulheres.

De forma abrupta, a situação do trabalho da mulher tornou-se realmente precária, pois além de serem submetidas a imensas jornadas de trabalho nas indústrias ainda acumulavam a função de cuidar do lar e dos filhos.

Diante desse quadro, começaram a surgir as primeiras Leis que visavam proteger o trabalho das mulheres. Inclusive a CLT mantém dispositivos que protegem o trabalho da mulher para evitar toda e qualquer forma de discriminação, além da legislação específica.

4.3.17.2. O salário

Homens e mulheres devem ter o mesmo salário, sendo vedada a distinção de salário por motivo de o funcionário ser do sexo feminino ou masculino. Na prática, não é o que ocorre. Vejamos o dispositivo constitucional e celetista acerca desse tema:

Art. 7º CF – [...] XXX – proibição de diferença de salários, de exercício de funções e de critério de admissão por motivo de sexo, idade, cor ou estado civil.

Art. 5º CLT – A todo trabalho de igual valor corresponderá salário igual, sem distinção de sexo.

Corroborando com esse entendimento, a CLT, em seu artigo 377, prevê a possibilidade da adoção de medidas com o objetivo de proteger o mercado de trabalho das mulheres, rechaçando, de forma expressa, a possibilidade de redução de salário.

4.3.17.3. Duração do trabalho

A duração da jornada de trabalho da mulher é igual a dos homens e deve-se obedecer aos ditames contidos no inciso XIII, do artigo 7º da Constituição Federal, ou seja, 8 horas diárias e 44 semanais. O artigo 372 da CLT vaticina: "Os preceitos que regulam o trabalho masculino são aplicáveis ao trabalho feminino, naquilo em que não colidirem com a proteção especial instituída por este Capítulo." Defendendo a questão, o artigo 373 da CLT ainda declara que a duração normal de trabalho da mulher será de 8 horas diárias, exceto nos casos para os quais for fixada duração inferior.

4.3.17.4. Horas extraordinárias

É cabido o esclarecimento de que a prorrogação e a compensação de jornada de trabalho são as mesmas aplicadas ao trabalho do homem. O que ocorre é que os artigos 374 e 375 que dispunham sobre as horas extras foram revogados pela Lei n. 7.855/89 e ainda o artigo 376, que limitava o direito à realização de horas extras pela mulher, foi revogado pela Lei n. 10.244/01. Portanto, nada difere das horas extras laboradas pelo homem.

4.3.17.5. Períodos de descanso

Merece o destaque de algumas diferenças sobre o período de descanso. Em relação à prorrogação de horas extras, o artigo 384 da CLT assegura que as mulheres gozem de um intervalo de 15 minutos para o descanso, antes do início da prorrogação.

Outro aspecto diferencial está no descanso semanal remunerado que deverá ser realizado preferencialmente aos domingos. No entanto, para as mulheres que trabalham aos domingos, é obrigatória a criação de uma escala de revezamento quinzenal, para que, pelo menos de 15 em 15 dias, o repouso semanal remunerado coincida com o domingo (artigo 386 da CLT).

Do mais, o intervalo entre duas jornadas deve ser de, no mínimo, 11 horas (artigo 382 da CLT), restando claro, portanto, que é o mesmo aplicado para o homem. Assim como também o intervalo para repouso e refeição das mulheres será de, no mínimo, 1 hora e, no máximo, 2 horas, excetuando a hipótese prevista no artigo 71, parágrafo 3º da CLT (artigo 383 da CLT), sendo, portanto a mesma aplicada ao homem.

4.3.17.6. Trabalho noturno

Atualmente não há mais a proibição da realização do trabalho noturno pela mulher. Portanto, serão aplicadas as mesmas regras do homem – o período noturno é o compreendido das 22 horas até as 5 horas do dia seguinte. A hora noturna é reduzida em 52 minutos e 30 segundos e o adicional noturno será de no mínimo 20% para os trabalhadores urbanos (artigo 73 da CLT).

4.3.17.7. Trabalho insalubre e perigoso

Veja também os capítulos 5.6.2.3 Adicional de Insalubridade e 12.8.1 Insalubridade.

O artigo 387, alínea "b", da CLT foi revogado pela Lei n. 7.855/89, proibindo a realização de trabalhos insalubres ou perigosos pelas mulheres. O mesmo quer dizer sobre as atividades penosas, valendo as mesmas regras do trabalho masculino.

Não há restrição legal acerca do trabalho da mulher em minerações, em subsolo, pedreiras, subterrâneos, nas obras de construção civil pública e particular; assim, a mulher pode trabalhar nesse tipo de ambiente.

4.3.17.8. Trabalho com benzeno

A convenção 136 da OIT trata da proteção contra os riscos de intoxicação provocados por benzeno. Deve-se lembrar que as mulheres grávidas ou em período de amamentação ficam proibidas de trabalhar em locais em que haja a exposição ao benzeno.

4.3.17.9. Métodos e locais de trabalho
Dispõe o artigo 389 da CLT que toda empresa é obrigada:

> *I – a prover os estabelecimentos de medidas concernentes à higienização dos métodos e locais de trabalho, tais como ventilação e iluminação e outros que se fizerem necessários à segurança e ao conforto das mulheres, a critério da autoridade competente;*
> *II – a instalar bebedouros, lavatórios, aparelhos sanitários; dispor de cadeiras ou bancos, em número suficiente, que permitam às mulheres trabalhar sem grande esgotamento físico;*
> *III – a instalar vestiários com armários individuais privativos das mulheres, exceto os estabelecimentos comerciais, escritórios, bancos e atividades afins, em que não seja exigida a troca de roupa e outros, a critério da autoridade competente, em matéria de segurança e higiene do trabalho, admitindo-se como suficientes as gavetas ou escaninhos, onde possam as empregadas guardar seus pertences;*
> *IV – a fornecer, gratuitamente, a juízo da autoridade competente, os recursos de proteção individual, tais como óculos, máscaras, luvas e roupas especiais, para a defesa dos olhos, do aparelho respiratório e da pele, de acordo com a natureza do trabalho.*

4.3.17.10. Limites de peso
Veja também o capítulo 12.10.1 Prevenção da fadiga.

Devo trazer a lume que é vedado ao empregador contratar mulheres para prestar serviços em atividades que demande o emprego de força física superior a 20 quilos para o trabalho contínuo, ou 25 quilos, em se tratando do trabalho ocasional (artigo 390 da CLT). Exceção a esta determinante encontra-se prevista no parágrafo único deste mesmo artigo:

> *Não está compreendida na determinação deste artigo a remoção de material feita por impulsão ou tração de vagonetes sobre trilhos, de carros de mão ou quaisquer aparelhos mecânicos.*

4.3.17.11. Do casamento
Nos dias de hoje, não se pode deixar de contratar, e muito menos pode-se demitir uma empregada em detrimento de contrair matrimônio, conforme determinação do artigo 391, parágrafo único da CLT:

> Não constitui justo motivo para a rescisão do contrato de trabalho da mulher o fato de haver contraído matrimônio ou de encontrar-se em estado de gravidez.
>
> Parágrafo único – Não serão permitidos em regulamentos de qualquer natureza contratos coletivos ou individuais de trabalho, restrições ao direito da mulher ao seu emprego, por motivo de casamento ou de gravidez.

4.3.17.12. Proibição das práticas discriminatórias

Um aspecto de grande relevância vem disposto no artigo 373-A da CLT, atestando sobre a proibição da exigência de atestado de gravidez ou de atestado de esterilização para fins de contratação. O referendo contido no artigo:

> Art. 373-A CLT – Ressalvadas as disposições legais destinadas a corrigir as distorções que afetam o acesso da mulher ao mercado de trabalho e certas especificidades estabelecidas nos acordos trabalhistas, é vedado:
>
> I – publicar ou fazer publicar anúncio de emprego no qual haja referência ao sexo, à idade, à cor ou situação familiar, salvo quando a natureza da atividade a ser exercida, pública e notoriamente, assim o exigir;
>
> II – recusar emprego, promoção ou motivar a dispensa do trabalho em razão de sexo, idade, cor, situação familiar ou estado de gravidez, salvo quando a natureza da atividade seja notória e publicamente incompatível;
>
> III – considerar o sexo, a idade, a cor ou situação familiar como variável determinante para fins de remuneração, formação profissional e oportunidades de ascensão profissional;
>
> IV – exigir atestado ou exame, de qualquer natureza, para comprovação de esterilidade ou gravidez, na admissão ou permanência no emprego;
>
> V – impedir o acesso ou adotar critérios subjetivos para deferimento de inscrição ou aprovação em concursos, em empresas privadas, em razão de sexo, idade, cor, situação familiar ou estado de gravidez;
>
> VI – proceder o empregador ou preposto a revistas íntimas nas empregadas ou funcionárias.

A Lei n. 9.029/95, artigo 2º, corrobora com esse entendimento, asseverando inclusive o ato criminoso para as seguintes práticas discriminatórias: a exigência de teste, exame, perícia, laudo, atestado, declaração ou qualquer outro procedimento relativo à esterilização ou a estado de gravidez; a adoção de quaisquer medidas, de iniciativa do empregador, que configurem a indução ou instigamento à esterilização genética; e, por fim, a promoção do controle de natalidade, assim não considerado o oferecimento de serviços e de aconselhamento ou planejamento familiar, realizados por meio de instituições públicas ou privadas, submetidas às normas do Sistema Único de Saúde (SUS).

Diante do acometimento dessas infrações, o empregador estará sujeito a multa administrativa de 10 vezes o valor do maior salário pago pelo empregador, elevado em 50% em caso de reincidência, assim como estará proibido de obter empréstimo ou financiamento junto a instituições financeiras oficiais.

São sujeitos ativos dos crimes de práticas discriminatórias a pessoa física empregadora, o representante legal do empregador, como definido na legislação trabalhista e o dirigente, direto ou por delegação, de órgãos públicos e entidades das administrações públicas direta, indireta e fundacional de qualquer dos Poderes da União, dos Estados, do Distrito Federal e dos Municípios.

A opção de rescisão contratual ou readmissão é exclusivamente da empregada, não cabendo ao empregador decidir sobre tal questão.

4.3.17.13. EMPREGADA GESTANTE

A empregada gestante tem o direito à licença-maternidade com duração de 120 dias (artigos 7º, XVIII da CF cc 392 da CLT), ou seja, 28 dias antes e 92 dias depois do parto, totalizando os 120 dias (aproximadamente 17 semanas). Nesta mesma seara, o artigo 10 do ADCT estabelece que a empregada que se encontra em estado de gravidez tem estabilidade no emprego, não podendo ser demitida nem ter prejudicado o seu salário, desde a confirmação de sua gravidez até cinco meses após o parto. A empregada gestante tem direito de iniciar o seu período de afastamento a partir do 28º dia antes do parto (artigo 392, § 1º, da CLT). Em face do adiamento do parto, o prazo da licença contar-se-á a partir de sua saída, que deve ser certificado por meio de atestado médico. A Lei admite a prorrogação tanto do período anterior ao parto, quanto do período posterior ao parto, mediante apresentação de laudo médico por até 2 semanas cada um (§ 2º).

O direito à estabilidade é concedido à gestante a partir do momento da confirmação, e não da concepção, além da não exigência legal no que se refere à comunicação do estado gravídico ao empregador, restando, com isso, o cabimento da Súmula 244, I, do TST que aduz que o desconhecimento do estado gravídico pelo empregador não afasta o direito ao pagamento da indenização decorrente da estabilidade (art. 10, II, "b" do ADCT). A mesma Súmula, em seu inciso III, esclarece que não há direito da empregada gestante à estabilidade provisória na hipótese de admissão mediante contrato de experiência, visto que a extinção da relação de emprego, em face do término do prazo, não constitui dispensa arbitrária ou sem justa causa.

No tocante à renúncia e à transação do direito à estabilidade, merecem tecer comentários com a OJ n. 30 da SDC:

> Estabilidade da gestante. Renúncia ou transação de direitos constitucionais. Impossibilidade. Nos termos do art. 10, II, "a", do ADCT, a proteção à maternidade foi erigida à hierarquia constitucional, pois retirou do âmbito do direito potestativo do empregador a possibilidade de despedir arbitrariamente a empregada em estado gravídico. Portanto, a teor do artigo 9º da CLT, torna-se nula de pleno direito a cláusula que estabelece a possibilidade de renúncia ou transação, pela gestante, das garantias referentes à manutenção do emprego e salário.

A Súmula 244, inciso II, assegura que a garantia de emprego à gestante só autoriza a reintegração se esta ocorrer durante o período de estabilidade. Do contrário, a garantia restringe-se aos salários e demais direitos correspondentes ao período de estabilidade.

É garantida à empregada, durante a gravidez, sem prejuízo do salário e demais direitos, a transferência de função, quando as condições de saúde o exigirem, assegurada a retomada da função anteriormente exercida logo após o retorno ao trabalho, assim como a dispensa do horário de trabalho pelo tempo necessário para a realização de, no mínimo, 6 consultas médicas e demais exames complementares (artigo 392, § 4º, incisos I e II da CLT).

Os períodos de repouso, antes e depois do parto, poderão ser aumentados de duas semanas cada um, mediante apresentação de atestado médico.

Em relação ao salário da mulher no período de afastamento, assim dispõe o artigo 393 da CLT:

> *Durante o período a que se refere o art. 392, a mulher terá direito ao salário integral e, quando variável, calculado de acordo com a média dos 6 (seis) últimos meses de trabalho, bem como aos direitos e vantagens adquiridos, sendo-lhe ainda facultado reverter à função que anteriormente ocupava.*

O salário-maternidade corresponde ao salário integral da empregada, sendo a doméstica e a avulsa, pago diretamente pelo INSS, e, nas demais hipóteses, pelo empregador (Lei n. 8.231/91 artigo 72, § 1º).

É possível rescindir o contrato de trabalho mediante atividade que possa ser prejudicial à gestação, sendo atestado por meio de laudo médico, tendo em vista o que preceitua o artigo 394 da CLT. Neste caso, a mulher está dispensada do aviso prévio.

As empresas que aderiram ao Programa Empresa Cidadã poderão prorrogar por 60 dias a duração da licença-maternidade da empregada, ou da empregada que adotar uma criança ou a que obtiver a guarda judicial com o intuito de adoção. Durante o período de prorrogação da licença-maternidade, a empregada terá direito à sua remuneração integral, nos mesmos moldes devidos no período de percepção do salário-maternidade pago pelo regime geral de previdência social. No período de prorrogação da licença-maternidade, a empregada não poderá exercer qualquer atividade remunerada e a criança não poderá ser mantida em creche ou organização similar. Em caso de descumprimento do disposto no *caput* deste artigo, a empregada perderá o direito à prorrogação (Lei n. 11.770/08, parágrafo único).

4.3.17.14. A ADOÇÃO E O ABORTO

A mulher que adotar ou obtiver guarda judicial para fins de adoção de criança terá direito de gozar licença-maternidade, artigo 392-A da CLT, sendo, contudo, necessária a apresentação do termo judicial de guarda à adotante ou guardiã (392-A, § 4º, da CLT).

Dispõe o artigo 392-A, § 1º, da CLT que, para a adoção ou guarda judicial de criança de até 1 ano de idade, o período de licença será de 120 dias; de criança a partir de 1 ano até 4 anos de idade, o período de licença será de 60 dias; crianças a partir de 4 anos até 8 anos de idade, o período de licença será de 30 dias. Entretanto, não terá direito a salário maternidade nem a licença se tratar de adoção de crianças com idade superior a 8 anos de idade.

Nas hipóteses de aborto não criminoso, comprovado por atestado médico, a mulher terá direito ao gozo de repouso remunerado de 2 semanas (artigo 395 da CLT).

4.3.17.15. O período de amamentação

É assegurado o direito de a empregada amamentar seu filho até que este complete 6 meses de idade. Durante a jornada de trabalho, a empregada terá direito ao gozo de 2 intervalos de meia hora cada um, de acordo com determinação do artigo 396 da CLT. O parágrafo único do mesmo dispositivo assevera que, em casos excepcionais, quando a saúde da criança exigir, o período de 6 meses poderá ser prorrogado, a critério da autoridade competente.

O artigo 389, § 1º, da CLT sustenta que os estabelecimentos que contam com pelo menos 30 mulheres com idade superior a 16 anos são obrigados a conceder um local no qual as empregadas poderão deixar seus filhos durante o período de amamentação, os quais deverão conter um berçário, uma saleta de amamentação, uma cozinha dietética e uma instalação sanitária (artigo 400 da CLT), salvo se tiver convênio com creches (§ 2º, do artigo 389 da CLT). Ademais, a Portaria 3.296/86, expedida pelo Ministério do Trabalho, permite a substituição da concessão de creches pelo pagamento em dinheiro, sob a forma de reembolso-creche.

4.3.17.16. Licença-paternidade

O artigo 7º, inciso XIX, criou a licença-paternidade em caso de gravidez e parto da mulher ou companheira do trabalhador. A licença tem duração de 5 dias, o aspecto desse direito recai sobre o caráter moral e psicológico dos pais frente à criança, ou seja, a necessidade da presença paterna para a mãe, para a criança e para o próprio pai.

> Jurisprudência:
> HORAS EXTRAS. INTERVALO PREVISTO NO ARTIGO 384 DA CLT. PRINCÍPIO DA ISONOMIA. À luz do artigo 384 da CLT, havendo prorrogação da jornada de trabalho, o empregador é obrigado a conceder à empregada um intervalo mínimo de quinze minutos, antes do início da prestação das horas extras. Entretanto, a

referida norma celetista não foi recepcionada pela Constituição Federal de 1988, pois se choca com o princípio da isonomia, previsto em seu artigo 5º, I, pelo qual homens e mulheres são iguais em direitos e obrigações, violando, ainda, o disposto no artigo 7º, XXX, do texto constitucional, segundo o qual é vedado o estabelecimento de distinções entre os trabalhadores por motivo de sexo, idade, cor ou estado civil. (TRT 3ª Região. 3ª Turma. RO – 00553-2007-059-03-00-4. Relator César Pereira da Silva Machado Júnior. Data: 23/02/2008)

HORAS EXTRAS. ARTIGO 384, DA CONSOLIDAÇÃO DAS LEIS DO TRABALHO. INTERVALO NÃO CONCEDIDO À MULHER. É devido à mulher o intervalo de quinze minutos, antes do início do trabalho extraordinário, de que cuida o disposto no artigo 384, da Consolidação das Leis do Trabalho, uma vez que foi, sem dúvida, recepcionado pela Constituição do Brasil, não atritando ele, evidentemente, com o previsto no seu artigo 5º, inciso I. (TRT 3ª Região. 1ª Turma. RO – 00256-2007-041-03-00-0. Relator Manuel Cândido Rodrigues. Data: 24/09/2007)

4.3.18. Preso

O trabalho do preso, conforme Lei n. 7.210/84, artigo 28, § 2º, da Lei de Execução Penal (LEP), não está sujeito ao regime da Consolidação das Leis do Trabalho e aplicam-se à organização e aos métodos de trabalho as precauções relativas à segurança e à higiene (§ 1º).

A justificativa dessa exclusão se dá pelo fato de o trabalho do preso não corresponder a uma prestação de serviços como manifestação de um trabalho livre, o que fatalmente conduziria à sua inclusão no ordenamento jurídico trabalhista, mas apenas e simplesmente a uma atividade laborativa obrigatória instituída com caráter de dever social e condição de dignidade humana, justamente para atender ao conteúdo educativo e produtivo do processo inerente à sua ressocialização.

Contudo, é importante comentar que as regras mínimas da ONU estabelecem sobre a indenização dos presos pelo acidente do trabalho ou enfermidades profissionais em condições similares àquelas que a lei dispõe para o trabalhador livre. Destarte, nossa legislação protege essa orientação ao incluir, entre os direitos do preso, os da "Previdência Social" (artigos 39 do CP e 41, III, da LEP).

É direito do preso a atribuição de trabalho e remuneração (artigo 41, II, da LEP) mediante prévia tabela, não podendo ser inferior a 3/4 (três quartos) do salário mínimo (artigo 29 da LEP). O preso não tem direito ao 13º salário, aviso prévio, depósito de FGTS, férias etc.

As tarefas internas executadas como prestação de serviço à comunidade não serão remuneradas (artigo 30 da LEP). O trabalho externo será admissível para os presos em regime fechado somente em serviço ou obras públicas realizadas por órgãos da Administração Direta ou Indireta, ou entidades privadas, desde que tomadas as cautelas contra a fuga e em favor da disciplina (artigo 36 da LEP). O limite máximo do número de presos será de 10% do total de empregados na obra (§ 1º).

A jornada normal de trabalho não será inferior a 6 nem superior a 8 horas (com descanso nos domingos e feriados), conforme estabelece o artigo 33 da LEP. Poderá ser atribuído horário especial de trabalho aos presos designados para os serviços de conservação e manutenção do estabelecimento penal.

Para o preso provisório, o trabalho não é obrigatório e só poderá ser executado no interior do estabelecimento (artigo 31, parágrafo único, da LEP).

4.3.19. Servidor público e empregado público

Servidor público é o termo utilizado, *lato sensu*, para designar "as pessoas físicas que prestam serviços ao Estado e às entidades da Administração Indireta, com vínculo empregatício e mediante remuneração paga pelos cofres públicos."

Dentro deste conceito, compreendem-se:

a) Os servidores estatutários, ocupantes de cargos públicos providos por concurso público (art. 37, II, da CF) e que são regidos por um estatuto, definidor de direitos e obrigações, possuem estabilidade, não tem direito ao FGTS e a competência é da Vara da Fazenda Pública.

b) Os empregados públicos, ocupantes de emprego público também provido por concurso público (art. 37, II, da CF), contratados sob o regime da CLT, não possuem estabilidade, mas têm direito ao FGTS. A competência é da Vara do Trabalho. São também chamados de funcionários públicos, regidos pela Lei n. 9.962/2000;

c) Os servidores temporários são aqueles que exercem função pública, contratados por tempo determinado para atender a necessidade temporária de excepcional interesse público (art. 37, IX, da

CF), prescindindo de concurso público. É intolerável a posterior admissão deste servidor para cargo efetivo sem a realização de concurso público.

Os servidores estatutários, quando investidos no cargo, já ingressam numa situação jurídica previamente delineada, não podendo modificá-la, mesmo com a anuência da Administração, uma vez que o estatuto é Lei e, portanto, norma pública, cogente, inderrogável pelas partes.

Sob o aspecto dos empregados ou funcionário públicos, os Estados e os Municípios não podem alterar suas garantias trabalhistas, pois somente a União detém a competência para legislar sobre Direito do Trabalho, conforme reza o artigo 22, I, da CF.

Pode-se dizer, então, que o servidor público celetista subordina-se a dois sistemas, integrados e dependentes:
- Ao sistema da Administração Pública – com imposição de regras da impessoalidade do administrador, da publicidade, da legalidade, da moralidade administrativa, da oportunidade, bem como motivação do ato administrativo;
- Ao sistema funcional trabalhista – delineia os contornos dos direitos e deveres mútuos na execução do contrato e dos efeitos da extinção deste.

Pode-se dizer que, quando a Administração Pública contrata por meio do sistema celetista, é equiparada ao empregador privado, sujeitando-se aos mesmos direitos e obrigações deste.

Impende comentar que os servidores públicos celetistas gozam dessa relação de empregabilidade, já que a Administração Pública está, neste caso, exercendo atividade equiparada aos fins privados, em contraposição. O mesmo não ocorre com o servidor público.

Apenas o empregado comissionado é dispensado da realização de concurso público declarado por lei, de livre nomeação e exoneração (dispensa *ad nutum*) (artigo 37, II da CF) e não pode ser provido pelo regime de emprego público.

Aquele detentor de emprego público somente terá rescindido seu contrato de trabalho por ato unilateral da Administração Pública, nas seguintes hipóteses (Lei n. 9.962/2000 artigo 3º):

> *I – prática de falta grave, dentre as enumeradas no art. 482 da Consolidação das Leis do Trabalho – CLT;*

II – acumulação ilegal de cargos, empregos ou funções públicas;

III – necessidade de redução de quadro de pessoal, por excesso de despesa, nos termos da lei complementar a que se refere o art. 169 da Constituição Federal;

IV – insuficiência de desempenho, apurada em procedimento no qual se assegurem pelo menos um recurso hierárquico dotado de efeito suspensivo, que será apreciado em trinta dias, e o prévio conhecimento dos padrões mínimos exigidos para continuidade da relação de emprego, obrigatoriamente estabelecidos de acordo com as peculiaridades das atividades exercidas.

Exceção ao disposto acima, de acordo com o artigo 37, § 8º, da CF, são os órgãos com autonomia de gestão, como, por exemplo, a Fundação.

A contratação de servidor público, após a CF/1988, sem prévia aprovação em concurso público, encontra óbice no respectivo art. 37, II e § 2º, somente lhe conferindo direito ao pagamento da contraprestação pactuada, em relação ao número de horas trabalhadas, respeitado o valor da hora do salário mínimo e dos valores referentes aos depósitos do FGTS (Súmula 363 do TST). Portanto, o empregado público irregular, ou seja, aquele que fraudou o concurso terá direito ao saldo do salário mensal, e, se celetista, poderá sacar o FGTS diante de sua exoneração.

Jurisprudência:
CONTRATO NULO. OFENSA AO ARTIGO 37, II, DA CF. FGTS. JUROS DE MORA. Declarada a nulidade do contrato de trabalho, porque admitido o trabalhador sem observância da exigência do concurso público, remanesce o direito aos valores relativos ao FGTS de todo o período trabalhado. Aplicação da Súmula 363/TST. Consequentemente, não havendo condenação em prol de empregado ou servidor público, em face da nulidade da contração, torna-se inaplicável o art. 1º-F, da Lei n. 9494/97, fixando-se os juros de mora em 1% ao mês, na forma do art. 883 da CLT c/c art. 39, parágrafo 1º, da Lei n. 8177/91. (TRT 3ª Região. 3ª Turma. RO – 00117-2008-091-03-00-4. Relator César Pereira da Silva Machado Júnior. Data: 27/09/2008)

4.3.20. Pequeno empreiteiro

Primeiramente, cabe fazer um breve comentário sobre o contrato de empreitada, o qual é firmado entre aquele que tem necessidade da confecção de uma obra ou serviço e uma pessoa física ou jurídica. A remuneração decorrente dessa espécie de contrato pode se dar de forma global ou proporcional ao serviço executado.

Assim, a distinção entre contrato de trabalho e contrato de empreitada se perfaz a partir dos sujeitos e do objeto. Na empreitada, o sujeito empreiteiro é pessoa física ou jurídica, enquanto no contrato de trabalho o sujeito empregado só será pessoa física. Porém, quando a empreitada é executada por uma pessoa física, os dois contratos não se confundem, tendo-se em vista o seu objeto. O objeto do contrato de trabalho é fundamentalmente o trabalho subordinado. Assim, o contrato de trabalho é um contrato de atividade, o que quer dizer que o empregador exerce um poder de direção sobre a atividade do trabalhador. No contrato de empreitada, não há esse poder de direção sobre o trabalho de outrem, uma vez que o seu objeto é o resultado do trabalho, ou seja, a obra a ser produzida.

Insta esclarecer que o empreiteiro, pessoa física, não é um trabalhador subordinado, mas um trabalhador autônomo que exerce a sua atividade profissional por sua conta, como ocorre com a figura do pequeno empreiteiro. Entende-se por pequena empreitada o contrato em que o empreiteiro se apresenta na condição de artífice ou operário, ou seja, em que o contratado realiza serviços que, sob uma ótica geral, representa tarefas de pequeno vulto.

A importância de se saber o conceito de empreiteiro operário ou artífice, de acordo com a CLT (art. 652, a, III), está em ser a Justiça do Trabalho competente para decidir questões movidas por empreiteiros operários ou artífices contra as pessoas para as quais fizeram a empreitada. Ressalta-se que esse tipo de empreiteiro é uma pessoa física que executa a empreitada direta e pessoalmente, sem auxiliares. Não será empreiteiro operário ou artífice a pessoa jurídica, nem o será o empreiteiro que conta com o trabalho de outros, caso em que será empregador.

4.4. Empregador – conceito

De acordo com o art. 2º da CLT, "considera-se empregador a empresa, individual ou coletiva, que, assumindo os riscos da atividade econômica, admite, assalaria e dirige a prestação pessoal de serviços". Segundo o mesmo dispositivo legal, "equiparam-se ao empregador, para os efeitos exclusivos da relação de emprego, os profissionais liberais, as instituições de beneficência, as associações recreativas ou outras instituições sem fins lucrativos que admitirem trabalhadores como empregados".

Assim, empregador é a pessoa física ou jurídica, que, assumindo os riscos da atividade econômica, assalaria, admite e dirige os funcionários, pode ou não ser um ente dotado de personalidade jurídica, é uma sociedade de fato ou irregular, não registrada; contudo, a CLT não é taxativa ao indicar os tipos de empregadores.

As entidades que não têm atividade econômica também assumem riscos, sendo consideradas empregadores. Outras pessoas também serão empregadores, como a União, Estados-membros, Municípios, autarquias, fundações, o condomínio, a massa falida e o espólio. É também empregador a pessoa física ou jurídica que explora atividades agrícolas, pastoris ou de indústria rural (Lei n. 5.889/73), e também o empregador doméstico (Lei n. 5.859/72), assim também como a pessoa física que explora individualmente o comércio. É a chamada empresa individual.

Concluindo, empregador é o ente, dotado ou não de personalidade jurídica (pessoa física ou jurídica), com ou sem fim lucrativo, que admite o empregado para a prestação de serviços pelos quais é pago um salário, ou seja, remunerando-o pela utilização de serviço prestado, mediante contrato de trabalho (tácito ou expresso).

4.5. Riscos da atividade econômica

Assumir os riscos da atividade econômica significa que a empresa deve arcar com as despesas salariais dos seus funcionários, mesmo que ela sofra prejuízo. Quer dizer que, tanto o lucro, quanto o prejuízo, deve ser suportado pelo empregador, não podendo ser transferido para o empregado.

O empregador admite o empregado mediante a obrigação de lhe pagar salário, ou seja, o empregado não foi contratado para trabalhar de graça.

O empregador é o responsável pela direção da atividade empresarial e tem poder de direção e organização, poder de controle e poder disciplinar, conforme abaixo serão comentados.

Jurisprudência:
DESCONTOS SALARIAIS – ILICITUDE DA CONDUTA EMPRESARIAL EM IMPUTAR AO EMPREGADO OS RISCOS DO EMPREENDIMENTO. O nosso ordenamento jurídico não permite à empregadora imputar ao trabalhador a responsabilidade pelas mercadorias extraviadas e furtadas do estabelecimento por terceiros, haja vista que o risco da atividade econômica lhe pertence, nos termos do art. 2º da CLT, devendo assumi-lo integralmente. Assim, mostra-se ilícita a conduta da reclamada em imputar aos seus empregados a responsabilidade material pelos valores correspondentes às mercadorias furtadas, o que se traduz em descontos indevidos, com transferência dos riscos do empreendimento ao trabalhador, em ofensa aos artigos 2º e 462 da CLT. (TRT 3ª Região. 4ª Turma. RO – 00933-2008-063-03-00-9. Relator Júlio Bernardo do Carmo. Data: 27/04/2009)

4.6. Poder de direção do empregador

O empregado está subordinado ao poder de direção do empregador, e este poder de direção é a faculdade atribuída ao empregador de determinar o modo como a atividade do empregado, em decorrência do contrato de trabalho, deve ser exercida.

O poder de direção subdivide-se em:
a) poder de organização;
b) poder de controle;
c) poder disciplinar.

Os poderes acima mencionados referem-se à relação de emprego, nos serviços prestados pelo empregado, no local de trabalho e em conformidade com a legislação.

4.6.1. Poder de organização

O empregador tem o poder de ordenar as atividades do empregado, inserindo-as no conjunto das atividades da produção, visando à obtenção dos objetivos econômicos e sociais da empresa. A empresa poderá ter um regulamento interno e decorre dele a faculdade de o empregador definir os fins econômicos visados pelo empreendimento.

4.6.2. Poder de controle

Este poder significa o direito de o empregador fiscalizar as atividades profissionais dos seus empregados e justifica-se, uma vez que, sem controle, o empregador não pode ter ciência das tarefas cumpridas por seu funcionário, e, em contrapartida, há salário a ser pago.

A própria marcação do cartão de ponto é decorrente do poder de fiscalização do empregador sobre o empregado, de modo a verificar o correto horário de trabalho do obreiro, que inclusive tem amparo legal. Nas empresas com mais de 10 empregados, é obrigatória a anotação da hora de entrada e de saída, em registro manual, mecânico ou eletrônico, devendo haver a assinalação do período de repouso.

O ato de proceder a revistas íntimas nas empregadas ou funcionárias é o poder de controle do empregador (ou preposto). Contudo, a revista íntima pode ser feita desde que não seja vexatória ou cause ofensa à integridade moral (373-A,VI, da CLT e Lei n. 9.799/99).

4.6.3. Poder disciplinar

O poder disciplinar é aplicado por meio da suspensão, advertência e dispensa por justa causa. A advertência muitas vezes é feita verbalmente; contudo, caso o empregado reitere o cometimento de uma falta, será advertido por escrito, e na próxima falta será suspenso. O empregado não poderá ser suspenso por mais de 30 dias, o que ocasiona rescisão injusta do contrato de trabalho (art. 474 da CLT) – a suspensão acarreta a perda dos salários dos dias respectivos mais o DSR. Normalmente, o empregado é suspenso de 1 a 5 dias, não sendo necessária a gradação nas punições do empregado. Cabe mencionar que a Lei não veda que o empregado seja demitido diretamente, sem antes ter sido advertido ou suspenso, desde que a falta por ele cometida seja realmente grave. É a chamada demissão por justa causa. As penalidades injustas ou abusivas serão passíveis de revisão na Justiça do Trabalho.

A Lei n. 6.354/76, em seu artigo 15, dispõe que é vedado ao empregador multar o empregado, salvo atleta profissional.

> **Jurisprudência:**
> INDENIZAÇÃO POR DANO MORAL – RESPONSABILIDADE DA EMPREGADORA – PROVA PERICIAL LASTREADORA DA PRETENSÃO. A Reclamada, considerada empregadora na acepção do caput do art. 2º da CLT, está inserida no contexto do capitalismo,

*forrado pela economia de mercado, como um ente destinado à obtenção do lucro, por isso que, no âmbito do Direito do Trabalho, ela se arroga dos poderes **organizacional, diretivo, fiscalizatório e disciplinar**, por direta e expressa delegação da lei, assumindo amplamente os riscos sociais de sua atividade econômica, e se investe do dever de garantir a segurança, a saúde, assim como a integridade física e psíquica dos seus empregados, durante a prestação de serviços, para que o empregado tenha uma vida normal dentro e fora da empresa. Ao explorar determinado ramo de atividade econômica, o empregador é responsável pelos danos físicos sofridos pelo empregado no exercício de suas atividades laborativas, que integram e proporcionam a edificação e a manutenção do ciclo produtivo, célula mater da sociedade capitalista. Nesta toada, compete à empregadora a adoção de medidas simples ou complexas que minimizem ou eliminem o risco e promovam melhores condições de segurança e de bem-estar físico no trabalho. Constatada, através de prova pericial, a existência de nexo causal entre a lesão, no caso a deficiência auditiva, e o trabalho, devida a indenização por dano moral, que deve ser suportado pela empresa, em valor proporcional à lesão, observado o caráter pedagógico da compensação, bem como a condição social do empregado e a punjança econômica da empresa.* (TRT 3ª Região. 4ª Turma. RO – 01623-2008-060-03-00-2. Relator Luiz Otávio Linhares Renault. Data: 20/07/2009)

4.7. RESPONSABILIDADE SOLIDÁRIA DO GRUPO DE EMPRESA

Quando uma ou mais empresas, embora, cada uma delas, tenha personalidade jurídica própria, estiverem sob a direção, controle ou administração de outra, constituindo grupo industrial, comercial ou de qualquer atividade econômica, serão, para os efeitos da relação de emprego, solidariamente responsáveis à empresa principal e a cada uma das subordinadas (CLT, art. 2º, § 2º). Não elimina a responsabilidade das empresas a falência de uma delas. São exemplos: a coligação, as *holdings*, o *pool*, o consórcio de empregadores, *joint venture* (empreendimento conjunto) etc.

Os grupos econômicos são formados por uma ou mais empresas, cada uma com personalidade jurídica própria, existindo entre elas vínculo de direção, controle, administração ou coordenação em face de atividade de qualquer natureza.

A prestação de serviços a mais de uma empresa do mesmo grupo econômico, durante a mesma jornada de trabalho, não caracteriza a coexistência de mais de um contrato de trabalho, salvo ajuste em contrário. É o que preceitua a Súmula 129 do TST.

> Jurisprudência:
> GRUPO ECONÔMICO – RESPONSABILIDADE SOLIDÁRIA DAS EMPRESAS INTEGRANTES – ABRANGÊNCIA. A responsabilidade solidária preconizada no parágrafo 2º do art. 2º da CLT, existente entre os membros dos grupos econômicos, comerciais ou industriais, revela que o legislador celetista atribui ao conjunto de tais membros o caráter de empregador único, ultrapassando, pois, a autonomia formal das pessoas jurídicas envolvidas, para vê-las, do ponto de vista da realidade, como ente único e, portanto, igualmente responsáveis por eventuais créditos trabalhistas. É que se considera que todos os membros se beneficiam da prestação laboral dos empregados de cada uma das empresas. Decorre daí, pois, que não se justifica limitar a corresponsabilidade trabalhista a apenas algum ou alguns tipos de obrigações. (TRT 3ª Região. 6ª Turma. RO – 01165-2008-026-03-00-0. Relator Emerson José Alves Lage. Data: 27/04/2009)

4.8. Sucessão de empresas

Refere-se a mudança na propriedade da empresa, que designa todo acontecimento em virtude do qual uma empresa é absorvida por outra. É o que ocorre nos casos de incorporação, transformação, fusão etc. Declara ainda os artigos 10 CC e 448 da CLT que a mudança na propriedade ou na estrutura jurídica da empresa não afetará os contratos de trabalho dos respectivos empregados. Enfatiza, assim, a aplicação do Princípio da Continuidade da empresa, salientando que as alterações relativas à pessoa do empresário não afetam o contrato de trabalho, e também no fato de que, dissolvida a empresa, ocorre extinção do contrato de trabalho.

Portanto, em uma eventual alteração na estrutura jurídica e na sucessão de empresas, isso nada afetará os créditos trabalhistas dos empregados, uma vez que os empregados se vinculam à empresa, e não aos seus titulares.

Jurisprudência:
RESPONSABILIDADE SOLIDÁRIA. GRUPO ECONÔMICO. Quando há sucessão de empresas, o sucessor responde pelas obrigações assumidas pelo antecessor, sem solução de continuidade, fato que não se verifica pela documentação acostada nos autos. Ficando comprovada a total ingerência e comando da 1ª reclamada na direção hierárquica das demais empresas, sendo ela a detentora de todos os equipamentos utilizados pela terceira e quarta reclamadas, que não podiam dirigir o próprio empreendimento ou prestar serviços a terceiros, pois tinham que seguir as suas determinações, e para quem os serviços eram prestados com exclusividade é incontroversa a existência do grupo econômico, restando evidenciado o controle e fiscalização pela empresa líder, justificando-se a responsabilidade solidária das reclamadas perante os créditos trabalhistas decorrentes da relação de emprego. (TRT 3ª Região. 3ª Turma. RO-00078-2008-017-03-00-5. Relator Bolívar Viégas Peixoto. Data: 29/11/2008)

SUCESSÃO DE EMPREGADORES – NÃO CONFIGURAÇÃO. Para que se caracterize a sucessão de empregadores, tal como prevista nos arts. 10 e 448 da CLT, exige-se que haja alteração na estrutura jurídica da empresa – modificação de sua constituição e funcionamento como pessoa com direitos e obrigações, ou na organização jurídica; transformação, fusão de sociedades, incorporação de uma que se extingue com absorção de seu patrimônio e obrigações –, ou mudança na propriedade. O mero fato de que o trabalhador tenha obtido a garantia de seu emprego com a continuidade da prestação de serviços para outra empresa do mesmo ramo de atividade não induz a sucessão de empregadores entre duas empresas distintas. (TRT 3ª Região. 9ª Turma. RO – 00600-2008-043-03-00-5. Relator Antônio Fernando Guimarães. Data: 15/04/2009)

Importante ressaltar que o contrato de trabalho é firmado entre o empregado e a empresa, independentemente dos seus titulares e de sua eventual mudança ou alteração. Por isso diz-se que é impessoal em relação a quem se encontra à frente do empreendimento. Assim, percebe-se que o verdadeiro empregador é a empresa, e a transferência do estabelecimento supõe também a de todos os elementos organizados desta, dentre eles o trabalho.

Vale lembrar que, se o vínculo empregatício é firmado com a empresa e não com o empregador, salvo se o empregador for pessoa física, este não pode ser prejudicado por qualquer tipo de alteração na estrutura jurídica daquela. Desta feita, a Lei visa proteger o trabalhador em seu emprego, sendo irrelevante quem seja o empregador.

É oportuno consignar, em se tratando de sucessão de empresas, o conceito de fusão, incorporação, transformação, cisão e sucessão de empresas:
- **Fusão**: é a operação ou o procedimento pelo que se unem duas ou mais empresas com o objetivo de se formar uma nova que lhe sucede em direitos e obrigações.
- **Incorporação**: é a operação ou o procedimento pelo qual uma ou mais empresas são absorvidas por outra, que lhe sucede em direitos ou obrigações.
- **Cisão**: é a operação ou o procedimento pelo qual uma empresa se divide, ensejando o surgimento de outras duas.
- **Sucessão**: mudança na propriedade da empresa, ou seja, a empresa continua sendo a mesma, mas surge um novo empregador.
- **Transformação**: alteração na estrutura da empresa, ou seja, o empregador continua sendo o mesmo, mas há uma mudança na relação jurídica da empresa.

Em relação à responsabilidade da empresa sucessora, esta responde pelos créditos trabalhistas dos empregados da empresa sucedida, ainda que exista cláusula contratual eximindo-a de tal responsabilidade. O real objetivo desta cláusula é a garantia que a sucessora resguarda para propor ação regressiva contra sua antecessora, não a eximindo de responsabilidade quanto aos créditos trabalhistas.

Outro ponto a destacar é a desconsideração da personalidade jurídica do empregador como um dos principais mecanismos para que o Direito do Trabalho produza efeitos na realidade fática, alcançando sua finalidade teleológica. Um efeito que se pode evidenciar é o de viabilizar o princípio da continuidade da relação empregatícia na substituição do titular do empreendimento empresarial. Outro efeito é o de suavizar a vedação de alterações objetivas do contrato empregatício prejudiciais ao empregado, dadas as incessantes modificações nas estruturas da empresa.

A despersonalização é, ainda, fundamento para que os sócios da entidade societária sejam alcançados e responsabilizados subsidiariamente quando for frustrada a execução trabalhista, não satisfeita com o patrimônio do devedor principal. A desconsideração, por se tratar de exceção à regra da personalidade da pessoa jurídica, deve ser aplicada com parcimônia somente quando houver necessidade de despir a sociedade empresária e alcançar o patrimônio pessoal dos sócios, sendo imprescindível a sensibilidade dos julgadores diante dos casos concretos. Alguns julgados presumem a culpa do sócio-administrador; em contrapartida, outros aduzem a fraude à lei ou violação de norma contratual (artigo 50 do CC).

> **Jurisprudência:**
> *EXECUÇÃO. DESCONSIDERAÇÃO DA PERSONALIDADE JURÍDICA. REQUISITO LEGAL. O primeiro requisito a ser observado para ensejar a aplicação do instituto da desconsideração da personalidade jurídica (artigo 28, da Lei n. 8078/90, artigo 135 do Código Tributário Nacional e artigo 50 do Código Civil) é a constatação de inexistência ou insuficiência de bens da sociedade. De tal circunstância, no caso presente, ainda não se pode cogitar, porquanto nem sequer foram esgotados os meios de execução em face das empregadoras. Ademais, consoante ressaltado na decisão a quo, somente depois de efetivada a alienação particular dos bens arrematados pelos exequentes/credores trabalhistas será possível mensurar o crédito remanescente de cada um deles. Neste contexto, por ora, se mostra prematuro o pedido de desconsideração da personalidade jurídica, o que não impede a apreciação do tema, após esgotados os meios de execução em desfavor das reclamadas. Os trâmites legais garantidores dos direitos materiais e processuais aos litigantes, inclusive na fase de execução, exigem observância irrestrita, sob pena de ensejar futura arguição de nulidade, por violação ao princípio da legalidade, ao devido processo legal, ao contraditório e à ampla defesa (artigo 5º, incisos II, LIV e LV, da Constituição da República).* (TRT 3ª Região. 5ª Turma. AP – 01700-2008-150-03-00-5. Relatora Convocada Maria Cecília Alves Pinto. Data: 08/06/2009)

4.9. Alterações na empresa

As alterações empresariais podem ocorrer de duas formas:
a) Alterações na sua estrutura jurídica, por exemplo a mudança de regime jurídico.
b) Alterações em sua propriedade, como a venda.

A legislação celetista trata do tema por meio do artigo 10, em que aduz que qualquer alteração na estrutura jurídica da empresa não afetará os direitos adquiridos por seus empregados. E, ainda, no artigo 448, também da CLT, em que consigna que a mudança na propriedade ou na estrutura jurídica da empresa não afetará os contratos de trabalho dos respectivos empregados. Conclui-se, pois, que eventual mudança jurídica na estrutura da empresa, como sua transformação de empresa individual para coletiva ou de sociedade anônima para limitada. Estas alterações nada mudarão o contrato de trabalho dos empregados. E mais, a mesma regra vale para o caso de mudança de propriedade, como a venda ou a inclusão de novos sócios.

Note-se que, mesmo diante de acordo ou convenção coletiva de trabalho firmada entre as partes, isso não excluirá os direitos dos trabalhadores e não há nenhuma repercussão jurídica para esse acordo.

5 | Remuneração e salário

5.1. Conceito

> *Salário é toda contraprestação ou vantagem em pecúnia ou em utilidade devida e paga diretamente pelo empregador ao empregado, em virtude do contrato de trabalho. É o pagamento direto feito pelo empregador ao empregado pelos serviços prestados, pelo tempo à disposição ou quando a lei assim determinar (aviso prévio não trabalhado, 15 primeiros dias da doença etc).* (Vólia Bomfim Cassar. *Direito do Trabalho*. 3. ed. Niterói: Editora Impetus, 2009)

> *Remuneração é a soma do pagamento direto com o pagamento indireto, este último entendido como toda contraprestação paga por terceiros ao trabalhador, em virtude de um contrato de trabalho que este mantém com seu empregador.* (Vólia Bomfim Cassar. *Direito do Trabalho*. 3. ed. Niterói: Editora Impetus, 2009)

Enfim, considera-se a remuneração como gênero, e uma de suas espécies, o salário (artigo 457 da CLT). Remuneração envolve os salário e as gorjetas. Remuneração são todos os valores recebidos habitualmente pelo empregado, mês a mês, dia a dia, hora a hora, ou seja, o salário, as diárias de viagem, prêmios, gratificações, adicionais etc.

A remuneração visa satisfazer as necessidades vitais básicas do empregado e de seus familiares. Engloba parcelas remuneratórias de diversas naturezas, tais como contraprestação, indenização, benefícios.

A expressão "integrar a remuneração", "ter natureza salarial" quer dizer que essa parcela integrará a base de cálculo para a incidência de encargos trabalhistas. Por exemplo, não integram ao salário as diárias que não excedam a 50% e as ajudas de custo (desde que especificadas), já que a ajuda de custo tem natureza indenizatória. Agora, diante da não identificação do custo, a ajuda se transforma em abono, e assim integra o salário. Não integram o salário: os pagamentos de natureza indenizatória, as indenizações, os direitos intelectuais, a habitação, a energia, o veículo, os cigarros, a participação nos lucros e as gratificações não habituais.

Para aqueles que atuam em cargo público, percebem "vencimento" e não salário, expressão oriunda da Lei n. 8.112/90, artigos 40 e 41.

5.2. Salário utilidade ou *in natura* ou indireto

É permitido o pagamento em bens e serviços – é o chamado salário *in natura*. Contudo, nem tudo que é pago em bens e serviços é aceito como pagamento pela legislação. Para tanto, deve-se respeitar alguns requisitos para o pagamento em salário *in natura*, quais sejam:

a) **Habitualidade do fornecimento** – importante perceber a frequência do fornecimento do bem ou serviço, observar a repetição uniforme em certo lapso temporal para a caracterização do pagamento em bem e serviço.

b) **Causa e objetivo** – analisar se a causa e o objetivo é contraprestativo ao empregado, se há alguma retribuição ao empregado receber dessa maneira.

c) **Onerosidade unilateral** – refere-se à amplitude da onerosidade, se é inerente à oferta da utilidade no contexto empregatício.

De acordo com o artigo 458, § 1º, da CLT, além do pagamento em dinheiro poderá o empregador efetuar o pagamento do empregado em utilidades, por meio de habitação, alimentação e vestuário. Contudo, o salário *in natura* deve ser convencionado no início do contrato de trabalho; caso contrário, será caracterizado como benefício.

Poderá ser descontado do salário do empregado os seguintes percentuais: Habitação – 25%, Alimentação – 20% e Vestuário – 25%. Destaca-se que a soma desses percentuais não poderá exceder a 70% do salário contratual no mínimo legal (artigo 82, parágrafo único, da CLT), lembrando que 30% do salário do trabalhador deverá ser pago em dinheiro. Deste modo, esclarece a

Súmula 258 do TST sobre os percentuais estipulados como desconto para o salário *in natura*: "Os percentuais fixados em lei relativos ao salário 'in natura' apenas se referem às hipóteses em que o empregado percebe salário mínimo, apurando-se, nas demais, o real valor da utilidade."

Atente-se para a exceção do salário *in natura*, o empregado rural (Lei n. 5.889/73, artigo 9º), cujos percentuais são diferentes: Habitação – 20%, Alimentação – 25% e Vestuário – 25%. E, na mesma Lei do rural, em seu parágrafo 5º, vaticina que a cessão, pelo empregador, de moradia e de sua infraestrutura básica, assim como os bens destinados à produção para sua subsistência e de sua família, não integram o salário do trabalhador rural, desde que caracterizados como tais, em contrato escrito celebrado entre as partes, com testemunhas e notificação obrigatória ao respectivo sindicato de trabalhadores rurais.

No que tange à empregada doméstica, a Lei n. 5.859/72, artigo 2º-A, veda ao empregador doméstico efetuar descontos no salário do empregado por fornecimento de alimentação, vestuário, higiene ou moradia. E que poderão ser descontadas as despesas com moradia de que trata o *caput* deste artigo quando essa se referir a local diverso da residência em que ocorrer a prestação de serviço, e desde que essa possibilidade tenha sido expressamente acordada entre as partes (§ 1º). As despesas referidas no *caput* deste artigo não têm natureza salarial nem se incorporam à remuneração para quaisquer efeitos (§ 2º).

Insta esclarecer que o pagamento salarial feito "**para**" o trabalho não é considerado salário, e aquele pagamento feito "**pelo**" trabalho é tido como pagamento de salário. A expressão "**pelo trabalho**" refere-se aos prêmios ou à forma de agradar ou incentivar o empregado, e será considerado salário. Em contrapartida, a expressão "**para trabalho**" quer dizer ser útil e necessária para a realização do trabalho, portanto, não tem natureza salarial. Um exemplo disso é o uso de uniforme **para** o trabalho, que não pode ser utilizado como pagamento de salário. Se a utilidade servir tanto **para** o trabalho quanto **pelo** trabalho, não será caracterizado como salário. Ex.: celular.

Para tanto, destacam-se as Súmulas 241 e 367, ambas do TST:

> *Súmula 241 – O vale para refeição fornecido por força do contrato de trabalho tem caráter salarial, integrando a remuneração do empregado para todos os efeitos legais.*

> *Súmula 367, I – A habitação, a energia elétrica e veículo fornecidos pelo empregador ao empregado, quando indispensáveis para a*

realização do trabalho, não têm natureza salarial, ainda que, no caso de veículo, seja ele utilizado pelo empregado também em atividades particulares. II – O cigarro não se considera salário utilidade em face de sua nocividade à saúde.

Não é considerado salário *in natura* o transporte destinado ao deslocamento para o trabalho e retorno, em percurso servido ou não de transporte público, os equipamentos, os cigarros e as bebidas, a educação, o seguro de vida e de acidentes, o vale-transporte, o plano de previdência, a assistência médica e odontológica, a alimentação (desde que paga pelo PAT – Programa de Alimentação do Trabalhador e com aprovação do Ministério do Trabalho) e participação nos lucros e resultados (Lei n. 10.101/2000).

Não é considerado salário *in natura* o fornecimento de equipamento de proteção individual, descrito no artigo 166 da CLT:

> *A empresa é obrigada a fornecer aos empregados, gratuitamente, equipamento de proteção individual adequado ao risco e em perfeito estado de conservação e funcionamento, sempre que as medidas de ordem geral não ofereçam completa proteção contra os riscos de acidentes e danos à saúde dos empregados.*

Jurisprudência:
SALÁRIO "IN NATURA". Segundo o artigo 458 da CLT, compreendem-se no salário, para todos os efeitos legais, além do pagamento em dinheiro, a alimentação, habitação, vestuário ou outras prestações in natura *que a empresa, por força do contrato ou costume, fornecer habitualmente ao empregado.* (TRT 12ª Região – 2ª Turma – V422.2007.032.12.00.9 – Juiz Edson Mendes De Oliveira – Publicado no TRTSC/DOE em 02/05/2008)

SALÁRIO "IN NATURA". NÃO-CARACTERIZAÇÃO. A teor do entendimento expresso no inc. I da Súmula n. 367 do TST, o fornecimento de veículo pelo empregador ao empregado, quando indispensável para a realização do trabalho, não tem natureza salarial, ainda que utilizado pelo empregado também em atividades particulares. (TRT 12ª Região – 1ª Turma – Acórdão 8087/2007-00422-2007-032-12-00 – Juiz Marcos Vinicio Zanchetta – Publicado no TRTSC/DOE em 26/11/2007)

MORADIA FORNECIDA PELO EMPREGADOR. BENEFÍCIO PARA O TRABALHO. SALÁRIO "IN NATURA" NÃO-CONFIGU-RADO. O fornecimento de moradia para o desenvolvimento das atividades, já que rurais, o que demandava a residência na própria propriedade, afasta a incidência salarial do benefício, por não constituir-se parcela "in natura". (TRT 12ª Região – 3ª Turma – RO 01201.2007.009.12.00.0 – Juíza Teresa Regina Cotosky – Publicado no TRTSC/DOE em 06/06/2008)

5.3. Programa de Alimentação do Trabalhador – PAT

O Programa de Alimentação do Trabalhador (PAT) foi criado pela Lei n. 6.321, de 14 de abril de 1976, que faculta às pessoas jurídicas a dedução das despesas com a alimentação dos próprios trabalhadores em até 4% do Imposto de Renda (IR) devido, está regulamentado pelo Decreto n. 05, de 14 de janeiro de 1991, e pela Portaria n. 03, de 1º de março de 2002.

O objetivo do PAT é melhorar a condição nutricional do trabalhador, aumentar a capacidade de labor do obreiro, diminuir o índice de acidente no trabalho e proporcionar melhor qualidade de vida, enfim, proporcionar a melhoria da situação nutricional dos trabalhadores, visando promover sua saúde e prevenir as doenças relacionadas ao trabalho.

Certas vantagens são conferidas às empresas mediante a adesão do PAT, ou seja, aumento da produtividade, maior integração entre trabalhadores e a empresa, redução de atrasos e faltas ao trabalho, redução da rotatividade, redução do número de doenças e acidentes do trabalho, isenção de encargos sociais sobre o valor do benefício concedido como incentivo fiscal, com dedução de até 4% do imposto de renda devido, somente para empresas enquadradas no sistema de lucro real.

Entretanto, empresas sem fins lucrativos, a exemplo das filantrópicas, das microempresas, dos condomínios e outras isentas do Imposto de Renda, embora não façam jus ao incentivo fiscal previsto na legislação, podem participar do PAT. A adesão ao PAT é voluntária e as empresas participam pela consciência de sua responsabilidade social.

O PAT é destinado, prioritariamente, ao atendimento dos trabalhadores de baixa renda, isto é, àqueles que ganham até cinco salários mínimos mensais. Entretanto, as empresas beneficiárias poderão incluir no Programa, trabalhadores de renda mais elevada, desde que o atendimento da totalidade dos trabalhadores que recebem até cinco salários mínimos esteja garantido e que o benefício não tenha valor inferior àquele concedido aos de rendimento mais elevado, independentemente da duração da jornada de trabalho (artigo 3º, parágrafo único, da Portaria n. 03/2002).

A parcela paga *in natura*, citada no artigo 3º, da Lei n. 6.321/76, refere-se ao fornecimento das refeições.

A participação financeira do trabalhador fica limitada a 20% do custo direto da refeição (artigo 2º, § 1º, do Decreto n. 349, de 21 de novembro de 1991, e o artigo 4º da Portaria n. 03/2002).

De acordo com o artigo 6º, inciso I, da Portaria n. 03/2002, é vedado à empresa beneficiária do PAT suspender, reduzir ou suprimir o benefício do programa a título de punição do trabalhador.

A questão da natureza do auxílio-alimentação fornecido por empresa filiada ao PAT encontra-se pacificada, por meio da Orientação Jurisprudencial n. 133 da SBDI-1, segundo a qual a ajuda para alimentação fornecida por empresa participante do programa de alimentação ao trabalhador, instituído pela Lei n. 6.321/76, não tem caráter salarial. Portanto, não integra o salário para nenhum efeito legal.

De acordo com a Súmula 241 do TST, o vale para refeição, fornecido por força do contrato de trabalho, tem caráter salarial, integrando a remuneração do empregado para todos os efeitos legais.

> Jurisprudência:
> *AUXÍLIO ALIMENTAÇÃO E AUXÍLIO CESTA ALIMENTAÇÃO. NATUREZA JURÍDICA. Embora a utilidade alimentação tenha, em regra, natureza salarial, existem determinadas situações em que tal utilidade deixa de ter essa natureza e passa a ser considerada indenizatória. A primeira ocorre quando o empregador institui programa de alimentação do trabalhador, previamente aprovado pelo Ministério do Trabalho e Emprego, conhecido como PAT, autorizado pelo Decreto n. 05/91, regulamentador da Lei n. 6.321/76. Outra exceção diz respeito à previsão em convenção ou acordo coletivo expecionando a natureza salarial do auxílio-alimentação ou, no caso, 'auxílio cesta alimentação' fornecido pelo empregador. Tendo em vista que ambas as exceções se encontram provadas nos autos, descabe declarar a natureza salarial das referidas parcelas fornecidas à obreira, ao menos durante a vigência do PAT e das normas coletivas.* (TRT 23ª Região. RO 01199-2008-008-23-00. Relator Desembargador Roberto Benatar. Data: 30/06/2009)

5.4. Gratificação natalina ou 13º salário

O 13º salário é devido a todo empregado (Lei n. 4.090, artigo 1º), tanto urbano quanto rural (artigo 7º, *caput*, da Constituição), inclusive a empregada doméstica. O trabalhador temporário e avulso (artigo 7º, XXXIV, da Carta Magna) também é assegurado. Desta sorte, é devido o 13º salário ao empregado dispensado sem justa causa (Lei n. 4.090, artigo 3º) ou diante do pedido de demissão (Súmula 157 do TST). Se for demitido com justa causa, perde o direito ao percebimento da gratificação natalina (Lei n. 4.090, artigo 3º). Perante culpa recíproca do empregado e do empregador será devido 50% do 13º salário (Súmula 14 do TST). Se aposentar também terá direito ao 13º salário. E, por fim, a Lei n. 4.090, artigo 1º, § 3º, declara que gratificação será proporcional:

> *I – na extinção dos contratos a prazo, entre estes incluídos os de safra, ainda que a relação de emprego haja findado antes de dezembro; e*
> *II – na cessação da relação de emprego resultante da aposentadoria do trabalhador, ainda que verificada antes de dezembro.*

A Lei n. 4.090/62 instituiu a gratificação de natal e seu valor corresponde a 1/12 (um doze avos) da remuneração devida em dezembro, multiplicado pelos meses de serviço naquele ano. Fração igual ou superior a 15 dias serão consideradas como mês integral, enquanto as frações inferiores serão desprezadas. Diante da rescisão contratual anterior ao mês de dezembro o empregado fará jus ao percebimento proporcional da referida gratificação e mais 1/12 (um doze avos) do aviso prévio trabalhado ou indenizado. A primeira parcela do pagamento da gratificação natalina será nos meses de fevereiro e novembro (30/11) de cada ano, que vem a ser um adiantamento, enquanto a segunda parcela ocorrerá em até 20 de dezembro (Lei n. 4.749, artigo 1º). Caso o empregado requeira o pagamento da primeira parcela no mês de janeiro, está será realizada junto das férias (Lei n. 4.749, artigo 2º). Em consonância com a Lei n. 4.749/65, em seu artigo 3º, ocorrendo a extinção do contrato de trabalho antes do dia 20 de dezembro, o empregador poderá compensar o adiantamento mencionado com a gratificação, e, se não bastar, com outro crédito de natureza trabalhista que possua o respectivo empregado.

O Decreto n. 57.155/65, artigo 2º, aduz que, para os empregados que recebem salário variável, a qualquer título, a gratificação será calculada na base de 1/11 (um onze avos) da soma das importâncias variáveis devidas nos meses trabalhados até novembro de cada ano. A esta gratificação se somará a que corresponder à parte do salário contratual fixo.

No parágrafo único, desse mesmo decreto acima mencionado, salienta que, até o dia 10 de janeiro de cada ano, computada a parcela do mês de dezembro, o cálculo da gratificação será revisto para 1/12 (um doze avos) do total devido no ano anterior, processando-se a correção do valor da respectiva gratificação com o pagamento ou a compensação das possíveis diferenças.

Frisa-se que o empregador não está obrigado a pagar a primeira parcela do 13º salário a todos os empregados no mesmo mês (Lei n. 4.749, § 1º, artigo 2º).

No caso de afastamento por doença do trabalhador, vale observar que, nos 15 primeiros dias, a parcela ficará a cargo do empregador, e a partir do 16º dia ficará a cargo da Previdência Social.

Insta destacar que, em relação ao aviso prévio, este integra o contrato de trabalho para todos os efeitos, inclusive na gratificação natalina.

A Lei n. 7.855/89, artigo 3º, I, dispõe que acarretará a aplicação de multa de 160 BTN por trabalhador prejudicado, dobrada no caso de reincidência, o não pagamento do 13º salário na época própria.

Vaticina a Súmula 148 do TST que é computável a gratificação de Natal para efeito de cálculo da indenização do artigo 477 da CLT.

O 13º salário tem natureza salarial e não pode ser reduzido, salvo acordo ou convenção coletiva de trabalho.

5.5. Formas de pagamento de salário

5.5.1. Salário por produção

O salário pode ser pago por tempo, tarefa ou produção. O salário por produção é aquele no qual o empregado recebe de acordo com o número de unidades por ele produzidas (art. 483, alínea "g", da CLT). O objetivo é estimular a rentabilidade produtiva do empregado. Há um valor estipulado a ser pago por unidade ou tarefa, multiplicando-se a quantidade de peças pelo valor da tarifa. Mesmo que o salário seja aprazado por comissão, esta não poderá ser inferior a um salário mínimo.

A produção pode ser medida por peça, peso, volume, comprimento etc. pelo qual recebe o empregado que trabalha por produção.

5.5.2. Salário por tarefa

É forma mista de salário. O empregador combina uma tarefa a ser realizada de acordo com um determinado tempo. O empregado deverá terminar o trabalho no tempo aprazado, porém, poderá ser dispensado quando terminar a tarefa antes do período combinado.

5.5.3. Salário por tempo

A remuneração se dá em razão do trabalhado realizado no mês, semana, quinzena, hora, dia e é pago de acordo com o tempo que o empregado ficou à disposição do empregador, sem levar em conta o resultado do trabalho. Com a produção advinda da realização do trabalho realizado acima do normal, o empregado não usufruirá de qualquer vantagem (art. 459 da CLT).

Aqueles que laboram em regime de tempo parcial receberão proporcionalmente àqueles que trabalham em período integral. Portanto, o empregador deverá observar o salário mínimo horário, o piso salarial horário da categoria ou, se for o caso, o salário proporcional horário.

5.5.4. Salário complessivo

Também chamado de salário completivo, trata de valores recebidos pelo empregado e não discriminados em holerite, isto é, quando o empregador ajusta com o empregado um salário de R$ 2.000,00 mensais, por exemplo, com o adicional noturno já incluso neste valor. Essa junção ou agrupamento de valores é proibido no Brasil, pois afronta o Princípio da Irrenunciabilidade dos direitos trabalhistas.

Diante do exposto, diz-se que é nula essa cláusula, conforme preceitua a Súmula 91 TST: "Nula é a cláusula contratual que fixa determinada importância ou percentagem para atender englobadamente vários direitos legais ou contratuais do trabalhador."

> Jurisprudência:
> *SALÁRIO COMPLESSIVO – PRÉ-CONTRATAÇÃO DE HORAS EXTRAS – ILEGALIDADE. Se a prova oral do processo revela que a trabalhadora foi contratada para cumprir uma jornada de seis horas, acrescida de duas horas extraordinárias e nos recibos de salário se verifica o pagamento habitual realizado sob a rubrica "hora extra fixa", evidencia-se a pré-contratação de horas extras, repudiada pelo ordenamento jurídico, nos termos do entendimento já consolidado*

no Colendo TST, nas Súmulas 91 e 199, sendo de se considerar nula a contratação do serviço suplementar, quando da admissão da trabalhadora. Neste caso, entende-se que os valores ajustados apenas remuneram a jornada normal, sendo devidas as horas extras com adicional de, no mínimo, 50% (cinquenta por cento). (TRT 3ª Região. RO – 01251-2008-040-03-00-0. 6ª Turma. Relator: Emerson José Alves Lage. Data: 23/03/2009)

5.6. Formas especiais de salário

5.6.1. Gorjetas

Considera-se gorjeta não somente a importância dada pelo cliente ao empregado, mas também aquela cobrada pela empresa ao cliente, como adicional nas contas a qualquer título e destinada à distribuição aos empregados (artigo 457, § 3º, CLT). A gorjeta é paga pelo terceiro – ou cliente – , e não pelo empregador, é uma forma indireta de pagamento que não pode ser utilizada como complemento do salário mínimo. Deve ser anotada na CPTS do empregado uma estimativa das gorjetas (artigo 29, § 1º, da CLT), e integrarão a remuneração para todos os efeitos, para o cálculo de férias, 13º salário (Lei n. 4.90/62, § 1º, artigo 1º), incidência no FGTS (Lei n. 8.036/90, artigo 15).

De acordo com a Súmula 354 do TST:

> As gorjetas, cobradas pelo empregador na nota de serviço ou oferecidas espontaneamente pelos clientes, integram a remuneração do empregado, não servindo de base de cálculo para as parcelas de aviso prévio, adicional noturno, horas extras e repouso semanal remunerado.

Há dois tipos de gorjetas: as espontâneas e as fixadas nas notas de despesa e rateadas entre os empregados. O cálculo é feito pelo valor efetivamente recebido, quando houver controle pelo empregador, ou pela média fixada em norma coletiva. Em relação aos valores pagos pelos clientes não há como se apurar, uma vez que não é controlado pelo empregador.

Jurisprudência:
GORJETAS ESPONTÂNEAS - INTEGRAÇÃO. As gorjetas oferecidas espontaneamente pelos clientes e repassadas ao caixa, compondo uma "caixinha" para posterior rateio no final do expediente por permitir ao empregador total conhecimento de seu valor, devem ser integradas ao salário do empregado, afastando a hipótese de mera estimativa de gorjetas. (TRT 3ª Região. RO - 00173-2008-014-03-00-0. 7ª Turma. Relator: Convocado Rodrigo Ribeiro Bueno. Data: 23/09/2008)

5.6.2. Adicionais

Os adicionais são considerados "sobressalários", são parcelas remuneratórias oriundas de lei e geralmente decorrentes de condições mais gravosas, condições insalubres e perigosas, fora de seu domicílio e de trabalhos mais penosos.

Esses adicionais, apesar de integrarem o salário e possuir natureza salarial, não se incorporam ao salário e muito menos se tornam um direito adquirido. Abaixo serão elencados alguns adicionais previstos pela nossa legislação.

5.6.2.1. Adicional de horas extras

Em respeito à Norma Ápice, em seu artigo 7º, inciso XVI, é devido ao trabalhador, diante do serviço extraordinário superior, no mínimo 50% da hora normal. Contudo, é possível diante de um acordo individual ou negociação coletiva fixar um adicional superior ao ora mencionado, caso conferido ao do advogado que é de 100% sobre a hora normal (Lei n. 8.906/94).

De acordo com o artigo 61 da CLT, o máximo de horas permitidas é de 2 horas diárias, salvo necessidade imperiosa que será de 4 horas diárias (§ 3º), são elas de força maior, serviços inadiáveis e greve abusiva. A força maior refere-se a atos inerentes aos fenômenos da natureza, é o chamado caso fortuito. Os serviços inadiáveis são os serviços que não podem ser terminados na própria jornada de trabalho, como é o caso de um médico diante de uma cirurgia, e, finalmente, a greve abusiva serve para recuperar o tempo perdido, mas é mister que seja declarado pelo TRT.

As horas extras integram outras verbas, tais como: indenização, 13º salário, gratificações semestrais, aviso prévio indenizado, descanso semanal remunerado (DSR), férias, gratificações por tempo de serviço.

De acordo com a Súmula 264 do TST:

> *A remuneração do serviço suplementar é composta do valor da hora normal, integrado por parcelas de natureza salarial e acrescido do adicional previsto em lei, contrato, acordo, convenção coletiva ou sentença normativa.*

O empregado remunerado à base de comissões e sujeito a controle de horário tem direito ao adicional de, no mínimo, 50% (cinquenta por cento) pelo trabalho em horas extras, calculado sobre o valor-hora das comissões recebidas no mês, considerando-se como divisor o número de horas efetivamente trabalhadas (Súmula 340 do TST).

Cabe mencionar o que vaticina a Súmula 347 do TST:

> *O cálculo do valor das horas extras habituais, para efeito de reflexos em verbas trabalhistas, observará o número das horas efetivamente prestadas e sobre ele aplica-se o valor do salário-hora da época do pagamento daquelas verbas.*

Na Súmula 229 do TST, por aplicação analógica do artigo 244, § 2º, da CLT, as horas de sobreaviso dos eletricitários são remuneradas à base de 1/3 sobre a totalidade das parcelas de natureza salarial.

A supressão, pelo empregador, do serviço suplementar prestado com habitualidade, durante pelo menos um ano, assegura ao empregado o direito à indenização correspondente ao valor de 1 mês das horas suprimidas para cada ano ou fração igual ou superior a 6 meses de prestação de serviço acima da jornada normal. O cálculo observará a média das horas suplementares efetivamente trabalhadas nos últimos 12 meses, multiplicada pelo valor da hora-extra do dia da supressão (Súmula 291 do TST).

> Jurisprudência:
> BANCÁRIO. PRÉ-CONTRATAÇÃO DE HORAS EXTRAS. *Nos termos do inciso I da Súmula 199/TST, "A contratação do serviço suplementar, quando da admissão do trabalhador bancário, é nula. Os valores assim ajustados apenas remuneram a jornada normal, sendo devidas as horas extras com o adicional de, no mínimo, 50% (cinquenta por cento), as quais não configuram pré-contratação, se pactuadas após a admissão do bancário". Havendo a prova nos autos produzida demonstrado que houve pré-contratação de duas horas*

extras diárias, deve ser deferido o pedido de pagamento das duas horas trabalhadas como extras, considerando a base de cálculo correspondente ao salário mensal recebido, acrescido do valor das horas pré-contratadas. (TRT 3ª Região. RO – 00234-2008-103-03-00-3. 6ª Turma. Relator: Emerson José Alves Lage. Data: 20/12/2008)

5.6.2.2. ADICIONAL NOTURNO

Considera-se adicional noturno aquele devido ao empregado urbano quando exerce sua atividade laborativa no período compreendido entre 22 e 5 horas do dia seguinte, na razão de 20% a mais sobre a remuneração (artigos 7º, IX, da CF e 73 da CLT). A hora equivale a cinquenta e dois minutos e trinta segundos.

Para o trabalhador rural da agricultura, o período é compreendido entre 21 e 5 horas do dia seguinte, enquanto para o pecuário é entre 20 e 4 horas do dia seguinte, tendo direito a um adicional de 25% a mais sobre a remuneração e a duração de cada hora equivale a 60 minutos.

Para o trabalhador rural da pecuária e agricultura, o período é compreendido entre 20 e 4 horas do dia seguinte, com um adicional de 25% e duração da hora de 60 minutos (Lei n. 5.889/73, artigo 7º).

Vale ressaltar que o adicional noturno do advogado é de 25%, sendo o período compreendido entre 20 e 5 horas do dia seguinte (artigo 20, § 3º, da Lei n. 8.906/94).

Diante de uma transferência do funcionário para o horário diurno, o adicional noturno não será mais devido, a partir da data da transferência.

O artigo 73, *caput*, da CLT, exclui o pagamento de adicional se houver regime de revezamento.

Perante a habitualidade do adicional noturno, este integrará o cálculo do salário do empregado (Súmula 60, I, do TST). Cumprida a jornada noturna e esta for prorrogada, as horas correspondentes à prorrogação também terão o adicional.

> **Jurisprudência:**
> *TRABALHO NOTURNO. NEGOCIAÇÃO COLETIVA. PREVISÃO DE ADICIONAL SUPERIOR AO DA CLT. INCIDÊNCIA SOBRE A HORA NORMAL. POSSIBILIDADE. Conquanto o ideal fosse a efetiva redução da jornada noturna, a consequência amplamente difundida na jurisprudência para o descumprimento do art. 73, § 1º, da CLT é o pagamento, como extras, dos 7,5 minutos por hora normal trabalhada entre 22h e 5h. Nesse diapasão, para fins de facilitar o*

cálculo da respectiva remuneração, os instrumentos coletivos podem, a exemplo do que fazem as Leis nos 5.889/73 e 8.906/94, fixar o adicional noturno em percentual maior que, incidindo sobre a hora normal, leve a resultado equivalente ou superior ao da CLT. Evidenciada a concessão de contrapartida real e específica em troca do direito transacionado, não há que se falar em nulidade da cláusula convencional. (TRT 3ª Região. RO – 01420-2008-104-03-00-6. 5ª Turma. Relatora Convocada Gisele de Cassia Vieira Dias Macedo. Data: 08/06/2009)

5.6.2.3. ADICIONAL DE INSALUBRIDADE

Veja também os capítulos 4.3.18.7 Trabalho insalubre e perigoso e 12.8.1 Insalubridade.

O adicional de insalubridade está disposto no artigo 192 da CLT e é assegurada a percepção de um adicional de 10%, 20% ou 40% sobre o salário mínimo. A porcentagem do adicional será determinada por meio de perícia a ser realizada por Perito de Segurança e Medicina do Trabalho devidamente habilitado e nomeado pelo juiz, conforme artigo 195 § 2º da CLT. Os acréscimos referentes ao adicional de insalubridade serão calculados separadamente e depois somados.

O artigo 405, I, da CLT, preceitua que o menor não poderá atuar em ambientes insalubres e perigosos, o que é expressamente proibido.

Dispõe o artigo 194 da CLT que, uma vez sanada a causa de insalubridade, automaticamente cessa o percebimento do adicional.

O adicional será indevido quando a insalubridade for neutralizada ou eliminada com o uso de adoção de medidas especiais, ou eliminada pela utilização de equipamentos de proteção individual (artigo 191 da CLT). Insta esclarecer que, sobre o uso do EPI, as Súmulas 80 e 289 do TST possuem posicionamentos distintos:

> *Súmula 80 – A eliminação da insalubridade, pelo fornecimento de aparelhos protetores aprovados pelo órgão competente do Poder Executivo, exclui a percepção do adicional respectivo.*

> *Súmula 289 – O simples fornecimento do aparelho de proteção pelo empregador não o exime do pagamento do adicional de insalubridade, cabendo-lhe tomar as medidas que conduzam à diminuição ou eliminação da nocividade, dentre as quais as relativas ao uso efetivo do equipamento pelo empregado.*

Jurisprudência:
ADICIONAL DE INSALUBRIDADE. FORNECIMENTO DE EPI. Demonstrado o fornecimento e o uso de equipamentos de proteção neutralizantes do agente insalubre, indevido é o adicional de insalubridade. (TRT 12ª Região – Acórdão 00402/2007 – 2ª Turma – Juiz Geraldo José Balbinot – Publicado no TRTSC/DOE em 03/09/2007)

ADICIONAL DE INSALUBRIDADE. EFEITOS. Estudos científicos têm demonstrado que o fornecimento de protetores auriculares não elide os efeitos nocivos da insalubridade na saúde do trabalhador. Parte-se da premissa equivocada de que o tamponamento auditivo pelo uso do EPI serve como meio protetivo eficaz para neutralizar a insalubridade ou de que a redução dos seus efeitos afasta qualquer prejuízo à higidez física e mental do trabalhador. A transmissão do ruído se dá via óssea pelas vibrações mecânicas verificadas, que, dada a sua constância vão causando lesões auditivas que a longo prazo podem levar à surdez parcial ou total, sem olvidar-se que a repetição do movimento vibratório pode trazer sério comprometimento sobre todo o sistema nervoso do trabalhador. A gravidade da situação é evidente, o que torna imprescindível aprofundar a discussão sobre o assunto, deixando de lado soluções simplistas que não levam em consideração as pesquisas científicas que tratam dos efeitos da insalubridade no organismo humano. (TRT 2ª Região – 6ª Turma – Acórdão 20070818104 – Juiz Valdir Florindo – Publicado no DOE/SP em 05.10.2007)

O adicional de insalubridade não deverá ter como base de cálculo o salário mínimo, é o que recentemente reconheceu o STF com a Súmula 4, a qual declama que, salvo nos casos previstos na Constituição, o salário mínimo não pode ser usado como indexador de base de cálculo de vantagem de servidor público ou de empregado nem ser substituído por decisão judicial. Contudo, o adicional de insalubridade deverá, por enquanto, ser calculado com base no salário mínimo, já que a referida súmula está suspensa.

Se o adicional de insalubridade tiver caráter habitual, este integrará a remuneração do empregado para os cálculos de outras verbas (Súmula 139 do TST), 13º salário, férias, indenização, FGTS, aviso prévio. Contudo, não integrará o DSR e feriados (Lei n. 605/49, artigo 7º, § 2º).

O pagamento do adicional de insalubridade não é afastado quando o trabalho é executado em condições intermitentes, é o que aponta a Súmula 47 do TST.

Caso o trabalhador rural labore em ambiente insalubre, este perceberá o adicional de insalubridade.

5.6.2.4. Adicional de periculosidade

Veja também o capítulo 12.8.2 Periculosidade.

De acordo com o artigo 193 da CLT, o adicional de periculosidade é devido ao empregado que presta serviços em contato permanente com elementos inflamáveis ou explosivos, em condições que ofereçam risco à vida. O contato permanente entende-se como contato diário com explosivos, radiação e inflamáveis. O percentual incidente sobre o salário contratual é de 30% sobre o salário básico.

O artigo 7º, inciso XXIII, da CF, também assegura o direito ao adicional de periculosidade.

Os eletricitários também percebem o adicional de periculosidade conforme a Lei n. 7.369/85, como também todas as empresas em que existam condições que impliquem perigo de vida pelo contato com equipamentos energizados, tais como aqueles que trabalham na Speedy, Net, Telefônica. O percentual de 30% será sobre o salário recebido (artigo 1º). A OJ n. 347 da SDI-I do TST expressa que é devido o adicional de periculosidade aos empregados cambistas, instaladores e reparadores de linhas e aparelhos de empresas de telefonia, desde que, no exercício de suas funções, fiquem expostos a condições de risco equivalente ao do trabalho exercido em contato com sistema elétrico de potência.

De acordo com a Súmula 191 do TST, o adicional de periculosidade incide apenas sobre o salário básico e não sobre este, acrescido de outros adicionais. Em relação aos eletricitários, o cálculo do adicional de periculosidade deverá ser efetuado sobre a totalidade das parcelas de natureza salarial.

O policial, de acordo com sua legislação própria, não percebe o adicional de periculosidade, mas recebe uma gratificação de 30%.

Uma vez eliminado o risco, cessa o direito ao recebimento do adicional de periculosidade (artigo 194 da CLT).

Corrobora a Súmula 132 do TST:

> *I – O adicional de periculosidade, pago em caráter permanente, integra o cálculo de indenização e de horas extras.*

II – Durante as horas de sobreaviso, o empregado não se encontra em condições de risco, razão pela qual é incabível a integração do adicional de periculosidade sobre as mencionadas horas.

A propósito, a Súmula 39 do TST aduz que os empregados que operam em bombas de gasolina têm direito ao percebimento do referido adicional.

A Súmula 364, I, do TST, profere que faz jus ao adicional de periculosidade o empregado exposto permanentemente ou que, de forma intermitente, sujeita-se a condições de risco. Indevido, apenas, quando o contato se dá de forma eventual, assim considerado fortuito, ou o que, sendo habitual, dá-se por tempo extremamente reduzido.

A fixação do adicional de periculosidade, em percentual inferior ao legal e proporcional ao tempo de exposição ao risco, deve ser respeitada, desde que pactuada em acordos ou convenções coletivos (Súmula 364, II, do TST).

Nesta oportunidade, o adicional integra o aviso prévio, o FGTS, as férias, o 13º salário, a indenização (Súmula 132 do TST), salvo no DSR que não haverá a integralização.

O funcionário que trabalha em local insalubre e periculoso poderá pleitear na justiça os dois adicionais; contudo, só perceberá um único adicional, que será analisado via perícia.

Jurisprudência:
PARA QUE O EMPREGADO TENHA DIREITO AO ADICIONAL DE PERICULOSIDADE, NÃO HÁ NECESSIDADE DE QUE O RISCO OCORRA DURANTE TODA A JORNADA, BASTANDO QUE TAL RISCO EXISTA EM ALGUM MOMENTO DA ATIVIDADE LABORAL. Apurada em laudo pericial as atividades em condições de periculosidade, mesmo que o empregado não esteja em contato com as referidas condições durante todo o período da jornada, mas apenas em percentual desse período, devido o adicional pela intermitência e permanência das condições, uma vez que o risco pode acontecer em qualquer momento. (TRT 2ª Região – 4ª Turma – Acórdão 20080079789 – Juiz Relator Carlos Roberto Husek – Publicado no DOE/SP em 22.02.2008)

ADICIONAL DE INSALUBRIDADE E/OU PERICULOSIDADE. OPÇÃO / TRÂNSITO EM JULGADO. É bastante plausível admitir--se que o empregado, quando vai requerer em Juízo, não tenha ainda certeza de que seu trabalho é perigoso e/ou insalubre, por isto mesmo não há vedação legal para que se postule pelo pagamento de ambos os adicionais. A constatação pericial da existência de trabalho perigoso e insalubre em concomitância, em face da proibição da cumulatividade, obriga o empregado a fazer a opção por um desses adicionais após o trânsito em julgado da decisão, pois nesta fase processual é que se materializa efetivamente o direito do trabalhador. (TRT 2ª Região – 6ª Turma – Acórdão 20080072385 – Juiz Relator Valdir Florindo – Publicado no DOE/SP em 22.02.2008)

5.6.2.5. Adicional de transferência

É devido no importe de 25% sobre o salário do empregado que for transferido provisoriamente para outro local e incorrer na mudança de domicílio (artigo 469, § 3º, da CLT). Nas hipóteses de transferência definitiva ou a pedido do empregado, não será devida e não se incorpora ao salário.

Merece mencionar a Súmula 43 do TST, que verifica a verdadeira necessidade da transferência do empregado: "Presume-se abusiva a transferência de que trata o § 1º do Art. 469 da CLT, sem comprovação da necessidade do serviço."

O artigo 470 da CLT destaca que as despesas resultantes da transferência correrão por conta do empregador.

Os empregados que exerçam cargos de confiança e aqueles cujos contratos tenham como condição, implícita ou explícita, a transferência, não necessitam de cláusula contratual de transferência (artigo 469, § 1º, da CLT). No entanto, em contrato individual de trabalho, deverá constar cláusula assegurando a transferência do empregado.

É lícita a transferência quando ocorrer extinção do estabelecimento em que trabalhar o empregado (§ 2º).

Jurisprudência:
ADICIONAL DE TRANSFERÊNCIA. INDEFERIMENTO. AUSÊNCIA DO PRESSUPOSTO BÁSICO DA TRANSITORIEDADE. Quando a transferência ocorre em caráter definitivo, não cabe o pagamento do adicional fixado no § 3º do art. 469 da CLT, tendo em vista que este dispositivo legal tem como pressuposto básico o atendimento de situações provisórias e transitórias em função da necessidade de serviço. Essa interpretação nasce do teor do mencionado Texto Legal que, ao tratar do direito ao adicional enquanto perdurar

a transferência, expõe a ideia de transitoriedade. (TRT 12ª Região – RO – 03595.2007.022.12.00.1 – 3ª Turma – Juiz Juíza Lília Leonor Abreu – Publicado no TRTSC/DOE em 26/06/2008)

ADICIONAL DE TRANSFERÊNCIA. O adicional de transferência é verba paga para empregados que não têm cargo de confiança ou chefia e são transferidos em caráter provisório para atender à real necessidade de serviço, conforme dispõe o art. 469, § 1º, da CLT. Entretanto, não é devido àqueles cujos contratos tenham como condição implícita ou explícita a transferência. (TRT 12ª Região – Acórdão 7250/2007 – 2ª Turma – Juíza Marta Maria Villalba Falcão Fabre – Publicado no TRTSC/DOE em 15/01/2008)

5.6.2.6. Adicional de penosidade

Veja também o capítulo 12.12 Penosidade.

Previsto na Constituição Federal, no artigo 7º, inciso XXIII, são aquelas situações que exigem grandes esforços. Importante salientar que ainda não tem regulamentação legal que estipulasse o percentual a ser percebido, bem como não houve edição de lei para tipificar. Trata-se de uma norma de eficácia contida. E assim fica impedido o direito ao adicional de penosidade por ausência de previsão legal.

Jurisprudência:

INSALUBRIDADE POR RUÍDO. Se fornecimento efetivo e obrigatório de equipamento existia; se palestras eram ministradas na empresa com o intuito de conscientização dos empregados ao uso de protetores auriculares; se exames audiométricos eram realizados periodicamente pelo médico de plantão, que questionava sobre o uso de EPIs e sobre a adequação do empregado a eles, inclusive com o acompanhamento de fonoaudióloga; se havia todo esse empenho por parte da reclamada, não se pode, de forma alguma, afirmar que não havia fiscalização do uso dos EPIs, nem que a empresa não propiciava seu uso, regular e correto. Pelo calor: fator de penosidade – Depende de regulamentação por lei complementar – Por ter sido o Anexo 4 da NR-15, da Portaria n. 3.214/78, revogado pela Portaria 3751, de 23/11/90, também o fator calor deixou de ser considerado insalubre para ser considerado fator de penosidade, a ser ainda regulamentado, eis que, embora o artigo 7º, XXIII, da Constituição da República disponha sobre o pagamento de adicional de remuneração às atividades consideradas penosas, na forma da lei, até o presente momento inexiste norma regulamentar a esse respeito, ressaltando-se que o dispositivo retro não é autoaplicável. Recurso a que se dá provimento, para considerar improcedente a ação. (TRT 15ª Região. Acórdão: 013714/1999.5ª Turma. Relatora Olga Ainda Joaquim Gomieri. Data: 01/12/1999)

PORTUÁRIO. AVULSO. ADICIONAL DE RISCO PORTUÁRIO. SALÁRIO COMPLESSIVO. Existindo Convenção Coletiva de Trabalho que tenha negociado um valor para a diária do trabalhador portuário avulso, fixada com a consideração do adicional de risco que lhe é devido, nele incluído o pagamento dos adicionais relativos à insalubridade, penosidade, periculosidade, desconforto térmico, poeira, chuvas e outras, sem que o trabalhador demonstre nos autos ter sofrido qualquer prejuízo com esse procedimento, deve ser validado, ainda mais porque o instrumento negocial goza de reconhecimento constitucional (CF, 7º, XXVI), não havendo se falar de salário complessivo. (TRT 2ª Região. RO – 01383-2004-446-02-00. 10ª Turma. Relatora Sônia Aparecida Gindro. Data: 21/11/2006)

5.6.3. Abonos

Trata da antecipação do salário para o empregado, pelo empregador, pago em dinheiro, de forma espontânea e caráter transitório. O abono poderá ser compensado nos reajustes futuros.

O abono (*plus* salarial) integra o salário, é o que depreende o artigo 457, § 1º, da CLT: "Integram o salário não só a importância fixa estipulada, como também as comissões, percentagens, gratificações ajustadas, diárias para viagens e abonos pagos pelo empregador."

5.6.4. Comissões

São parcelas variáveis do salário, condicionadas ao volume de vendas ou produção que compõem a base irredutível, ou seja, são percentuais recebidos pelo empregado após uma venda, denominadas comissões, as quais integram ao salário (457, 1º, da CLT). O salário está condicionado à forma de trabalho do empregado. O salário não poderá ser inferior ao salário mínimo ou ao piso salarial estabelecido para a categoria (artigo 7°, incisos V e VII da CF). Portanto, diante do não preenchimento do valor mínimo legal, caberá ao empregador complementar.

A comissão é irredutível, salvo convenção ou acordo coletivo (artigo 7°, IV, da CF).

Somente com a concretização do negócio é que se pode cobrar a comissão. Porém, quando a venda for parcelada, o pagamento da comissão ocorrerá conforme a liquidação.

A Súmula 27 do TST alude que "é devida a remuneração do repouso semanal e dos dias feriados ao empregado comissionista, ainda que pracista." Assim, nota-se que, com a exigência de produção incompatível com a jornada normal de trabalho ou a submissão de horário, é cabível o pagamento de horas extras.

O empregado, sujeito a controle de horário, remunerado à base de comissões, tem direito ao adicional de, no mínimo, 50% (cinquenta por cento) pelo trabalho em horas extras, calculado sobre o valor-hora das comissões recebidas no mês, considerando-se como divisor o número de horas efetivamente trabalhadas (Súmula 340 do TST).

O pagamento de comissões e percentagem deverá ser feito mensalmente, expedindo a empresa, no fim de cada mês, a conta respectiva com as cópias das faturas correspondentes aos negócios concluídos (artigo 4°, da Lei n. 3.207/57).

Ressalva-se às partes interessadas fixar outra época para o pagamento de comissões e percentagens, o que, no entanto, não poderá exceder a um trimestre, contado da aceitação do negócio, sendo sempre obrigatória a expedição, pela empresa, da conta referida neste artigo (parágrafo único). Portanto, as comissões poderão ser pagas em até 3 meses.

A transação será considerada aceita se o empregador não a recusar por escrito, dentro de 10 dias, contados da data da proposta. Tratando-se de transação a ser concluída com comerciante ou empresa estabelecida noutro Estado ou no estrangeiro, o prazo para aceitação ou recusa da proposta de venda será de 90 dias e pode, ainda, ser prorrogado, por tempo determinado, mediante comunicação escrita feita ao empregado (artigo 3°).

Mesmo após a rescisão contratual, serão devidas as comissões conquistadas durante o contrato de labor.

A cláusula contratual *star del credere* não tem aplicação no ordenamento jurídico brasileiro, uma vez que faz aplicação da responsabilidade solidária ao trabalhador diante da impontualidade ou solvência pelo credor, transferindo assim o risco da atividade econômica do empreendimento ao trabalhador.

Assevera o artigo 7º da Lei n. 3.207/57 que, com a insolvência do comprador, o empregador poderá estornar o valor da comissão já paga.

De acordo com o artigo 466 da CLT, o pagamento de comissões e percentagens só é exigível depois de ultimada a transação a que se refere. Frisa-se que só é considerada aceita a transação se o empregador não a recusar por escrito, dentro do prazo de 10 dias, contados da data da proposta.

> Jurisprudência:
> COMISSÕES. PAGAMENTO EXTRAFOLHA. INTEGRAÇÃO AO SALÁRIO. Comprovado o pagamento habitual de valores ao empregado por meio de créditos em cartões (flex card, Sim Club e Hippo Supermercado) com vistas a remunerar o maior número de vendas por ele realizadas, devem tais importâncias, pagas a título de comissão, ser integradas ao salário. (TRT 12ª Região – Acórdão 7366/2007 – Juíza Gisele P. Alexandrino – Publicado no TRTSC/DOE em 03/10/2007)
>
> COMISSÃO. TRANSAÇÃO ULTIMADA. AUSÊNCIA DE RECUSA. DIREITO AO PAGAMENTO. INADIMPLEMENTO DO COMPRADOR. LEI N. 3.207/57. Não apresentando o empregador recusa expressa, no prazo de 10 dias, à negociação entabulada pelo vendedor, passa a responder pelo pagamento das comissões, independentemente, no sucesso final da negociação, conforme estabelece o art. 3º da Lei n. 3.207/57. (TRT 12ª Região – Acórdão 10951/2007 Juiz Marcus Pina Mugnaini – Publicado no TRTSC/DOE em 05/12/2007)

5.6.5. Gratificação

As gratificações são valores pagos ao empregado como meio de agradá-lo. Caracterizam-se como forma de recompensa, dádiva por serviço eventual ou extraordinário ou agradecimento, que, por serem eventuais ou pagas esporadicamente, não integram o salário. Por outro lado, quando pagas com habitualidade, integram o salário e terão incidência no INSS, FGTS e IRRF.

Assim, as gratificações habituais, inclusive a de natal, consideram-se tacitamente convencionadas, integrando o salário (Súmula 207 do STF). Destarte, o fato de constar do recibo de pagamento de gratificação o caráter de liberalidade não basta, por si só, para excluir a existência de um ajuste tácito (Súmula 152 do TST). São exemplos de gratificação a de função, em razão de maior responsabilidade, ou por tempo de serviço.

Integra a indenização a gratificação que tiver sido incorporada ao salário (Súmula 459 do STF).

Não se pode abstrair que, percebida a gratificação de função por dez ou mais anos pelo empregado, se o empregador, sem justo motivo, revertê-lo a seu cargo efetivo, não poderá retirar-lhe a gratificação, tendo em vista o princípio da estabilidade financeira. E, indubitavelmente, se mantido o empregado no exercício da função comissionada, não pode o empregador reduzir o valor da gratificação (Súmula 372, I e II do TST).

Assim aconselha a Súmula 253 do TST:

> *A gratificação semestral não repercute no cálculo das horas extras, das férias e do aviso prévio, ainda que indenizados. Repercute, contudo, pelo seu duodécimo na indenização por antiguidade e na gratificação natalina.*

A prescrição aplicável será parcial no pedido de diferença de gratificação semestral que teve o valor congelado, conforme preceitua a Súmula 373 do TST.

Jurisprudência:
GRATIFICAÇÃO DE ASSIDUIDADE. CARÁTER SALARIAL. O pagamento habitual de gratificação de assiduidade desvinculado da pontualidade do empregado descaracteriza a natureza de premiação, devendo ser reconhecido o caráter salarial da parcela. MULTA DO ART. 477. HOMOLOGAÇÃO PELO SINDICATO. O simples depósito do valor da rescisão, efetuado na conta bancária do empregado dentro do prazo previsto, não é apto para afastar a aplicação da multa do art. 477, § 8º, já que o acerto rescisório é ato complexo, que somente se efetiva com a devida homologação e com a entrega das guias TRCT e CD/SD a que tem direito o empregado. HONORÁRIOS PERICIAIS. ANTECIPAÇÃO. SUCUMBÊNCIA DO RECLAMANTE BENEFICIÁRIO DA JUSTIÇA GRATUITA. RESTITUIÇÃO INDEVIDA. Sendo o reclamante sucumbente na pretensão objeto da perícia, mas litigando sob o pálio da justiça gratuita, deve ser isentado do ônus que lhe incumbiria quanto ao pagamento dos honorários periciais. Assim, tendo em vista que a verba honorária já se encontra quitada antecipadamente pela reclamada, verifica-se que esta serviu para remunerar o trabalho do "expert" e, uma vez que tal adiantamento se deu de forma espontânea pela ré que concordou com a solicitação do

perito, tem-se por indevida a restituição pleiteada. (TRT 3ª Região. RO – 00459-2008-032-03-00-7. 6ª Turma. Relator: Convocado Fernando Antonio Viegas Peixoto. Data: 13/07/2009)

5.6.6. Ajuda de custo

Objetiva ajudar um funcionário a executar seu trabalho. Não quer dizer que serve para custear despesas de viagem. Não integram o salário (artigo 457, § 2º, da CLT).

> Jurisprudência:
> *AJUDA ALIMENTAÇÃO – CONTRATO SUSPENSO. O fato de se encontrar o empregado afastado do trabalho por motivo de doença não relacionada ao trabalho não exime o empregador da obrigação do pagamento da parcela ajuda-alimentação. A suspensão do contrato de trabalho em virtude do gozo do auxílio-doença e aposentadoria por invalidez implica inexigibilidade das obrigações legais dos contratantes, pelo que se conclui que apenas o pagamento de parcela de natureza salarial deve ser suspenso, porquanto substituída pelo benefício previdenciário. No entanto, a parcela em questão não possui natureza salarial, não sendo suprida pelo benefício previdenciário. Ademais, as cláusulas normativas que dispõem sobre a aludida parcela em momento algum excluem do direito ao seu percebimento aqueles empregados que se encontram afastados em gozo de auxílio-doença, caso do reclamante. Assim não objetivaram as aludidas cláusulas normativas beneficiar apenas os trabalhadores em atividade. Aliás, é certo que os instrumentos normativos são fruto de negociação entre as partes, retratando a prevalência dos interesses e cujo reconhecimento encontra-se assegurado pela CF/88 no seu art. 7º, inciso XXXVI, não podendo, contudo, por meio deles, haver exclusão de benefício. Não comprovando a reclamada fato modificativo, impeditivo do direito do autor ao percebimento da parcela, nem o seu pagamento, devida se torna a indenização correspondente. Provejo, portanto, o recurso, no particular, para acrescer à condenação o pagamento de uma indenização correspondente à ajuda de custo alimentação, no valor expresso nas normas coletivas que deverá compreender todo o período em que perdurar o afastamento do reclamante.* (TRT 3ª Região. RO – 01079-2007-033-03-00-5. 4ª Turma. Relator: Júlio Bernardo do Carmo. Data: 10/05/2008)

5.6.7. Diárias

Em razão do contrato de trabalho, o empregador custeia as despesas de viagem do empregado, tais como hospedagem, deslocamento, alimentação e outros. Trata-se de uma indenização.

Passará a integrar o salário as despesas acima de 50% do salário, conforme o artigo 457, § 2º, da CLT: "Não se incluem nos salários as ajudas de custo, assim como as diárias para viagem que não excedam de 50% (cinquenta por cento) do salário percebido pelo empregado."

Corroborando com esse entendimento, vem a Súmula 101 do TST: "Integram o salário, pelo seu valor total e para efeitos indenizatórios, as diárias de viagem que excedam a 50% (cinquenta por cento) do salário do empregado, enquanto perdurarem as viagens."

Por fim, a Súmula 318, do TST, alega que em se tratando de empregado mensalista, a integração das diárias ao salário deve ser feita tomando-se por base o salário mensal por ele percebido, e não o salário dia, somente sendo devida a referida integração quando o valor das diárias, no mês, for superior à metade do salário mensal.

> Jurisprudência:
> REEMBOLSO DE DESPESAS COM ALIMENTAÇÃO E HOSPEDAGEM. EXIGIBILIDADE. Não pode a ré beneficiar-se dos serviços prestados por seus empregados, sem arcar com os riscos e ônus da atividade econômica desenvolvida, sem oferecer-lhes as mínimas condições de trabalho. Assim, cumpre que reembolse as despesas efetivadas com alimentação e hospedagem, durante as viagens. (TRT 3ª Região. RO – 00952-2008-006-03-00-0. 1ª Turma. Relator Convocado José Eduardo de Resende Chaves Júnior. Data: 20/02/2009)

5.6.8. Prêmios

Prêmios referem-se a fatores de ordem pessoal como eficiência, produção, assiduidade etc. Geralmente são concedidos quando o empregado atinge metas. É aprazado individualmente por meio de negociação coletiva. Os prêmios não podem ser o único meio de retribuição salarial do empregado.

Segue o entendimento da Súmula 209 STF:

> O salário-produção, como outras modalidades de salário-prêmio, é devido, desde que verificada a condição a que estiver subordinado, e não pode ser suprimido unilateralmente pelo empregador, quando pago com habitualidade.

Jurisprudência:
VENDEDOR COMISSIONISTA. REMUNERAÇÃO PELO EXERCÍCIO DE ATIVIDADES DE COBRANÇA E TELEMARKETING. PRÊMIOS HABITUALMENTE PERCEBIDOS. O prêmio é parcela salarial, cujo pagamento está relacionado a questões subjetivas de ordem pessoal do empregado, visando um incentivo ou recompensa, de forma a estimular a produção, a assiduidade ou a eficiência do empregado no desempenho de suas funções. Não se confunde, portanto, com a contraprestação direta pelos serviços prestados. Logo, o fato de o vendedor remunerado à base de comissões receber, com certa frequência, os indigitados prêmios pelo cumprimento de metas preestabelecidas, não lhe retira o direito ao pagamento pela consecução das atividades de telemarketing e cobrança, as quais não se pode considerar remuneradas pelas comissões auferidas, exclusivamente, em razão das vendas efetivamente realizadas. (TRT 3ª Região. RO – 02004-2007-075-03-00-3. 3ª Turma. Relator: César Pereira da Silva Machado Júnior. Data: 01/06/2009)

5.6.9. Gueltas

São os pagamentos efetuados por terceiro ao obreiro de uma empresa, visando motivar a venda de seus produtos. Não é salário, pois é feito por um terceiro, é uma espécie de prêmio de incentivo ou de gratificação paga ao empregado.

Jurisprudência:
GUELTAS. Configuram-se gueltas as comissões pagas aos vendedores por terceiros (tais como empresas financeiras e despachantes) que operam na concessionária, quando das vendas dos veículos. O fato de o valor não partir do empregador não constitui óbice à integração da verba, por ser habitual e, principalmente, por ser contraprestativa pelos serviços inerentes à relação de emprego, dos quais se beneficiou

a empregadora. A parcela é devida em razão da execução do contrato de trabalho e, por conseguinte, constitui parte integrante da remuneração do empregado. (TRT 3ª Região. RO – 00433-2008-044-03-00-9. 9ª Turma. Relatora Emília Facchini. Data: 11/12/2008)

5.6.10. Luvas

A palavra "Luvas" quer dizer do encaixe exato, nos moldes empresariais. A aplicação das Luvas se dá em dinheiro ou bens, cujo pagamento é feito de uma única vez ou em parcelas, prevalecendo o direito da preferência.

A renovação dos contratos de arrendamentos de prédios destinados ao uso comercial ou industrial é feito de acordo com o Decreto n. 24.150 de 10 de abril de 1934 – também conhecido como Lei de Luvas. Por disposição da Lei n. 6.354/76, artigo 12, os atletas profissionais tiveram sua primeira aplicação na esfera trabalhista, por meio do conceito de Luvas: "Entende-se por Luvas a importância paga pelo empregador ao atleta na forma do que for convencionado, pela assinatura do contrato."

5.6.11. Quebra de caixa

A Quebra de Caixa refere-se à diferença encontrada e o que deveria conter em caixa. Seguindo a esteira, a Súmula 247 do TST permite que: "A parcela paga aos bancários sob a denominação Quebra de Caixa possui natureza salarial, integrando o salário do prestador dos serviços, para todos os efeitos legais."

> Jurisprudência:
> *"QUEBRA DE CAIXA" – CARGO DE AVALIADOR EXECUTIVO DA CEF. Considerando que a verba denominada "quebra de caixa" destina-se a cobrir diferenças existentes no caixa, decorrentes de engano do empregado no manuseio do dinheiro, não remunerando, por si só, a função de confiança propriamente dita, ela é também devida ao empregado da CEF ocupante do cargo de Avaliador Executivo, que cumula atribuições do antigo Avaliador de Penhor e do Caixa Executivo, a quem é devida a verba, sem se falar em afronta aos incisos XVI e XVII do artigo 37 da Constituição da República.* (TRT 3ª Região. RO – 01571-2008-021-03-00-1. 9ª Turma. Relator Convocado João Bosco Pinto Lara. Data: 15/07/2009)

5.6.12. PARTICIPAÇÃO NOS LUCROS OU RESULTADOS

Esse instituto visa ao percebimento pelo empregado diante de um resultado positivo obtido pela empresa e com a ajuda deste.

A participação nos lucros e resultados é feito através de uma negociação entre o trabalhador e o empregador. É realizado um acordo, convenção coletiva e comissão mista, desde que esteja presente um representante do sindicato da categoria. Se não houver um consenso, poderá se eleger um árbitro ou um mediador. O laudo arbitral terá força normativa, não sendo indispensável que este laudo seja homologado no judiciário.

Possui respaldo nos institutos, artigo 7°, inciso XI, da CF, 621 da CLT e na Lei n. 10.101/2000.

Não incide encargos trabalhistas e não é salário, é uma forma de complementação do salário, é um pagamento que só ocorrerá se a empresa vier a obter lucros. A empresa computará esse valor como mera despesa operacional. Insta mencionar que essa participação deverá respeitar um período no mínimo 6 meses ou mais de duas vezes ao ano.

Jurisprudência:

PARTICIPAÇÃO NOS LUCROS DA EMPRESA. CONVENÇÃO COLETIVA. IRREGULARIDADE NO PAGAMENTO. DEFERIMENTO. Constatado que o reclamante ancorado em cláusula convencional, faz jus à participação nos lucros da empresa, e, constatado ainda ter sido esta verba paga a menor quando da resilição do contrato de trabalho, há que se impor o pagamento da indenização buscada, deduzindo-se a importância efetivamente paga a esse título. Recurso da obreira parcialmente provido. (TRT 13ª Região. Acórdão n. 061796. Relatora Margarida Alves de Araújo Silva. Data: 09/02/2001)

5.6.13. PIS-PASEP

O Programa de Integração Social, mais conhecido como PIS/PASEP ou PIS, é uma contribuição social de natureza tributária, devida pelas pessoas jurídicas, com objetivo de financiar o pagamento do seguro-desemprego e do abono para os trabalhadores (artigo 239 da CF) que ganham até dois salários mínimos. Seu embasamento legal está na lei Complementar n. 7 de 07/09/1970 para o PIS e Lei Complementar n. 8, de 03/09/1970, para o PASEP (Programa de Formação do Patrimônio do Servidor Público).

São hipóteses para sacar o PIS-PASEP: morte do participante, reforma militar, aposentadoria, transferência para a reforma remunerada e invalidez permanente.

O § 2º do artigo 239 da Carta Magna estabeleceu que se manterão os critérios de saque nas situações previstas nas leis específicas, com exceção da retirada por motivo de casamento, ficando vedada a distribuição da arrecadação de que trata o *caput* deste artigo, para depósito nas contas individuais dos participantes.

Por conseguinte, dispõe o § 3º:

> *Aos empregados que percebam de empregadores que contribuem para o Programa de Integração Social ou para o Programa de Formação do Patrimônio do Servidor Público até dois salários mínimos de remuneração mensal, é assegurado o pagamento de um salário mínimo anual, computado neste valor o rendimento das contas individuais, no caso daqueles que já participavam dos referidos programas, até a data da promulgação desta Constituição.*

Jurisprudência:
INDENIZAÇÃO SUBSTITUTIVA DO PIS. NÃO CADASTRAMENTO DO EMPREGADO. Se o empregador não comprovou o credenciamento do empregado no PIS, não o incluiu na RAIS, resta caracterizada a omissão e a culpa do empregador daí decorrente no caso de prejuízo. Se o empregado preenche os requisitos previstos na Lei para a concessão do abono, a sua falta enseja o prejuízo. Nos termos do artigo 1º da Lei nº 7.859/89 que regula a concessão e o pagamento do abono previsto no parágrafo terceiro do artigo 239 da Lei Maior, é assegurado o recebimento de abono anual, no valor de um salário mínimo vigente na data do respectivo pagamento, aos empregados que percebam até dois salários mínimos mensais, tenham exercido atividade remunerada pelo menos durante trinta dias no ano-base e, por fim, que estejam cadastrados a pelo menos cinco anos no Fundo de Participação PIS-PASEP ou no Cadastro Nacional do Trabalhador. Assim, percebendo o empregado menos de dois salários mínimos mensais fazia jus ao abono anual previsto no dispositivo constitucional mencionado e, portanto, a sua falta implica dever do empregador de pagar a indenização substitutiva. (TRT 3ª Região. RO – 01248-2005-105-03-00-4. 6ª Turma. Relator Hegel de Brito Boson. Data: 17/12/2005)

5.6.14. Salário-família

Salário-família é o benefício pago pela Previdência Social brasileira aos trabalhadores com salário mensal na faixa de baixa renda, visando auxiliar no sustento de filhos (assemelham-se ao conceito de filhos: o enteado, o tutelado ou o que está sob a guarda do empregado) de até 14 anos de idade. O segurado recebe uma quota por filho e por emprego e ambos os pais recebem, tanto o pai, quanto a mãe.

Quem patrocina o salário-família é a Previdência Social, mas quem entrega o dinheiro ao trabalhador é o empregador, junto com o salário normal (o valor que a empresa pagou será descontado do que ela deve pagar à Previdência Social).

O salário-família não é salário, é uma prestação previdenciária.

O empregado doméstico não tem direito ao salário-família.

O termo inicial do direito ao salário-família coincide com a prova da filiação. Se feita em juízo, corresponde à data de ajuizamento do pedido, salvo se comprovado que anteriormente o empregador se recusara a receber a certidão respectiva (Súmula 254 do TST).

> Jurisprudência:
> *FÉRIAS. COMPROVAÇÃO DE FRUIÇÃO. ÔNUS DO EMPREGADOR. O gozo de férias é um direito do empregado, conforme previsão constitucional (artigo 7º, inciso XVII) e artigo 129 da Consolidação das Leis do Trabalho, motivo pelo qual o ônus de comprovar a sua concessão e gozo é do reclamado, (artigo 818 da CLT c/c artigo 333, II, do CPC). Se o reclamado não desincumbiu do ônus de provar que o empregado usufruiu do merecido descanso, deverá arcar com o pagamento, em dobro, das férias não gozadas. Recurso improvido. SALÁRIO FAMÍLIA. SÚMULA N. 254, DO TST. Para fazer jus ao benefício previdenciário de 'salário família', além da apresentação da certidão de nascimento do filho menor de 14 anos junto à empresa, o art. 67 da Lei n. 8.213/91 exige a comprovação de que a criança recebeu as vacinas anuais obrigatórias, bem como a prova de frequência escolar (Súmula n. 254, do TST). Assim, caberia ao Autor demonstrar que apresentou os respectivos documentos ao reclamado, ônus do qual não se desincumbiu. Recurso provido. HORAS EXTRAS. REGISTRO DE JORNADA × RECIBOS DE PAGAMENTO. Mantém-se a decisão de primeiro grau que condenou o reclamado ao pagamento das horas extras laboradas pelo obreiro e seus reflexos, ante o cotejo dos registros de jornada, nos quais*

demonstra labor em jornada extraordinário, em confronto com os recibos de pagamento colacionados aos autos. Recurso improvido. MULTA DO ART. 477 DA CLT. VALOR EM DOBRO. NEGOCIAÇÃO COLETIVA. PREVALÊNCIA. O princípio da autonomia da vontade que preside os acordos e convenções coletivas de trabalho legitima que as partes estipulem livremente que a multa do art. 477, § 8º da CLT, seja devida em dobro, quando verificada a mora no pagamento de verbas decorrentes da rescisão do contrato de trabalho, sem que o empregado tenha dado causa. Recurso improvido. MULTAS. LITIGÂNCIA DE MÁ-FÉ. EMBARGOS PROTELATÓRIOS. ATO ATENTATÓRIO AO EXERCÍCIO DA JURISDIÇÃO. CUMULAÇÃO DE PENALIDADES. INEXISTÊNCIA. Ao interpor os embargos de declaração, o embargante violou, ao mesmo tempo, três regras impostas por lei: a primeira (art. 14, V, parágrafo único, do CPC), a qual prevê a incidência de multa de até 20% para a hipótese de descumprimento dos provimentos judiciais ou de criar embaraço ao exercício da jurisdição (contempt of court); a segunda (artigo 17, VI do CPC), cujo mister consiste em punir aquele que litiga de má-fé, dentro de um leque de previsões contidas no artigo 17 do CPC; e a terceira (art. 538, parágrafo único) a qual foi criada com intuito de impedir interposição de qualquer recurso protelatório, aplicada em decorrência da má-fé, entendo que deva ser mantidas as multas aplicadas, não havendo que se falar em bis in idem ou cumulação de penalidades. Recurso improvido. (TRT 23ª Região. RO – 01179-2007-002-23-00. Relator Desembargador Osmair Couto. Data: 30/06/2008)

5.6.15. SALÁRIO-MATERNIDADE

A trabalhadora que contribui para a Previdência Social tem direito ao salário-maternidade nos 120 dias em que fica afastada do emprego por causa do parto (artigo 7º, XVIII, da CF e 392 da CLT). O benefício foi estendido também para as mães adotivas. O salário-maternidade é devido a partir do oitavo mês de gestação (comprovado por atestado médico) ou da data do parto (comprovado pela certidão de nascimento).

O salário-maternidade será compensado posteriormente nos recolhimentos do INSS.

Jurisprudência:
EMPREGADA EM LICENÇA-MATERNIDADE – PRESTAÇÃO DE SERVIÇOS NO PERÍODO MEDIANTE AJUSTE COM O EMPREGADOR – ILEGALIDADE. *O afastamento compulsório em razão da maternidade é norma de ordem pública, não se prestando a derrogações pela vontade dos contratantes, vez que o instituto visa à proteção da maternidade, da criança e, em última análise, da família. Simulação de ato jurídico contrário à lei, com intuito de fraudar terceiros (Previdência Social, FGTS, Fisco), em que a empregada, em visão estreita e egoística, presta serviços no período de afastamento, percebendo salários do empregador concomitantemente com o benefício previdenciário do salário-maternidade. Aplicável o artigo 104 do Código Civil de 1916 (vigente à época dos fatos). Recurso a que se nega provimento.* (TRT 2ª Região. RO01 – 00766-2004-059-02-00. 1ª Turma. Relatora Maria Inês Moura Santos Alves da Cunha. Data: 27/02/2007)

5.6.16. Salário-educação

O salário-educação é uma contribuição social destinada ao financiamento de programas, projetos e ações voltados para o financiamento da educação básica pública. Também pode ser aplicada na educação especial, desde que vinculada à educação básica. A contribuição social do salário-educação está prevista no artigo 212, § 5º, da Constituição Federal, regulamentada pelas leis n. 9.424/96, 9.766/98, Decreto n. 6003/2006 e Lei n. 11.457/2007. É calculada com base na alíquota de 2,5% sobre o valor total das remunerações pagas ou creditadas pelas empresas, a qualquer título, aos segurados empregados.

São contribuintes do salário-educação as empresas em geral e as entidades públicas e privadas vinculadas ao Regime Geral da Previdência Social, entendendo-se como tal qualquer firma individual ou sociedade que assuma o risco de atividade econômica, urbana ou rural, com fins lucrativos ou não, sociedade de economia mista, empresa pública e demais sociedades instituídas e mantidas pelo poder público, nos termos do § 2º, art. 173 da Constituição.

Jurisprudência:
COMPETÊNCIA DA JUSTIÇA DO TRABALHO. CONTRIBUIÇÃO DE TERCEIROS. SISTEMA S. *As contribuições do sistema "S" não podem ser executadas na Justiça do Trabalho, apesar de incidirem*

sobre a folha de pagamento e serem exigidas juntamente com a contribuição da empresa e do empregado, na mesma guia. A contribuição do sistema "S" não é destinada ao custeio da Seguridade Social, embora sua exigência seja feita juntamente com a contribuição da empresa e do empregado. O INSS é que tem competência para cobrá-la. O artigo 240 da Constituição autoriza a exigência da contribuição destinada às entidades privadas de serviço social e de formação profissional vinculadas ao sistema sindical. O artigo 62 do ADCT permite a instituição do Serviço Nacional de Aprendizagem Rural (Senar), nos moldes da legislação relativa ao Senai e Senac. Entretanto, o inciso VIII do artigo 114 da Constituição determina a execução de ofício das contribuições sociais previstas no artigo 195, I,"a" e II da Lei Magna e não as contribuições de terceiros. Assim, nem mesmo as contribuições do salário-educação e do Incra poderão ser executadas na Justiça do Trabalho, pois não servem para o custeio da Seguridade Social. (TRT 2ª Região. RO01 – 00860-2004-351-02-00. 2ª Turma. Relator Sérgio Pinto Martins. Data: 06/10/2006)

5.6.17. Multa por atraso de pagamento

Dispõe o § 6º, artigo 477 da CLT que o pagamento das parcelas constantes do instrumento de rescisão ou recibo de quitação deverá ser efetuado nos seguintes prazos:
a) Até o primeiro dia útil imediato ao término do contrato; ou
b) Até o décimo dia, contado da data da notificação da demissão, quando da ausência do aviso prévio, indenização deste ou dispensa de seu cumprimento.

Assim, a inobservância do disposto no § 6º deste artigo sujeitará o infrator à multa de 160 BTN, por trabalhador, bem assim ao pagamento da multa a favor do empregado, em valor equivalente ao seu salário, devidamente corrigido pelo índice de variação do BTN, salvo quando, comprovadamente, o trabalhador der causa à mora (§ 8º).

Jurisprudência:
MULTA DO ARTIGO 477, DA CLT – CONTROVÉRSIA QUANTO À RELAÇÃO DE EMPREGO. Ainda que a relação de emprego tenha sido reconhecida, somente em Juízo a multa prevista no artigo 477, parágrafo 8º, da CLT, é devida, se comprovada a

dispensa injusta e a falta de acerto oportuno das parcelas resilitórias. A controvérsia acerca da relação de emprego não elide a aplicação da multa, em referência. A controvérsia é requisito que afasta a aplicação, apenas, das disposições contidas no artigo 467, da CLT. No caso do artigo 477, da CLT, a disposição do parágrafo 8 é no sentido de que a inobservância dos prazos estabelecidos pelo parágrafo 6º sujeita o empregador ao pagamento da multa, em favor do empregado – "salvo quando, comprovadamente, o trabalhador der causa à mora". Não sendo esse o caso dos autos, o empregador deve arcar com o pagamento da multa em referência. (TRT 3ª Região. RO – 00458-2008-006-03-00-6. 1ª Turma. Relator: Manuel Cândido Rodrigues. Data: 12/06/2009)

5.6.18. Indenização adicional

A Lei n. 6.708/79, no artigo 9º, determina uma indenização adicional equivalente a um salário mensal, no caso de dispensa sem justa causa. A referida lei dispunha sobre a correção automática semestral dos salários, que instituiu uma indenização adicional com a intenção de impedir ou tornar mais onerosa a dispensa do empregado nos 30 dias que antecedessem sua data-base, pois os empregadores, nesse período, dispensavam seus empregados para não pagar as verbas rescisórias com o salário reajustado.

5.7. Prova do pagamento salarial

A prova do pagamento do salário se dará por meio de recibo de pagamento ou recibo de depósito, em conta individual do empregado aberta para esse fim e com o seu consentimento, em estabelecimento de crédito próximo ao local de trabalho. Em se tratando de analfabeto, a prova do pagamento se dará mediante sua impressão digital, ou, não sendo esta possível, a seu rogo (artigo 464 da CLT).

Prescreveu o artigo 439 da CLT que é lícito ao menor firmar recibo pelo pagamento dos salários. Tratando-se, porém, de rescisão do contrato de trabalho, é vedado ao menor de 18 anos dar quitação ao empregador, sem assistência dos seus responsáveis legais, pelo recebimento da indenização que lhe for devida.

5.8. Dia do pagamento do salário

Os salários devem ser pagos em períodos máximos de um mês (artigo 459 da CLT), excetuando-se as comissões, percentagens e gratificações (artigo 466 da CLT). A data limite para pagamento do salário é o 5º dia útil subsequente ao do vencimento (Artigo 465 da CLT), vedando-se o pagamento em dias de repouso.

Em relação às comissões e porcentagens, o pagamento não poderá extrapolar o limite de 3 meses, contado da aceitação do negócio (Lei n. 3.207/57).

O atraso no pagamento do salário é denominado mora salarial. Se houver mora salarial, podem ocorrer dois efeitos: o empregado pode pleitear a rescisão do contrato de trabalho de forma indireta pelo descumprimento das obrigações pelo empregador. A rescisão indireta é, portanto, a "justa causa" do empregado para com o empregador (artigo 483, alínea "d" da CLT) e o pagamento de multa prevista na Constituição Federal (artigo 7º, X), para o empregador que reter dolosamente o salário.

O pagamento em audiência ocorre quando o contrato de trabalho é rescindido o saldo de salário que, desde que incontroverso, deve ser pago na primeira audiência na Justiça do Trabalho, sob pena de multa de 50%.

Assim, o salário deve ser pago mensalmente, mas há duas exceções a serem observadas: os comissionários que podem receber até 3 meses após a venda e o empregado rural safrista, que só recebe na colheita, pode esperar até 6 meses para receber.

5.9. Valor do salário

O salário é a quantia fixada para o pagamento do empregado. Logo, as partes fixam o *quantum* devido ao empregado. O princípio do art. 444 da CLT é o da "autonomia da vontade", segundo o qual as relações do trabalho podem ser objeto de livre negociação entre as partes envolvidas, desde que não sejam contrariadas as disposições de proteção ao trabalho, as convenções coletivas de trabalho e as decisões judiciais. Não só o valor do salário deve ser aprazado como também o período de pagamento e a data.

Diante de dúvidas quanto ao valor a ser pago para o funcionário, faz-se necessário observar o valor recebido pelo funcionário com função equivalente (artigo 460 da CLT), que trata da equiparação por equivalência.

Impende destacar que as formas pelas quais a vontade se exercitará são as mesmas cabíveis para as condições de trabalho em geral, podendo ser expressas (verbal ou escrita) e tácitas.

Neste diapasão, os salários sofrem limitações. O princípio da livre estipulação dos salários tem limites, pois há um valor mínimo a ser respeitado e correções periódicas obrigatórias. Portanto, o empregador deve se atentar para alguns parâmetros, ao estabelecer o valor do salário do empregado.

5.9.1. Salário mínimo

Dispõe o artigo 7º, inciso IV, da Constituição e o artigo 76 da CLT acerca do salário mínimo:

> Art 7º, IV CF – Salário mínimo, fixado em lei, nacionalmente unificado, capaz de atender a suas necessidades vitais básicas e às de sua família com moradia, alimentação, educação, saúde, lazer, vestuário, higiene, transporte e previdência social, com reajustes periódicos que lhe preservem o poder aquisitivo, sendo vedada sua vinculação para qualquer fim.

> Art. 76 CLT – Salário mínimo é a contraprestação mínima devida e paga diretamente pelo empregador a todo trabalhador, inclusive ao trabalhador rural, sem distinção de sexo, por dia normal de serviço, e capaz de satisfazer, em determinada época e região do País, as suas necessidades normais de alimentação, habitação, vestuário, higiene e transporte.

O salário mínimo foi fixado com valores diferenciados por regiões e sub-regiões. Atualmente, o valor do salário mínimo é o mesmo em todo o território nacional.

O salário mínimo pode ser fixado por hora, dia, semana, quinzena ou mês. Para se obter o salário mínimo por hora, basta dividir o valor mensal por 220, e, para se obter o salário mínimo diário, é só dividir por 30.

Dispõe o texto da Orientação Jurisprudencial n. 358 da SDI-1 do TST sobre a proporcionalidade de pagamento do salário mínimo:

> Salário mínimo e piso salarial proporcional à jornada reduzida. Possibilidade. Havendo contratação para cumprimento de jornada

reduzida, inferior à previsão constitucional de oito horas diárias ou quarenta e quatro semanais, é lícito o pagamento do piso salarial ou do salário mínimo proporcional ao tempo trabalhado.

5.9.2. Salário profissional

O salário profissional é aquele pago para as chamadas categorias diferenciadas, como engenheiros, secretárias, químicos, médicos etc. Difere-se do mínimo por que este é geral, enquanto o salário profissional alcança apenas a profissão ao qual foi instituído.

5.9.3. Salário normativo

O salário normativo é aquele fixado por sentença normativa, proferida em ação de dissídio coletivo, conforme artigo 868 da CLT.

5.10. Meios de pagamento

5.10.1. Pagamento em dinheiro

A obrigatoriedade do pagamento em dinheiro é imposta pelo art. 463 da CLT: "A prestação em espécie do salário será paga em moeda corrente do País". Portanto, a parcela do pagamento não representada por utilidade deverá ser efetuada em dinheiro, moeda corrente do curso legal e não cupons, vales, bônus, cartas de crédito.

Vale lembrar que, salvo duas exceções, para o empregado brasileiro contratado para trabalhar no exterior (Decreto n. 857/69) e o técnico estrangeiro contratado para trabalhar no Brasil (Decreto-lei n. 691/69), não é permitido estipular cláusula de pagamento em moeda estrangeira, desde que seja realizada a conversão para moeda nacional no dia do pagamento.

A Portaria n. 3.281/84, em seu artigo 1º, aduz que:

> *[...] as empresas situadas em perímetro urbano poderão efetuar o pagamento dos salários e da remuneração das férias através de conta bancária, aberta para esse fim em nome de cada empregado e com o consentimento deste, em estabelecimento de crédito próximo ao local*

de trabalho, ou em cheque emitido diretamente pelo empregador em favor do empregado, salvo se o trabalhador for analfabeto, quando o pagamento somente poderá ser efetuado em dinheiro.

5.10.2. Pagamento em cheque

O parágrafo único do artigo 464 da CLT vaticina que terá força de recibo o comprovante de depósito em conta bancária, aberta para esse fim em nome de cada empregado, com o consentimento deste, em estabelecimento de crédito próximo ao local de trabalho.

5.10.3. Pagamento em utilidades

Ver tópico sobre o salário utilidade, *in natura* ou indireto.

5.11. Normas de proteção ao salário

5.11.1. Irredutibilidade

A CF, no seu artigo 7º, inciso VI, declara que o salário é irredutível, ou seja, não poderá haver uma diminuição do valor na remuneração paga ao empregado.

Porém, há uma exceção: no caso de acordo e convenção coletiva de trabalho, onde ocorre a redução da jornada de trabalho e do correspondente salário. Portanto, a irredutibilidade não é absoluta.

Esta redução é sempre temporária e vem acompanhada de uma contrapartida em favor dos trabalhadores.

Para aqueles que trabalham em regime parcial receberão proporcionalmente àqueles que laboram em período integral.

Jurisprudência:
GRATIFICAÇÃO DE FUNÇÃO – C.T.V.A. – NATUREZA JURÍDICA – SUPRESSÃO – IMPOSSIBILIDADE – VIOLAÇÃO À ESTABILIDADE FINANCEIRA E AO PRINCÍPIO DA IRREDUTIBILIDADE SALARIAL. O Complemento Temporário Variável de Ajuste ao Piso de Mercado – CTVA pago pela CEF – está definido no item 3.3.2 da RH 115 011 (Rubricas da Remuneração Mensal) como o "valor que complementa a remuneração do empregado ocupante de CC efetivo

ou assegurado quando esta remuneração for inferior ao valor do Piso de Referência de Mercado". A própria denominação da parcela e as razões expendidas no recurso da Reclamada, no sentido de que o seu pagamento serviu de complemento às empregadas de cargos gerenciais comissionados, que estivessem recebendo salário inferior ao mercado, evidenciam a natureza nitidamente retributiva do CTVA, pois, se o propósito da verba é garantir à detentora de cargo comissionado um piso salarial nivelado ao do mercado, apontam para a sua verdadeira índole jurídica. Tendo a empregada recebido a parcela mensalmente, é inegável a sua natureza salarial, já que configurada a habitualidade. Por outro lado, demonstrado que a verba foi paga à Empregada por mais de dez anos ininterruptos, impõe-se a aplicação do entendimento disposto na Súmula 372, I, do Colendo TST, sob pena de violação à estabilidade financeira e ao princípio da irredutibilidade salarial. (TRT 3ª Região. RO – 00036-2009-114-03-00-4. 4ª Turma. Relator: Luiz Otávio Linhares Renault. Data: 15/06/2009)

5.11.2. INALTERABILIDADE

O artigo 468 da CLT impede a modificação da forma de pagamento dos salários sem o consentimento do empregado. Mesmo no caso em que o consentimento do empregado é dado e a nova forma lhe seja prejudicial, será considerado nulo.

Cabe salientar que pequenas modificações podem ser feitas pelo empregador, em caso de necessidade ou melhorias no sistema de pagamento. A essa faculdade damos o nome de *Jus variandi*, que é a possibilidade de o empregador, em casos excepcionais, alterar unilateralmente as condições de trabalho, já que possui o poder diretivo.

> Jurisprudência:
> *Considerando que a reclamante já auferiu remuneração a maior, a redução de sua jornada e consequente redução de sua remuneração constitui ofensa aos princípios da irredutibilidade salarial e da inalterabilidade contratual lesiva, consubstanciados, respectivamente, no art. 7º, VI, da Carta Magna e art. 468, da CLT. 2. HONORÁRIOS ADVOCATÍCIOS. EXCLUSÃO. Não preenchidos os requisitos concomitantes da Súmula 219, a verba honorária deve ser excluída da condenação. Recurso ordinário conhecido e parcialmente provido.*

(TRT 7ª Região. RO n. 530-2005-026-07-00-5. Relator: Desembargador José Antonio Parente da Silva. Região: única Vara do Trabalho de Iguatu – CE. Data: 8/8/2006)

5.11.3. Intangibilidade

O salário do trabalhador é intangível, ou seja, não pode sofrer descontos não autorizados ou ilegais. No artigo 462 da CLT, dispõe o rol de descontos autorizados.

Porém, caso o trabalhador por negligência, imprudência ou imperícia causar prejuízo ao empregador culposamente, e no contrato individual de trabalho contiver cláusula permitindo o desconto, neste caso será permitido o desconto.

A Súmula 342 do TST aduz sobre os:

> [...] descontos salariais efetuados pelo empregador, com a autorização prévia e por escrito do empregado, para ser integrado em planos de assistência odontológica, médico-hospitalar, de seguro, de previdência privada, ou de entidade cooperativa, cultural ou recreativa associativa dos seus trabalhadores, em seu benefício e dos seus dependentes, não afrontam o disposto pelo Art. 462 da CLT, salvo se ficar demonstrada a existência de coação ou de outro defeito que vicie o ato jurídico.

O empregador não poderá descontar no mês de labor valor acima do percebido pelo empregado. É o que vaticina o artigo 477, § 5º, da CLT, "qualquer compensação no pagamento de que trata o parágrafo anterior não poderá exceder o equivalente a 1 (um) mês de remuneração do empregado."

5.11.4. Impenhorabilidade

O salário não pode ser penhorado, ou seja, retido por medida judicial para pagamento de dívidas.

O Brasil não admite a penhora do salário, garantindo assim a subsistência do trabalhador. A exceção é feita para o pagamento de pensão alimentícia (artigo 649, IV, do CPC).

5.11.5. Isonomia

De acordo com os artigos 7°, XXX, da CF e 461 da CLT, quando for idêntica a função, a todo trabalho de igual valor prestado ao mesmo empregador, na mesma localidade, corresponderá igual salário, sem distinção de sexo, nacionalidade ou idade.

São os requisitos da equiparação salarial: a mesma função, mesmo empregador, mesma localidade, diferença de tempos na função, com a exigência de que não seja superior a 2 anos, mesma produtividade e, por fim, mesma perfeição técnica.

Insta esclarecer que, caso o empregador tenha pessoal organizado em quadro de carreira, não terá aplicação as regras da equiparação salarial. Na equiparação salarial, o empregado que tiver salário maior e atuar na mesma função é chamando de paradigma.

5.12. Equiparação salarial

O artigo 461 da CLT trata da equiparação salarial e aduz que: "Sendo idêntica a função, a todo o trabalho de igual valor, prestado ao mesmo empregador, na mesma localidade, corresponderá igual salário, sem distinção de sexo, nacionalidade ou idade".

5.12.1. Princípio isonômico

O referido princípio consagra na Constituição Federal o direito dos trabalhadores perceberem o mesmo salário (artigo 7°, incisos XXX, XXXI, XXXII). Na legislação trabalhista, nos artigos 5°, 460 e 461 da CLT, encontra-se também o princípio da isonomia salarial.

5.12.2. Requisitos para a caracterização da equiparação salarial

São os requisitos para o enquadramento da equiparação salarial: a identidade de função, mesmo empregador, mesma localidade, tempo de serviço, idêntica produtividade, perfeição técnica e simultaneidade na prestação de serviços (artigo 461 da CLT).

A identidade de função, e não cargo, refere-se a circunstância no qual os trabalhadores comparados realizam o mesmo trabalho, englobando atribuições, poderes e prática de atos materiais concretos. Aqui será analisada a realidade dos fatos.

O requisito "mesmo empregador" quer dizer que tanto o paradigma quanto o empregado equiparando devem trabalhar para o mesmo empregador. Em relação ao mesmo grupo econômico, não ocorre a equiparação, pois se faz necessário ser o mesmo empregador.

A mesma localidade refere-se ao trabalho do paradigma e do empregado, equiparando ser na mesma região metropolitana ou cidade.

Sob o aspecto tempo de serviço, deve analisar se o trabalhador e o paradigma exercem as mesmas atividades (função), desde que não seja superior a 2 anos.

A idêntica produtividade exige que o paradigma e o empregado equiparando realizem a mesma produção, quantidade. Não pode haver diferença de produção ao fazer a comparação entre os empregados.

A idêntica perfeição técnica significa mesma qualidade no trabalho exercido, mesma perfeição técnica.

E, por fim, a simultaneidade na prestação de serviço busca que o paradigma e o empregado equiparando tenham trabalhado para o mesmo empregador ao mesmo tempo, no mesmo período de tempo.

A Súmula 159 do TST regula a substituição de um empregado por outro e no inciso I apregoa que, enquanto perdurar a substituição que não tenha caráter meramente eventual, inclusive nas férias, o empregado substituto fará jus ao salário contratual do substituído. Entretanto, se vago o cargo em definitivo, o empregado que passa a ocupá-lo não tem direito a salário igual ao do antecessor (II).

> Jurisprudência:
> EQUIPARAÇÃO SALARIAL. Presentes os elementos constitutivos do direito à equiparação salarial inserto no art. 461 da CLT e não tendo o empregador comprovado a existência de fatos impeditivos, modificativos ou extintivos do direito do autor, faz jus o empregado ao pagamento das diferenças salariais decorrentes da equiparação. (TRT 2ª Região – 3ª Turma – RO 01654.2006.053.12.00.4 – Juiz Relator Roberto Basilone Leite – Publicado no TRTSC/DOE em 20/06/2008)
>
> EQUIPARAÇÃO SALARIAL. TEMPO DE SERVIÇO. A equiparação salarial pressupõe não só a identidade de funções, mas também diferença de tempo não superior a dois anos, nos termos do que dispõe o art. 461 da CLT. (TRT 2ª Região – 1ª Turma – RO 02008.2007.054.12.00.1 – Juiz Relator Roberto Basilone Leite – Publicado no TRTSC/DOE em 16/06/2008)

EQUIPARAÇÃO SALARIAL. IDENTIDADE DE FUNÇÕES NÃO--COMPROVADA. Estabelece o art. 461 da CLT que o requisito essencial para reconhecimento da equiparação salarial é a identidade de funções entre os empregados. Não restando comprovada prestação de serviços com a mesma produtividade e perfeição técnica, não há falar em reconhecimento do direito à equiparação salarial prevista no supramencionado dispositivo de lei. (TRT 12ª Região – 3ª Turma – RO 03775.2006.003.12.00.4 – Juíza Relatora Mari Eleda Migliorini – Publicado no TRTSC/DOE em 20/06/2008)

5.12.3. Excludentes do direito à equiparação salarial

Não será possível enquadrar a equiparação salarial diante de duas hipóteses:
a) Quando a empresa possuir quadro de carreira organizado;
b) Quando o paradigma for um trabalhador reabilitado à nova função.

O § 4º do artigo 461 da CLT traz a informação de que, se o trabalhador for readaptado em nova função por motivo de deficiência física ou mental atestada pelo órgão competente da Previdência Social, não servirá de paradigma para fins de equiparação salarial.

Importante destacar que, quando o empregador adotar quadro de carreira, as promoções devem ser feitas por antiguidade e merecimento (§§ 2º e 3º do artigo 461 da CLT). O quadro de carreira deve estar homologado no Ministério do Trabalho.

Jurisprudência:
EQUIPARAÇÃO SALARIAL. EMPRESA ORGANIZADA EM QUADRO DE CARREIRA. IMPOSSIBILIDADE. Estando a empresa organizada através de quadro de carreira, afastada está a possibilidade de equiparação salarial, pois neste caso as promoções se darão obedecendo aos critérios de antiguidade e merecimento (§ 2º do art. 461 da CLT). (TRT 12ª Região – Acórdão 8497/2007 – 3ª Turma – Juíza Relatora Maria Aparecida Caitano – Publicado no TRTSC/DOE em 09/11/2007)

Quadro de Pessoal organizado em carreira, aprovado pelo órgão competente, excluída a hipótese de equiparação salarial, não obsta reclamação fundada em preterição, enquadramento ou reclassificação. (Súmula 127 do TST)

É vedada a equiparação para os servidores públicos (artigo 37, XIII da CF). Com esteio, segue a Orientação Jurisprudencial n. 353 da SDI-1:

> EQUIPARAÇÃO SALARIAL. SOCIEDADE DE ECONOMIA MISTA. ART. 37, XIII, DA CF/1988. POSSIBILIDADE. À sociedade de economia mista não se aplica a vedação à equiparação prevista no art. 37, XIII, da CF/1988, pois, ao contratar empregados sob o regime da CLT, equipara-se a empregador privado, conforme disposto no art. 173, § 1º, II, da CF/1988.

De grande valia é a Súmula 6 do TST, e assim segue em sua íntegra:

> I – Para os fins previstos no § 2º do art. 461 da CLT, só é válido o quadro de pessoal organizado em carreira quando homologado pelo Ministério do Trabalho, excluindo-se, apenas, dessa exigência o quadro de carreira das entidades de direito público da administração direta, autárquica e fundacional aprovado por ato administrativo da autoridade competente.
> II – Para efeito de equiparação de salários em caso de trabalho igual, conta-se o tempo de serviço na função e não no emprego.
> III – A equiparação salarial só é possível se o empregado e o paradigma exercerem a mesma função, desempenhando as mesmas tarefas, não importando se os cargos têm, ou não, a mesma denominação.
> IV – É desnecessário que, ao tempo da reclamação sobre equiparação salarial, reclamante e paradigma estejam a serviço do estabelecimento, desde que o pedido se relacione com situação pretérita.
> V – A cessão de empregados não exclui a equiparação salarial, embora exercida a função em órgão governamental estranho à cedente, se esta responde pelos salários do paradigma e do reclamante.
> VI – Presentes os pressupostos do art. 461 da CLT, é irrelevante a circunstância de que o desnível salarial tenha origem em decisão judicial que beneficiou o paradigma, exceto se decorrente de vantagem pessoal ou de tese jurídica superada pela jurisprudência de Corte Superior.
> VII – Desde que atendidos os requisitos do art. 461 da CLT, é possível a equiparação salarial de trabalho intelectual, que pode ser avaliado por sua perfeição técnica, cuja aferição terá critérios objetivos.
> VIII – É do empregador o ônus da prova do fato impeditivo, modificativo ou extintivo da equiparação salarial.

IX – Na ação de equiparação salarial, a prescrição é parcial e só alcança as diferenças salariais vencidas no período de 5 (cinco) anos que precedeu o ajuizamento.

X – O conceito de "mesma localidade" de que trata o art. 461 da CLT refere-se, em princípio, ao mesmo município, ou a municípios distintos que, comprovadamente, pertençam à mesma região metropolitana.

5.13. Equivalência salarial

Importante trazer à baila que a disposição do artigo 460 da CLT não é de equiparação salarial, mas de equivalência salarial. Isto se relaciona à fixação de valor pelo Judiciário em detrimento de ausência de estipulação pelas próprias partes acordantes.

São os requisitos da equivalência salarial:
a) Que não haja sido estipulado salário;
b) que não exista prova sobre a importância ajustada.

Diante do exposto, o Juiz estipulará um valor de acordo com o empregado que exerça a mesma função na empresa. Inexistindo um empregado com a mesma função, será arbitrado pelo Juiz um valor equivalente ou do que for habitualmente pago por serviço semelhante.

Jurisprudência:
FIXAÇÃO DE SALÁRIO. ART. 460 DA CLT. O artigo 460 da CLT não trata de equiparação salarial, que é prevista no artigo 461 da mesma norma, mas de uma forma de arbitrar o salário do empregado, se não há prova do seu valor ou se não foi estipulado. Para a caracterização da equivalência salarial é mister que não haja sido estipulado salário, nem exista prova sobre a importância ajustada, ocasião em que o salário deva ser pago em razão do serviço equivalente ou do que for habitualmente pago por serviço semelhante. Não se pode entender que o artigo 460 da CLT deva ser aplicado pelo fato de dois empregados perceberem salários diferentes, se a pessoa exerce a mesma função, embora não esteja registrada como tal. Nesse caso, o operário teve fixado o seu salário quando do início de seu trabalho, estando desobrigado o empregador de lhe pagar salário superior. A empresa não tinha obrigação legal ou convencional de pagar salário diferente à

autora ou com base no salário dos gerentes, como indicado na inicial, pois seu salário foi fixado quando do início do pacto laboral. (TRT 2ª Região – Acórdão 19990500951 – 3ª Turma – Juiz Relator Sérgio Pinto Martins – Publicado no DOE/SP em 05/10/1999)

5.14. Substituição salarial

É comum acontecer substituições de empregados nos ambientes de trabalho. A grande problemática está na exigência do trabalhador, que substitui requerer que perceba o mesmo salário do empregado a ser substituído.

Ocorre que essa hipótese só será possível de acordo com a legislação quando essa substituição for de forma temporária e transitória.

Veja a Súmula 159 do TST:

> *I – Enquanto perdurar a substituição que não tenha caráter meramente eventual, inclusive nas férias, o empregado substituto fará jus ao salário contratual do substituído.*
>
> *II – Vago o cargo em definitivo, o empregado que passa a ocupá-lo não tem direito a salário igual ao do antecessor.*

Em que pese ao empregado chamado a ocupar, em comissão, interinamente ou em substituição eventual ou temporária cargo diverso do que exercer na empresa, serão garantidas a contagem do tempo naquele serviço, bem como volta ao caso anterior (artigo 450 da CLT).

6 | Extinção do contrato de trabalho

6.1. Conceito e terminologia

O termo "extinção do contrato de trabalho" designa o fim das relações jurídicas em geral. Dá-se quando não existir qualquer forma de continuação das relações reguladas pela legislação do trabalho, ou seja, é o momento de rompimento contratual, em que o empregador ou o empregado resolve não dar continuidade à relação de emprego, devendo saldar os direitos legais, quais sejam o empregador tem o dever de pagar pelos serviços prestados, e o empregado, a obrigação de prestar os serviços.

Há outros termos que se referem à extinção do contrato de trabalho tais como resolução, resilição, rescisão, cessação e dissolução; todavia, há grande conflito entre os doutrinadores, uma vez que cada um adota uma terminação, apesar de todas levarem à solução ou ao fim do contrato laboral.

6.2. Proteção legal

A Organização Internacional do Trabalho (OIT), por intermédio de sua Convenção n. 158, ratificada pelo Brasil, dispõe sobre a extinção do contrato de trabalho por iniciativa do empregador, estabelecendo que, para tanto, o empregado dispensado deve ser previamente comunicado do motivo da sua dispensa, a intenção da Convenção está em evitar represálias pelo empregador, assim como a demissão de um funcionário em detrimento de nova contratação com salário menor.

Quanto às normas em vigência, nossa atual legislação trata o tema em caráter constitucional, pois o inciso I, do artigo 7º, da Constituição Federal, dispõe sobre a vedação da possibilidade de ocorrer dispensa arbitrária ou sem justa causa. Entretanto, não é obrigatória a justificativa do motivo da rescisão contratual pelo empregador.

Diante de tal controvérsia, de um lado a Convenção 158 da OIT e de outro o dispositivo constitucional 7º, inciso I, o Decreto n. 2.100, de 25/12/1996, acarretou a perda de vigência da Convenção 158 da OIT, sanando assim eventuais conflitos entre os institutos legais.

6.3. Extinção do contrato de trabalho

São formas de extinção do contrato laboral:
- Extinção do contrato por iniciativa do empregador:
  – Dispensa arbitrária ou sem justa causa;
  – Dispensa com justa causa.
- Extinção do contrato por iniciativa do empregado:
  – Pedido de demissão;
  – Rescisão indireta;
  – Aposentadoria espontânea / voluntária.
- Extinção do contrato por iniciativa de ambas as partes:
  – Acordo entre as partes;
  – Culpa recíproca.
- Extinção do contrato por desaparecimento dos sujeitos:
  – Morte do empregador (pessoa física);
  – Morte do empregado;
  – Extinção (fechamento) da empresa.
- Extinção do contrato por motivo de força maior ou caso fortuito:
  – Falência;
  – *Factum principis*.
- Extinção do contrato por prazo determinado:
  – Rescisão antecipada do contrato por prazo determinado;
  – Extinção antecipada por vontade do empregado;
  – Cessação do contrato por prazo determinado;
  – Extinção antecipada por justa causa do empregado;
  – Extinção antecipada com cláusula assecuratória.

No estudo que segue, será tratada cada uma das formas de extinção do contrato de trabalho.

6.3.1. Extinção do contrato por iniciativa do empregador

6.3.1.1. Dispensa arbitrária ou sem justa causa

Prefacialmente, importante mencionar o que dispõe o artigo 7º, I, da CF: "relação de emprego protegida contra despedida arbitrária ou sem justa causa, nos termos de lei complementar, que preverá indenização compensatória, dentre outros direitos". Ocorre que a lei complementar disposta no artigo supracitado ainda não foi criada, facilitando assim a dispensa imotivada pelo empregador.

A dispensa arbitrária, conforme define o artigo 165 da CLT, é aquela que não se funda em motivo disciplinar, técnico, econômico ou financeiro, e esta forma de extinção do contrato de trabalho se atêm apenas às dispensas realizadas pelo empregador quando este extingue o contrato de trabalho do empregado sem motivo ensejador. O empregador utiliza-se do seu poder potestativo.

Verificada a existência desta modalidade de dispensa, o empregador poderá sofrer outras consequências, como a hipótese de ser o empregado reintegrado ao trabalho ou ser obrigado a indenizá-lo com todos os rendimentos que lhe são afeitos até o término virtual do período em que a condição que lhe rendia a estabilidade perdurária.

Enquanto a dispensa arbitrária é aquela que não se funda em motivo disciplinar, técnico, econômico ou financeiro, a dispensa sem justa causa é o ato voluntário de o empregador extinguir o contrato de trabalho firmado com o seu empregado, ou seja, é a busca pela extinção daquela relação empregatícia ante a ausência de ato faltoso realizada pelo empregado.

Nos casos de dispensa sem justa causa ou arbitrária, será devido ao empregado, com base no seu maior salário, nos contratos por prazo indeterminado, os seguintes títulos:
- Saldo de salário dos últimos dias trabalhados;
- aviso prévio indenizado (se for o caso) – mínimo de 30 dias;
- férias proporcionais e vencidas (se houver), acrescidas de 1/3 constitucional;
- 13º salário proporcional;

- saque do FGTS (rescisão e os valores depositados na conta vinculada do empregado a este título);
- multa de 40% sobre os valores referentes ao FGTS;
- guias do seguro-desemprego para receber o benefício.

Pagas estas verbas e respeitado o prazo previsto no artigo 477 da CLT, a relação empregatícia estará encerrada, principalmente nos limites das obrigações e deveres de cada parte do contrato de trabalho. Todavia, se o empregado tiver mais de 1 ano de trabalho, é necessária a assistência do Sindicato ou do Órgão do Ministério do Trabalho (§ 1º).

Deve-se verificar o cumprimento do aviso prévio com relação aos prazos previstos no artigo acima citado, pois, quando este for cumprido integralmente, o empregador terá 24 horas para efetuar o pagamento das verbas rescisórias na sua integralidade. Por outro lado, se não houver o cumprimento deste prazo, além da indenização, o empregador terá 10 dias para efetuar o referido pagamento das verbas (artigo 477, § 6º, da CLT).

Importante notar que as regras ora expostas se referem aos contratos por prazo de trabalho indeterminado, pois naqueles aprazados previamente não há que se falar em pagamento de aviso prévio ou na multa de 40% sobre os valores depositados a título de FGTS, sendo devida apenas as verbas rescisórias.

No entanto, caso o empregado seja dispensado antes do termo determinado com o final na relação de emprego, o empregador deverá indenizá-lo com a metade dos valores que lhe seriam devidos até o prazo que foi preestipulado, conforme determina o artigo 479 da CLT.

6.3.1.2. DISPENSA COM JUSTA CAUSA

Sobre os institutos da falta grave e da justa causa, nota-se uma grande discussão entre os pensadores do direito. Não há unanimidade nas expressões, vez que existem particularidades que demonstram constituírem institutos distintos. Do conceito legal, conclui-se que a falta grave se refere somente ao trabalhador estável, ao contrário da justa causa, que se relaciona com os empregados não estáveis. Outra diferença é que a falta grave, por se tratar dos empregados estáveis, necessita ser apurada por meio de ação judicial de inquérito (artigo 494 e artigos 853 a 855 da CLT), o que não se exige na justa causa.

Será considerada dispensa por justa causa quando esta for justificada por uma das hipóteses contidas nos incisos do artigo 482 da CLT, ou seja, o empregador extingue o contrato de trabalho firmado com o empregado quando este realiza ato ilícito, violando, assim, alguma obrigação legal ou contratual, explícita ou implícita.

A justa causa é todo ato faltoso do empregado que faz desaparecer a confiança e a boa-fé existentes entre as partes, tornando indesejável o prosseguimento da relação empregatícia. Assim, os atos faltosos do empregado ensejadores da rescisão contratual pelo empregador referem-se não só às obrigações contratuais, como também à conduta pessoal do empregado que se reflete na relação contratual,

6.3.1.2.1. Requisitos da justa causa

Para a configuração da justa causa, deve-se analisar dois requisitos: o subjetivo e o objetivo:

- **Requisito subjetivo** – diz respeito ao *animus* e às características pessoais do empregado. Ao se referir ao *animus* do empregado, deve-se ater que o empregador tomará por base, para a caracterização da justa causa, a real motivação do empregado para a realização daquele ato que resultou na demissão por justa causa. É o caso de se analisar se o empregado, por exemplo, agiu com culpa ou dolo. Por dolo entende-se a intenção de praticar o ato faltoso e se caracteriza pela vontade dirigida à produção de resultado ilícito, enquanto a culpa se refere à imprudência, negligência ou imperícia do empregado, fazendo com que o ato faltoso acabe ocorrendo no descumprimento de um dever de cuidado. Em suma, no dolo, o agente quer a ação e quer o resultado, ao passo que na culpa, em sentido estrito, o agente quer apenas a ação, mas não quer resultado. Quanto às características pessoais o empregador condicionará aos aspectos relacionados à personalidade do empregado, por exemplo, seu grau de instrução, sua cultura, seus antecedentes e outros.

- **Requisito objetivo** – refere-se às características específicas da justa causa, tais como sua tipificação legal, a imediatidade na apuração da falta, a apuração da gravidade do ato, o nexo de casualidade, a gradação na punição (proporcionalidade) e o *non bis in idem*, para que assim acarrete demonstração da prova de tal situação, despertando a possibilidade da dispensa por justa causa do empregado. Vejamos cada uma das características da justa causa:
  a) **Tipicidade:** requer que o ato praticado pelo empregado se enquadre em uma ou mais condutas arroladas pelo artigo 482, da CLT. Note-se

que o rol elaborado pelo legislador é em *numerus clausus*, ou seja, o rol é taxativo, e não exemplificativo, não admite a inserção de outra conduta ali não tipificada, sequer por analogia ou semelhança, muito menos por convenção, acordo coletivo e regulamento de empresa. Assim, para aplicação da pena de despedimento justo, deve o empregado agir exatamente como prevê a Lei.

b) **Imediatidade:** deve ser observada na aplicação da justa causa ao empregado. Diz do momento em que o empregador tomou conhecimento do ato faltoso, para o qual deve providenciar a imediata aplicação da penalidade sob pena de ser considerada nula a sanção, entendendo-se assim que houve o perdão tácito por parte do empregador face à mora na tomada da decisão. Tipificado o ato, caso entenda que deva ser aplicada a justa causa ao empregado, deve o empregador ser célere na rescisão do contrato. Caso ocorra o tardiamento da penalidade, poderá ser descaracterizada a justa causa, salvo a necessidade do empregador em apurar e investigar o ato faltoso, como é o caso de empresas de grande porte, nas quais realizam sindicância interna, e ainda, quando o ato faltoso só foi descoberto muito tempo depois. Nessas duas hipóteses, não será levado em conta o perdão tácito.

c) **Gravidade da conduta:** firma-se, na mensuração por parte do empregador, do ato praticado pelo empregado, que enseja a dispensa por justa causa e na impossibilidade de continuidade da relação laboral. Deve o empregador ser ponderado e equânime para não dar margem à anulação da sua decisão pelo Poder Judiciário.

d) **Nexo de casualidade:** esse requisito vem assegurar o empregado que é dispensado por mera liberalidade do empregador, isto é, o empregador não poderá se valer da justa causa para simplesmente demitir um empregado que não lhe é mais viável. Por isso, faz-se necessário a relação entre a justa causa e a dispensa do empregado.

e) **Proporcionalidade:** deve haver a proporção na pena entre o ato praticado e a aplicação justa da pena, evitando assim abusos pelo empregador. Neste requisito cabe ao empregador analisar o perfil do funcionário, para assim aplicar a pena.

A simples aplicação errônea pelo empregador na classificação das alíneas da justa causa não acarreta a nulidade do ato, uma vez que cabe ao Juiz, diante do ingresso na Justiça do Trabalho, tipificar a correta conduta a ser enquadrada na justa causa e o Juiz não pode graduar a pena.

f) *Non bis in idem:* um dos poderes do empregador é o poder de punir; contudo, esse poder encontra limites. Se já houve a aplicação de uma pena para o empregado, o empregador não poderá puni-lo novamente pela mesma infração.

> Jurisprudência:
> *JUSTA CAUSA. FALSIFICAÇÃO DE ATESTADO MÉDICO. A falsificação de atestado médico pela empregada, com o intuito de justificar falta ao serviço, fere o princípio da confiança, necessário à manutenção do liame empregatício. O ônus da prova quanto à alegação de que o responsável pela rasura no atestado poderia ser alguém da empresa é da obreira, fardo processual este não cumprido por ela. A **imediatidade** na demissão também encontra-se presente, não se podendo considerar que o exíguo prazo assinalado, cerca de 15 dias, possa ser traduzido como perdão tácito. O fato de a reclamada, ao tomar conhecimento da prática do ato ilícito, não aplicar qualquer punição em momento imediato, não quer dizer que ela considere insignificante o ato ímprobo da empregada, perdoando-o tacitamente. É evidente que a **gravidade** da situação, com aplicação da penalidade máxima à empregada, exige delonga nos trâmites e cautela pelo empregador. Assim, restam caracterizados a **imediatidade**, o **nexo de causalidade** e a **proporcionalidade** entre o ato faltoso e a pena aplicada. Recurso improvido, por unanimidade.* (TRT 24ª Região. Turma: TP – Tribunal Pleno. RO – 1083-2006-003-24-06. Relator Marcio V. Thibau de Almeida. Data: 06/09/2007)

Outro aspecto que merece reflexão são os três sistemas fundamentais da justa causa: genérico, taxativo ou misto.

a) **Genérico:** no sistema genérico, a Lei autoriza o despedimento do empregado sem mencionar ou tipificar as diferentes hipóteses casuísticas. Apenas aponta as teses de forma ampla, com definições gerais e abstratas.

b) **Taxativo:** é o sistema adotado pelo Brasil. Este sistema enumera os casos da justa causa, fazendo-o de forma exaustiva por meio da Lei. É impossível estipular a justa causa por meio de outras normas jurídicas, como as convenções e acordos coletivos de trabalho, os regulamentos de empresa etc.

c) **Misto:** o sistema misto é a junção dos dois critérios anteriores, isto é, o genérico e o taxativo. No sistema misto, a Lei, além de enumerar as hipóteses da justa causa, permite que um fato seja considerado, mesmo não tipificado.

O empregado dispensado por justa causa terá direito ao recebimento das seguintes verbas: saldo de salário e férias vencidas acrescido de 1/3 constitucional, se houver.

Com base no artigo 482 da CLT, rol taxativo, são atos que constituem justa causa para a extinção do contrato de trabalho pelo empregador:

a) **Ato de improbidade**
Baseia-se no ato desonesto do empregado, malícia, desonestidade, mau caráter, fraude no desempenho de suas funções, como, por exemplo, realizar furto no caixa da empresa, apropriação indébita de materiais ou objetos da empresa, falsificação de documentos etc.

No direito do trabalho não se aplica a teoria da insignificância penal, portanto, torna-se desprezível o valor da monta que o empregado furta da empresa, assim, será caracterizado como ato de improbidade e acarretará em justa causa.

b) **Incontinência de conduta ou mau procedimento**
A incontinência de conduta é o procedimento grosseiro que ofende a dignidade do empregador ou de outros empregados, são os atos obscenos, assédio sexual etc. É qualquer ato que tenha conotação sexual dentro da empresa.

O mau procedimento são os demais atos irregulares que não se encaixam nas outras hipóteses do art. 482 da CLT. É uma das figuras mais amplas da justa causa. De qualquer forma, cabe observar que, nesta figura especificamente, a subjetividade é muito grande, dando margem a controvérsias que somente se resolvem na Justiça do Trabalho, mediante as provas que ali foram produzidas.

Essas hipóteses são justos motivos que se fundamentam no comportamento irregular do empregado, que melindra a confiança do empregador, tornando-se incompatível a sua permanência no emprego.

c) **Negociação habitual**
É aquela que ocorre quando o empregado exerce atividades mercantis e, com tal ato, acaba por prejudicar o seu próprio desempenho na empresa

em que presta serviços, assim como a atitude de negociar com a empresa concorrente daquela em que foi contratado. Logo, havendo habitualidade nesta negociata, caracteriza-se ato ilícito. Exemplo: mandar um cliente para o concorrente de seu empregador.

d) Condenação criminal

Para caracterizar ato criminoso, exige-se a condenação criminal com sentença transitada em julgado, sem a suspensão da execução da pena, ou seja, que não haja *sursis*. Enfim, deve repercutir na privação da liberdade do empregado. O ato criminoso não precisa ter relação com o serviço, basta o trânsito em julgado de qualquer crime. Por outro lado, a mera detenção do empregado para apuração de um crime, com a prisão preventiva, não resulta na aplicação da justa causa.

e) Desídia funcional

É o desinteresse do empregado no exercício de suas funções, descumprimento das obrigações, pouca produção, atrasos frequentes, faltas injustificadas, produção imperfeita, descuido na execução dos serviços etc., ou seja, a desídia é o desleixo, preguiça e má vontade do empregado em trabalhar. Para ficar bem caracterizada a desídia, supõe a repetição de procedimentos, ficando mais evidenciada quando o empregador aplicar outras penalidades prévias, como a advertência e a suspensão.

f) Embriaguez habitual ou em serviço

A pena de demissão por justa causa prevista no artigo 482 da CLT para os casos de embriaguez em serviço é passível de ser aplicada mesmo quando o fato ocorre uma única vez ao longo do contrato de trabalho.

Caracteriza-se pela ingestão de álcool ou substâncias tóxicas, tais como drogas, por exemplo.

Sendo a embriaguez habitual, provoca a degradação física e moral do empregado, que pressupõe o prolongamento da prática no tempo. A embriaguez se dá fora de serviço, porém, o empregado deixa transparecer seu estado alterado no serviço, caracterizando a falta grave. Em contrapartida, se há embriaguez em serviço, também será caracterizada a justa causa.

Aquele que toma uma bebida e não fica embriagado não será dispensado do serviço. Contudo, há julgados além de posições doutrinárias contrárias à caracterização da justa causa, já que tal situação é entendida como doença, exigindo tratamento adequado.

Jurisprudência:

DISPENSA POR JUSTA CAUSA. NÃO CARACTERIZAÇÃO EM VIRTUDE DO ALCOOLISMO DO TRABALHADOR. O alcoolismo configura doença progressiva, incurável e fatal, que consta do Código Internacional de Doenças sob a denominação "F10.2 – Transtornos mentais e comportamentais devidos ao uso de álcool – síndrome de dependência". Neste contexto, considerando-se que o autor, quando praticou o ato ensejador da dispensa motivada, encontrava-se embriagado, é de se mitigar a antiga caracterização da dispensa por justa causa em face da embriaguez do empregado em serviço (art. 482, "f", da CLT). Isto porque trata-se de pessoa doente, incapaz de controlar a sua compulsão pelo consumo de álcool. Via de consequência, ele deve ser encaminhado para o tratamento pertinente ao invés de ser punido, atenuando-se, assim, os problemas daí decorrentes na vida social, familiar e financeira do empregado já bastante vulnerável em decorrência da doença que, por si só, torna-o ainda mais frágil. (TRT 3ª Região. 10ª Turma. RO – 00984-2008-033-03-00-9. Relatora Convocada Taísa Maria Macena de Lima. Data: 29/04/2009)

JUSTA CAUSA CONFIGURAÇÃO. O empregado que por cinco vezes incide em irregularidades disciplinares, todas punidas pelo empregador, em obediência a escala pedagógica de punições, e que, nada obstante, insiste em sua conduta com desvio de rota, portando **maconha** *em seu ambiente de trabalho (26 invólucros numa oportunidade e nove "buchas" em outra), do que, afinal, decorreu sua prisão pela Polícia Militar, fornece sobradas razões para ser dispensado por* **justa causa**, *ante a induvidosa desfiguração do seu conceito e imagem profissionais, capazes de fazer esvair-se de forma irremediável a confiança patronal de que dependia para prossecução do vínculo de emprego.* (TRT 3ª Região. 8ª Turma. RO – 00126-2003-091-03-00-0. Redator Juiz José Miguel de Campos. Data: 12/07/2003)

g) **Violação de segredo da empresa**

Este ato atenta ao dever de fidelidade que o empregado tem em relação às atividades do empregador, sendo que este dever pode estar expresso ou implícito nos contratos de trabalho. São exemplos: fórmulas, informações, marcas, inventos, listas de clientes etc.

h) Indisciplina e insubordinação

A indisciplina caracteriza-se pela desobediência às ordens gerais, relativas à organização interna do estabelecimento, tais como instruções gerais, regulamentos internos empresariais, circulares, portarias e outros, enquanto a insubordinação é o descumprimento de uma ordem direta, pessoal e específica do empregador para o empregado, como é o caso do obreiro que se recusa a fazer determinada tarefa solicitada pelo superior hierárquico e esta tarefa condiz com o contrato de trabalho.

i) Abandono de emprego

Pressupõe a falta ao serviço a intenção do empregado em não retornar mais ao trabalho, mediante prova do abandono. Como a Lei silencia quanto ao prazo, o empregador deve aguardar durante 30 dias (podendo o prazo ser inferior se comprovada a intenção em não trabalhar), entendimento este com aplicação analógica do artigo 474 da CLT. Entretanto, deve ser feita comunicação ou convocação ao empregado por carta com aviso de recebimento (telegrama), notificação judicial ou extrajudicial.

Corroborando com esse entendimento, a Súmula 32 do TST aduz: "Para se caracterizar o abandono de emprego, deve-se observar as seguintes características:

- Ausência injustificada;
- prazo mais ou menos longo (Súmula 32 do TST);
- intenção de abandono do emprego.

> **Jurisprudência:**
> *ABANDONO DE EMPREGO – NÃO CONFIGURAÇÃO. É consabido que, para que se configure a hipótese da alínea "i" do art. 482 da CLT, é mister que haja a conjugação de dois elementos: subjetivo, ou o animus abandonandi, retratado no desejo do empregado de não mais permanecer no emprego, e o objetivo, consubstanciado na ausência por trinta dias ao serviço. Tendo o Reclamante se ausentado do emprego por vinte dias, desde a notificação de retorno ao trabalho, após a alta médica, não havia ainda configurado o elemento objetivo, pelo que incorreta a dispensa por justa causa em virtude de abandono de emprego. (TRT 3ª Região. 4ª Turma. RO – 00015-2009-103-03-00-5. Relator Convocado Eduardo Aurélio Pereira Ferri. Data: 11/05/2009)*

j) Ato lesivo da honra ou da boa fama praticado em serviço contra qualquer pessoa, ou ainda, ofensa física, exceto legítima defesa própria ou de outrem.

Este ato caracteriza-se quando realizado contra qualquer pessoa no ambiente de trabalho ou a serviço da empresa. Não há necessidade de lesão corporal ou ferimentos, bastam brigas, tapas, empurrões ou até mesmo tentativas.

k) Ato lesivo da honra ou da boa fama ou ofensas físicas praticadas contra o empregador e superiores hierárquicos

Este ato caracteriza-se quando realizado contra o empregador e aos superiores hierárquicos no ambiente de trabalho ou a serviço da empresa.

l) Prática constante de jogos de azar

A finalidade do jogo é a obtenção de vantagem sobre a outra pessoa. São tidos como jogos de azar o dominó, bingo, jogos de cartas, jogo do bicho etc. Entende a lei que os viciados em jogos, ou ainda, aqueles que jogam por hábito colocam em risco o patrimônio do empregador, além da perda de confiança pelo empregador.

m) Atos atentatórios à segurança nacional

São os atos de terrorismo, malversação de coisa pública, organização para a prática atentatória à soberania etc. Trata-se de regra resultante da ditadura militar, sem muita aplicação atualmente. Exige a devida e prévia apuração e comprovação do período.

Além do rol do artigo 482 da CLT, deve-se ater que existem outras situações de justa causa não elencadas neste dispositivo citado:
- O empregado bancário (artigo 508 da CLT) deverá manter suas contas pagas e quitadas em dia, sob pena de ser caracterizada a justa causa.
- A não observância das normas de segurança e medicina do trabalho e o uso do equipamento de proteção individual – EPI – (artigo 158, parágrafo único da CLT) caracteriza a justa causa perante o não cumprimento pelo empregado.
- O único empregado obrigado a fazer horas extras é o ferroviário (artigo 240 da CLT), diante de necessidade em caráter de urgência ou acidente capaz de afetar a segurança ou a regularidade de serviço. Se não fizer as horas extraordinárias, poderá sofrer dispensa por justa causa.

- O aprendiz poderá ser demitido por justa causa em caso de reprovação do curso ou por faltas injustificadas (artigo 433, inciso II, da CLT).
- A declaração falsa ou o uso indevido do vale-transporte constitui justa causa (Decreto n. 95.247/87, artigo 7º, § 3º).

> Jurisprudência:
> *JUSTA CAUSA. IMPROBIDADE. Constitui ato de improbidade o empregado requerer e receber vale-transporte quando ia trabalhar de motocicleta. O ato desonesto do reclamante abala a confiança existente na relação de emprego, além de fazer com que o empregador tenha de pagar parte do vale-transporte.* (TRT 2ª Região. 10ª Turma. RO01 – 02458-2002-471-02-00. Relator Sérgio Pinto Martins. Data: 16/11/2004)

Diante da caracterização do justo motivo para o empregador dispensar o empregado, caberá a este o recebimento apenas das verbas adquiridas no decorrer do contrato de trabalho, como o saldo de salário e as férias vencidas, perdendo o direito às verbas rescisórias, assim como de levantar os valores referentes ao FGTS.

6.3.2. Extinção do contrato por iniciativa do empregado

6.3.2.1. Pedido de demissão

O pedido de extinção do contrato de trabalho pelo empregado deverá ser informado ao empregador com 30 dias de antecedência, para que este possa qualificar outra pessoa que venha substituir aquele que realizou o pedido, e a falta de informação desse pedido ao empregador ocasionará ao empregado o pagamento destes dias (artigo 487, § 2º, da CLT). Não depende de aceitação do empregador, porém, esta situação, assim como no caso da dispensa sem justa causa, somente se verifica nas hipóteses dos contratos por prazo indeterminado.

O pedido de demissão ou recibo de quitação de rescisão do contrato de trabalho, firmado por empregado com mais de 1 ano de serviço, só será válido quando feito com a assistência do respectivo Sindicato ou perante a autoridade do Ministério do Trabalho (artigo 477, § 1º, da CLT).

Com o intuito de evitar nulidade futura do pedido de demissão do empregado e em razão do princípio da continuidade da relação de emprego, é conveniente fazer uma declaração por escrito, de próprio punho, da intenção de não mais continuar laborando para a empresa.

Contudo, quando o empregado pede demissão, perde o direito ao recebimento da multa de 40% sobre o FGTS, além de não poderá sacar os valores depositados neste fundo, não receberá as guias do seguro-desemprego e não terá direito à indenização do artigo 477 da CLT. Assim, será devido pelo empregador o saldo de salário, as férias proporcionais, o 13º salário proporcional aos meses trabalhados (Súmula 157 do TST), férias vencidas e proporcionais, com o terço constitucional se houver (Súmula 171 do TST).

Vale ressaltar que, nos contratos regidos por prazo determinado, se o empregado resolve pedir demissão antes de encerrado o prazo final do aludido contrato, este estará obrigado a indenizar o empregador dos prejuízos que seu ato resultar, e não poderá superar o valor que seria devido ao empregado no caso contrário, conforme prevê o artigo 480 e seu § 1º da CLT.

6.3.2.2. Rescisão indireta

Também chamada de dispensa indireta, dá-se quando o empregado põe fim ao contrato laboral. O artigo 483 da CLT concede ao empregado a possibilidade de rescindir o contrato de trabalho com o empregador quando comprovada falta grave cometida pela empresa, ou seja, na ocorrência destes fatos o contrato de trabalho se extinguirá pela rescisão indireta.

A rescisão indireta, no entanto, deve obedecer os mesmos requisitos da justa causa quando cometida pelo empregado, quais sejam a tipificação legal, a imediatidade na apuração da falta, a apuração da gravidade do ato, o nexo de casualidade, a gradação na punição (proporcionalidade) e o *non bis in idem.*

Assim, será devido ao empregado todas as verbas que lhe seriam pagas no caso de extinção do contrato por rescisão sem causa justificada, ficando caracterizada a rescisão indireta como forma de extinção do contrato de trabalho. Se não for comprovada a falta grave cometida pelo empregador, o empregado somente receberá direitos como se tivesse pedido demissão. Contudo, julgada procedente a ação, o empregado terá direito a receber as verbas rescisória nas mesmas condições da rescisão sem justa causa, feita pelo empregador.

Entretanto, para a aplicação da rescisão indireta, é preciso que o empregado ingresse na Justiça do Trabalho para caracterizar a justa causa e, por conseguinte, a rescisão indireta. Como dificilmente o empregador admitirá a justa causa de que é acusado pelo empregado, a dispensa indireta é seguida de processo judicial em que este pede o seu reconhecimento e a condenação daquele aos pagamentos devidos.

Esta modalidade é de difícil comprovação, pois normalmente o empregado não conhece esta forma de extinção e pede demissão quando percebe que está sendo acometido de falta grave pela empresa, perdendo, assim, a oportunidade de receber os valores que lhe são devidos. Por isso é muito importante que o empregado avise ao empregador o motivo ensejador da extinção do contrato de trabalho pelo empregado, para que não resulte em abandono de emprego, ou ainda, pedido de demissão, que poderá acarretar, com isso, o não recebimento de todas as verbas rescisórias que lhe são devidas com a rescisão indireta.

Na hipótese de rescisão indireta, são devidas as seguintes verbas: aviso prévio (artigo 487, § 4º, da CLT), férias proporcionais, 13º salário proporcional, levantamento do FGTS com a indenização de 40% e seguro-desemprego.

6.3.2.2.1. Problemas jurídicos sobre a dispensa indireta

Pode o empregado mover ação de dispensa indireta e permanecer no emprego até sentença transitada em julgado nos casos de "descumprimento das obrigações contratuais" pelo empregador, de que é exemplo a mora salarial e a "redução sensível do trabalho por peça ou tarefa" (CLT, art. 483, § 3º).

Se o empregado permanecer no serviço, este pode ser dispensado pelo empregador, até como represália pelo ingresso da ação. Nesse caso, a dispensa direta superveniente e sem justa causa absorve a dispensa indireta antecedente, e os direitos do empregado serão os previstos para a dispensa direta sem justa causa. Porém, a dispensa direta superveniente pode resultar de justa causa. Nesse caso, a relação de emprego terá o seu termo final com a dispensa, como no caso anterior, mas surge a questão consistente em saber quais são os efeitos sobre os direitos do empregado.

6.3.2.2.2. Figuras da justa causa pelo empregador

As hipóteses de justa causa cometidas pelo empregador estão dispostas no artigo 483 da CLT, isto é, o empregado poderá considerar rescindido o contrato de trabalho e pleitear a devida indenização quando:

a) Forem exigidos serviços superiores às suas forças, defesos por lei, contrários aos bons costumes ou alheios ao contrato – ocorre quando o empregador exigir do empregado serviços superiores à sua condição física ou intelectual, exigir da mulher força muscular superior a 20 quilos ou, ainda que a lei não permita, como é o caso de exigir do menor que labore no período noturno e, por fim, os motivos alheios ao contrato, ou seja, o empregado é contratado para atuar como auxiliar administrativo e, no entanto, faz trabalhos de faxineiro.

b) For tratado pelo empregador ou por seus superiores hierárquicos com rigor excessivo – são as situações em que o empregado é tratado com muita severidade. O respeito com o empregado deve prevalecer.

> Jurisprudência:
> *RESCISÃO INDIRETA DO CONTRATO DE TRABALHO. CARACTERIZAÇÃO. Em conformidade com o disposto no art. 483, "b", da CLT, "o empregado poderá considerar rescindido o contrato e pleitear a devida indenização quando (...) for tratado pelo empregador ou por seus superiores hierárquicos com rigor excessivo". Nesse sentido, traduz rescisão indireta do ajuste laboral a prática repetida, pelo empregador, de repreensões injustificadas ou desproporcionais, culminando no tratamento incivilizado do trabalhador a quem foi atribuída a pecha de "incompetente" em alto e bom som, na presença de colegas.* (TRT 3ª Região. 10ª Turma. RO – 00117-2009-114-03-00-4. Relatora Deoclecia Amorelli Dias. Data: 01/07/2009)

c) Correr perigo manifesto de mal considerável – são as hipóteses em que o empregado é submetido a situações que coloquem sua vida em risco. Aqui o risco não é essencial à profissão do obreiro, como, por exemplo, trabalhar em lugares de elevado risco sem a utilização de equipamentos necessários para a proteção.

d) Não cumprir o empregador as obrigações do contrato – como, por exemplo, não pagar os salários por período igual ou superior a 3 meses sem motivo grave e relevante. A jurisprudência e a doutrina vêm interpretando que seja necessário pelo menos 3 meses de atraso para caracterizar a mora contumaz (artigo 2º § 1º do Decreto-lei n. 368/68, devendo ser configurada de imediato, para que assim não acarrete prejuízo ao empregado e à sua família perante a sociedade.

> Jurisprudência:
> *RESCISÃO INDIRETA E ATRASO NO SALÁRIO. A rescisão indireta do vínculo empregatício, assim como a dispensa por justa causa, deve se basear em falta que provoque a insustentabilidade da*

> *manutenção do contrato de trabalho. Isto porque, em decorrência do princípio da Continuidade da Relação de Emprego, e também, tendo em vista o valor social do trabalho, fundamento que norteia a CR/88 (artigos 1º, inciso IV e 170, "caput"), não se admitirá que o fim do contrato tenha por causa uma falta que não seja grave. É por isso que o descumprimento de algumas obrigações por parte do Empregador nem sempre acarretará na rescisão indireta. O atraso de salário, por exemplo, é conduta que traduz o descumprimento do contrato e pode dar ensejo à rescisão indireta desde que verificada a praxe reiterada e desmotivada por parte do empregador. Há que ter em vista que o empregado organiza sua vida e paga seus compromissos na expectativa de receber seus salários em dia. Se o empregador não cumpre com sua obrigação de efetuar o pagamento no prazo legal, aquele se vê sujeito a prejuízo financeiro e moral ao atrasar o pagamento de suas contas pessoais e à impossibilidade de mantença básica de sua família. O Decreto-Lei n. 368/68, em seu art. 2º, parágrafo 1º considera mora contumaz o atraso ou sonegação de salário devidos aos empregados, por período igual ou superior a três meses, sem motivo grave e relevante, excluídas as causas pertinentes ao risco do empreendimento. É um parâmetro legal que se pode adotar para segurança jurídica na autorização da rescisão indireta do contrato. (TRT 3ª Região. 10ª Turma. RO – 00063-2009-110-03-00-1. Relatora Convocada Taísa Maria Macena de Lima. Data: 17/06/2009)*

e) Praticar o empregador ou seus prepostos, contra o empregado ou pessoas de sua família ato lesivo à honra e boa fama – dá-se diante da calúnia, injúria ou difamação ao empregado ou a seus familiares.
f) O empregador ou seus prepostos ofenderem-no fisicamente, salvo em caso de legítima defesa, própria ou de outrem.
g) O empregador reduzir o seu trabalho, sendo este por peça ou tarefa, de forma a afetar sensivelmente a importância dos salários – é o exemplo da diminuição do preço das unidades produzidas pelo empregado.

As hipóteses constantes do artigo 483 da CLT configuram os motivos que ensejam o pedido de rescisão indireta do contrato de trabalho pelo empregado, acarretando uma indenização pela ruptura contratual.

Verificado pela autoridade competente que o trabalho executado pelo menor é prejudicial à sua saúde, ao seu desenvolvimento físico ou à sua moralidade, poderá ela obrigá-lo a abandonar o serviço, devendo a respectiva empresa, quando for o caso, proporcionar ao menor todas as facilidades para mudar de funções. Quando a empresa não tomar as medidas possíveis e recomendadas pela autoridade competente para que o menor mude de função, configurar-se-á a rescisão do contrato de trabalho, na forma do art. 483 da CLT. (artigo 407, parágrafo único da CLT).

6.3.2.3. Aposentadoria espontânea/voluntária

Grandes celeumas foram trazidas com a decisão do Plenário do Supremo Tribunal Federal no julgamento das liminares concedidas na ADIn (n° 1.770 e 1721), que declarou inconstitucional os parágrafos 1°, 2° e 3° do artigo 453 da CLT. Até então a concessão de aposentadoria pelo INSS rescindia automaticamente o contrato de trabalho de todo e qualquer empregado regido pela CLT. Atualmente a concessão de aposentadoria pelo INSS não rescinde o contrato de trabalho, logo, o empregado que se aposenta deve continuar a trabalhar, salvo se ele quiser requerer a sua demissão.

É importante saber que a aposentadoria versa como um benefício, não como um malefício. A aposentadoria voluntária se dá por efeito do exercício regular de um direito, e não de colocar o seu titular em uma situação jurídico-passiva de efeitos ainda mais drásticos do que aqueles que resultariam do cometimento de uma falta grave, por exemplo.

A Lei n. 8.213, em seu artigo 49, inciso I, alínea "b", alude que não há necessidade do desligamento do emprego para o requerimento da aposentadoria, inclusive pode o empregado continuar trabalhando na empresa.

Dispõe a Lei n. 8.213/91, em seu artigo 51, que:

> *A aposentadoria por idade pode ser requerida pela empresa, desde que o segurado empregado tenha cumprido o período de carência e completado 70 (setenta) anos de idade, se do sexo masculino, ou 65 (sessenta e cinco) anos, se do sexo feminino, sendo compulsória, caso em que será garantida ao empregado a indenização prevista na legislação trabalhista, considerada como data da rescisão do contrato de trabalho a imediatamente anterior à do início da aposentadoria.*

Versa o artigo 453 da CLT: "No tempo de serviço do empregado, quando readmitido, serão computador os períodos, ainda que não contínuos, em que tiver trabalhado anteriormente na empresa, salvo se despedido por falta grave, recebido indenização legal ou se aposentado espontaneamente".

Para aquele empregado que se aposentar, e efetivamente não mais laborar, fará jus ao percebimento das seguintes verbas rescisórias: férias vencidas e proporcionais, 13º salário e o levantamento do FGTS (artigo 20, III, da lei n. 8.036/90). Porém, não terá direito ao aviso prévio nem à multa rescisória.

A aposentadoria espontânea não é causa de extinção do contrato de trabalho se o empregado permanecer prestando serviços ao empregador após a jubilação. Assim, por ocasião da sua dispensa imotivada, o empregado tem direito à multa de 40% do FGTS sobre a totalidade dos depósitos efetuados no curso do pacto laboral (OJ 361, SBDI-1 do TST).

O Tribunal Superior do Trabalho, em Sessão Extraordinária do Tribunal Pleno, realizada no dia 15/10/06, decidiu, por unanimidade, pelo cancelamento da Orientação Jurisprudencial 177 da C. SBDI-1, que previa a extinção do contrato de trabalho com a aposentadoria espontânea, mesmo quando o empregado continuava a trabalhar na empresa, após a concessão do benefício previdenciário.

A aposentadoria espontânea não constitui causa de extinção automática do contrato de trabalho. Seja à vista da inexistência de previsão legal que lhe atribua tal efeito, seja em face do quanto disposto nos artigos 1º, IV, 7º, I, 170, *caput* e VIII, e 193 da Constituição Federal.

> Jurisprudência:
> *APOSENTADORIA ESPONTÂNEA – EXTINÇÃO DO VÍNCULO EMPREGATÍCIO – EFEITO QUE NÃO SE VERIFICA – PAGAMENTO DE 40% SOBRE O FGTS DO PERÍODO ANTERIOR À APOSENTADORIA – OBRIGAÇÃO DO EMPREGADOR – ARTIGO 18 DA LEI N. 8.036/90. A partir do advento da Lei n. 8.213/91 ficou autorizada a continuidade da prestação laboral mesmo após o empregado se aposentar (artigo 49, I, alínea "b" e artigo 54). Ora, se é permitida a permanência no trabalho após a concessão da aposentadoria, não há como se entender que ela, por si só, gere a automática extinção do contrato de trabalho ou faça nascer uma nova relação de emprego: há, aí, duas relações jurídicas distintas: uma, de natureza empregatícia e outra, de caráter previdenciário, sendo que esta última, em princípio, não afeta a primeira. Esse entendimento encontrou acolhida perante o Excelso Supremo Tribunal Federal, no julgamento do Recurso Extraordinário n. 449.420-5/PR (Primeira Turma, Rel. Min. Sepúlveda Pertence), superando a tese consagrada na Orientação Jurisprudencial 177 da SDI-1 do TST. A aposentadoria espontânea não faz incidir o "caput" do artigo 453 da CLT, porque ali se fala em "readmissão", ou*

seja, desligamento seguido de nova admissão. Havendo, pois, um só vínculo empregatício, ao empregado que voluntariamente se aposenta, mas prossegue na prestação de serviços até a posterior dispensa sem justa causa, são devidos os 40% sobre os depósitos do FGTS relativos a todo o contrato de trabalho, incluindo o período anterior à aposentadoria (artigo 18 da Lei n. 8.036/90). (TRT 3ª Região. 2ª Turma. RO – 00227-2006-075-03-00-5. Relator Desembargador Sebastião Geraldo de Oliveira. Data: 25/04/2007)

6.3.3. Extinção do contrato por iniciativa de ambas as partes

6.3.3.1. Acordo entre as partes

Cessa o contrato amigavelmente por iniciativa de ambas as partes, empregado e empregador, por meio do acordo ou da transação, é o que chamamos de distrato. As próprias partes estabelecerão quais serão as formam e consequências do rompimento do vínculo empregatício. Contudo, vale lembrar que o empregado poderá transacionar todas as verbas trabalhistas, salvo férias vencidas e salários, mas, com o acordo, não será permitido o levantamento dos depósitos do FGTS (artigo 20 da Lei n. 8.036/90).

6.3.3.2. Culpa recíproca

Quando ambas as partes cometem faltas graves reciprocamente, a falta do empregado está no artigo 482 da CLT e a do empregador no artigo 483 da CLT. Pelo artigo, cuja grávida dos atos torna impossível a continuação da relação empregatícia, ocorre a extinção do contrato de trabalho por culpa recíproca, por exemplo, quando ocorre a troca de tapas e insultos entre o empregado e o empregador.

Entretanto, sua existência é prevista em nossa legislação trabalhista, fato que nos permite analisar a matéria, inclusive na forma de sua indenização, sendo que, no caso de ocorrência da culpa recíproca (artigo 484 da CLT), o empregado receberá metade do valor que teria direito, ou seja, 50% do aviso prévio, 13º salário e férias proporcionais com 1/3 constitucional em consonância à Súmula 14 do TST.

Em relação ao FGTS, se ocorrer rescisão do contrato de trabalho por parte do empregador, ficará este obrigado a depositar na conta vinculada do trabalhador no FGTS os valores relativos aos depósitos referentes ao mês da rescisão e ao imediatamente anterior, que ainda não houver sido recolhido, sem prejuízo das cominações legais. Contudo, quando ocorrer despedida por culpa recíproca ou força maior, reconhecida pela Justiça do Trabalho, o percentual de 40% passará a ser metade, isto é, será de 20% (artigo 20, inciso I, da Lei n. 8.036/90). O mesmo ocorre em relação à extinção do contrato de trabalho por iniciativa de ambas as partes, com a diferença de que, nesta modalidade, as verbas que não seriam devidas pelo empregador no caso de culpa recíproca serão objeto de transação pelas partes.

> Jurisprudência:
> *PARALISAÇÃO DAS ATIVIDADES PELOS EMPREGADOS EM RAZÃO DE PROTESTO – GREVE NÃO FORMALIZADA – EXTINÇÃO DO CONTRATO DE TRABALHO POR CULPA RECÍPROCA. Não está caracterizada a justa causa alegada pela reclamada, pois que a premissa fática que a embasa – agitação e coação dos demais colegas – restou infirmada pela prova testemunhal, da qual se extrai, em seu conjunto, que a manifestação foi pacífica e a adesão dos demais trabalhadores foi espontânea. A gradação pedagógica impunha-se, pois a falta por si só não era capaz de ensejar a penalidade máxima. De outro lado, os empregados foram imprudentes ao tomarem, como primeira atitude, a paralisação das atividades de um número significativo de trabalhadores para a discussão acerca da medição ou do preço da cana, ainda mais em se considerando que há uma comissão de empregados que acompanha a pesagem, conforme também relataram as testemunhas. O direito de greve é assegurado aos trabalhadores (art. 9º da CR/88), mas não é absoluto, e deve ser exercido nos limites que a própria Constituição impõe, quando diz que cabe ao sindicato a defesa da categoria (art. 8º, III). Assim, para que a greve seja legal, têm de estar presentes os requisitos da Lei n. 7.783/89, principalmente no que toca à aprovação do movimento pela assembleia geral, depois de frustrada a negociação, sob pena de ser considerado abusivo (art. 14 daquele diploma). Qualquer interpretação que se faça destes dispositivos não pode levar à sobreposição do interesse individual sobre o interesse público, conforme o cânone encerrado no art. 8º da CLT. Portanto, a solução da culpa recíproca (art. 484/CLT) é adequada ao caso em exame, punindo as partes na medida da sua falta.* (TRT3ª Região. 3ª Turma. RO – 01160-2004-063-03-00-4. Relatora Juíza Maria Cristina Diniz Caixeta. Data: 26/02/2005)

6.3.4. Extinção do contrato de trabalho por desaparecimento dos sujeitos

6.3.4.1. Morte do empregador (pessoa física)

Ficando encerrada a atividade do empreendimento em razão da morte do empregador individual, o contrato se extingue e os direitos são os mesmos da rescisão sem justa causa. É o que dispõe o artigo 483, § 2º da CLT: "No caso de morte do empregador constituído em empresa individual, é facultado ao empregado rescindir o contrato de trabalho.

O empregado fará jus ao saldo salarial, férias proporcionais e vencidas com 1/3 constitucional e será autorizado o levantamento do FGTS.

Se o herdeiro der continuidade ao negócio, é facultado ao empregado rescindir o contrato, caso em que não terá que dar aviso prévio.

6.3.4.2. Morte do empregado

Trata-se de rescisão equivalente ao pedido de demissão, com a diferença da que houve a morte do obreiro. Como este não poderá ser substituído, o contrato será extinto.

Os valores a receber cabem aos herdeiros pagar, mediante alvará judicial, independentemente de inventário ou arrolamento, com a possibilidade de levantar o valor depositado no FGTS durante a vigência contratual (artigo 20, IV da Lei n. 8.036/90) e do PIS-PASEP, tendo direito ao saldo de salário correspondente aos dias trabalhados e ainda não pagos, 13º salário proporcional, férias vencidas e proporcionais (se tiver) acrescidas de 1/3 constitucional. Todavia, os herdeiros não farão jus ao aviso prévio e à indenização de 40%.

No que se refere aos créditos trabalhistas, deve-se respeitar a ordem sucessória. Primeiramente os dependentes habilitados em cotas iguais, e depois os sucessores até os colaterais, nos termos da lei civil (artigo 1063 CC), sendo excluídos os entes estatais, e, por fim, na ausência de sucessores, o crédito reverterá aos fundos sociais, ou seja, o FGTS, PIS-PASEP e a Previdência Social Lei n. 6.858/80, artigos 1º, §§ 1º e 2º, e artigo 2º, parágrafo único.

6.3.4.3. Extinção (fechamento) da empresa

A rescisão ocorre nos mesmos termos da dispensa sem justa causa feita pelo empregador, uma vez que não foi o empregado que deu causa à cessação do contrato, devendo, pois, receber todas as verbas, tais como saldo de salário, aviso prévio (trabalhado ou indenizado), 13º salário, férias proporcionais e vencidas com 1/3 constitucional, FGTS e multa de 40%, e pode, inclusive, levantar o FGTS (Lei n. 8.036/90, artigo 20, II).

6.3.5. Extinção do contrato por motivo de força maior ou caso fortuito

Prefacialmente, cabe esclarecer que caso fortuito é um fato imprevisível, enquanto a força maior é um fato imprevisível e inevitável em relação à vontade do empregador, por exemplo, incêndio, inundação, terremoto e outros. O empregador não pode ter concorrido, direta ou indiretamente, para a ocorrência do motivo alegado (artigo 501 da CLT).

Na modalidade em análise, o empregador não fica isento do pagamento das verbas rescisórias; entretanto, será devido pela metade. De acordo com o que estabelece o artigo 502 da CLT, receberá aviso prévio, saldo de salário, férias vencidas e proporcionais, acrescidas de 1/3, 13º salário proporcional, levantamento do FGTS (Lei n. 8.036/90, artigo 20, I), cujo valor depositado deve ser acrescido de multa reduzida pela metade (20%) conforme artigo 502, incisos II e III da CLT.

6.3.6. Falência

Com a falência, poderá ocorrer a rescisão do contrato de trabalho, uma vez que há a cessação da atividade laboral da empresa, o não cumprimento das obrigações e a manifestação de vontade do síndico.

O crédito trabalhista é o primeiro a receber no juízo falimentar. No entanto, se os valores forem ilíquidos, deverá haver uma ação trabalhista para que, após o trânsito em julgado, houvesse um título executivo.

O empregado terá direito ao percebimento de todas as verbas rescisórias, quais sejam, saldo de salário, aviso prévio, 13º salário, férias vencidas e proporcionais com 1/3 constitucional, saque do FGTS e indenização de 40%.

Extinto automaticamente o vínculo empregatício com a cessação das atividades da empresa, os salários são devidos até à data da extinção (Súmula 173 do TST).

Nessa seara, vale comentar que os contratos bilaterais não se resolvem pela falência e podem ser cumpridos pelo administrador judicial se o cumprimento reduzir ou evitar o aumento do passivo da massa falida, ou for necessária a manutenção e a preservação de seus ativos, mediante autorização do Comitê de Credores (artigo 117 da Lei n. 11.101/05).

6.3.7. *Factum principis* (Fato do príncipe)

Diante da ocorrência do *factum principis*, isto é, a paralisação temporária ou definitiva do trabalho motivada por ato de autoridade municipal, estadual ou federal, pela promulgação de lei ou resolução que impossibilite a continuação da atividade, prevalecerá o pagamento da indenização que ficará a cargo do governo responsável (artigo 486 da CLT).

Cumpre esclarecer que o empregado terá direito ao percebimento de todos os direitos previstos pela dispensa sem justa causa. Contudo, ficará a cargo do Poder Público o pagamento das indenizações como, por exemplo, a multa do FGTS. O restante do pagamento das verbas rescisórias é encargo do empregador.

Jurisprudência:

AGRAVO DE PETIÇÃO. FACTUM PRINCIPIS NÃO CONFIGURADO. CUMPRIMENTO DE PARCELA DE ACORDO INADIMPLIDO. CRÉDITO CONSTITUÍDO ANTERIORMENTE À INTERVENÇÃO PELA PREFEITURA DE PRAIA GRANDE, QUE DEVE ARCAR COM A RESPONSABILIDADE PELO PAGAMENTO. 1. A caracterização do chamado "fato do príncipe" somente se verifica na ocorrência de circunstância imprevisível, como ocorreu nos presentes autos, onde o Poder Executivo determinou intervenção, por Órgão ligado à Prefeitura, na gerência e administração da executada. 2. Quando da promulgação da lei, a trabalhadora já tinha crédito constituído a ser satisfeito através dos recursos financeiros destinados à saúde, repassados pelo Poder Público ao Hospital. Cabe, portanto, à Prefeitura responder pela quitação do débito. (TRT 2ª Região.11ª Turma. AP01 – 00151-2004-402-02-00. Relator Carlos Francisco Berardo. Data: 06/02/2007)

RUPTURA CONTRATUAL. "FACTUM PRINCIPIS". NÃO CONFIGURAÇÃO. A revogação da autorização para funcionamento dos Bingos, o que resultou no encerramento das atividades da empresa, não pode ser considerado factum principis, *mesmo porque as Leis 8.912/91 e 9.615/98 que permitiam a exploração de bingos, mediante algumas condições, foram revogadas pela Lei n. 9.981/00, a partir de 31 de dezembro de 2001 (f. 145), sendo que o Auto de Interdição (f. 148) somente foi lavrado em 07 de outubro de 2004, ou seja, quase três anos após a revogação das mencionadas Leis. Daí, a revogação caracterizar-se como risco normal do empreendimento. (TRT 3ª Região. 1ª Turma. RO – 01604-2004-011-03-00-2. Relator Juiz Márcio Flávio Salem Vidigal. Data: 10/06/2005)*

"FACTUM PRINCIPIS". CARACTERIZAÇÃO. Impondo o poder público a paralisação das atividades do empregador, através de decreto de desapropriação, declaratório como de utilidade pública o único imóvel onde este desenvolvia suas atividades, e constatando--se ainda, que a finalidade social do empregador era especificamente aquela para qual se tornou inviabilizada, e não havendo notícia nos autos, ainda, da intercorrência da possibilidade de manutenção destas mesmas atividades mesmo que em outra localidade, tem-se como caracterizada a figura do art. 486/CLT. (TRT 3ª Região. 5ª Turma. RO – 00481-2005-061-03-00-0. Relator Emerson José Alves Lage. Data: 04/05/2006)

6.3.8. Extinção de contrato por prazo determinado

6.3.8.1. Rescisão antecipada do contrato por prazo determinado

Término do contrato a prazo é a extinção da relação de emprego antes de atingir o termo final ajustado pelas partes. O empregado receberá uma indenização equivalente ao salário pela metade, sendo autorizado o levantamento do FGTS, a multa de 40%, direito ao saldo de salário, férias vencidas e proporcionais e 13º salário, contudo não há o direito ao aviso prévio.

6.3.8.2. Extinção antecipada por vontade do empregado

De acordo com o artigo 480 da CLT, havendo termo estipulado, o empregado não poderá se desligar do contrato sem justa causa, sob pena de ser obrigado a indenizar o empregador dos prejuízos que desse fato lhe resultar. Essa indenização não poderá exceder àquela a que teria direito o empregado em idênticas condições (artigo 480, § 1º da CLT).

Será devido ao empregado o saldo de salário, as férias vencidas e proporcionais (se mais de 1 ano de casa) e o 13º salário.

6.3.8.3. Cessação do contrato por prazo determinado

Nesta situação, onde extinguiu o contrato de trabalho em razão do termo, o funcionário recebe o saldo salarial, férias proporcionais com 1/3 constitucional e o 13º salário proporcional, além de autorizado o levantamento do FGTS, inclusive para os temporários (artigo 20, IX, da Lei n. 8.036/90). Não há o direito ao aviso prévio nem à indenização de 40% do FGTS, já que a iniciativa do rompimento não é do empregador.

Em consonância com o artigo 479 da CLT, nos contratos que tenham termo estipulado, o empregador que sem justa causa despedir o empregado será obrigado a pagar-lhe, a título de indenização, e por metade, a remuneração a que teria direito até o termo do contrato.

> Jurisprudência:
> INDENIZAÇÃO DE 40% E FGTS. PRINCIPAL E ACESSÓRIO. A relação existente entre a indenização de 40% do FGTS e os depósitos do fundo não é exatamente de principal e de acessório, mas a primeira é proveniente da dispensa sem justa causa do empregado (§ 1º do artigo 18 da Lei n. 8.036). Quando o empregado pede demissão ou aposentadoria ou na hipótese de cessação do contrato de trabalho de prazo determinado não há direito à indenização de 40%, embora o FGTS seja devido sobre as verbas salariais. Isso mostra que não existe relação de principal e acessório entre a indenização de 40% e os depósitos do FGTS. São direitos interligados, mas de certa forma autônomos. (TRT 2ª Região. 2ª Turma. RO01 – 00611-2003-073-02-00. Relator Sérgio Pinto Martins. Data: 30/08/2005)

6.3.8.4. Extinção antecipada por justa causa do empregado

Nesta hipótese, o empregado terá direito apenas ao saldo de salário e às férias vencidas.

6.3.8.5. Extinção antecipada com cláusula assecuratória

Nos contratos que tenham termo estipulado, o empregador que, sem justa causa, despedir o empregado, será obrigado a pagar-lhe, a título de indenização, e por metade, a remuneração a que teria direito até o termo do contrato (artigo 481 da CLT), além do aviso prévio (Súmula 163 do TST).

6.4. Homologação da rescisão contratual

Para a prova da quitação e efeito liberatório, todas as rescisões contratuais cujo contrato durou mais de 1 ano (ou prazo menor) devem ser levados para homologação no Sindicato da categoria profissional ou órgão local do Ministério do Trabalho, ou Ministério Público, defensor público ou Juiz de paz, nesta ordem de preferência (artigo 477, § 1º, da CLT). Se o empregado tiver menos de 1 ano de casa, a rescisão poderá ser realizada no próprio estabelecimento empresarial mediante a apresentação de recibo de quitação.

Quando não existir na localidade nenhum dos órgãos previstos neste artigo, a assistência será prestada pelo representante do Ministério Público ou, onde houver, pelo Defensor Público e, na falta ou impedimento destes, pelo Juiz de Paz, conforme disposição expressa no artigo 477, § 3º da CLT.

Nos processos perante a Justiça do Trabalho, constituem privilégio da União, dos Estados, do Distrito Federal, dos Municípios e das autarquias ou fundações de direito público federais, estaduais ou municipais que não explorem atividade econômica, presumem-se válidos os recibos de quitação ou pedidos de demissão de seus empregados ainda que não homologados nem submetidos à assistência mencionada nos parágrafos 1º, 2º e 3º do artigo 477 da Consolidação das Leis do Trabalho (artigo 1º, I, Decreto n. 779/69).

O pagamento será devido no próprio ato da homologação em dinheiro ou cheque visado, entretanto, o pagamento das verbas rescisórias do analfabeto deve ser pago necessariamente em dinheiro. Qualquer compensação no pagamento, no ato da homologação, não poderá exceder o equivalente a 1 mês de remuneração do empregado (artigo 477, § 5º da CLT). O instrumento de rescisão ou recibo de quitação, qualquer que seja a causa ou forma de dissolução do contrato, deve ter especificada a natureza de cada parcela paga ao empregado e discriminado seu valor, sendo válida a quitação apenas relativamente às mesmas parcelas (§ 2º).

Em relação ao empregado estável, só será válido quando realizado com a assistência do respectivo Sindicato e, se não houver, perante autoridade local competente do Ministério do Trabalho ou da Justiça do Trabalho (artigo 500 da CLT).

Assevera a Súmula 330 do TST que a quitação passada pelo empregado, com assistência de entidade sindical de sua categoria, ao empregador, com observância dos requisitos exigidos nos parágrafos do art. 477 da CLT, tem eficácia liberatória em relação às parcelas expressamente consignadas no recibo, salvo se oposta ressalva expressa e especificada ao valor dado à parcela ou parcelas impugnadas. A quitação não abrange parcelas não consignadas no recibo de quitação e, consequentemente, seus reflexos em outras parcelas, ainda que estas constem desse recibo. Quanto a direitos que deveriam ter sido satisfeitos durante a vigência do contrato de trabalho, a quitação é válida em relação ao período expressamente consignado no recibo de quitação.

6.5. Prazo para quitação das verbas rescisórias

As parcelas da rescisão contratual ou do termo de quitação do contrato devem ser pagas até o 1º dia útil após o encerramento do contrato. As verbas rescisórias devem ser pagas até o 10º dia da data da notificação da demissão na ausência do aviso prévio, na sua indenização ou na dispensa de seu cumprimento (artigo 477, § 6º, da CLT).

A inobservância do disposto no § 6º deste artigo sujeitará o infrator à multa de 160 BTNs, por trabalhador, assim como o pagamento da multa a favor do empregado, em valor equivalente ao seu salário, devidamente corrigido pelo índice de variação do BNT, salvo quando, comprovadamente, o trabalhador der causa à mora, de acordo com o § 8º do ,artigo 477 da CLT.

Vaticina a Súmula 388 do TST: "A Massa falida não se sujeita à penalidade do artigo 467 e nem à multa do § 8º do artigo 477, ambos da CLT.

Pela CLT não há prazo para realizar a homologação.

6.6. Seguro-desemprego

O seguro-desemprego ou salário-desemprego, regido pelas Leis n. 7.998/90 e n. 8.900/94, é um benefício temporário para o trabalhador demitido sem justa causa, que tem por finalidade prover assistência financeira temporária ao trabalhador desempregado em virtude de dispensa sem justa causa, inclusive a indireta; ao pescador artesanal, no período de proibição da pesca, e auxiliar os trabalhadores na busca de emprego, promovendo, para tanto, ações integradas de orientação, recolocação e qualificação profissional.

Para o empregado ter direito ao seguro-desemprego, é necessário que se encontre em situação de "desemprego involuntário", conforme redação clara do art. 7º, II, da CF. A perda do posto de trabalho deve resultar em ato pelo qual o trabalhador não tenha concorrido, ou quando vencido o contrato de prazo determinado.

O trabalhador tem o prazo do 7º ao 120º dia após a data da sua demissão para fazer o respectivo requerimento. Para tanto, no ato da dispensa, o empregador é obrigado a fornecer ao ex-empregado o Requerimento de Seguro-Desemprego (RSD) devidamente preenchido, com a Comunicação de Dispensa (CD), em que deverão constar os dados necessários para o trabalhador se habilitar ao recebimento do seguro-desemprego.

O trabalhador poderá requerer o seguro-desemprego nas agências credenciadas da Caixa Econômica Federal ou nos Postos de Atendimento das Delegacias Regionais de Trabalho – DRT, ou do Sistema Nacional de Emprego – SINE.

De acordo com o artigo 3º, da Lei n. 7.998/90, são estabelecidas as situações cabíveis para se receber o seguro-desemprego, como segue:
- Desemprego involuntário, oriundo da dispensa sem justa causa.
- Ter recebido salário de 1 ou mais empregadores nos 6 meses imediatamente anteriores à dispensa.
- Não ter recebido seguro-desemprego nos últimos 16 meses.
- Ter exercido relação de emprego por, no mínimo 15 meses nos últimos 24 meses, ou exercido atividade reconhecida como autônoma neste mesmo período.
- Não estar em gozo de benefício previdenciário de prestação continuada, salvo auxílio acidentário, auxílio suplementar e abono de permanência.
- Não possuir renda própria para garantir o seu sustento e o de sua família.

De acordo com o artigo 5º da Lei n. 7.998/90, o valor do benefício será fixado em Bônus do Tesouro Nacional (BTN), devendo ser calculado segundo 3 faixas salariais, como segue:

I – até 300 (trezentos) BTN, multiplicar-se-á o salário médio dos últimos 3 (três) meses pelo fator 0,8 (oito décimos);
II – de 300 (trezentos) a 500 (quinhentos) BTN aplicar-se-á, até o limite do inciso anterior, a regra nele contida e, no que exceder, o fator 0,5 (cinco décimos);
III – acima de 500 (quinhentos) BTN, o valor do benefício será igual a 340 (trezentos e quarenta) BTN.

O valor do benefício não poderá ser inferior ao valor do salário mínimo.

Para se estabelecer a quantidade do número de parcelas mensais a serem pagas ao trabalhador, deverá ser observado o tempo de serviço nos 36 meses que antecederam a data da dispensa:
- De 06 a 11 meses de trabalho – receberá 3 parcelas;
- De 12 a 23 meses de trabalho – receberá 4 parcelas;
- De 24 a 36 meses de trabalho – receberá 5 parcelas.

Importante ressaltar que, no caso de morte do beneficiário, os descendentes terão direito apenas às parcelas vencidas, visto que o seguro-desemprego é de caráter pessoal e intransferível.

A Lei n. 10.208/2001 assegurou esse direito também aos domésticos; contudo, impende destacar que trata de regra discriminatória, pois o legislador vinculou o direito ao recebimento do seguro-desemprego, ao recolhimento, pelo empregador, dos percentuais mensais relativos ao FGTS. Assim, como este é facultativo, se não houver estes depósitos mensais o doméstico não terá direito ao seguro-desemprego. O doméstico perceberá 3 parcelas no valor de 1 salário mínimo.

O trabalhador resgatado da condição análoga à de escravo, em decorrência de ação de fiscalização do Ministério do Trabalho e Emprego, perceberá 3 parcelas no valor de 1 salário mínimo

Nos termos da Lei n. 10.779/2003, o pescador artesanal, que labora em regime de economia familiar, perceberá 1 salário mínimo por mês, prazo este fixado pelo IBAMA.

A suspensão do seguro-desemprego ocorrerá quando o trabalhador for admitido em novo emprego, como também no caso de recebimento de benefício previdenciário de prestação continuada, exceto o auxílio acidente, auxílio suplementar e abono de permanência.

Haverá o cancelamento da concessão do seguro-desemprego ao empregado, quando houver:
 a) a recusa do desempregado a novo emprego condizente com sua qualificação e salário anterior;
 b) diante de falsidade de informações para a sua concessão;
 c) na prática de fraude para a percepção do benefício;
 d) com a morte do segurado.

Contudo, vale ressaltar que, exceto no caso de morte, em todas as situações acima expostas, o trabalhador perderá por 2 anos o direito de receber novo seguro-desemprego quando tais infrações forem percebidas. Em caso de reincidência, o prazo será dobrado e terá que devolver o valor já recebido quando se constatar fraude, além de arcar com as consequências penais, com a devida condenação criminal.

7 | JORNADA DE TRABALHO

7.1. Conceito

Para melhor compreensão da "jornada de trabalho", é preciso antes nos familiarizar com conceitos distintos, que muitas vezes são usados como sinônimos. A expressão "duração de trabalho" é mais ampla do que a expressão "jornada de trabalho", que é mais restrita. "Horário de trabalho" refere-se ao lapso de tempo entre o início e o término da jornada de trabalho.

Jornada de trabalho é o período diário que o empregado fica à disposição do empregador executando ou aguardando ordens (artigo 4º, *caput*, da CLT). A jornada de trabalho compreende o período de 8 horas diárias, perfazendo um total de 44 horas semanais, salvo previsão em convenções coletivas. O descanso semanal remunerado (DSR), ou "salário hebdomadário", deve ser concedido aos domingos, com duração mínima de 24 horas.

O registro da jornada de trabalho é ônus do empregador, que conta com mais de 10 empregados, (artigo 74, § 2º, CLT).

O artigo 59, *caput*, da CLT, vaticina que a duração normal do trabalho poderá ser acrescida de horas suplementares, em número não excedente de 2, mediante acordo escrito entre empregador e empregado ou contrato coletivo de trabalho.

Dispõe a Constituição Federal, em seu artigo 7º, nos incisos XIII e XIV, sobre a jornada de trabalho, que as jornadas maiores não podem ser instituídas; contudo, podem ser estabelecidas jornadas menores:

> *XIII - Duração do trabalho normal não superior a oito horas diárias e quarenta e quatro semanais, facultada a compensação de horários e a redução da jornada, mediante acordo ou convenção coletiva de trabalho.*
>
> *XIV - Jornada de seis horas para o trabalho realizado em turnos ininterruptos de revezamento, salvo negociação coletiva.*

É relevante destacar que o horário do trabalho constará em um quadro organizado, conforme modelo expedido pelo Ministro do Trabalho, e afixado em lugar bem visível. Esse quadro será discriminativo no caso de não ser o horário único para todos os empregados de uma mesma seção ou turma. Ainda o artigo 74 da CLT também alude que o ônus é do empregador em relação ao registro da jornada:

> *§ 1º - O horário de trabalho será anotado em registro de empregados com a indicação de acordos ou contratos coletivos porventura celebrados.*
>
> *§ 2º - Para os estabelecimentos de mais de dez trabalhadores será obrigatória a anotação da hora de entrada e de saída, em registro manual, mecânico ou eletrônico, conforme instruções a serem expedidas pelo Ministério do Trabalho, devendo haver pré-assinalação do período de repouso.*

De acordo com a Lei Complementar n. 123/06, artigo 51, I, as microempresas e empresas de pequeno porte são dispensadas da afixação do quadro de trabalho em suas dependências.

7.2. Critérios para composição da jornada de trabalho

São três as teorias que versam sobre os critérios para cálculo da extensão da jornada de trabalho: a Teoria do Tempo à Disposição do Empregador, a Teoria do Tempo Efetivamente Trabalhado e, por último, a Teoria do Tempo *In Itinere*.

A Teoria do Tempo à Disposição do Empregador, com previsão no artigo 4º da CLT, é a adotada pelo nosso sistema e refere-se ao tempo em que o empregado está aguardando ordens a serem realizadas. Isso não quer dizer que esteja ou não trabalhando – conclui-se assim que o empregado está no ambiente laboral à disposição do empregador. Importante trazer à baila a situação do empregado que labora nas minas de subsolo, pois nem sempre o ambiente laboral é aquele em que o trabalhador exerce suas atividades. Vejamos então:

> Art. 294 da CLT – O tempo despendido pelo empregado da boca da mina ao local do trabalho e vice-versa será computado para o efeito de pagamento do salário.

As variações de horário no registro de ponto não excedentes de cinco minutos, observado o limite máximo de dez minutos diários, não serão descontadas nem computadas como jornada extraordinária (artigo 58, § 1º, da CLT). Contudo, se for ultrapassado esse limite, será considerada como extra a totalidade do tempo que exceder a jornada normal (Súmula 366 do TST).

A Teoria do Tempo Efetivamente Trabalhado, como o próprio nome já diz, limita-se ao tempo em que o empregado realmente esteja em execução laboral, excluindo qualquer tempo que não esteja laborando para o empregador.

São exceções à Teoria do Tempo Efetivamente Trabalhado, isto é, tratam dos intervalos legais remunerados, as seguintes: o artigo 72 da CLT, que vaticina que, nos serviços permanentes de mecanografia, a cada período de 90 minutos de trabalho consecutivos corresponderá um repouso de 10 minutos não deduzidos da duração normal de trabalho. A digitação permanente assegura um intervalo de 10 minutos a cada 50 minutos trabalhados (Portaria n. 3.214/78, NR n. 17 do Ministério do Trabalho). A Súmula 346 do TST aduz que os digitadores, por aplicação analógica do artigo 72 da CLT, equiparam-se aos trabalhadores nos serviços de mecanografia.

Para os empregados que trabalham no interior das câmaras frigoríficas e para os que movimentam mercadorias do ambiente quente ou normal para o frio e vice-versa, depois de 1 hora e 40 minutos de trabalho contínuo será assegurado um período de 20 minutos de repouso, sendo esse intervalo computado como de trabalho efetivo (artigo 253 da CLT).

Para os mineiros, em cada período de 3 horas consecutivas de trabalho, será obrigatória uma pausa de 15 minutos para repouso, a qual será computada na duração normal de trabalho efetivo (artigo 298 da CLT).

A mãe que precisa amamentar seu filho, até que este complete 6 (seis) meses de idade, terá direito, durante a jornada de trabalho, a 2 descansos especiais de meia hora (artigo 396 da CLT).

O horário normal de trabalho do empregado, durante o prazo do aviso prévio, será reduzido de 2 horas diárias (artigo 488 da CLT).

A última teoria a ser estudada é a Teoria do Tempo *In Itinere*, cuja expressão quer dizer "itinerário". Deve-se entender a jornada "in itinere" como o tempo gasto pelo empregado, de sua casa até a empresa, e vice-versa. No tópico abaixo, sobre horas *in itinere*, este assunto será abordado com maior abrangência.

> Jurisprudência:
> *HORAS EXTRAS. MOTORISTA. O fato de o empregado-motorista viajar em dupla, alternando o desempenho de suas funções com outro, não afasta o pagamento de horas extras, porque o direito pátrio, por meio do artigo 4º da CLT, prestigia também a teoria do tempo à disposição no centro de trabalho e não apenas a teoria do tempo efetivamente trabalhado, sendo certo que o trabalhador, mesmo quando não está dirigindo, encontra-se à disposição do empregador.* (TRT 3ª Região. RO n. 10334. 3ª Turma. Relator: Juiz Sebastião Geraldo de Oliveira. Data: 25/09/2001)

7.3. Horas *in itinere*

Conforme mencionado no tópico anterior, a jornada *in itinere* é o período gasto pelo empregado no deslocamento de sua casa até o local de trabalho e vice-versa. Para sua caracterização, faz-se necessária a presença de três requisitos: a inexistência de transporte público, se o local for de difícil acesso e o fornecimento de ônibus fretado pela empresa (artigo 58, § 2º, da CLT e a Súmula 90 do TST). Em especial, insta esclarecer que a jurisprudência vem entendendo como local de difícil acesso aqueles localizados em regiões de zona rural e não zona urbana; contudo, esta é uma presunção relativa (*juris tantum*) sendo aceita prova em sentido contrário.

A Lei n. 8.213/91, artigo 21, inciso IV, alínea "d", apregoa que o acidente sofrido pelo segurado ainda que fora do local e horário de trabalho, ou seja, no percurso da residência para o local de trabalho ou deste para aquela, qualquer que seja o meio de locomoção, inclusive veículo de propriedade do segurado, é equiparado a acidente de trabalho, independentemente de o empregado gozar ou não da hora *in itinere*.

Importante também se ater no que preceitua o artigo 238, § 3º, da CLT sobre os ferroviários:

JORNADA DE TRABALHO

Capítulo 7

> *No caso das turmas de conservação da via permanente, o tempo efetivo do trabalho será contado desde a hora da saída da casa da turma até a hora em que cessar o serviço em qualquer ponto compreendido dentro dos limites da respectiva turma. Quando o empregado trabalhar fora dos limites da sua turma, ser-lhe-á também computado como de trabalho efetivo o tempo gasto no percurso da volta a esses limites.*

A Súmula 90 do TST e seus incisos I, II, III e IV são bastante esclarecedores, uma vez que elucida que o tempo despendido pelo empregado, em condução fornecida pelo empregador, até o local de trabalho de difícil acesso ou não servido por transporte regular público, e para o seu retorno, é computável na jornada de trabalho. Esclarece ainda que a incompatibilidade entre os horários de início e término da jornada do empregado e o do transporte público regular é circunstância que também gera o direito às horas *in itinere*. Frisa-se que a mera insuficiência de transporte público não enseja o pagamento de horas *in itinere*. E caso haja transporte público regular em parte do trajeto percorrido em condução da empresa, as horas *in itinere* remuneradas limitam-se ao trecho não alcançado pelo transporte público.

O desconto total ou parcial do empregado pelo custeio de transporte não descaracteriza o horário *in itinere* (Súmula 320 do TST).

Faz-se relevante ater que as microempresas e empresas de pequeno porte poderão fixar, por meio de acordo ou convenção coletiva, em caso de transporte fornecido pelo empregador, em local de difícil acesso ou não servido por transporte público, o tempo médio despendido pelo empregado, bem como a forma e a natureza da remuneração (artigo 58, § 3º, da CLT).

Jurisprudência:

HORAS "IN ITINERE". Reconhecida a incompatibilidade entre os horários de início e término da jornada de trabalho do empregado e os do transporte público regular é devido o pagamento das horas extras "in itinere", nos termos do inc. II da Súmula n. 90 do TST. (TRT 12ª Região – RO 00208.2007.012.12.00.8. – 1ª Turma – Juíza Relatora Juíza Viviane Colucci – Publicado no TRTSC/DOE em 30/04/2008)

HORAS "IN ITINERE". Quando o empregador fornece condução gratuita ao empregado e há disponibilidade de transporte público regular em apenas parte do trajeto compreendido entre a sua residência e o posto de trabalho, é devido o pagamento de horas "in itinere" em relação ao tempo despendido no percurso por ele não alcançado (inteligência da Súmula n. 90, IV, do TST). (TRT 12ª Região – Acórdão 6796/2007 – 2ª Turma – Juíza Relatora Juiz Geraldo José Balbinot – Publicado no TRTSC/DOE em 25/01/2008)

7.4. CLASSIFICAÇÃO DA JORNADA DE TRABALHO

A jornada de trabalho classifica-se em:
• Quanto à duração: Ordinária e Extraordinária.
• Quanto ao período: Diurna, Noturna, Mista.
• Quanto à profissão: Geral e Especial.

O legislador limitou a jornada de trabalho, uma vez que constatou que os maiores índices de acidentes do trabalho ocorrem em razão de um excesso de fadiga do trabalhador, motivo este que as normas trabalhistas buscam proteger a saúde do empregado com normas de natureza profilática ou higiênica.

A classificação quanto a duração ordinária refere-se à jornada de 8 horas diárias e 44 semanais, enquanto a extraordinária refere-se à hora que é extrapolada a normal, estipulado pela lei ou contrato entre as partes pactuantes.

A jornada quanto ao período diurno limita-se ao horário das 5 às 22 horas; já a noturna é aquela compreendida entre as 22 horas até as 5 horas, e o período misto envolve os outros dois períodos, ou seja, o diurno e o noturno (artigo 74, § 4º, da CLT).

A classificação quanto à profissão de caráter geral refere-se ao período de 8 horas diárias ou 44 semanais, enquanto a especial varia de acordo com a profissão exercida pelo funcionário. É o caso dos ascensoristas ou cabineiros de elevador – Lei n. 3.270/57, a telefonista – artigo 227 da CLT, aqueles que trabalham em minas de subsolo – artigo 293 e 294 da CLT, o bancário – artigo 224 da CLT e os operadores de cinema – artigo 234 da CLT.

Desta feita, resta plenamente cabível mencionar outras profissões com jornada de cinco horas diárias, são eles: o jornalista e o radialista, artigo 303 da CLT, e Lei n. 6.615/787, respectivamente; o artigo 318 da CLT trata dos professores e se estes laboram em um mesmo estabelecimento, a jornada será de quatro horas consecutivas ou seis intercaladas; os advogados, com uma jornada de quatro horas contínuas ou 20 horas semanais, salvo acordo ou convenção coletiva ou exclusividade (Lei n. 8.906/91); a Lei n. 3.999/61 aduz que os médicos terão uma jornada mínima de duas horas e máxima de quatro horas, salvo cláusula contratual.

7.5. PRONTIDÃO E SOBREAVISO

A prontidão trata da hipótese em que o empregado fica nas dependências da empresa aguardando ordens, em escalas de, no máximo, 12 horas, e o adicional é de 2/3 da hora normal, conforme artigo 244, §§ 3º e 4º da CLT:

> *§ 3º – Considera-se de "prontidão" o empregado que ficar nas dependências da Estrada, aguardando ordens. A escala de prontidão será, no máximo, de 12 (doze) horas. As horas de prontidão serão, para todos os efeitos, contadas à razão de 2/3 (dois terços) do salário-hora normal.*
>
> *§ 4º – Quando, no estabelecimento ou dependência em que se achar o empregado, houver facilidade de alimentação, as 12 (doze) horas de prontidão, a que se refere o parágrafo anterior, poderão ser contínuas. Quando não existir essa facilidade, depois de 6 (seis) horas de prontidão, haverá sempre um intervalo de 1 (uma) hora para cada refeição, que não será, nesse caso, computada como de serviço.*

O artigo 244, § 2º, da CLT aduz que "considera-se de sobreaviso o empregado efetivo que permanecer em sua própria casa, aguardando a qualquer momento o chamado para o serviço. Cada escala de sobreaviso será, no máximo, 24 horas. As horas de sobreaviso, para todos os efeitos, serão contadas à razão de 1/3 do salário normal".

O dispositivo refere-se ao trabalho dos ferroviários, mas os Tribunais o tem interpretado de forma a aplicá-lo analogicamente a outros casos. A Súmula 229, do TST, fundamenta aplicação analógica do sobreaviso para eletricitários, qual seja, "por aplicação analógica do artigo 244, § 2º, da Consolidação das Leis do Trabalho, as horas de sobreaviso dos eletricitários são remuneradas à razão de 1/3 (um terço) do salário normal". Contudo não é pacífica a aplicação a funcionários que se utilizam fora do horário de trabalho, BIP, telefone celular, terminal de computador (*laptop, notebook*) ligado à empresa.

O cerne da questão é, sem dúvida, o uso de BIP, telefone celular ou outro tipo de comunicação móvel que pode caracterizar o estado de sobreaviso pela sua utilização. Partindo do princípio de que o empregado permanece em casa e não em outro lugar durante o sobreaviso, é imprescindível para a caracterização deste estado uma interpretação literal do dispositivo legal que nos leva à resposta negativa. Uma coisa é fato: a liberdade de ir e vir da pessoa não fica prejudicada. Somente se o empregado permanecer em sua residência, aguardando a qualquer momento o chamado para o serviço, é que há sobreaviso, pois sua liberdade está sendo controlada. E, de acordo como entendimento do TST, na Orientação Jurisprudencial n. 49 da SDI, passou a considerar que o fato de o trabalhador portar BIP não caracteriza o sobreaviso.

Assim, torna-se imprescindível em todos os casos que o empregado seja cientificado de que estará de sobreaviso.

> Jurisprudência:
> SOBREAVISO – NÃO RECONHECIDO. *Prevê o artigo 244 parágrafo 2º da CLT o pagamento de sobreaviso àqueles que permanecessem aguardando em casa o chamado da empresa. Com a telefonia móvel, fixa e todos os outros meios de comunicação, o empregado pode ser encontrado a qualquer tempo, em qualquer lugar, independente deste estar ou não em sua casa, podendo ou não estar quer seja no convívio com sua família em momento de lazer ou mesmo laborando para outro empregador ou dispondo de seu tempo como melhor lhe aprouver. Entendo "data máxima vênia" que à exceção da internet por meio de programas de comunicação tal como "videoconferência" ou "messenger", qualquer outro meio de comunicação para fins de caracterização de "horas de sobreaviso" é imprestável, eis que nenhum deles efetivamente cerceia ou é fator impeditivo da liberdade de locomoção prevista pelo artigo 244 da CLT".* (TRT 2ª Região – RO 00441-2002-040-02-00. Acórdão n. 2007003359º. Juíza Relatora Lilian Lygia Ortega Mazzeu. 8ª Turma. DOE: 13/02/2007)
>
> HORAS DE SOBREAVISO. *O fato de o empregado fazer uso de bip ou celular como meio de ser localizado, por si só, não caracteriza o sobreaviso, pois não há impedimento de locomoção do empregado nem isto o impossibilita de executar outros compromissos, não podendo ser considerado tempo à disposição do empregador. Nesse sentido dispõe a OJ n. 49 do SDI-1. LIDE DECORRENTE DE RELAÇÃO DE EMPREGO. HONORÁRIOS ADVOCATÍCIOS. Nas lides que decorrem da relação de emprego, os honorários advocatícios, nesta*

JORNADA DE TRABALHO

Capítulo 7

Justiça Especializada, não são devidos em razão da mera sucumbência, mas somente quando preenchidos os requisitos do art. 14 da lei n. 5.584/70, assim como da Súmula n. 219, do Colendo Tribunal Superior do Trabalho. (TRT 23ª Região. RO 00368-2008-022-23-00. Relator Desembargador Tarcílio Valente. Data: 31/10/2008)

HORAS DE PRONTIDÃO. CONFIGURAÇÃO. TITULARES. Consoante estabelece o artigo 244, parágrafo 3º, da CLT, caracteriza-se o regime de prontidão quando o empregado permanece nas dependências do empregador, aguardando ordens, em escala de no máximo doze horas, sendo contadas as horas assim realizadas, à razão de dois terços do salário (hora) normal. Embora esse direito seja próprio dos ferroviários, a doutrina e a jurisprudência o estenderam a outras categorias. (TRT 3ª Região. RO 00505-2008-141-03-00-7. Relatora Convocada Taísa Maria Macena de Lima. 10ª Turma. Data: 04/02/2009)

7.6. Empregados excluídos da proteção da jornada de trabalho

Insta mencionar que a limitação da jornada de trabalho decorre do direito à vida, na medida em que o excesso de horas de trabalho poderá acarretar a perda da própria vida ou causar restrições à sua qualidade. É um direito indisponível, já que é um direito que tutela à vida, tornando-se assim um direito de interesse social, em que a vontade coletiva se impõe à vontade individual.

Apesar de contraproducente, alguns empregados estão excluídos da proteção da jornada de trabalho, conforme preceitua o artigo 62 da CLT, ou seja, estão excluídos de receberem horas extras e o respectivo adicional. É o caso dos gerentes, diretores, chefes de departamentos ou filial, justamente por possuir cargo de gestão, isto é, admitem, demitem funcionários, os advertem, os punem, dão suspensão, possuem subordinados, e, para tanto, recebem um acréscimo de salário igual ou superior a 40% (Lei n. 5.859/72). Veja o dispositivo referente ao assunto:

Art. 62, II da CLT – Os gerentes, assim considerados os exercentes de cargos de gestão, aos quais se equiparam, para efeito do disposto neste artigo, os diretores e chefes de departamento ou filial.

Outros empregados excluídos da proteção de jornada são aqueles que exercem atividade externa incompatível com a fixação de horário de entrada e saída, como os vendedores, viajantes, pracistas, carteiros, motoristas em geral, cobradores, propagandistas e outros. Assim, é importante observar o preenchimento de alguns requisitos para a caracterização desses trabalhadores, e um deles é a incompatibilidade de controle de horário, fazendo-se necessário que na CTPS do empregado tenha a informação da não observância de controle de horário, como também no livro ou ficha de registro desse empregado, ou, caso contrário, terá direito a horas extras.

Importante lembrar que a empregada doméstica foi excluída do artigo 7º, parágrafo único da CF, por falta de tipificação legal. Portanto, não terá direito a horas extras, conforme decisão do relator Delvio Buffulin:

> **Jurisprudência:**
> Comprovado o enquadramento do reclamante na função de confiança prevista no artigo 62, II, da CLT, não há que se falar em pagamento de horas extras e horas de sobreaviso. (TRT 2ª Região. Acórdão n. 20060995518. RO01 – 01937-2004-402-02-00. Relator: Delvio Buffulin. 12ª Turma. Data: 15/12/2006)
>
> HORAS EXTRAORDINÁRIAS. TRABALHO EXTERNO. MOTORISTA. TACÓGRAFO. A exclusão de certos empregados do regime de jornada previsto no art. 62, inciso I, da CLT, decorre de presunção relativa, no sentido de que os trabalhadores que exercem atividades externas não estão sujeitos à fiscalização e ao controle de jornada. Na hipótese, o Reclamante não conseguiu comprovar que sua jornada era controlada, mesmo porque o tacógrafo, por si só, sem a existência de outros elementos probatórios, não demonstra a fiscalização da jornada de trabalho nos termos consagrados na Orientação Jurisprudencial n. 332 da SDI-1 do c. TST. Por outro lado, os controles de viagem trazidos também não indicam que o autor permanecia em atividade durante todo o tempo entre a saída do caminhão e o retorno ao local de origem. Portanto, estando o motorista enquadrado dentre as exceções do art. 62, I, da CLT, por exercer trabalho externo e não tendo comprovado o Autor, a existência de controle da sua jornada diária, indevidas as horas extras pleiteadas. Nego provimento. HORAS DE SOBREAVISO. INDEFERIMENTO. A espera efetuada por intermédio de telefonia móvel (celular), conforme informado na inicial, não é considerado como de sobreaviso, por aplicação analógica da OJ 49

da SDI-1/TST. Desse modo, considerando que o uso de tal meio de comunicação possibilita ao trabalhador deslocar-se livremente para atender seus interesses, tal situação por si só não caracteriza tempo à disposição do empregador, como pretendido pelo ora Recorrente. Considerando que o Reclamante não comprovou que sofreu privação de assumir outros compromissos para ficar aguardando convocação do empregador pelo telefone celular, não se há falar em pagamento de horas de sobreaviso. Nego provimento. (TRT 23ª Região. RO – 00144-2008-026-23-00. Relatora Desembargadora Leila Calvo. Data: 31/03/2009)

7.7. JORNADA DE TRABALHO EM TEMPO PARCIAL

O artigo 58-A da CLT estabelece que jornadas em tempo parcial são aquelas que não ultrapassem 25 horas semanais, ou 5 horas por dia, e que os empregados não poderão receber horas extras neste regime de trabalho (§ 4º). Neste caso, os empregados em tempo parcial receberão salários proporcionais à jornada realizada (artigo 58, § 1º, da CLT).

De acordo com o artigo 130-A, da CLT, aqueles que trabalham sob o regime de tempo parcial terão alguns diferenciais no que tange às férias, como por exemplo a não conversão das férias em abono pecuniário (artigo 143, § 3º, da CLT). Os empregados que assim desejarem poderão adotar o regime parcial, mediante acordo ou convenção coletiva de trabalho.

Jurisprudência:

TRABALHO EM REGIME PARCIAL – ART. 58-A DA CLT – DIREITO A DIFERENÇAS SALARIAIS E REFLEXOS. O regime de tempo parcial previsto no art. 58-A da CLT, com salário proporcionalmente fixado, insere-se no contexto mais geral de reestruturação produtiva, do qual emergem, no âmbito das relações de trabalho, processos e medidas dotados de crescente flexibilização, que diversificam a tutela arquetípica do sistema jurídico-laboral. Pode atender à política de emprego, como, sem controle, pode traduzir-se em pura e simples precarização do trabalho, pela supressão ou redução de direitos. Nessa esteira, insere-se na segunda hipótese a contratação de vigilante para trabalhar 4 horas mensais, como uma forma de atendimento à exigência da Polícia Federal de que a empresa de vigilância conte com no mínimo trinta empregados (consoante declaração do próprio preposto), caracterizando um meio de contornar a fiscalização da atividade (cf. Lei n. 7.102/83). Ainda que o art. 58-A não tenha fixado um limite mínimo para a jornada, estabelece o limite máximo de 25 horas semanais. Portanto, a semana, com seus sete dias consecutivos, é o período de tempo dentro do qual, observadas outras condições, será lícita a contratação de empregado para trabalhar em horário reduzido. Note-se que o legislador reafirmou o critério de contar-se o tempo de trabalho em função da semana ao tratar das férias, no art. 130-A da CLT. Demais disso, é indispensável que haja controle, administrativo e/ou judicial, para recusar validade à avença que se mostrar, à vista da situação concreta, abusiva e prejudicial à proteção jurídica do empregado ou desconforme ao princípio de razoabilidade. E, tratando-se de uma contratação atípica, alguma formalidade se deve exigir no plano de sua validade jurídica, impondo-se a adoção da forma escrita. Por outro lado, o tempo parcial foi, no caso, objeto de convergência do próprio reclamante, regime acolhido, genericamente, no instrumento normativo, resultado, portanto, de negociação coletiva. O problema situa-se, como visto, no uso abusivo do regime de tempo. Considero solução razoável e adequada à presente controvérsia assegurar-se ao empregado o pagamento de salário correspondente a 25 horas semanais de trabalho, pois à falta de estipulação válida considera-se que esse esteve à disposição do empregador pelo menos durante tal jornada reduzida. Recurso provido para deferir ao autor as diferenças salariais e reflexos, consoante os parâmetros fixados. (TRT 3ª Região. RO – 01454-2008-011-03-00-0. Relatora: Maria Laura Franco Lima de Faria. 1ª Turma. Data: 31/07/2009)

7.8. Jornada extraordinária

As horas suplementares, também chamadas de horas extras ou extraordinárias, estão disciplinadas nos artigos 59 a 61 da CLT. A jornada diária de trabalho poderá ser aumentada em até 2 horas, mediante acordo escrito entre empregado e empregador ou contrato coletivo de trabalho, e serão remuneradas no mínimo 50% superior à remuneração da hora normal, conforme prevê o artigo 7º, inciso XVI, da CF e parágrafo 1º, do artigo 59 da CLT.

O adicional de horas extras do advogado é de 100% sobre a hora normal, conforme preceitua a Lei n. 8.906/94.

Impende destacar que o empregado sujeito a controle de horário, remunerado à base de comissões, tem direito ao adicional de no mínimo 50% pelo trabalho em horas extraordinárias, calculado sobre o valor-hora das comissões recebidas no mês, considerando-se como divisor o número de horas efetivamente trabalhadas (Súmula 340 do TST).

A limitação legal da jornada suplementar a duas horas diárias não exime o empregador de pagar todas as horas trabalhadas. Assim como o valor das horas extras, habitualmente prestadas, integra o cálculo dos haveres trabalhistas, independentemente da limitação prevista no "*caput*" do artigo 59 da CLT (Súmula 376 do TST).

Tanto as horas suplementares quanto seu adicional são integralizados no salário: 13º salário (Súmula 45 do TST), férias (§ 5º do artigo 142 da CLT), aviso prévio indenizado (§ 5º do artigo 487 da CLT), gratificações semestrais (Súmula 115 do TST), verbas rescisórias, FGTS (Súmula 63 do TST) e no DSR (Súmula 172 do TST e artigo 7º, a e b, da Lei n. 605/49). Contudo, o cálculo do valor das horas extras habituais, para efeito de reflexos em verbas trabalhistas, observará o número das horas efetivamente prestadas, e sobre ele aplica-se o valor do salário-hora da época do pagamento daquelas verbas (Súmula 347 do TST).

Não caberão horas suplementares nas hipóteses em que no acordo ou convenção coletiva foi aprazado compensação de horas (artigos 7º, XII, da CF e 59, § 2º da CLT). Por meio de acordo ou convenção coletiva, é possível a compensação anual de horas, desde que não seja ultrapassado o limite de 10 horas diárias nem o lapso temporal de 1 ano.

A Súmula 85 do TST permite a compensação de jornada em contrato individual, salvo norma coletiva.

A validade de acordo coletivo ou convenção coletiva de compensação de jornada de trabalho em atividade insalubre prescinde da inspeção prévia da autoridade competente em matéria de higiene do trabalho (artigo 7º, XIII, da CF e artigo 60 da CLT).

A Súmula 291 do TST reza sobre a supressão das horas extras habituais, vejamos:

> *A supressão, pelo empregador, do serviço suplementar prestado com habitualidade, durante pelo menos um ano, assegura ao empregado o direito à indenização correspondente ao valor de um mês das horas suprimidas para cada ano ou fração igual ou superior a 6 (seis) meses de prestação de serviço acima da jornada normal. O cálculo*

observará a média das horas suplementares efetivamente trabalhadas nos últimos 12 (doze) meses, multiplicada pelo valor da hora extra do dia da supressão.

Tendo em vista que as Leis n. 3999/1961 e 4950/1966 não estipulam a jornada reduzida, mas apenas estabelecem o salário mínimo da categoria para uma jornada de 4 horas para os médicos e de 6 horas para os engenheiros, não há que se falar em horas extras, salvo as excedentes à oitava, desde que seja respeitado o salário mínimo/horário das categorias (Súmula 370 do TST).

> **Jurisprudência:**
> *SALÁRIO COMPLESSIVO – PRÉ-CONTRATAÇÃO DE HORAS EXTRAS – ILEGALIDADE. Se a prova oral do processo revela que a trabalhadora foi contratada para cumprir uma jornada de seis horas, acrescida de duas horas extraordinárias, e nos recibos de salário se verifica o pagamento habitual realizado sob a rubrica "hora extra fixa", evidencia-se a pré-contratação de horas extras, repudiada pelo ordenamento jurídico, nos termos do entendimento já consolidado no Colendo TST, nas Súmulas 91 e 199, sendo de se considerar nula a contratação do serviço suplementar, quando da admissão da trabalhadora. Neste caso, entende-se que os valores ajustados apenas remuneram a jornada normal, sendo devidas as horas extras com adicional de, no mínimo, 50% (cinquenta por cento). (TRT 3ª Região. RO – 01251-2008-040-03-00-0. 6ª Turma. Relator Emerson José Alves Lage. Data: 23/03/2009)*

7.9. HORAS EXTRAS NOS CASOS DE NECESSIDADE IMPERIOSA

Diante da necessidade imperiosa, oriunda de força maior, realização de serviços inadiáveis cuja execução possa acarretar prejuízo manifesto, a duração do trabalho poderá exceder ao limite legal ou convencionado, independentemente de acordo ou contrato coletivo, devendo ser comunicado à DRT no prazo de 10 dias, no caso de empregados maiores, e 48 horas (artigos 413, parágrafo único e 376 da CLT) no caso de empregados menores, e, excepcionalmente, por motivo de força maior, o menor poderá trabalhar por até o máximo de 12 horas, com acréscimo salarial de pelo menos 50% sobre a hora normal e desde que o trabalho do menor seja imprescindível ao funcionamento do estabelecimento (artigos 7°, XVI da CF e 413, III da CLT).

Força maior, segundo o artigo 501 da CLT é todo acontecimento inevitável, em relação à vontade do empregador, e para a realização do qual este não concorreu direta ou indiretamente. Refere-se, portanto, a problemas emergenciais.

De acordo com o artigo 61, § 2°, da CLT, no caso de força maior, a remuneração da hora excedente não será inferior ao da hora normal.

São considerados serviços inadiáveis aqueles serviços que devem impreterivelmente ser feitos na mesma jornada ou cuja inexecução acarrete prejuízo manifesto. Refere-se a serviços emergenciais que não podem ser adiados ou realizados em horário pré-estipulado.

Na hipótese de serviços inadiáveis, a jornada de trabalho não poderá exceder 12 horas, devendo a remuneração da hora extra ser 50% superior à hora convencional.

Para os serviços inadiáveis não se faz necessário um acordo ou convenção coletiva e não poderá ultrapassar 12 horas; contudo, deve-se comunicar em 10 dias a DRT.

O artigo 413 da CLT não menciona que o menor poderá prorrogar o trabalho para serviços inadiáveis.

Jurisprudência:
HORAS EXTRAS. ADICIONAL DE 100% PREVISTO EM INSTRUMENTO NORMATIVO. Não se desincumbindo o empregador de demonstrar sua alegação de existência de acordo de compensação de horário e necessidade imperiosa de prorrogação da jornada, exceções previstas em sentença normativa para o pagamento do adicional de 100%, as horas consideradas extras devem ser pagas com esse adicional. (TRT 12ª Região. Acórdão n. 01854. Decisão: 12/12/2001. Tipo: RO-V. n. 09958. Ano: 2000. Número único Processo: RO-V-. 3ª Turma. Relator Juiz Marcus Pina Mugnaini. Data: 27.02.2002)

PRÉ-CONTRATAÇÃO DE HORAS EXTRAS. BANCÁRIO. A jornada do trabalhador bancário, devido às peculiaridades das atividades desenvolvidas, é assegurada por dispositivo legal próprio, sendo sua prorrogação somente admitida em virtude de necessidade imperiosa. A pré-contratação havida desde a admissão é flagrantemente ilegal, afrontando ao disposto nos artigos 224 e 225 da CLT. (TRT 4ª Região. RO n. 00460.022/96-2. 6ª Turma. Relator: Juiz Jorge Ivo Amaral da Silva. Data: 14/08/2000)

7.10. ACORDO DE PRORROGAÇÃO DE HORAS

A duração normal do trabalho não pode ultrapassar a 8 horas diárias, tampouco 44 horas semanais, facultando-se, entretanto, a prorrogação de horários, mediante acordo ou convenção coletiva de trabalho celebrado entre empregado e empregador.

O acordo de prorrogação de horas é o acordo escrito firmado entre o obreiro e o empregador que atestam a prorrogação da jornada diária. Não há redução da jornada em qualquer dia da semana e são devidas as horas extras com o adicional de 50% (artigo 7º, inciso XVI, da Constituição), em que o empregado fica obrigado a trabalhar em jornada extraordinária quando solicitado pelo empregador. Caso seja descumprida a ordem da jornada extraordinária, o empregado ficará sujeito a sanções disciplinares impostas pelo empregador.

A jornada diária de trabalho poderá ser prorrogada até 2 (duas) horas, as quais serão remuneradas como extras.

O acordo de prorrogação de horas deve ser celebrado por escrito, em duas vias, sendo uma do empregador e a outra do empregado, podendo ser firmado por prazo determinado ou indeterminado. Aconselha-se, entretanto, que este seja estabelecido por prazo de no máximo 2 anos.

Ao menor, a lei não autoriza a realização de acordos de prorrogação (artigos 7º, XIII da CF e 413 da CLT), assim como o ascensorista que não poderá ultrapassar sua jornada diária normal (Lei n. 3.270/85) e os bancários (artigo 225 da CLT e Súmula 199 do TST).

O artigo 60 da CLT trata das atividades insalubres e aduz que quaisquer prorrogações só poderão ser acordadas mediante licença prévia das autoridades competentes em matéria de higiene do trabalho (Ministério do Trabalho), as quais, para esse efeito, procederão aos necessários exames locais e à verificação dos métodos e processos de trabalho. Corroborando com esse entendimento, a Súmula 349 do TST vaticina que a validade do acordo ou convenção coletiva de compensação de jornada de trabalho em atividade insalubre prescinde da inspeção prévia da autoridade competente em matéria de higiene do trabalho.

É facultado a qualquer das partes de rescindir o acordo de prorrogação quando, antes de seu encerramento, não for mais conveniente, através do distrato por ato bilateral e expresso.

> Jurisprudência:
> *RECURSO ORDINÁRIO. PRÉ-CONTRATAÇÃO DE HORAS EXTRAS. Dos elementos constantes dos autos depreende-se que não restou satisfatoriamente comprovada a existência da alegada pré--contratação, mas sim de acordo de prorrogação de jornada e de pagamento de horas de trabalho perfeitamente válido. Os valores satisfeitos a título de horas extras visavam contraprestar a jornada suplementar efetivamente laborada, não se cogitando da hipótese de pré-contratação de horas extras, prevista no item I da Súmula n. 199 do TST, inaplicável à espécie.* (TRT 2ª Região. RO01 01690-2004-003-02-00. 12ª Turma. Relator Marcelo Freire Gonçalves. Data: 16/03/2007)

7.11. Acordo de compensação de horas e banco de horas

O acordo de compensação de horas de trabalho é um acordo escrito que corresponde em acrescer à jornada de determinados dias, em função de outro suprimido, sem que essas horas configurem como horas extras, de maneira que não exceda, no período máximo de um ano, à soma das jornadas semanais de trabalho previstas, nem seja ultrapassado o limite máximo de dez horas diárias. É um sistema utilizado pelas empresas para a compensação de pequenas diferenças na jornada de trabalho dos seus empregados. O acordo tácito não encontra amparo legal ou constitucional.

De acordo com a nossa legislação, a jornada de trabalho padrão é de 44 horas semanais ou 8 horas diárias. Entretanto, existem situações tais como a dos empregados que não trabalham aos sábados ou ainda a criação de pontes para feriados que caem numa terça ou numa quinta-feira que não permitem a aplicação das 8 horas diárias. Essa compensação deve ser feita em até um ano (§ 2º do artigo 59 da CLT). Nestes casos, a empresa poderá utilizar o acordo de compensação de horas (artigo 59 da CLT e Súmula 85 do TST). A compensação pode acontecer tanto no início do período de trabalho quanto no seu término, ou seja, o empregado pode entrar mais cedo do que seu horário normal ou sair mais tarde.

De acordo com a Súmula 85 do TST, é possível a compensação de jornada de trabalho por acordo individual, salvo se houver norma coletiva em sentido contrário.

O banco de horas surgiu no Brasil por meio da Lei n. 9.601/98, com a alteração do artigo 59 da CLT. A lei prevê também que esta prática só é legal se for acordada em convenção ou acordo coletivo de trabalho com a participação do sindicato da categoria representativa, e a compensação não poderá ser superior a 1 ano (MP n. 1.709/98), caso contrário acarretará o pagamento de horas extras.

Na hipótese de rescisão do contrato de trabalho das horas trabalhadas além da jornada normal e não compensadas, fará o trabalhador jus ao pagamento das horas extras não compensadas, calculadas sobre o valor da remuneração na data da rescisão (artigo 59, § 3º, da CLT).

Os trabalhadores menores (16 a 18 anos) só poderão compensar a jornada de trabalho mediante convenção e acordo coletivo (artigo 413, I da CLT), e neste caso terão 15 minutos de descanso antes do início da prorrogação (artigos da CLT n. 413, parágrafo único, e 384).

Nada impede de se firmar acordos de compensação e prorrogação simultaneamente, desde que a soma deles não ultrapasse o limite máximo de 10 horas de jornada diária ou 2 horas diárias de acréscimo.

Jurisprudência:
BANCO DE HORAS – NÃO SE PROVA MEDIANTE "FICTA CONFESSIO" – NORMA COLETIVA APLICÁVEL – VIGÊNCIA TEMPORAL. A presunção de que os fatos alegados na contestação sejam verdadeiros não exime o empregador do seu ônus de prova quanto à prova documental a respeito da qual a lei exige a forma escrita e requisitos de constituição, como é o caso do Banco de Horas, que só tem validade se atender aos ditames do artigo 59, "caput" e §§ 1º, 2º e 3º, da CLT. Ambas as partes instruíram o processo com normas coletivas do trabalho, mas relativas a categorias sindicais diversas e aplicáveis em bases territoriais distintas. A r. sentença recorrida considerou válidas as normas coletivas juntadas aos autos pela recorrente e corretamente limitou-lhes a eficácia aos "respectivos períodos de vigência". Foram rejeitadas as normas coletivas trazidas pelo autor, porque a base territorial do sindicato profissional signatário dos acordos coletivos trazidos aos autos pela recorrente abrange o Estado de Minas Gerais, e tem filial em Contagem, não se alterando o enquadramento sindical do reclamante o fato de ter sido recolhida a

contribuição sindical para a Federação dos Trabalhadores no Comércio de Minas Gerais. Correta, então, a conclusão da r. sentença recorrida em reputar irregular o regime de prorrogação e compensação de jornada praticado pela empresa quanto aos períodos não agasalhados pelas normas coletivas por ela juntadas, na forma do entendimento da Súmula n. 85 do TST. (TRT 3ª Região. RO – 00095-2008-108-03-00-0. 3ª Turma. Relator: Convocado Milton Vasques Thibau de Almeida. Data: 31/01/2009)

ACORDO TÁCITO DE COMPENSAÇÃO DE JORNADA. INADMISSIBILIDADE. Não é admissível acordo para compensação de horas de trabalho na forma tácita, devendo necessariamente ser celebrado por escrito, com delimitação da jornada a ser compensada, pois o empregado necessita saber em que horário trabalhará, a fim de adequar suas atividades particulares a esse horário. Veja-se que o artigo 59 da CLT prevê expressamente em seu caput *a forma escrita para o acordo de prorrogação de jornada, valendo a mesma regra para o acordo de compensação, previsto no parágrafo 2º do mesmo artigo, já que a este se subordina quanto a essa regra geral. Demais disso, o artigo 7º, inciso XIII, da Constituição Federal, prevê a possibilidade de compensação de horários por meio de acordo ou convenção coletiva de trabalho, os quais, como se sabe, possuem forma prescrita em lei.* (TRT-PR-RO-8124/1999-PR-AC 02307/2000 – 5ªTurma – Relator Mauro Daisson Otero Goulart – DJ 04.02.00)

JORNADA. COMPENSAÇÃO. AUSÊNCIA DE ACORDO COLETIVO OU CONVENÇÃO COLETIVA. PAGAMENTO DO LABOR EXTRAORDINÁRIO DIÁRIO. Ausente acordo coletivo ou convenção coletiva de trabalho autorizando a compensação de horários, não se pode omitir o acréscimo de salário quando do excesso de horas trabalhadas em um dia, ainda que esse estabelecimento tenha sido compensado pela correspondente diminuição da jornada em outro dia. Inteligência do artigo 7º, inciso XIII, da Constituição da República. (TRT-PR-RO 9.829-97 – Ac.1ª T 2.039-98 – Rel. Juiz Tobias de Macedo Filho – TRT 30.01.1998)

ACORDO INDIVIDUAL. O acordo, a que se refere o art. 7º, XIII, da Constituição Federal, é o coletivo e não o individual. A entender-se de modo diverso, chegar-se-ia, com esse paralogismo, à aberrante inferência de que a compensação de horas da jornada, com vistas a suprimir a prestação de serviços aos sábados, só seria lícita mediante acordo individual ou convenção coletiva, jamais por acordo coletivo. (TRT-PR-RO 5.761-97 – Ac.1ª T 29.044-97 – Rel. Juiz Manoel Antonio Teixeira Filho – TRT 24.10.1997)

TRABALHISTA. HORAS EXTRAS. COMPENSAÇÃO. TRABALHO INSALUBRE. AUSÊNCIA DE AUTORIZAÇÃO DO MINISTÉRIO DO TRABALHO. Trabalho da mulher. 1 – A ausência de autorização para a prorrogação da jornada de trabalho insalubre não constitui tão somente infração administrativa, mas também acarreta na nulidade do ato praticado, o que leva ao pagamento das horas trabalhadas além da jornada diária normal. 2 – A empresa que adota compensação horária, tendo os trabalhadores laborando em condições insalubres, sem pedir a autorização do Ministério do Trabalho, incorre em nulidade do ato praticado e deve responder pelas horas trabalhadas além da jornada normal diária. 3 – A compensação de horário semanal da mulher, antes da revogação dos artigos 374 e 375 da CLT pela Lei n. 7.855, de 25.10.89, devia ser ajustada em acordo coletivo ou convenção coletiva e autorizada por atestado médico oficial, constante de sua Carteira de Trabalho e Previdência Social. 4 – Recurso ordinário improvido. (Ac un da 2ª T do TRF da 4ª R – RO 93.0439864-9/RS – Rel. Juíza Tânia Escobar – j 21.08.95 – DJU 2 13.09.95)

ACORDO DE COMPENSAÇÃO. Não é necessário o comparecimento e anuência do Sindicato em se tratando de acordo de compensação para não trabalhar aos sábados, sendo perfeitamente lícito o acordo efetuado diretamente com o empregado. Revista provida. (Ac da 2ª T do TST – RR 113.717/94.1 – 15ª Região – Rel. Min. João Tezza – DJU 1 30.06.95)

7.12. Turno ininterrupto de revezamento

Deve-se entender por turno ininterrupto de revezamento como o trabalho realizado pelos empregados que se sucedem no posto de serviço, na utilização dos equipamentos, de maneira escalonada, para períodos distintos de trabalho. Tudo isso pressupõe revezamento, que nada mais é do que a escala cumprida pelos empregados laborando em diferentes períodos: manhã, tarde, noite. É o que ocorre com aqueles funcionários que laboram nos períodos das 6 às 14, das 14 às 22 ou das 22 às 6 horas.

Assim, as empresas que trabalham 24 horas por dia, em regime de 7 dias por semana, terão 2 turnos:
- Flexíveis: com jornada máxima de 6 horas por dia.
- Fixos: em casos de funções que não têm necessidade de trabalhar em horário diverso. Pode trabalhar até 8 horas por dia, desde que previsto em acordo ou convenção coletiva.

Corroborando com esse entendimento, segue a Súmula 423 do TST:

> *Estabelecida jornada superior a seis horas e limitada a oito horas por meio de regular negociação coletiva, os empregados submetidos a turnos ininterruptos de revezamento não tem direito ao pagamento da 7ª e 8ª horas como extras.*

Conclui-se, portanto, que se o trabalhador extrapolar a jornada estabelecida pela lei, em 6 horas diárias, ou do acordo ou convenção coletiva, em 8 horas por dia, o obreiro terá direito ao percebimento das horas extras diante da ausência de instrumento coletivo (OJ n. 275 da SDI-I do TST).

Insta mencionar a Súmula 360 do TST, que sustenta que a interrupção do trabalho destinado a repouso e alimentação, dentro de cada turno, ou o intervalo para repouso semanal não descaracteriza o turno de revezamento com jornada de 6 horas prevista no artigo 7º, XIV, da CF. A Súmula 675 do STF garante que os intervalos fixados para descanso e alimentação durante a jornada de 6 horas não descaracterizam o sistema de turnos ininterruptos de revezamento para o efeito do artigo 7º, XIV, da Constituição, corroborando com esse entendimento, insta mencionar a OJ n. 78 da SDI-I do TST.

A Lei n. 5.811/72 foi recepcionada pela CF/88 no que se refere à duração da jornada de trabalho em regime de revezamento dos petroleiros (Súmula, 391, I do TST).

Jurisprudência:
TURNOS ININTERRUPTOS DE REVEZAMENTO. NORMA COLETIVA. A Constituição da República, em seu artigo 7º, inciso XIV, admite a jornada diferenciada para o trabalho realizado em turnos ininterruptos de revezamento, limitando-a a seis horas, salvo negociação coletiva. Também a Súmula n. 423 do TST reporta-se à jornada de

seis horas que poderá ser limitada a oito horas mediante negociação coletiva. Tal exceção visa proteger o empregado que possui condições especiais de trabalho e minimizar o desgaste daqueles que laboram em turnos alternados, ante o flagrante prejuízo que esse sistema pode causar ao organismo. No caso concreto, o acordo coletivo encartado aos autos do processo regula de forma aleatória e genérica a adoção de turnos ininterruptos de revezamento pactuado, sem especificar qual seria a jornada de trabalho a ser cumprida por todo trabalhador a ele vinculado. Além dessa inespecificidade, não há benefício aparente aos trabalhadores em tal instrumento coletivo, o que fere frontalmente os princípios da negociação coletiva, que visam ampliar o patamar civilizatório mínimo positivado no texto Magno e em normas-regras infraconstitucionais. HORAS IN ITINERE. CONDUÇÃO FORNECIDA PELA EMPRESA. LOCAL DE DIFÍCIL ACESSO E NÃO SERVIDO POR TRANSPORTE PÚBLICO. CONCESSÃO. Na hipótese dos autos, restou comprovado que o local de trabalho não era servido por transporte público regular, sendo que se a Reclamada não fornecesse a condução os empregados não teriam meios de chegar ao local de trabalho. Assim, independente do trabalhador utilizar-se da condução apenas em dias de folga, o transporte fornecido pela empresa era necessário para a prestação do serviço e não apenas uma faculdade conferida pela Reclamada. (TRT 23ª Região. RO – 00672-2008-009-23-00. Relator Desembargador Edson Bueno. Data: 30/06/2009)

7.13. Trabalho noturno

São direitos dos trabalhadores, além de outros, remuneração do trabalho noturno superior à do diurno (artigo 7º, inciso IX, CF). O artigo 73 da CLT dispõe sobre o trabalho noturno.

7.13.1. Hora noturna

Considera-se hora noturna o trabalho realizado nas atividades urbanas compreendidas entre 22 horas de um dia às 5 horas do dia seguinte. Nas atividades rurais, é considerado hora noturna o trabalho executado na lavoura entre 21 horas de um dia às 5 horas do dia seguinte, e na pecuária, das 20 horas às 4 horas do dia seguinte (Lei n. 5.889/73, artigo 7º).

Ao menor de 18 anos é vedado o trabalho noturno, considerado este o que for executado no período compreendido entre 22 horas e 5 horas (artigo 404 da CLT).

Horário misto são aqueles que englobam o período diurno e noturno (artigo 73, § 4º, da CLT).

7.13.2. Hora noturna reduzida

Importante destacar que a hora normal tem a duração de 60 minutos e a hora noturna, por disposição legal, nas atividades urbanas, é computada como sendo de 52 minutos e 30 segundos. Ou seja, cada hora noturna sofre a redução de 7 minutos e 30 segundos ou ainda 12,5% sobre o valor da hora diurna. Nas atividades rurais, a hora noturna é considerada como de 60 minutos.

O vigia noturno também tem direito à hora noturna reduzida, conforme a Súmula 65 do TST, em 52 minutos e 30 segundos.

A Súmula 112 do TST informa que:

> *O trabalho noturno dos empregados nas atividades de exploração, perfuração, produção e refinação do petróleo, industrialização do xisto, indústria petroquímica e transporte de petróleo e seus derivados por meio de dutos são regulados pela Lei n. 5.811, de 1972, não se lhe aplicando a hora reduzida de 52' e 30" do Art. 73, § 1º, da CLT.*

7.13.3. Adicional noturno

Nas atividades urbanas, a hora noturna deve ser paga com um acréscimo de no mínimo 20% sobre o valor da hora diurna (artigo 73 da CLT), exceto condições mais benéficas previstas em acordo, convenção coletiva ou sentença normativa. Abaixo seguem as profissões e seus respectivos adicionais:

- Para os rurais, o acréscimo é de 25% sobre a hora normal (Lei n. 5.889, artigo 7º, parágrafo único).
- O adicional noturno do advogado é de 25% (Lei n. 8.906, § 3º, artigo 20).
- Os vigias também têm direito ao adicional noturno (Súmula 402 do STF e Súmula 140 do TST).
- A empregada doméstica não tem direito ao adicional noturno nem à hora noturna, em razão da ausência de remissão no artigo 7º, inciso IX, da CF.
- O temporário tem direito, conforme Lei n. 6.019/74, artigo 12, alínea "e".

O adicional noturno, bem como as horas extras noturnas, pagos com habitualidade integra o salário para todos os efeitos legais, como férias, 13º salário, aviso prévio indenizado, DSR, FGTS etc. Se cumprida integralmente a jornada no período noturno e prorrogada esta, devido é também o adicional quanto às horas prorrogadas (Súmula 60, I e II do TST).

O empregado perderá o adicional noturno quando for transferido para o período diurno (Súmula 265 do TST).

De acordo com o artigo 73 da CLT diante do regime de revezamento, não é permitido o pagamento do acréscimo noturno.

> Jurisprudência:
> TRABALHO NOTURNO. NEGOCIAÇÃO COLETIVA. PREVISÃO DE ADICIONAL SUPERIOR AO DA CLT. INCIDÊNCIA SOBRE A HORA NORMAL. POSSIBILIDADE. *Conquanto o ideal fosse a efetiva redução da jornada noturna, a consequência amplamente difundida na jurisprudência para o descumprimento do art. 73, § 1º, da CLT é o pagamento, como extras, dos 7,5 minutos por hora normal trabalhada entre 22h e 5h. Nesse diapasão, para fins de facilitar o cálculo da respectiva remuneração, os instrumentos coletivos podem, a exemplo do que fazem as Leis nos 5.889/73 e 8.906/94, fixar o adicional noturno em percentual maior que, incidindo sobre a hora normal, leve a resultado equivalente ou superior ao da CLT. Evidenciada a concessão de contrapartida real e específica em troca do direito transacionado, não há que se falar em nulidade da cláusula convencional.* (TRT 3ª Região. RO 01420-2008-104-03-00-6. 5ª Turma. Relator Convocada Gisele de Cassia Vieira Dias Macedo. Data: 08/06/2009)

7.14. HORÁRIO FLEXÍVEL

O objetivo principal do horário flexível é proporcionar ao empregado facilidades e conveniências para resolver seus assuntos fora da empresa sem, no entanto, prejudicá-lo no desempenho das suas tarefas profissionais.

Em alguns casos, o empregado pode escolher o seu horário de entrada e saída, desde que esteja na empresa entre um período predeterminado, o horário flexível deve obrigatoriamente ser resultado de acordo escrito de compensação de horas de trabalho.

Consiste o horário flexível no empregado ter um horário de entrada e de saída, podendo, no entanto, chegar ou sair antes ou depois, sendo reposta a diferença no mesmo dia ou em outros. Quando a reposição é feita no mesmo dia ou dentro da mesma semana, sem que passe de dez horas por dia e da soma de seis jornadas normais na semana, a hipótese se enquadra na figura de compensação, com fundamentação no artigo 59, § 2º, da CLT.

> Jurisprudência:
> *HORAS EXTRAS. COMPENSAÇÃO TÁCITA. VALIDADE. Havendo previsão na norma coletiva sobre horário flexível de trabalho, nela definido como aquele que visa a melhoria da qualidade de vida dos empregados, de acordo com os interesses de ambas as partes, não há dúvidas de que é possível se adotar tacitamente a jornada de oito horas e trinta minutos de trabalho diário em compensação do sábado não trabalhado, afastada, em tal situação, a exigência de acordo escrito exigido pela Súmula 85, I, do TST, pois evidente o benefício e a melhoria da qualidade de vida dos empregados que não precisam trabalhar aos sábados.* (TRT 3ª Região. RO – 01541-2007-025-03-00-0. 8ª Turma. Relatora: Cleube de Freitas Pereira. Data: 30/08/2008)

7.15. Controle de ponto

De acordo com o artigo 74, § 2º, da CLT, determina o registro manual, mecânico ou eletrônico para os estabelecimentos com mais de 10 empregados.

Segundo o artigo 74 da CLT, as empresas devem afixar em lugar bem visível o quadro de horário expedido pelo Ministério do Trabalho e da Previdência Social.

Assim, estão obrigados a manter controle de ponto os empregadores que tenham mais de dez empregados em determinado estabelecimento, excetuados aqueles que exercem cargo de confiança ou serviço externo sem fiscalização, nos termos do artigo 62 da CLT.

Perante um eventual ingresso de uma reclamação trabalhista com pedido de horas extras, deve-se observar o entendimento dos Tribunais que considera obrigatória a juntada pelo empregador dos registros de horário, sob pena de considerar válido o pedido de horas extras, na conformidade da Súmula 338 do TST, como segue:

> *É ônus do empregador, que conta com mais de dez empregados o registro da jornada de trabalho na forma do art. 74, § 2º, da CLT.*

A não apresentação injustificada dos controles de frequência gera presunção relativa de veracidade da jornada de trabalho, a qual pode ser elidida por prova em contrário.

Jurisprudência:
RECURSO ORDINÁRIO ADESIVO DA RÉ. 'ADMISSIBILIDADE. PARTE QUE JÁ HAVIA INTERPOSTO RECURSO. PRINCÍPIO DA UNIRRECORRIBILIDADE. PRECLUSÃO. O recurso adesivo não deixa de ser recurso da mesma espécie do principal, de modo que interposto recurso principal pela parte, não pode ela, sobre a mesma decisão, também interpor recurso adesivo. No caso incide a preclusão consumativa, segundo o qual uma vez realizado determinado ato, com ou sem êxito, não é possível à parte tornar a repeti-lo. Recurso não conhecido' (Juíza Convocada Carla Reita Faria Leal) RECURSO DO AUTOR. 'JORNADA DE TRABALHO. EMPRESA COM MAIS DE DEZ EMPREGADOS. ÔNUS DA PROVA. SÚMULA 338, I, DO TST. ADICIONAL DE HORAS EXTRAS. INTERVALO INTRAJORNADA E INTERJORNADA. A empresa que conta com mais de dez empregados e não apresentam em juízo os controles de jornada atrai para si o ônus da prova quanto à jornada de trabalho. Não produzindo qualquer prova da jornada alegada na defesa reconhece-se como verdadeira a jornada alegada na inicial.' (Juíza Convocada Carla Reita Faria Leal) INTERVALO INTRAJORNADA. NATUREZA JURÍDICA SALARIAL. INCIDÊNCIA DA CONTRIBUIÇÃO SOCIAL (PREVIDENCIÁRIA). APLICAÇÃO NO CASO CONCRETO DA OJ 354 DA SDI-1 DO TST. A partir do instante em que o TST passou a adotar a tese de ser de natureza jurídica salarial o pagamento decorrente da não concessão desse intervalo, tal como fez ao aprovar a OJ 354 de sua SBDI-1 deixou de haver compatibilidade lógica desse entendimento com aquele esposado na OJ 307 da mesma SBDI-1 porque se já foi concedido parte do intervalo intrajornada, o mais razoável e consentâneo com a interpretação e aplicação sistemática das normas de tutela da relação de trabalho é a de mandar remunerar apenas o período faltante. A chamada hora extra ficta só pode ser aplicada ao tempo restante ao complemento do intervalo intrajornada mínimo legal. Nesse sentido, a Reclamada deve ser condenada a remunerar o Reclamante 30 minutos nas quartas-feiras porque houve o gozo de 30 minutos. Esse pagamento possui natureza jurídica salarial, a teor da OJ 354 da SBDI-1 do TST, e, como consequências jurídicas e

financeiras espraiam efeitos reflexos em todas as demais parcelas enumeradas como atingíveis pelos efeitos reflexos das horas extras. (TRT 23ª Região. RO - 00631-2008-036-23-00. Relatora Juíza convocada Carla Leal. Data: 30/06/2009)

7.16. INTERVALOS DE DESCANSO

A preocupação do legislador em garantir um intervalo mínimo está respaldada no dever estatal de garantir a higidez física e psicossocial do trabalhador durante a jornada laboral. Neste tópico, serão estudados os intervalos interjornadas, entrejornadas e o descanso semanal remunerado.

7.16.1. INTERVALO INTERJORNADA OU ENTREJORNADA

O repouso interjornada é aquele que ocorre entre uma jornada de trabalho e outra, em conformidade com o artigo 66, da CLT, ou seja, entre duas jornadas o descanso mínimo de 11 horas. A não concessão do intervalo mínimo resulta em pagamento de horas extraordinárias.

No regime de revezamento, as horas trabalhadas em seguida ao repouso semanal de 24 horas, com prejuízo do intervalo mínimo de 11 horas consecutivas para descanso entre jornadas, devem ser remuneradas como extraordinárias, inclusive com o respectivo adicional (Súmula 110 do TST).

Jurisprudência:
INTERVALO INTERJORNADA. PROFESSORES. É imperativo constitucional a redução dos riscos inerentes ao trabalho, por meio de normas de saúde, higiene e segurança (art. 7º., inciso XXII). Nessa direção, prevê o artigo 66 da CLT o intervalo mínimo de onze horas entre duas jornadas consecutivas, medida indispensável para o resguardo físico e mental do empregado, não havendo razão lógica ou jurídica para excluir essa garantia à categoria dos professores, não se admitindo o cômputo dos intervalos entre o período de ministração das aulas matutino e noturno na duração do intervalo interjornada. (TRT 3ª Região. RO - 00125-2009-104-03-00-3. 2ª Turma. Relator: Sebastião Geraldo de Oliveira. Data: 08/07/2009)

7.16.2. Intervalo intrajornada

Intervalo intrajornada é o intervalo que ocorre dentro da jornada de trabalho do empregado. Este intervalo não serve só para a alimentação do empregado, mas para seu repouso, como forma de repor suas energias físicas e mentais, necessárias ao término da jornada de trabalho.

Portanto, em qualquer trabalho contínuo, cuja duração exceda de 6 horas, é obrigatória a concessão de um intervalo para repouso ou alimentação de 1 hora e, salvo acordo escrito ou convenção coletiva em contrário, não poderá exceder 2 horas. Se a jornada de trabalho for superior a 4 horas e não excedente a 6 horas, terá o trabalhador um intervalo de 15 minutos. Caso a jornada de trabalho seja de até 4 horas, o obreiro não usufruirá de intervalo nenhum.

O limite mínimo de 1 hora para repouso ou refeição poderá ser reduzido por ato do Ministério do Trabalho quando, ouvida a Secretaria de Segurança e Higiene do Trabalho, depois de verificado que o estabelecimento atende integralmente às exigências concernentes à organização dos refeitórios e quando os respectivos empregados não estiverem sob regime de trabalho prorrogado a horas suplementares (artigo 71, § 3º, da CLT). As exigências determinam que sejam cumpridas as exigências legais concernentes a organização de refeitórios que os empregados não estejam cumprindo a jornada prorrogada, que haja convenção ou acordo com tal previsão e, por fim, que a empresa esteja em dia com as obrigações na área de segurança e saúde.

Os intervalos de descanso não serão computados na duração do trabalho, não sendo assim remunerados. Contudo, serão mencionados abaixo alguns intervalos intrajornadas que são computados na jornada e, por conseguinte, são remunerados:

- O artigo 72, da CLT, que vaticina que nos serviços permanentes de mecanografia a cada período de 90 minutos de trabalho consecutivo corresponderá um repouso de 10 minutos não deduzidos da duração normal de trabalho. A digitação permanente assegura um intervalo de 10 minutos a cada 50 minutos trabalhados (Portaria n. 3.214/78, NR n. 17 do Ministério do Trabalho). A Súmula 346 do TST aduz que os digitadores, por aplicação analógica do artigo 72 da CLT, equiparam-se aos trabalhadores nos serviços de mecanografia.
- Enquanto para os empregados que trabalham no interior das câmaras frigoríficas e para os que movimentam mercadorias do ambiente quente ou normal para o frio e vice-versa, depois de 1 hora e 40 minutos de trabalho contínuo, será assegurado um período de 20 minutos de repouso, computado esse intervalo como de trabalho efetivo (artigo 253 da CLT).

Jornada de trabalho

- Para os mineiros, em cada período de 3 horas consecutivas de trabalho será obrigatória uma pausa de 15 minutos para repouso, a qual será computada na duração normal de trabalho efetivo (artigo 298 da CLT).
- A mãe que precisa amamentar seu filho, até que este complete 6 meses de idade, a mulher terá direito, durante a jornada de trabalho, a 2 descansos especiais, de meia hora cada um (artigo 396 da CLT).
- O artigo 229 da CLT certifica que, para os empregados sujeitos a horários variáveis, fica estabelecida a duração máxima de 7 horas diárias de trabalho e 17 horas de folga, deduzindo-se deste tempo 20 minutos para descanso, de cada um dos empregados, sempre que se verificar um esforço contínuo de mais de 3 horas.

A Lei n. 5.889/73, em seu artigo 6º, sustenta que nos serviços, caracteristicamente intermitentes, não serão computados, como de efeito exercício, os intervalos entre uma e outra parte da execução da tarefa diária, desde que tal hipótese seja expressamente ressalvada na CTPS. E, em qualquer trabalho contínuo de duração superior a seis horas, será obrigatória a concessão de um intervalo para repouso ou alimentação, observados os usos e costumes da região, não se computando este intervalo na duração do trabalho. Entre duas jornadas de trabalho haverá um período mínimo de onze horas consecutivas para descanso (artigo 5º da mesma Lei).

Os intervalos concedidos pelo empregador, na jornada de trabalho, não previstos em lei, representam tempo à disposição da empresa, remunerados como serviço extraordinário, se acrescidos ao final da jornada (Súmula 118 do TST).

Quando o intervalo para repouso e alimentação não for concedido pelo empregador, este ficará obrigado a remunerar o período correspondente com um acréscimo de no mínimo 50% sobre o valor da remuneração da hora normal de trabalho, conforme preceitua o artigo 71 § 4º da CLT.

A Orientação Jurisprudencial n. 342 da SBDI-I do TST declara ser inválida a cláusula de acordo ou convenção coletiva que contemple a supressão ou redução do intervalo intrajornada, já que constitui medida de higiene e segurança do trabalho.

Jurisprudência:
RECURSO DE REVISTA – RESPONSABILIDADE SUBSIDIÁRIA – CONTRATO DE ARRENDAMENTO – SUCESSÃO. Os arestos paradigmas são inespecíficos, conforme súmula n. 296 do Tribunal Superior do Trabalho, porque não abordam a mesma premissa fática

adotada pelo Tribunal Regional. Também inviabilizado o dissenso pretoriano invocado, em face do disposto no artigo 896, a, do Texto Consolidado (oriundos do próprio Tribunal Regional da decisão recorrida e de Turma desta Corte). TURNOS ININTERRUPTOS DE REVEZAMENTO. SÉTIMA E OITAVA HORAS. ADICIONAL. Inexistindo instrumento coletivo fixando jornada diversa, o empregado horista submetido a turno ininterrupto de revezamento faz jus ao pagamento das horas extraordinárias laboradas além da 6ª, bem como ao respectivo adicional. Orientação Jurisprudencial n. 275 da SBDI-1 do Tribunal Superior do Trabalho. MINUTOS RESIDUAIS. Não serão descontadas nem computadas como jornada extraordinária as variações de horário do registro de ponto não excedentes de cinco minutos, observado o limite máximo de dez minutos diários. Se ultrapassado esse limite, será considerada como extra a totalidade do tempo que exceder a jornada normal. Súmula n. 366 do Tribunal Superior do Trabalho. INTERVALO INTRAJORNADA REDUZIDO POR NORMA COLETIVA. REMUNERAÇÃO. INTERVALO INTRAJORNADA PARA REPOUSO E ALIMENTAÇÃO. NÃO-CONCESSÃO OU REDUÇÃO. PREVISÃO EM NORMA COLETIVA. VALIDADE. É inválida cláusula de acordo ou convenção coletiva de trabalho contemplando a supressão ou redução do intervalo intrajornada porque este constitui medida de higiene, saúde e segurança do trabalho, garantido por norma de ordem pública (art. 71 da CLT e art. 7º, XXII, da CF/1988), infenso à negociação coletiva. Orientação Jurisprudencial n. 342 da SBDI-1 do TST. (...). (TST – RR 35764/2002-900-03-00 – 7ª T. – Rel. Pedro Paulo Manus – J. 01.10.2008)

RECURSO DE REVISTA – INTERVALO INTRAJORNADA – REDUÇÃO POR MEIO DE NORMA COLETIVA. Conquanto o artigo 7º, inciso XXVI, da Constituição Federal consagre o reconhecimento das convenções e acordos coletivos de trabalho, daí não se extrai autorização para a negociação de direitos indisponíveis do empregado, concernentes à proteção de sua saúde física e mental. Assim, o instrumento coletivo mediante o qual se reduz ou suprime intervalo para descanso e refeição carece de eficácia jurídica, porquanto desconsidera o disposto em norma de ordem pública, de natureza imperativa. Nesse sentido o TST pacificou sua jurisprudência, com a edição da

Orientação Jurisprudencial n. 342 da SBDI-1, de seguinte teor: INTERVALO INTRAJORNADA PARA REPOUSO E ALIMENTAÇÃO. NÃO CONCESSÃO OU REDUÇÃO. PREVISÃO EM NORMA COLETIVA. VALIDADE. É inválida cláusula de acordo ou convenção coletiva de trabalho contemplando a supressão ou redução do intervalo intrajornada porque este constitui medida de higiene, saúde e segurança do trabalho, garantido por norma de ordem pública (art. 71 da CLT e art. 7º, XXII, da CF/1988), infenso à negociação coletiva. Recurso de revista conhecido e provido. (TST – RR 1015/2006-005-05-00 – 7ª T. – Rel. Caputo Bastos – J. 01.10.2008)

7.16.3. Descanso semanal remunerado – DSR

Previsto no artigo 7º, XV, da CF, na Lei n. 605/49 e nos artigos 67 a 70 da CLT, também é conhecido por repouso semanal remunerado, ou ainda, repouso hebdomadário. Possui natureza jurídica e é de ordem pública e higiênica.

O descanso semanal remunerado trata de um intervalo entre duas jornadas semanais de trabalho, com o objetivo de proporcionar um descanso maior ao trabalhador, além de possibilitar que este tenha um período de lazer, relacionando-se com os parentes.

Isto posto, o empregado, após completar 6 dias de trabalho, tem direito de realizar um repouso semanal, com duração de pelo menos 24 horas consecutivas. O empregador poderá conceder folga compensatória em outro dia da semana. Insta esclarecer que o repouso semanal remunerado, sempre que possível, deverá coincidir com o domingo e também nos feriados civis e religiosos, mas percebendo remuneração.

O empregado, para ter direito à remuneração no DSR, precisa atender aos requisitos da assiduidade e pontualidade durante a semana anterior. A assiduidade refere-se ao trabalho realizado pelo empregado durante toda a semana anterior, não tendo faltado. A pontualidade relaciona-se ao cumprimento do horário estabelecido pelo empregador, sem atrasos.

São caracterizadas como faltas justificadas aquelas que a doença do empregado é devidamente comprovada (Lei n. 605/49, artigo 6º, § 1º), a paralisação do serviço nos dias em que o empregador dispensou o trabalhador por mera conveniência, aquelas do artigo 473, parágrafo único, da CLT, as oriundas de acidente de trabalho, as faltas justificadas pelo empregado.

Para aquelas atividades em que o trabalhador labore aos domingos, o repouso semanal remunerado do empregado poderá ser realizado em outro dia da semana. Vale ressaltar que é obrigatório que, pelo menos uma vez por mês, a sua folga deva coincidir com o domingo.

Consideram-se já remunerados os dias de repouso semanal do empregado mensalista ou quinzenalista cujo cálculo de salário mensal ou quinzenal ou cujos descontos por falta sejam efetuados na base do número de dias do mês ou de 30 e 15 diárias, respectivamente (artigo 7º, § 2º, da Lei n. 605/49).

O sábado do bancário é dia útil não trabalhado e não dia de repouso remunerado, não cabendo assim a repercussão do pagamento de horas extras habituais sobre a sua remuneração (Súmula 113 do TST).

Os feriados podem ser classificados como civis e religiosos. A Lei n. 9.093/95 declara como feriado civil aqueles declarados em Lei Federal e a data da magna do Estado, fixada em Lei Estadual. São feriados religiosos aqueles declarados em Lei Municipal, de acordo com a tradição local e em número não superior a 4, inclusa a sexta-feira da Paixão, sendo nesses dias incluídas as datas de fundação dos Municípios.

A Lei n. 662/49 dispõe sobre o feriado nacional, qual seja:

> I – 1º de janeiro, Dia da Paz Mundial, Lei n. 662/49;
> II – 21 de abril, Tiradentes, Lei n. 1.266/50;
> III – 1º de maio, Dia do Trabalho, Lei n. 662/49;
> IV – 7 de setembro, Independência do Brasil, Lei n. 662/49;
> V – 12 de outubro, Nossa Senhora da Aparecida, Lei n. 6.802/80;
> VI – 15 de novembro, Proclamação da República Lei n. 662/49;
> VII – 25 de dezembro, Natal, Lei n. 662/49;
> VIII – Dia das Eleições Gerais, Lei n. 1.266/50.

Só poderão ser criados novos feriados por Lei Federal. Destaca-se que o carnaval não é considerado feriado, visto que está previsto em Lei.

Os trabalhados realizados aos domingos e feriados devem ter a autorização prévia da autoridade competente, a DRT, e alvará do Município.

A Lei n. 10.101/00, em seu artigo 6º, autoriza o trabalho aos domingos nas atividades do comércio em geral, observada a legislação municipal, nos termos do artigo 30, inciso I, da Constituição, ou seja, é desnecessária a autorização especial.

O trabalho prestado em domingos e feriados, não compensado, deve ser pago em dobro, sem prejuízo da remuneração relativa ao repouso semanal. (Súmula 146 do TST)

É devida a remuneração do repouso semanal e dos dias feriados ao empregado comissionista, ainda que pracista (Súmula 27 do TST). O doméstico tem direito ao repouso semanal remunerado (artigo 7º, parágrafo único, da CF). Os avulsos também poderão usufruir do DSR (artigo 7º, XXXIV, da CF). Assim como o temporário tem direito também (Lei n. 6.019/74, artigo 12, "d").

Durante as férias indenizadas, é indevido o pagamento do DSR e feriados intercorrentes.

Jurisprudência:
ALTERAÇÃO DA JORNADA – RESOLUÇÃO PARA ELEVAÇÃO DA CARGA HORÁRIA – LICITUDE – HORAS EXTRAS – INTERVALO INTRAJORNADA NÃO USUFRUÍDO. Admitem-se na forma disciplinada no art. 468 da CLT alterações contratuais que não tragam prejuízos para o empregado. Não verificada a qualquer lesividade da alteração contratual realizada pelo réu que alterou a jornada do autor, uma vez que foi acompanhada de majoração salarial, sem implicar violação dos limites legais de duração do trabalho, não há falar em nulidade do ato. O autor não se desvencilhou do ônus de provar labor extra além da jornada alterada, porque os cartões de frequência carreados aos autos, cuja presunção de veracidade é relativa, não foram impugnados pelo autor, restando válidas as anotações e, por não haver labor além das 06 horas diárias anotadas, não há falar em condenação do réu em horas extras. Também não provou o autor que não usufruía do descanso previsto no art. 71, § 1º da CLT, incabível a condenação do réu. Nego provimento. DESCANSO SEMANAL REMUNERADO NÃO USUFRUÍDO – PAGAMENTO EM DOBRO. O réu contestou as alegações do autor de que não usufruía do descanso remunerado de um período, ante a existência de escala de trabalho. Os registros de pontos e fichas financeiras do autor, que gozam presunção de veracidade relativa, demonstram que ele usufruiu de descanso semanal remunerado. A míngua de provas ao contrário, não há como não reconhecer que o descanso semanal remunerado

foram usufruídos pelo autor. Nego provimento. (TRT 23ª Região. RO 00917-2008-002-23-00. Relator: Desembargador Osmair Couto. Data: 30/06/2009)

7.17. Flexibilização

Flexibilizar pressupõe a manutenção da intervenção estatal nas relações trabalhistas estabelecendo as condições mínimas de trabalho, sem as quais não se pode conceber a vida do trabalhador com dignidade (mínimo existencial, mas autorizando, em determinados casos exceções ou regras menos rígidas, de forma que possibilite a manutenção da empresa e dos empregos. (Vólia Bonfim Cassar. *Direito do Trabalho*. 3. ed. Niterói: Impetus, 2009, p. 27)

A flexibilização no Direito do Trabalho consiste numa ampliação na capacidade e no poder das partes envolvidas no contrato de trabalho, tanto o empregador como o empregado, em estabelecerem e definirem os parâmetros e limites que regerão as suas relações de trabalho, enfim, encontra-se no termo "flexibilidade" a qualidade do que é flexível.

Jurisprudência:
INTERVALO INTRAJORNADA. REDUÇÃO POR NORMA COLETIVA. INVALIDADE. No que se refere à validade das convenções coletivas de trabalho, é certo que devem ser observadas, como determina a Constituição, a qual, aderindo à tendência atual de flexibilização da norma legal, prestigiou as negociações coletivas. Contudo, não é menos certo que a negociação coletiva implica concessões mútuas, e que essa flexibilização deve ter e tem limites. Se se admite, em alguns casos, o sacrifício do interesse individual em benefício do coletivo, este não pode, em hipótese alguma, prevalecer sobre o interesse público, como dispõe o artigo 8º da CLT. A flexibilização encontra limites na Constituição da República, que permitiu negociação quanto à redução do salário e aumento da jornada. Nesses casos, tem o sindicato representativo dos empregados condições de conhecer o que é melhor para a categoria profissional, concordando com a redução salarial ou com o aumento da jornada em troca de outros benefícios maiores como, v.g., garantia de emprego. Porém, as normas que tratam da medicina e segurança do trabalho, valorizando a

saúde e a vida do trabalhador, considerado, principalmente, como ser humano, são de interesse público. Portanto, irrenunciáveis os direitos nelas previstos, não podem ser flexibilizados em negociação coletiva. Assim, a supressão ou a redução do intervalo intrajornada, mesmo que estabelecida em norma coletiva de trabalho, não é válida, por representar afronta direta ao disposto no artigo 71 da CLT, norma de ordem pública e cogente que deve ser respeitada, sobretudo se considerado que o intervalo para refeição e descanso é medida de higiene, saúde e segurança do trabalho, valores protegidos pela Constituição da República (artigo 7º, XXII). (TRT 3ª Região. RO – 00905-2008-073-03-00-9. 4ª Turma. Relator Luiz Otávio Linhares Renault. Data: 12/06/2009)

8 | Aviso prévio

8.1. Conceito

O aviso prévio é a comunicação que o empregador ou empregado manifesta, à outra parte, a sua decisão de rescindir o contrato de trabalho sem justa causa. O objetivo principal do aviso prévio é assegurar um tempo mínimo para que o empregado possa procurar uma nova colocação no mercado de trabalho ou o empregador possa procurar um substituto para o empregado que sai. Em outras palavras, é o ato jurídico informal pelo qual uma das partes comunica à outra, manifestando o desejo de rescindir o contrato de trabalho, concedendo à outra parte um prazo mínimo de 30 dias, sob pena de pagar indenização (art. 7º, inc. XXI, da CF), mas nada impede que as partes ou norma coletiva fixem prazo de aviso superior a 30 dias.

O aviso prévio é um direito irrenunciável, e o pedido de dispensa de cumprimento do prazo previsto em lei não exime o empregador de pagar o valor correspondente, exceto quando comprovado que o prestador de serviços obteve um novo emprego (Súmula 276 do TST). Isto porque o prazo do aviso prévio tem caráter meramente social e serve para que o empregado consiga um novo serviço no mercado de trabalho, ou para que o empregador preencha a lacuna deixada pela ausência do empregado que não pretende trabalhar mais em seu negócio. O mesmo não acontece com o empregador, que pode renunciar ao direito que a lei lhe confere, e não exigir que o empregado cumpra o aviso prévio concedido.

Admite-se que o aviso prévio seja concedido verbalmente, mesmo porque o contrato de trabalho pode ser aprazado dessa mesma forma, portanto, não há uma forma específica para a concessão do aviso prévio.

O aviso prévio pode ser de dois tipos: indenizado ou trabalhado.

8.2. Aviso prévio indenizado

O aviso prévio indenizado decorre quando a parte que recebeu o aviso (o empregado) tem direito a uma indenização referente a um salário, e não cumpre o período de trabalho estipulado pela lei. Ou seja, é a conversão deste período em dinheiro, sem a prestação de serviços pelo empregado.

8.3. Aviso prévio trabalhado

O aviso prévio trabalhado decorre quando o empregado continua exercendo suas funções normalmente, até que o prazo se extinga e ele sai da empresa.

O aviso prévio é contado a partir do dia seguinte ao comunicado, feito preferencialmente por escrito, sem se importar se o vencimento seja dia útil ou não (Súmula 380 do TST). Quando o aviso é dado pelo empregador e o aviso é trabalhado, o empregado tem direito a uma folga de 7 dias corridos (art. 488 da CLT) ou à redução de 2 horas diárias contínuas em sua jornada de trabalho, independentemente se no início, meio ou fim da mesma. É ilegal substituir o tempo que se reduz da jornada de trabalho no aviso prévio por pagamento das horas correspondentes (Súmula 230 do TST).

Quando a comunicação da rescisão é feita pelo próprio empregado que pede a sua demissão, não há redução da jornada de trabalho. Porém, se o empregado não conceder o aviso ao empregador, este poderá descontar de seu salário o lapso de tempo que lhe cumpriria trabalhar a título de aviso prévio (art. 487, § 2º, da CLT).

Por outro lado, o empregador terá de pagar a remuneração correspondente ao período do aviso, como se tivesse trabalhado, caso ele não conceda o aviso prévio ao empregado.

> Jurisprudência:
> *JORNALISTAS – REDUÇÃO DA JORNADA DE TRABALHO NO PERÍODO DO AVISO PRÉVIO – PRÉ-CONTRATAÇÃO DE HORAS EXTRAS – NÃO CONFIGURAÇÃO. A redução da jornada de trabalho durante o aviso prévio tem por objetivo propiciar ao trabalhador a busca de novo emprego. A inobservância desse preceito legal induz*

à nulidade do aviso e ao empregador o ônus do pagamento de novo aviso. Desse modo, sendo de 5 horas a jornada legal dos jornalistas (art. 303 da CLT), que passou a ser de 6 horas diárias, de segunda a sexta-feira, por força da compensação do sábado não trabalhado, correta a exigência de labor por 4 horas durante o aviso, em face da redução legal de duas horas nesse período, nos exatos termos do art. art. 488 da CLT. (TRT 3ª Região. RO 00068-2009-106-03-00-5. 8ª Turma. Relatora Denise Alves Horta. Data: 20/07/2009)

O período de aviso prévio, tanto o indenizado quanto o trabalhado, é contado para todos os efeitos legais, inclusive para o cálculo de férias, 13º salário e FGTS. Inclusive, em relação à contagem do aviso prévio, a OJ n. 82 da SDI-1 do TST consagra que a data de saída a ser anotada na CTPS deve corresponder à do término do prazo do aviso prévio, ainda que indenizado.

No caso do empregado rural dispensado pelo empregador, terá direito a faltar um dia por semana para procurar novo emprego, de acordo com o art. 15 da Lei n. 5.889/73. O mesmo ocorre com o empregado doméstico, o qual terá direito ao aviso prévio de 30 dias, conforme art. 7º parágrafo único, CF.

Conforme art. 478 da CLT, não cabe aviso prévio no primeiro ano do contrato de trabalho por prazo indeterminado, por ser considerado ano de experiência.

8.4. Características do aviso prévio

Contado a partir do primeiro dia da sua notificação, inclusive o dia do seu vencimento, não importando se o término do seu vencimento caia em sábado, domingo ou feriado (Súmula 380, TST).

A rescisão só se efetiva com o fim do prazo do aviso prévio, porém é possível reconsiderá-lo antes do seu término, facultado à parte concedente. Se aceita a reconsideração ou continuando a prestação dos serviços (reconsideração tácita), findo o prazo do aviso, o contrato continua normalmente como se o aviso não tivesse existido (art. 489, parágrafo único, CLT): "Dado o aviso prévio, a rescisão torna-se efetiva depois de expirado o respectivo prazo, mas, se a parte notificante reconsiderar o ato, antes de seu termo, à outra parte é facultado aceitar ou não a reconsideração".

A CLT conclama o aviso prévio nos contratos com prazo indeterminado, porém, não havendo prazo estipulado, a parte que, sem justo motivo, quiser rescindir o contrato deverá avisar a outra da sua resolução, com a antecedência mínima de 8 dias, isto se o pagamento for semanal ou tempo inferior, e 30 dias aos que perceberem por quinzena ou mês, ou que tenham mais de 12 meses de serviço na empresa (art. 487 da CLT). Não é exigível nos contratos com prazos determinados, incluindo o contrato de experiência, porque entende-se que as partes tinham conhecimento dos termos contratuais, antecipadamente.

8.5. Aviso prévio e estabilidade provisória

A estabilidade provisória é o direito que o empregado tem de continuar laborando, mesmo contra a vontade do empregador, nos casos de gravidez, acidentado, eleição para CIPA, CCP, dirigente sindical, membro do conselho curador do FGTS, membro do conselho nacional da previdência social e diretor de cooperativa, salvo se este cometer falta grave ou encerramento da empresa, já que o prazo do aviso prévio integra o contrato de trabalho para todos os efeitos legais (art. 489 da CLT).

Contudo, importante citar a Súmula 369, V, do TST:

> *O registro da candidatura do empregado a cargo de dirigente sindical durante o período de aviso prévio, ainda que indenizado, não lhe assegura a estabilidade, visto que inaplicável a regra do § 3º do art. 543 da Consolidação das Leis do Trabalho.*

Quanto à ocorrência de estabilidade provisória no curso do aviso prévio, não é pacífico o entendimento no sentido de ser ou não devido o direito à garantia de emprego pela inexistência de legislação específica a respeito. Todavia, o entendimento predominante é de que a estabilidade adquirida durante o prazo de aviso prévio não impossibilita a rescisão do contrato de trabalho respectivo, porquanto já é sujeito a termo.

> Jurisprudência:
> *ESTABILIDADE PROVISÓRIA. DEMISSÃO DO EMPREGADO. DIREITO À INDENIZAÇÃO. Conquanto a legislação brasileira não estabeleça qualquer previsão quanto ao direito do empregado à indenização pelo fato de o empregador dispensá-lo no curso do período de estabilidade provisória, não se pode perder de vista que a condenação se faz necessária para o fim de coibir atos do empregador*

no sentido de rescindir o contrato de trabalho daqueles empregados que estão protegidos pela norma que assegura a garantia de emprego. No entanto, o fato de o trabalhador não pleitear a reintegração ao emprego não constitui, por si só, óbice ao deferimento de indenização substitutiva da estabilidade provisória, pois a conduta empresarial em deixar de observar a norma legal pertinente à estabilidade, rescindindo sumariamente o contrato de trabalho, deixa patente a sua vontade de não querer o empregado em seu quadro de pessoal, o que torna inviável a reintegração ao emprego, resultando daí o dever de indenizar. Mantém-se a sentença hostilizada que deferiu à reclamante a indenização correspondente aos salários devidos no período de estabilidade provisória decorrente de doença ocupacional equiparada a acidente do trabalho. (TRT 3ª Região. RO 00109-2009-073-03-00-7. 4ª Turma. Relator José Resende Chaves Júnior. Data: 27/07/2009)

GESTANTE – ESTABILIDADE PROVISÓRIA – CONHECIMENTO DA GESTAÇÃO – DESNECESSIDADE – AVISO PRÉVIO. O legislador constituinte não condicionou a estabilidade provisória ao fato de o empregador, ou mesmo a empregada, conhecer o estado gravídico no momento da rescisão contratual, pois, no que diz respeito à garantia de emprego da gestante, foi adotada a teoria da responsabilidade objetiva patronal. Nesse sentido é que a confirmação da gravidez, a que se refere o dispositivo constitucional, artigo 10, II, b, ADCT, é de ser compreendida como a confirmação da concepção no curso do contrato. Nesses termos, ocorrendo a gestação durante o contrato de trabalho, a reclamante tem direito à garantia de emprego, mesmo que a sua confirmação tenha se dado após a ruptura do pacto laboral, sendo irrelevante o conhecimento das partes quanto a tal fato no momento da dispensa sem justa causa, conforme consubstanciado na Súmula 244, do C. TST. E ainda, se a gravidez ocorrer no período de cumprimento do aviso prévio, cabível a estabilidade, pois se trata de tempo de serviço para todos os efeitos legais, nos termos da parte final do parágrafo 1º do artigo 487, da CLT. (TRT 3ª Região. RO 00403-2007-055-03-00-5. 2ª Turma. Relator Jorge Berg de Mendonça. Data: 05/12/2007)

É imperativo ressaltar que, enquanto o contrato de trabalho estiver suspenso ou durante a estabilidade provisória (Súmula 348 TST), o aviso prévio não pode ser concedido. Somente com o término da estabilidade e após o retorno do empregado ao trabalho é que o aviso então pode ser declarado.

Caso ocorra o afastamento por doença, o contrato é interrompido e, depois de 15 dias, suspenso, sendo nula a notificação do aviso prévio efetuada naquele período. Os efeitos da dispensa só se concretizam depois que o benefício previdenciário expira (Súmula 371 TST).

8.6. Indenização adicional e o aviso prévio

As entidades de classe (Sindicato, Federação e Confederação, representativas das categorias profissional e econômica), reúnem-se num determinado mês de cada ano para discutir sobre uma nova composição salarial e as condições de trabalho para os empregados do segmento, denominado de mês da data-base. Nesta reunião são discutidos os reajustes salariais, além de outras reivindicações dos trabalhadores.

Quando o empregado é dispensado sem justa causa nos 30 dias que antecedem a data-base de sua categoria profissional, faz jus receber uma indenização no valor de um salário (Lei n. 6.708/79, art. 9º e Lei n. 7.238/84, art. 9º).

Lei n. 7.238, de 29 de outubro de 1984:

> *Art. 9º – O empregado dispensado, sem justa causa, no período de 30 (trinta) dias que antecede a data de sua correção salarial, terá direito à indenização adicional equivalente a 1 (um) salário mensal, seja ele optante ou não pelo Fundo de Garantia por Tempo de Serviço – FGTS [...].*

O Enunciado TST n. 306 ratificou o direito a esta indenização, dispondo:

> *É devido o pagamento da indenização adicional na hipótese de dispensa injusta do empregado, ocorrida no trintídio que antecede a data-base. A legislação posterior não revogou os arts. 9º da Lei n. 6.708/79 e 9º da Lei n. 7.238/84.*

Tem direito à indenização o empregado que tiver a sua dispensa injustificada pelo empregador. Em qualquer outra situação de dispensa não será devida, e desde que ocorra dentro do prazo de 30 dias antecedentes à data-base. A indenização adicional foi instituída para proteger economicamente o empregado que sofreu dispensa por justa causa às vésperas do mês de negociação salarial da sua categoria e, caso ocorra, o valor do adicional será equivalente a um salário mensal do empregado.

8.7. Direito de retenção e ação judicial

De acordo com o que determina a Lei, o direito de retenção ou compensação de salários só pode ser arguido na Justiça do Trabalho como matéria de defesa (art. 767 da CLT). Reza a Súmula 18, TST: "A compensação, na Justiça do Trabalho, está adstrita a dívidas de natureza trabalhista".

O que está disposto no art. 767 da CLT "A compensação, ou retenção, só poderá ser arguida como matéria de defesa", percebida como inconstitucional, retrata que o empregador poderá reclamar seu crédito, referente ao direito de retenção, na Justiça Cível Comum, caso não o faça na Justiça do Trabalho.

> Jurisprudência:
> COMPENSAÇÃO – INDENIZAÇÃO – PDV – IMPOSSIBILIDADE. *O valor pago a título de "Indenização PDV" se afigura de nítido caráter indenizatório, pois foi feito espontaneamente, como estímulo à saída da reclamante e compensação pela perda do emprego. Realmente, o empregador, ao instituir o PDV, visando enxugar o número de empregados, estipulou indenização por mera liberalidade, que não pode ser compensada com quaisquer outras verbas, de natureza salarial, não se enquadrando na hipótese agasalhada pelo artigo 767 da CLT, por aplicação da regra contida no artigo 1090 do Código Civil de 1916, renovada pelo artigo 114 do atual Código Civil Brasileiro.* (TRT 2ª Região. RO 01-02265-2002-463-02-00. 10ª Turma. Relatora Vera Marta Publio Dias. Data: 04/04/2006)

8.8. ACIDENTE OU DOENÇA NO TRANSCORRER DO AVISO PRÉVIO

Para o empregado que sofreu acidente do trabalho, a Lei garante, pelo prazo mínimo de 12 meses, a manutenção do seu contrato de trabalho vigente na empresa, após cessado o auxílio doença por acidente, independentemente de percepção de auxílio-acidente (Lei n. 8.213/91, art. 118).

Porém, o empregado não será beneficiado pelo auxílio-doença acidentário e não gozará de qualquer garantia de emprego, quando o afastamento for menor de 16 dias.

> *São pressupostos para a concessão da estabilidade o afastamento superior a 15 dias e a consequente percepção do auxílio-doença profissional que guarde relação de causalidade com a execução do contrato de emprego.* (Súmula 378, II, TST)

É inconstitucional a exclusão social ou negar a readaptação do empregado ao trabalho, quando do sinistro resultar deficiências, dano estético ou redução da capacidade laboral, cuja reintegração ao serviço deverá ter preferência ante a mera indenização, senão por princípio da dignidade da pessoa humana e do valor social do trabalho.

O que pode se resumir é que há a interrupção do contrato laboral no período em que o empregado está afastado por doença, e por derradeiro, depois de 15 dias, o contrato automaticamente fica suspenso, torna-se assim nulo qualquer aviso prévio concedido neste período.

8.9. CONCESSÃO DA JUSTA CAUSA NO DECORRER DO AVISO PRÉVIO

Se o empregador praticar falta grave, durante o curso do aviso, este fica obrigado a pagar a totalidade do aviso para o empregado, ficando este desobrigado a continuar trabalhando (art. 490 da CLT). Por outro lado, se a falta grave é resultante da parte do empregado, este perde o restante do respectivo prazo (art. 491 da CLT), exceto da justa causa por abandono de emprego, por ser incompatível com o aviso prévio (Súmula 73 TST).

Entretanto, se houver culpa recíproca, o empregado terá direito à metade do aviso prévio, inclusive do 13º salário e férias proporcionais (Súmula 14 TST). O artigo 481 da CLT dispõe que aos contratos por prazo determinado que contiverem cláusula assecuratória do direito recíproco de rescisão antes de expirado o termo ajustado, aplicam-se, caso seja exercido tal direito por qualquer das partes, os princípios que regem a rescisão dos contratos por prazo indeterminado.

É cabível o aviso prévio na rescisão indireta, conforme artigo 487, § 4º, da CLT.

O abandono de emprego não configura a justa causa durante o período do aviso prévio, atingindo apenas a remuneração contada pelos dias não trabalhados. Por outro lado, a desídia maliciosa do empregado que se tornar relapso, faltando constantemente ao trabalho, não pode ser confundida ou comparada com o abandono de emprego tolerado pelos Tribunais. Neste caso, a desídia é caracterizada justa causa.

8.10. Prazo do Aviso Prévio

Recente alteração foi o cabimento de 3 dias a mais no aviso prévio, por ano trabalhado, limitado a 90 dias.

Não deve ser usado para o cálculo desses 3 dias o primeiro ano trabalhado e o proporcional; apenas anos cheios, ou seja, 12 meses.

9 | FÉRIAS

9.1. BREVE HISTÓRICO

As férias foram uma conquista do trabalhador. O primeiro registro histórico de férias foi em 1889 e, posteriormente, em 1890, quando foram instituídas as férias aos operários da Estrada de Ferro Central do Brasil. Mais tarde, em 1925, os empregados de outras empresas e demais atividades foram contemplados com a extensão consagrada por Lei, porém, o período de gozo era de 15 dias e não computava o adicional de 1/3. Constitucionalmente, as férias são registradas a partir do ano de 1934, mas foi em 1943 que as férias foram dimensionadas com mais propriedade e unificada as diversas leis até então vigentes, graças à Consolidação das Leis do Trabalho (CLT). O adicional especial de 1/3 foi determinado pela Constituição Federal de 1988, calculado sobre a base de cálculo das férias.

9.2. CONCEITO

Férias correspondente à interrupção das atividades laborais do empregado, sem a perda da remuneração mensal, e serve para que o funcionário recupere suas condições físicas e mentais despendidas no trabalho.

Após 12 meses de trabalho, a Lei confere ao empregado uma folga no contrato de trabalho, quando então adquire o direito de paralisar suas atividades, sem prejuízo da remuneração (arts. 129 a 153 da CLT), e com o tempo de serviço contado para todos os fins legais (art. 471 da CLT). O Estatuto Supremo garantiu o direito às férias anuais remuneradas ao empregado com acréscimo de 1/3 sobre a remuneração (art. 7º, XVII da CF).

9.3. Características

Os fundamentos jurídicos do instituto das férias são: anualidade, obrigatoriedade e irrenunciabilidade.

a) **Anualidade:** O empregado tem o direito a gozar férias anuais após 12 meses de relação contratual sem prejuízo de salário. A expressão "anuais" não se refere ao ano civil do calendário, mas sim ao contrato de trabalho. Isto quer dizer que cada empregado pode ter o seu próprio período de aquisição de férias, com seus respectivos prazos (art. 7º, XVII, da CF, e art. 129 da CLT).

b) **Obrigatoriedade:** Diz respeito ao empregador de conceder férias e ao direito do empregado de gozá-las em data determinada pelo superior hierárquico (art. 134 da CLT), o empregador tem a responsabilidade de efetuar o pagamento antecipado do salário correspondente ao período de férias, mais 1/3 constitucional (art. 145 da CLT), além do pagamento da primeira parcela do 13º, se for pertinente (art. 2º da Lei n. 4.749/65) e de não permitir que o empregado trabalhe no período de férias (art. 138 da CLT). Durante as férias, o empregado não poderá prestar serviços a outro empregador, salvo se estiver obrigado a fazê-lo em virtude de contrato de trabalho regularmente mantido com aquele.

c) **Irrenunciabilidade:** Não pode o empregado renunciar às férias ou "vendê-las", mas sim gozar em descanso o período correspondente (art. 134 da CLT). O art. 143 da CLT prevê que é facultado ao empregado converter 1/3 do período de férias a que tiver direito em abono pecuniário, no valor da remuneração que lhe seria devida. Apesar de as férias serem um direito do empregado, este pode ser obrigado a gozá-las.

9.4. Período aquisitivo

Após 12 meses de trabalho vigente em contrato, corresponde ao período aquisitivo de férias ao qual o empregado terá direito a descansar por 30 dias corridos (art. 130 a 130-A da CLT). Completando um ano de trabalho, novo período aquisitivo é iniciado, e assim sucessivamente durante a vigência do contrato de trabalho.

A Lei contempla a redução do período de 30 dias em caso de falta injustificada do empregado, durante o período aquisitivo, passando a ter a seguinte duração:

- 30 dias para o empregado que teve até 5 faltas durante o período aquisitivo;
- 24 dias, para o empregado que faltou de 6 a 14 vezes durante o período aquisitivo;
- 18 dias, para o empregado que faltou de 15 a 23 vezes durante o período aquisitivo; e
- 12 dias, para o empregado que faltou de 24 a 32 vezes durante o período aquisitivo.

Perderá o direito às férias o empregado que faltar injustificadamente mais de 32 vezes durante o período aquisitivo das férias.

9.5. Período concessivo

As férias serão concedidas por ato do empregador, em data que atenda melhor seus interesses, em um só período, nos 12 meses subsequentes à data em que o empregado tiver adquirido o direito. O estudante menor de 18 anos tem o direito de poder coincidir suas férias com as férias escolares. Quando dois ou mais membros de uma mesma família fazem parte da equipe de uma mesma empresa, se assim o desejarem e desde que não haja prejuízo para o serviço, poderão requerer suas férias no mesmo período.

A concessão das férias a que tem direito o empregado lhe será comunicada por escrito, com antecedência de no mínimo 30 dias (art. 135 da CLT). Para os menores de 18 anos e maiores de 50 anos, gozarão suas férias de uma única vez, e, aos demais empregados fora desta faixa etária, poderão gozar em até 2 períodos, desde que um deles não seja inferior a 10 dias corridos.

9.6. Férias concedidas após o período concessivo

Caso o empregador não conceda as férias no prazo legal – período concessivo – (art. 134 da CLT), as férias serão remuneradas em dobro acrescidas de 1/3 constitucional, isto é, o empregador pagará o dobro da remuneração, além do empregado manter o direito de gozá-las (art. 137 da CLT).

O empregado poderá ajuizar reclamação trabalhista, compelindo o empregador a concedê-las. Os dias de férias gozados após o período legal de concessão deverão ser remunerados em dobro (Súmula 81 do TST).

A indenização pelo não deferimento das férias no tempo oportuno será calculada com base na remuneração devida ao empregado na época da reclamação ou, se for o caso, da extinção do contrato de trabalho (Súmula 7 do TST).

> Jurisprudência:
> RECURSO DE REVISTA. FÉRIAS VENCIDAS. AUSÊNCIA DE CONCESSÃO. PAGAMENTO. EFEITO. A teor do art. 137 da CLT, "sempre que as férias forem concedidas após o prazo de que trata o art. 134, o empregador pagará em dobro a respectiva remuneração". Evidenciando-se o escoamento do período concessivo, sem fruição, com o pagamento das férias e percepção dos salários do mês ou meses correspondentes, impõe-se a condenação do empregador a tornar a remunerá-las, de forma simples, de vez que o deferimento do dobro, no caso, importaria em quitação tripla, excedente do comando legal. Recurso de revista conhecido e provido. (TST. Decisão 03 12 2003. 3ª Turma. Relator Juiz Convocado Alberto Luiz Bresciani Pereira. Data: 13/02/2004)
>
> SÚMULA 331. LEGALIDADE. A Súmula 331 do TST baseia-se nos princípios da culpa "in eligendo" e "in vigilando". Inspira-se nas disposições do art. 159 do antigo Código Civil e apenas explicita, no âmbito trabalhista, a extensão de sua aplicabilidade. Não é inconstitucional a referida Súmula; ao contrário, sua aplicação torna efetivo o princípio constitucional inserto no art. 5º, inciso II, segundo o qual "ninguém será obrigado a fazer ou deixar de fazer alguma coisa senão em virtude de lei". (TRT 2ª Região. RO 01 – 00180-2004-401-02-00. 1ª Turma. Relator Wilson Fernandes. Data: 19/12/2006)

9.7. Férias no regime de tempo parcial

Na modalidade do regime de tempo parcial (art. 58-A da CLT) o empregado terá direito a férias, a cada período aquisitivo de 12 meses, na seguinte proporção:
- 18 dias, para trabalho semanal com duração superior a 22 horas, até 25 horas;
- 16 dias, para trabalho semanal com duração superior a 20 horas, até 22 horas;

- 14 dias, para trabalho semanal com duração superior a 15 horas, até 20 horas;
- 12 dias, para trabalho semanal com duração superior a 10 horas, até 15 horas;
- 10 dias, para trabalho semanal com duração superior a 5 horas, até 10 horas;
- 8 dias, para a duração igual ou inferior a 5 horas.

Se o empregado contratado sob o regime de tempo parcial não justificar mais de 7 faltas durante o período aquisitivo, terá o período de férias reduzido pela metade.

"Art. 131 – Não será considerada falta ao serviço, para os efeitos do artigo anterior, a ausência do empregado", quando:
a) Nos casos referidos no art. 473 da CLT (falecimento do cônjuge, ascendente, descendente ou irmão, por 2 dias consecutivos; casamento, por 3 dias consecutivos; licença-paternidade, por 5 dias; doação voluntária de sangue, por 1 dia).
b) No caso da mulher, terá direito à licença compulsória por motivo de maternidade ou aborto.
c) O empregado sofrer acidente do trabalho ou enfermidade atestada pelo INSS, exceto caso previsto no inciso IV do art. 133 da CLT.
d) A falta for justificada pelo empregador, isto é, quando a falta não é descontada do empregado.
e) O empregado for suspenso por falta grave ou prisão preventiva, quando for pronunciado ou absolvido.
f) Nos dias que não tenha havido serviço, determinados pela própria empresa.

9.8. REMUNERAÇÃO DAS FÉRIAS

A remuneração das férias trata-se do valor normal de salário percebido pelo empregado ou àquela que tiver direito, de acordo com a sua jornada (se for pago por hora) ou produção média aferida durante o período aquisitivo (art. 142 da CLT). A parte do salário paga em utilidades será computada de acordo com a anotação na CTPS. Se a utilidade não for concedida, o salário *in natura* será convertido em dinheiro, e todos os adicionais serão aportados no salário, para efeito de cálculo de férias, tais como adicional de horas extras, noturno, insalubre ou perigoso, conforme reza o art. 142, § 5º, da CLT.

A remuneração de férias devida na data da sua concessão ao empregado é assegurada pela Constituição Federal em seu art. 7º, inciso XVIII, além do pagamento de, pelo menos, um terço a mais do salário normal (1/3 constitucional).

9.9. Os efeitos da cessação do contrato de trabalho

Uma vez cessado o contrato de trabalho, as férias serão pagas dependendo do motivo e tempo da relação de emprego. Assim, as férias podem ser divididas em:

a) **Férias vencidas:** quando já transcorridos o período aquisitivo de 12 meses, mas não foram gozadas e, dependendo do tempo, podem ser devidas de forma simples ou em dobro.

b) **Férias proporcionais:** quando não completou ainda o período aquisitivo (art. 146, parágrafo único, da CLT):

> *Na cessação do contrato de trabalho, após 12 (doze) meses de serviço, o empregado, desde que não haja sido demitido por justa causa, terá direito à remuneração relativa ao período incompleto de férias, de acordo com o art. 130 da CLT, na proporção de 1/12 (um doze avos) por mês de serviço ou fração superior a 14 (quatorze) dias.*

Mesmo no caso em que o empregado pede sua demissão, terá direito às férias proporcionais do período aquisitivo incompleto, ainda que tenha laborado menos de um ano na empresa (Súmula 261 do TST).

O direito adquirido de férias não gozadas é assegurado ao empregado que solicitar sua demissão, aposentar ou for dispensado por justa causa (art. 146 da CLT), assim como as férias proporcionais (Súmula n. 261 do TST).

Conforme art. 12, alínea "c", da Lei n. 6.019, os temporários têm direito às férias proporcionais.

9.10. Perda do direito de gozar as férias e suspensão do direito

Perde o direito às férias o empregado que no decorrer do período aquisitivo (art. 133, CLT):

I – deixar o emprego e não for readmitido dentro de 60 (sessenta) dias subsequentes à sua saída;
II – permanecer em gozo de licença, com percepção de salários, por mais de 30 (trinta) dias;
III – deixar de trabalhar, com percepção do salário, por mais de 30 (trinta) dias, em virtude de paralisação parcial ou total dos serviços da empresa; e
IV – tiver percebido da Previdência Social prestações de acidente de trabalho ou de auxílio-doença por mais de 6 (seis) meses, embora descontínuos.

O empregado, no implemento de uma ou mais condições acima citadas, ainda que antes de doze meses, terá que iniciar um novo período tão logo ocorra o retorno ao serviço, e não terá direito às férias nos interregnos em que ocorrerem qualquer uma ou mais dessas condições (art. 133, § 2º, CLT).

9.11. Prescrição das férias

A prescrição de férias começa quando se encerra o prazo concessivo de férias ou ocorre a cessação do contrato de trabalho (art. 149 da CLT). No entanto, o empregado terá o prazo de 5 anos para reclamar judicialmente a concessão de suas férias, estando em vigor o contrato de trabalho, e 2 anos, a contar da cessação do contrato de trabalho, para propor a ação. Impetrada ação nesse prazo, o empregado pode reclamar direitos adquiridos dos últimos 5 anos, a partir do término do período concessivo correspondente.

Alude o art. 440 da CLT que contra os menores de 18 anos não corre nenhum prazo prescricional, começando a correr a prescrição, portanto, somente quando o empregado completar 18 anos.

Jurisprudência:
SERVIDOR PÚBLICO. ARTIGO 129 DA CONSTITUIÇÃO ESTADUAL. Sexta-Parte. Preenchido o requisito objetivo para sua concessão (20 anos de efetivo serviço), afigura-se devido o benefício para

todos os servidores públicos estaduais, independentemente do regime jurídico de admissão. (TRT 2ª Região. RO 00595-2006-071-02-00. 11ª Turma. Relatora Maria Aparecida Duenhas. Data: 06/03/2007)

PRESCRIÇÃO MENOR – HERDEIRO DO EMPREGADO FALECIDO – ART. 440 DA CLT. Não obstante o art. 440 da CLT disponha que contra os menores de 18 anos não corre prescrição, é certo que referido dispositivo legal está inserido no capítulo inerente à proteção ao trabalho do menor, não podendo, por isso, ser interpretado isoladamente. Assim, de se entender que aquele comando legal dirige-se ao empregado menor e não aos herdeiros menores do empregado falecido. Com efeito, quando a discussão se refere a direitos de menores herdeiros e não propriamente do empregado menor, compete ao inventariante, que o representa, exercer o direito do empregado falecido, observando-se o prazo prescricional. (TRT 3ª Região. RO 00115-2003-096-03-00-2. 4ª Turma. Relator Juiz Júlio Bernardo do Carmo. Data: 05/07/2003)

9.12. Abono pecuniário

Abono pecuniário é a conversão em dinheiro da parcela de 1/3 (um terço) dos dias de férias a que o empregado tem direito. É uma opção do empregado, independentemente da concordância do empregador, desde que requerido no prazo estabelecido na legislação trabalhista.

O empregado que desejar converter 1/3 (um terço) de suas férias em abono pecuniário deverá requerê-lo ao empregador, por escrito, até 15 dias antes do término do período aquisitivo. O abono pecuniário deverá ser pago juntamente com a remuneração das férias em até 2 dias antes do início do período de fruição das férias.

É imperioso lembrar que o empregador deve pagar ao empregado, além da remuneração de férias, o adicional de 1/3 constitucional a mais sobre o salário normal (art. 7º, XVII, CF), o qual é devido em qualquer circunstância, seja nas férias simples, nas férias dobradas, nas férias gozadas, indenizadas e proporcionais. Esta gratificação constitucional não se confunde com o abono de férias previsto no art. 143 da CLT, que é o direito que tem o empregado de converter 1/3 do período de férias em dinheiro (abono pecuniário).

Capítulo 9

A Lei não permite converter em dinheiro o período total de férias, senão apenas 1/3 deste período (art. 143 da CLT). Os empregados que trabalham sob tempo parcial fogem da regra, e não poderão converter as férias em abono.

Jurisprudência:
DIFERENÇAS DE FÉRIAS. ABONO PECUNIÁRIO. Nos termos do art. 143 da CLT, é facultado ao empregado converter um terço do período de férias a que tiver direito em abono pecuniário, no valor da remuneração que lhe seria devida nos dias correspondentes. Na hipótese de o reclamante optar por converter 10 dias do seu período de férias em abono, ele tem direito de receber trinta dias de férias, com o acréscimo do terço constitucional (art. 7º XVII, da Constituição Federal), mais a remuneração correspondente a terça parte desse valor (equivalente a 10 de um total de 30 dias) a título de abono pecuniário. Não observado esse critério, persistem diferenças em favor do trabalhador. (TRT 3ª Região. RO 01528-2008-039-03-00-4. 7ª Turma. Relatora Alice Monteiro de Barros. Data: 19/05/2009)

9.13. Férias coletivas

As férias coletivas foram implantadas nas empresas como uma importante ferramenta de gestão, principalmente nas empresas que apresentam sazonalidades específicas no decorrer do ano, seja por conta das festas de final de ano, do verão, do inverno, da Páscoa etc. Ora a produção atinge seu nível máximo, necessitando até da contratação de empregados por tempo determinado, como fazem lojas e outros segmentos de grandes centros comerciais, ora registrando quedas acentuadas que mal atingem a manutenção do emprego efetivo. É justamente nessas situações de queda que as empresas aplicam as férias coletivas, atingindo dois alvos ao mesmo tempo: manter o emprego de profissionais qualificados e cumprir com as determinações legais que é conceder férias anuais aos seus funcionários.

O empregador, ao conceder férias coletivas, deve comunicar o órgão local do Ministério do Trabalho, com antecedência mínima de 15 dias, e, se existir, enviar cópia ao sindicato representativo da categoria profissional as datas de início e fim das férias, informando quais os estabelecimentos ou setores da empresa foram abrangidos pela medida. Uma cópia da comunicação deverá ser afixada nos locais de trabalho que sairão em férias coletivas, para que todos os envolvidos no processo tomem conhecimento (arts. 139, 140 e 141 da CLT).

Os funcionários atingidos por esta medida que tiverem menos 12 meses de contrato, isto é, que não adquiriram ainda o direito, gozarão férias proporcionais, e o período aquisitivo de férias deverá ser alterado, iniciando o novo período na data do início das férias coletivas (art. 140 da CLT). Em termos, o funcionário deixará de trabalhar pelo período de 30 dias, correspondente às férias coletivas, até porque a empresa ou setor atingido em que trabalha estará inativo, recebendo os dias proporcionais como férias mais o adicional de 1/3 constitucional, e os dias restantes a título de licença remunerada.

Imperativo ressaltar que as férias coletivas atingem a todos os funcionários da empresa ou de um setor. Se alguns empregados ou uma parte do setor sair e os outros permanecerem trabalhando, as férias coletivas serão consideradas inválidas. Assim também serão inválidas as férias gozadas em períodos inferiores a 10 dias ou se divididas em 3 ou mais períodos distintos (art. 139, § 1º, da CLT).

As férias coletivas poderão ser gozadas em dois períodos anuais, desde que nenhum deles seja inferior a 10 dias corridos. Vale colocar que a legislação estabelece que, para os empregados menores de 18 anos e maiores de 50 anos de idade, as férias sejam concedidas sempre de uma única vez. Portanto, havendo empregados enquadrados nestas condições, as férias não poderão ser divididas, tendo eles o direito de gozo integral.

>Jurisprudência:
>*FÉRIAS – CONCESSÃO – AVISO PRÉVIO – SEGURO DESEMPREGO FÉRIAS. Não há ilegalidade na sua concessão antes de completar o empregado um ano, quando vigora na empresa o sistema de férias coletivas. Aviso prévio – cessa a obrigação do empregador, quando quita a parcela abrangendo os dias em que havia dispensa de prestação de serviços. Seguro-desemprego – constitui obrigação do empregador fornecer o formulário próprio, quando dispensa o empregado. – cumprida a jornada legal, não há que se falar em horas extraordinárias. – há equívoco, passível de reparo, quando a própria sentença aponta salário superior ao que consta na condenação.* (TRT 1ª Região. RO 00223. 7ª Turma. Relatora Juíza Débora Barreto Póvoa. Data: 18/08/1994)

RECURSO ORDINÁRIO EM MANDADO DE SEGURANÇA. AUTUAÇÃO DA EMPRESA POR FALTA DE COMUNICAÇÃO DAS FÉRIAS COLETIVAS AO MINISTÉRIO DO TRABALHO COM ANTECEDÊNCIA MÍNIMA DE 15 (QUINZE) DIAS. MULTA APLICADA COM FULCRO NO ARTIGO 139, PARÁGRAFO 2º DA CLT. AUSÊNCIA DE ILEGALIDADE A SER CORRIGIDA OU DE DIREITO LÍQUIDO E CERTO A SER AMPARADO PELA VIA DO "MANDAMUS". Não evidencia qualquer violação de lei, abuso de poder ou infringência de direito líquido e certo suscetíveis de repreenda pela via mandamental, o ato praticado pela D. Autoridade impetrada que procede à lavratura de auto de infração em razão de descumprimento do artigo 139, parágrafo 2º, da Consolidação das Leis do Trabalho, que diz respeito à falta de comunicação ao órgão do Ministério do Trabalho, com 15 (quinze) dias de antecedência, quando da concessão de férias coletivas. Nem se alegue que a empresa recorrente tenha firmado Acordo Coletivo com o Sindicato profissional convencionando a desnecessidade de envio da comunicação das férias coletivas, uma vez que constou do instrumento normativo a dispensa da comunicação prévia apenas aos empregados e ao Sindicato e não ao órgão local do Ministério do Trabalho, mesmo porque nem sequer poderiam eles "flexibilizar" esse dispositivo, porquanto o parágrafo 2º, do artigo 139, da Consolidação das Leis do Trabalho, contém norma de ordem pública, que não pode ser derrogada pela vontade das partes, por tratar do dever-poder estatal de fiscalizar o cumprimento das normas trabalhistas. Recurso Ordinário em Mandado de Segurança a que se nega provimento. (TRT 2ª Região. RO 12962-2005-000-02-00. Turma SDI. Relatora Vânia Paranhos. Data: 12/05/2006)

9.14. Férias do empregado doméstico

Os empregados domésticos garantem o direito a férias de 30 dias corridos com base no art. 3º da Lei n. 5.859, mais 1/3 constitucional da remuneração. No entanto, não têm o direito a férias proporcionais conforme reza o art. 3º da Lei n. 5.859, em que o direito a férias ocorre após cada 12 meses de trabalho, com base no que versa o artigo 2º do Decreto n. 71.885/73, que não avança os limites da Lei para dizer que o capítulo correspondente a férias se aplica ao doméstico, já que a Lei n. 5.859 é omissa sobre o tema. Também estabelece a alínea "a" do art. 7º da CLT que os dispositivos não se aplicam aos domésticos nem a Constituição versa sobre o tema. O doméstico também não faz jus a férias em dobro, uma vez que esse tema não é observado no artigo 137 da CLT (art. 7º, alínea "a" da CLT).

A remuneração das férias, ainda quando devida após a cessação do contrato de trabalho, terá natureza salarial, para os efeitos do art. 449 da CLT (art. 148 da CLT).

> **Jurisprudência:**
> EMPREGADO DOMÉSTICO. FÉRIAS EM DOBRO. A Constituição de 1988, no parágrafo único de seu artigo 7º, assegurou aos empregados domésticos o direito às férias, previsto no inciso XVII do mesmo dispositivo para os trabalhadores urbanos e rurais em geral, sem qualquer restrição. No mesmo sentido e também sem qualquer ressalva, o Decreto n. 71.885/73, que regulamenta a lei do trabalho doméstico (Lei n. 5.859/72), estabelece expressamente em seu artigo 2º que é aplicável aos domésticos o Capítulo da CLT referente a férias. É, pois, devida à empregada doméstica a remuneração em dobro correspondente às férias que não houver usufruído dentro do período concessivo correspondente, a teor dos artigos 134 e 137 da CLT. (TRT 3ª Região. RO 0066-2008-153-00-0. 5ª Turma. Relator José Roberto Freire Pimenta. Data: 22/11/2008)
>
> EMPREGADO DOMÉSTICO. FÉRIAS NÃO GOZADAS E NÃO PAGAS. DOBRA DO ARTIGO 137 DA CLT. DEVIDA. O art. 2º do Decreto n. 71.885/73, que regulamentou a Lei dos Empregados Domésticos (Lei n. 5.859/72), já excepcionava o capítulo referente às férias, ao preconizar a inaplicabilidade das disposições da Consolidação das Leis do Trabalho aos referidos trabalhadores. Com o advento do preceito constitucional do parágrafo único do artigo 7º da CF e sua remissão ao inciso XVII, verificou-se a uniformização dos institutos das férias para os trabalhadores urbanos, rurais e domésticos, que passaram a ter tratamento igualitário infraconstitucional por determinação da própria "Lei Maior", e na forma regulamentada pela CLT, por inferência lógica, daí a exigibilidade pelo doméstico das férias em dobro e acrescidas de 1/3 quando não concedidas e pagas a tempo e modo. (TRT 3ª Região. RO 01269-2006-014-03-00-3. 4ª Turma. Relator Fernando Luiz Gonçalves Rios Neto. Data: 18/08/2007)

> *EMPREGADO DOMÉSTICO. FÉRIAS NÃO GOZADAS E NÃO PAGAS. DOBRA DO ARTIGO 137 DA CLT. DEVIDA. O art. 2º do Decreto n. 71.885/73, que regulamentou a Lei dos Empregados Domésticos (Lei n. 5.859/72), já excepcionava o capítulo referente às férias, ao preconizar a inaplicabilidade das disposições da Consolidação das Leis do Trabalho aos referidos trabalhadores. Com o advento do preceito constitucional do parágrafo único do artigo 7º da CF e sua remissão ao inciso XVII, verificou-se a uniformização dos institutos das férias para os trabalhadores urbanos, rurais e domésticos, que passaram a ter tratamento igualitário infraconstitucional por determinação da própria "Lei Maior", e na forma regulamentada pela CLT, por inferência lógica, daí a exigibilidade pelo doméstico das férias em dobro e acrescidas de 1/3 quando não concedidas e pagas a tempo e modo. (TRT 2ª Região. RO 19990569226. 8ª Turma. Relator José Carlos da Silva Arouca. Data: 13/02/2001)*

> *"EMPREGADO DOMÉSTICO – FÉRIAS PROPORCIONAIS". A Lei n. 5859/72 e o decreto regulamentador 71.885/73 se reportam a CLT para deferir férias aos empregados domésticos. Tendo a norma consolidada sido alterada pelo Decreto-Lei n. 1.535/77, para elevar as ferias para 30 (trinta) dias, esse direito se estendeu também aos domésticos, inclusive com o 1/3 previsto no Inciso XVII do artigo sétimo, da Constituição Federal. Dispensada injustamente, foi frustrado o direito da reclamante de implementar seu direito a férias, fazendo jus as proporcionais, acrescidas do terço constitucional. (TRT 2ª Região. RO 02940177745. 8ª Turma. Relator Sérgio prado de melo. Data: 19/10/1995)*

Com o advento da Lei n. 11.324/2006, arts. 4º e 5º, a categoria de empregados domésticos passou a ter direito a férias anuais de 30 dias mais 1/3 constitucional, após o período aquisitivo de férias de 12 meses de trabalho prestados à mesma pessoa ou família, mas só se aplica aos períodos aquisitivos iniciados após a data de publicação desta Lei, ou seja, 20/07/2006, conforme art. 3º da Lei n. 5.859/72, *in verbi*: "Art. 3º O empregado doméstico terá direito a férias anuais remuneradas de 30 dias com, pelo menos, 1/3 (um terço) a mais que o salário normal, após cada período de 12 (doze) meses de trabalho, prestado à mesma pessoa ou família", (NR) (Redação da Lei n. 11.324 – 19.07.2006, arts. 4º e 5º).

Jurisprudência:
EMPREGADO DOMÉSTICO. FÉRIAS PROPORCIONAIS. FÉRIAS PROPORCIONAIS. DOMÉSTICO. A convenção n. 132 da OIT, ratificada pelo governo brasileiro e em vigor desde 23/09/1999, em seu art. 4º autoriza o pagamento de férias proporcionais a todo o trabalhador, à exceção dos marítimos, em qualquer caso de cessação da relação empregatícia, o que alcança os domésticos. (TRT 1ª Região. RO 01321-2001-058-01-00. 3ª Turma. Relator Desembargador Fernando Antônio Zorzenon da Silva. Data: 10/10/2005)

RECURSO ORDINÁRIO. PESSOA QUE PRESTA SERVIÇO DE ACOMPANHAMENTO À ENFERMO NO ÂMBITO FAMILIAR. EMPREGADO DOMÉSTICO. O art. 1º da Lei n. 5.859/1972 qualifica como empregado doméstico aquele que "presta serviços de natureza contínua e de finalidade não lucrativa à pessoa ou à família no âmbito residencial destas". Caracteriza-se como trabalhador doméstico aquele que presta serviço de apoio a pessoa enferma com jornada de trabalho fixa recebendo ordenas de quem o contratou. (TRT 2ª Região. RO 00318-2005-007-02-00. 12ª Turma. Relator Marcelo Freire Gonçalves. Data: 10/11/2006)

EMPREGADO DOMÉSTICO – FÉRIAS. Antes do advento da Lei n. 11.324, de 19/7/2006, que alterou o art. 3º da Lei n. 5.859/72 e ampliou para trinta dias a duração das férias do empregado doméstico, este fazia jus a vinte dias úteis de férias, somente o que resultava, na prática, em 24 dias corridos. A alteração aplica-se somente aos períodos aquisitivos iniciados após a data da publicação da lei alteradora (ocorrida em 20/07/2006). (TRT 3ª Região. RO 01376-2008-005-03-00-2. 2ª Turma. Relatora Maristela Iris da Silva Malheiros. Data: 17/04/2009)

9.15. Férias do professor

Ao professor é assegurado o pagamento de salários no período de férias escolares, mesmo quando despedido sem justa causa no término do ano letivo ou curso dessas férias (Súmula 10 do TST). Durante o período de férias, o empregador não poderá exigir de seus professores qualquer serviço que não seja o relacionado com a aplicação de exames.

Jurisprudência:
PROFESSOR – DISPENSA. O § 3º do art. 322 da CLT, na esteira do enunciado n. 10 da SJTST, assegura ao professor dispensado ao término do ano letivo ou no curso das férias escolares o pagamento do período correspondente com o fito de impedir contratação anual, por período determinado, e coincidente com o ano letivo. Apelo a que se nega provimento. (TRT 1ª Região. RO 00748. 2ª Turma. Relatora Juíza Glória Regina Ferreira Mello. Data: 29/11/2000)

PROFESSOR – AVISO PRÉVIO – DISSÍDIO COLETIVO. O fato de o professor estar viajando no período de férias escolares não desobriga o empregador de lhe pré-avisar na data prevista na norma coletiva. (TRT 1ª Região. RO 14018. 6ª Turma. Relator Juiz Manoel Affonso Mendes de Farias Mello. Data: 05/12/1994)

PROFESSOR – DISPENSA – FÉRIAS. A despedida injusta do professor no curso do 2º semestre do ano letivo dá-lhe o direito ao recebimento do período de férias escolares conforme súmula n. 10 do Egrégio TST. Não consta. (TRT 1ª Região. RO 10032. 3ª Turma. Relator Juiz Luiz Carlos de Brito. Data: 31/08/1984)

RECURSO ORDINÁRIO. PROFESSOR. REPOUSO SEMANAL REMUNERADO. Art. 320, § 1º, da CLT. Súmula 351. A fórmula adotada para a remuneração do repouso semanal (cinco semanas) não completa 1/6, pelo título, pelo que são cabíveis as diferenças. (TRT 2ª Região. RO 02225-2005-054-02-00. 11ª Turma. Relator Carlos Francisco Berardo. Data: 20/03/2007)

9.16. Férias e a Convenção n. 132 da OIT

Fundada em 1919, com sede em Genebra, Suíça, a Organização Internacional do Trabalho (OIT) tem o objetivo de promover a justiça social. É a única das Agências do Sistema das Nações Unidas que tem estrutura tripartite, na qual os representantes dos empregadores e dos trabalhadores têm os mesmos direitos que os do governo.

FÉRIAS

Capítulo 9

Os fundamentos da OIT mergulham no princípio de que a paz universal e permanente só se baseiam na justiça social e atuam como estrutura internacional que torna possível abordar estas questões e buscar soluções que permitam a melhoria das condições do trabalho no mundo.

Pelo Brasil, a ratificação da Convenção n. 132 da OIT alterou a legislação celetista a respeito das férias para alguns doutrinadores, e a partir da promulgação do Decreto Presidencial 3.197/99 sofreram algumas mudanças:

a) Os dias determinados como feriados oficiais ou costumeiros, quer se situem ou não dentro do período de férias anuais, não serão computados como parte do período mínimo de férias anuais remuneradas.

b) O empregador determinará a época da concessão de férias, levando-se em conta a necessidade do trabalho e as possibilidades quanto à diversão ou repouso dos empregados, depois de indagar ao empregado interessado ou ao seu sindicato.

c) As férias podem ocorrer em dois períodos ou fração, um dos quais não poderá ser inferior a 14 dias.

d) Revoga a conversão de 1/3 do período de férias a que tiver direito, em abono pecuniário.

e) O empregado terá direito a receber a relativa remuneração pelo período incompleto de férias quando da rescisão do seu contrato de trabalho, proporcional ao tempo trabalhado, isto é, 1/12 por mês de serviço ou fração superior a 14 dias acrescido do valor de 1/3 a mais sobre o salário normal, salvo não ser dispensado por justa causa antes de ter completo 6 meses de trabalho.

10 | FGTS

10.1. Conceito e origem

Instituído pela Lei n. 5.107 de 13/09/66, o Fundo de Garantia por Tempo de Serviço (FGTS), regulamentado pelo Decreto n. 59.820, de 20/12/1966, foi criado como opção do trabalhador permanecer com o sistema da estabilidade decenal e receber indenização em dobro, de um mês de salário para cada ano trabalhado (arts. 478, 496 e 497, da CLT). Esta possibilidade de opção desapareceu com a Constituição Federal de 1988, quando então os empregados passaram a ter direito ao FGTS (art. 7º, III da CF).

Atualmente o FGTS é regido pela Lei n. 8.036/90, regulamentada pelo Decreto n. 99.684/90. A Lei mencionada é a principal fonte de consulta para quase todas as questões relativas ao tema.

A empresa deposita, em conta vinculada, aberta em nome do funcionário, a parcela de 8% da remuneração paga devida ao empregado, como forma de poupança, isto é, com o objetivo de garantir que, em caso de dispensa ou outras situações previstas em lei, o funcionário tenha como garantir sua subsistência. De acordo com algumas situações discorridas mais adiante, o funcionário poderá adquirir o direito de sacar o FGTS.

O FGTS depositado na Caixa Econômica Federal é aplicado principalmente na construção de casas populares, saneamento básico e infraestrutura urbana (art. 9º, §§ 2º e 3º, da Lei n. 8.036/90). Como consequência, este mecanismo proporciona a geração de empregos no ramo da construção civil.

O empregado pode controlar sua conta vinculada por meio de extrato enviado pelo banco, na residência deste, a cada 2 meses. A conta também pode ser conferida comparecendo em qualquer agência da Caixa Econômica Federal, munido de seus documentos pessoais e o cartão do PIS/PASEP.

10.2. Estabilidade geral

A Lei Previdenciária n. 4.682/1923, também chamada de Lei Elói Chaves, rege sobre a criação de caixas de aposentadorias e pensões dos ferroviários, para garantia de estabilidade depois de 10 anos de serviço. Logo após, a Lei foi estendida a todas as empresas ferroviárias e aos portuários, e pela Lei n. 62/1935 a estabilidade deixou de ser ligada à Previdência para passar a constar em diploma legal atrelado ao contrato de trabalho.

A Constituição Federal de 1988 extinguiu o regime de estabilidade geral, ao instituir e unificar o sistema do FGTS como direito geral de todos os trabalhadores (art. 7º, III, da CF).

O sistema de estabilidade existiu até 1967. Aquele funcionário que tivesse mais de 10 anos de serviços prestados na mesma empresa, o chamado decenal, não poderia ser despedido senão por motivo de falta grave ou circunstância de força maior, devidamente comprovados (art. 492 da CLT). Uma vez caracterizada a falta grave, o empregado era afastado de suas funções, e a sua dispensa só se efetivaria após instauração de inquérito judicial para apuração de falta grave, prescritos nos artigos 853 e seguintes. Porém, se a falta grave instaurada fosse alegada inexistente, o empregado era imediatamente reintegrado às suas funções, e o empregador, obrigado a pagar todos os salários do tempo em que ocorreu a suspensão.

Antes do sistema de estabilidade, a rescisão contratual por prazo indeterminado, sem alegação de justa causa, fazia jus o empregado a um valor equivalente a um mês de remuneração por ano de serviço efetivo, a título de indenização. Esse valor era dobrado quando o empregado era despedido às vésperas de ele completar 10 anos de serviço, pois esse fato obstava o empregado de adquirir a estabilidade (art. 499, § 3º da CLT). Imperativo lembrar que o artigo 478, § 1º, da CLT, aduz que o primeiro ano de contrato de trabalho era considerado como período de experiência, portanto nenhuma indenização era devida perante a rescisão contratual.

Em suma, após 10 anos de serviços prestados à mesma empresa, o empregado ganhava estabilidade no emprego e ficava imune à demissão, salvo mediante comprovação de falta grave ou força maior.

Jurisprudência:
SENTENÇA JUDICIAL. NULIDADE. EMBARGOS DE DECLARAÇÃO. GRATIFICAÇÃO. ACORDO COLETIVO. DISPENSA. 1. Nulidade da sentença. Negativa da prestação jurisdicional. A má apreciação da prova não dá ensejo a reexame do julgado na via estreita de embargos de declaração. O Juiz não está obrigado a rebater todos os argumentos expendidos pela parte, notadamente quando inexistiu a propalada omissão, buscando a parte o reexame da matéria na via estreita dos embargos. Preliminar que se rejeita. 2. Não se considera obstativa do direito ao percebimento da gratificação decenal, prevista em cláusula de acordo coletivo, a dispensa ocorrida 2 (dois) anos antes de ser implementada a condição ali estipulada. Seria obstativa caso a dispensa ocorresse pelo menos 6 (seis) meses antes de implementar-se a condição, consoante pacífico entendimento jurisprudencial quanto à estabilidade decenária, aplicável por extensão. Também é certo que não restou provado o dolo do empregador a impedir a realização da condição, nos precisos termos do art. 129, do atual Código Civil. (TRT 1ª Região. 2ª Turma. RO 01385-1996-054-01-00. Relator Juiz Paulo Roberto Capanema da Fonseca. Data: 23/07/2003)

ESTABILIDADE – FGTS. O instituto da estabilidade decenal é incompatível com o do regime do FGTS, sendo impossível sua conjugação. O primeiro garante o emprego e o segundo uma indenização compensatória do tempo de serviço, pela ruptura imotivada do contrato de trabalho. (TRT 1ª Região. 3ª Turma. RO 01169. Relator Juiz Fernando Antônio Zorzenon da Silva. Data: 13/12/2002)

10.3. SISTEMA OPTATIVO DE 1967

A Constituição Federal de 1967 trouxe, em caráter optativo, novo sistema de indenização e nova disciplina legal relativa ao tempo de serviço do empregado. Esse sistema, portanto, instituía que o empregado pudesse optar por permanecer no sistema de estabilidade decenal ou migrar para o novo sistema, no qual não deteria de estabilidade, contudo seria indenizado pela dispensa injustificada. O empregado deveria fazer uma opção formal pelo FGTS e esta seria anotada na sua CTPS, surgindo então duas categorias de empregados: os optantes e os não optantes pelo FGTS.

A maioria dos empregados acabou fazendo a opção pelo novo sistema, visto que os empregadores davam preferência ao optante na contratação de novos funcionários. É que explica, muitas vezes, quando o empregado instável se torna relapso no trabalho, pelo escudo que a estabilidade o protegia de atos do empregador.

Com o advento da Constituição de 1988, acabou com o direito de o trabalhador optar pela estabilidade, assim o FGTS passou a ser a única opção do empregado celetista, cuja regulamentação é regida pela Lei n. 8.036/90. O Decreto n. 99.684/90 aprovou o Regulamento do Fundo de Garantia do Tempo de Serviço.

> Jurisprudência:
> *TEMPO ANTERIOR À CF/88. PEDIDO DE REINTEGRAÇÃO AO EMPREGO. Não tem direito à estabilidade decenal prevista no art. 492 da CLT o empregado que após a CF/88 passou a ter o contrato regido pela lei do FGTS, com depósitos mensais recolhidos à sua conta vinculada.* (TRT 2ª Região. 9ª Turma. RO 22380200290202009. Relator Luiz Edgar Ferraz de Oliveira. Data: 20/09/2002)
>
> *FGTS. OPÇÃO RETROATIVA. DESNECESSIDADE DE CONCORDÂNCIA DO EMPREGADOR. SERVIDOR PÚBLICO. ESTABILIDADE DO ART. 19 DO ADCT. A opção retroativa pelo FGTS independe de anuência do empregador. Não há nisso afronta ao princípio constitucional da propriedade (art. 5º, inciso XXII), pois os depósitos efetuados em "conta não-optante" não pertencem às partes, mas ao "Fundo" enquanto estiver vigente o contrato de trabalho. Tratando-se de servidor público, a estabilidade garantida pelo art. 19 do ADCT não é incompatível com o FGTS, pois os institutos são distintos, e com o advento da CF/88 o FGTS deixou de ser sistema optativo de indenização do tempo de serviço, para tornar-se vantagem decorrente do contrato de trabalho e diretamente relacionada com o tempo de serviço do empregado.* (TRT 15ª Região. 5ª Turma. RO 019567. Relator designado: Sebastião Ximenes Junior. Data: 01/12/1999)

10.4. REGRAS DE TRANSIÇÃO

Com o encerramento do ciclo histórico da estabilidade no emprego por tempo de serviço, quando a Constituição de 1988 acabou com o direito de opção, o FGTS passou então a ser compulsório, ressalvado o direito adquirido dos já estáveis (Lei n. 8.036/90) que continuaram protegidos de demissões arbitrárias.

Com o surgimento das categorias optantes e não optantes, estes últimos, mesmo ainda não estáveis, passaram a ter um sistema híbrido, isto é, após 5 de outubro de 1988 o tempo de trabalho é regulado pelo FGTS, e o tempo anterior a esta data continuou regido pelo sistema indenizatório, para rescisões sem justa causa.

10.5. Natureza jurídica

Há muitas controvérsias a respeito da natureza jurídica do FGTS. Parte da doutrina entende que a contribuição do FGTS é um tributo, outros, como contribuição parafiscal arrecadada pelo Estado. Há ainda os que a consideram depósito indenizatório para o trabalhador despedido. Porém, existe uma última corrente, francamente vencedora nos Tribunais, que reconhecem sua natureza jurídica como estritamente previdenciária. (Súmula 210 do STJ).

As dificuldades para definir a natureza do FGTS se prendem à sua característica múltipla, já que foi criado para substituir a indenização de dispensa. Possui um significado mais amplo quando se afirma que é uma forma de pecúlio para o trabalhador e é o reconhecimento de forma compulsória pelo Estado.

Independentemente desta discussão acerca da natureza jurídica do FGTS, há de se convir que brota em seu âmago um componente muito forte imbricado com o seguro social. De qualquer modo, o Instituto tem sido tratado diferentemente pela lei e pela jurisprudência.

10.6. Administração, competência e prescrição

O FGTS é gerido pela Caixa Econômica Federal (CEF), regido pelas determinações do Conselho Curador, e a fiscalização nas empresas compete aos Auditores Fiscais do Trabalho. Compete à CEF o papel de agente operador dos depósitos, responsável pelo gerenciamento dos recursos do FGTS, os quais são aplicados em habitação popular, saneamento básico e infraestrutura urbana.

A competência para dirimir litígios trabalhistas sobre o FGTS é da Justiça do Trabalho. Excluídas as reclamações trabalhistas, compete à Justiça Federal processar e julgar os feitos relativos à movimentação do FGTS (Súmula 82 do STJ), como, por exemplo, a inscrição na dívida ativa e cobrança via executivo fiscal.

Conforme a Súmula 362 do TST e Súmula 210 do STJ, a prescrição do direito de reclamar contra a falta de recolhimento da contribuição para o FGTS é trintenária (30 anos), mas uma vez extinto o contrato de trabalho a ação judicial tem de ser proposta em até 2 anos, sob pena de prescrição.

Em face que o FGTS é um direito do trabalhador (art. 7º, III, da CF), observa-se esse prazo tanto para os trabalhadores urbanos como para os trabalhadores rurais, e podem reclamar os últimos 5 anos, inclusive o FGTS.

10.7. Levantamentos do FGTS e suas hipóteses

Os artigos 18 a 21 da Lei n. 8.036/90 enumeram as hipóteses em que o titular da conta pode sacar o montante do FGTS, sendo citadas as mais importantes como:
a) Dispensa sem justa causa, pelo empregador, seja nos casos de despedida indireta, de culpa recíproca e de força maior.
b) Extinção total da empresa ou pelo fechamento de quaisquer estabelecimentos, filiais, agências, supressão de parte de suas atividades, ou ainda, morte do empregador individual, ocorrências em que sempre serão comprovadas por declaração escrita da empresa ou por decisão judicial transitada em julgado, quando aquela será suprida por esta.
c) Aposentadoria concedida pela Previdência Social, inclusive por invalidez.
d) Quando utilizado como parte de pagamento decorrente do financiamento habitacional concedido no âmbito do Sistema Financeiro da Habitação (SFH), com os seguintes critérios:
   • o funcionário deve contar com, no mínimo, 3 anos trabalhando na mesma empresa ou empresas diferentes, sob o regime do FGTS;
   • o valor seja utilizado, no prazo mínimo de 12 meses;
   • o valor do abatimento tenha alcançado, no máximo, 80% do montante da prestação.
e) Liquidação ou amortização extraordinária do saldo devedor de financiamento imobiliário concedido no âmbito do SFH.
f) Pagamento total ou parcial do valor da casa própria.

g) Quando o funcionário permanecer 3 anos ininterruptos, sem crédito de depósitos.
h) Extinção normal do contrato a termo, abrangendo inclusive a hipótese de trabalhador temporário (Lei n. 6.019/79).
i) Quando houver suspensão total do trabalho avulso por período igual ou superior a 90 dias.
j) Quando o trabalhador ou dependente for acometido por algumas doenças graves como neoplasia maligna e quando ele ou a dependente forem portadores de HIV (Lei n. 7.670, de 08/09/88).
k) Quando o trabalhador tiver idade igual ou superior a 70 anos, entre outras.

A fruição do FGTS não é totalmente condicionada ao tipo de término de contrato, mas, sem dúvida, nos caos em que o empregado pede demissão ou é despedido por justa causa ele perde o direito de sacar o FGTS, não perdendo, todavia, o direito ao seu patrimônio, inclusive à correção monetária e aos juros legais. Desta forma, fica claro que ele poderá retirar o valor depositado na sua conta vinculada com adição dos acréscimos devidos, quando ocorrer uma das hipóteses legais para o saque.

10.8. FACTUM PRINCIPIS

Factum principis ou "fato do príncipe" aplica-se aos casos de paralisação temporária ou definitiva do trabalho, motivada por ato do governo municipal, estadual ou federal ou pela promulgação de Lei ou resolução que impossibilite continuar com a atividade laboral. A edição da MP 168 de 20 de fevereiro de 2004, que proíbe o jogo de bingo no país, é um bom exemplo. O art. 486 da CLT reza que a paralisação arguida acima, por ato de autoridade pública, prevalecerá o pagamento da indenização dos 40% referente ao FGTS, que ficará a cargo do governo responsável (Redação dada pela Lei n. 1.530, de 26/12/51).

> Jurisprudência:
> *AGRAVO DE PETIÇÃO. FACTUM PRINCIPIS NÃO CONFIGURADO. CUMPRIMENTO DE PARCELA DE ACORDO INADIMPLIDO. CRÉDITO CONSTITUÍDO ANTERIORMENTE À INTERVENÇÃO PELA PREFEITURA DE PRAIA GRANDE, QUE DEVE ARCAR COM A RESPONSABILIDADE PELO PAGAMENTO.*

1. A caracterização do chamado "fato do príncipe" somente se verifica na ocorrência de circunstância imprevisível, como ocorreu nos presentes autos, onde o Poder Executivo determinou intervenção, por Órgão ligado à Prefeitura, na gerência e administração da executada. 2. Quando da promulgação da lei, a trabalhadora já tinha crédito constituído a ser satisfeito através dos recursos financeiros destinados à saúde, repassados pelo Poder Público ao Hospital. Cabe, portanto, à Prefeitura responder pela quitação do débito. (TRT 2ª Região. 11ª Turma. RO 00151-2004-402-02-00. Relator Carlos Francisco Berardo. Data: 06/02/2007)

A REQUISIÇÃO ADMINISTRATIVA efetivada pelo Poder Público, que assume a administração dos bens da executada, configura "factum principis" e produz em relação aos empregados os mesmos efeitos dos arts. 10 e 448 da CLT. (TRT 2ª Região. 2ª Turma. RO 00589-2004-402-02-00. Relatora Maria Aparecida Pellegrina. Data: 05/09/2006)

10.9. Culpa recíproca

É quando empregador e empregado concorrem para a rescisão do contrato de trabalho, isto é, aplica-se a justa causa para os dois lados com a redução pela metade da indenização à que seria devida em caso de culpa exclusiva do empregador. O valor será então de 30%, em que 20% será depositado na conta vinculada do empregado e os 10% restantes recolhidos ao Fisco (§ 2º do artigo 18 da Lei n. 8.036/90).

A multa rescisória a que tem direito o funcionário demitido sem justa causa será recolhida, isto é, depositada na conta vinculada deste, da mesma forma que os recolhimentos mensais, calculada com base no montante global dos depósitos, corrigidos monetariamente e acrescidos de juros, independentemente de eventuais saques que o empregado tenha feito ao longo do contrato.

Jurisprudência:
INSUBORDINAÇÃO. CONFIGURAÇÃO. Caracteriza-se como tal a reação do empregado mediante excessos verbais incompatíveis com a urbanidade que deve preponderar no ambiente de trabalho. O direito de resposta, implícito no jus resistentiae, tem limites

racionais na licitude do ato, sendo certo que sua proporcionalidade não admite equiparação, em gravidade e intensidade, ao erro cometido pelo agressor, sob pena de se incorrer no exercício arbitrário das próprias razões. Por unanimidade de votos, rejeitar a preliminar de nulidade; no mérito, por maioria de votos, vencido o Juiz José Carlos da Silva Arouca (quanto à multa de 40% do FGTS), dar provimento parcial ao recurso para reconhecer a culpa recíproca e reduzir à metade os direitos concernentes à rescisão contratual, exceto no tocante ao levantamento dos depósitos do FGTS, que se dará integralmente, na forma da lei. (TRT 2ª Região. 8ª Turma. RO 01. Relatora Wilma Nogueira de Araújo Vaz da Silva. Data: 19/02/2002)

10.10. Lei complementar n. 110/2001

A Lei complementar n. 110/2001 criou o chamado "maior acordo do mundo", estabelecendo parâmetros de sobre a recomposição financeira dos recolhimentos depositados em conta do FGTS após os expurgos inflacionários inerentes ao plano Verão (16,64%) – 1º/12/1988 a 28/02/1989, e plano Collor (44%), ocorrido no mês de abril de 1990. O expurgo inflacionário é o índice de inflação de um determinado período que não tenha sido considerado ou que tenha sido considerado menor do que o que realmente foi apurado, reduzindo o seu poder de compra ou o seu valor real.

Com o que preceitua o artigo 6º desta Lei, o empregado titular da conta vinculada aceitava, de forma expressa, o parcelamento do seu crédito e a redução da atualização monetária incidente sobre o crédito, renunciando, por meio de um termo de adesão, o direito de propor ação pleiteando as diferenças e valores inerentes a outros períodos.

A Súmula Vinculante n. 1 do STF confere o seguinte termo:

> *Ofende a garantia constitucional do ato jurídico perfeito a decisão que, sem ponderar as circunstâncias do caso concreto, desconsidera a validez e a eficácia de acordo constante de termo de adesão instituído pela Lei Complementar n. 110/2001.*

Na mesma esteira, em que contém a renúncia nos termos de adesão firmados, muitas demandas foram deflagradas envolvendo outras recomposições de expurgos inflacionários, o que resultou na edição da Súmula acima referida.

Jurisprudência:
EXPURGOS INFLACIONÁRIOS. DIFERENÇAS DA MULTA DO FGTS. Não obstante seja a Caixa Econômica Federal a administradora das contas vinculadas do fundo de garantia, a decisão do STF e a Lei Complementar n. 110/2001 atribuíram-lhe apenas a aplicação da correção monetária suprimida pela edição dos desventurados planos econômicos Verão e Collor 1. E nem poderia ser diferente, uma vez que recomposto o saldo do FGTS, o pagamento da multa de 40% pela dispensa imotivada que recai sobre a totalidade dos depósitos, incluindo-se aí as diferenças decorrentes do expurgo inflacionário, é obrigação que deve ser satisfeita pelo empregador, consoante o disposto no parágrafo 1º do art. 18 da Lei n. 8.036/90, ficando vedada a dedução dos saques eventualmente realizados. Com vistas ao pagamento da multa de 40%, considerar apenas o valor do FGTS depositado, sem a atualização feita pela Caixa das contas mediante a aplicação do expurgo inflacionário, resulta em inegável desfalque ao patrimônio financeiro do empregado, que, além de perder o emprego, fica reduzido a receber apenas aquilo que o empregador acha que lhe deve, desconsiderando assim determinação legal em sentido contrário. (TRT 2ª Região. 6ª Turma. RO 01245-2003-472-02-00. Redator designado Valdir Florindo. Data: 22/09/2006)

10.11. REGIME, DEPÓSITOS E BENEFÍCIOS

O depósito do FGTS na conta vinculada de cada empregado, aberta na Caixa Econômica Federal, que é o agente centralizador e operador do FGTS (Lei n. 8.036/90, artigos 4º, 7º, 11 e 12), é feito obrigatoriamente, pela empresa, até o dia 7 de cada mês vencido (e não até o 7º dia útil), correspondente a 8% da remuneração, acrescido de 0,5%, a título de contribuição social, salvo para as empresas que participam do SIMPLES (LC 110/01). A contribuição social é devida à União. Nos contratos de aprendizagem, a alíquota do FGTS é de 2%.

São beneficiários do sistema de FGTS os empregados regidos pela CLT, os trabalhadores avulsos, os empregados rurais e os trabalhadores temporários. Não são beneficiários do FGTS os trabalhadores autônomos, os trabalhadores eventuais e os servidores públicos civis e militares.

Os depósitos são efetuados obrigatoriamente pelo empregador, até o dia 7 de cada mês, sobre 8% da remuneração paga ou devida no mês anterior, depositadas em conta vinculada em nome do empregado.

Os recolhimentos, via de regra, são imperativos, isto é, obrigatórios. Porém, há casos legais de relatividade, como o dos empregados domésticos e dos diretores não empregados. Mas estas são exceções, já que a regra é a compulsoriedade dos depósitos. Por outro lado, caso o empregador queira incluir os empregados domésticos no sistema de FGTS, podem fazê-lo mediante requerimento (art. 3º-A, da Lei n. 5.859/72). O mesmo acontece com os diretores não empregados, os quais poderão ser equiparados, se a empresa quiser, aos demais trabalhadores sujeitos ao regime do FGTS (arts. 15 e 16 da Lei n. 8.036/90).

Fique atento, todavia, que para o empregado doméstico a inclusão no FGTS pelo empregador é facultativa, mas à medida que ocorrer o primeiro depósito pelo empregador na conta vinculada, a inclusão do empregado doméstico é automática, e, após a inclusão, não pode o empregador se arrepender e voltar atrás em relação ao vínculo de emprego. Assim, a opção de incluir o doméstico no sistema do FGTS é facultativa, porém irretratável.

O cálculo do FGTS incide sobre todos os pagamentos de natureza salarial, ou seja, a base de cálculo abrange os valores correspondentes a abonos salariais, adicional de insalubridade, adicional de periculosidade, adicional noturno, comissões, gratificações habituais, 13º salário, gorjetas, prêmios, salário em utilidade, horas extras, repouso semanal remunerado, 1/3 de férias, aviso prévio trabalhado ou não, conforme preceitua a Súmula 305 do TST. Não integra a base de cálculo do FGTS as verbas de caráter indenizatório, não salarial, tais como o valor das férias indenizadas, das férias abonadas, a ajuda de custo indenizatória, o salário-família e a participação nos lucros não remuneratória (art. 7º, XI, da CF).

Uma vez que a prestação de serviço militar e a licença decorrente de acidente do trabalho (§ 5º, do art. 15 da Lei n. 8.036), licença à gestante, licença paternidade e licença para tratamento de saúde até 15 dias (art. 18 do Decreto n. 99.684/90) são computados no tempo de serviço do empregado para efeito de indenização e estabilidade (parágrafo único do art. 4º da CLT), o depósito do FGTS é, portanto, obrigatório para qualquer uma das situações em que o funcionário, por acaso, estiver inserido. Também é devido o recolhimento na conta do empregado, na hipótese em que o contrato seja declarado nulo por falta de concurso público (art. 37, II e § 2º da CF), quando mantido o direito ao salário (art. 19-A da Lei n. 8.036).

10.12. Devedores do FGTS

São devedores do FGTS os empregadores pessoa física ou jurídica, de direito público ou privado, da administração direta ou indireta que admitir funcionários sob o regime da CLT, cujos empregadores são responsáveis e obrigados a depositar os valores correspondentes à parcela do FGTS, na conta vinculada aberta em nome do empregado.

10.13. Dispensa sem justa causa e os 40% de indenização

Quando foi instituído o regime de FGTS, isso, na verdade, foi uma alternativa ao regime celetista, o qual dependia de uma opção expressa por escrito, no momento da celebração do contrato de trabalho. O funcionário teria os 8% de direito sobre a remuneração mensal, e assim ele tinha o direito de optar pelo regime do FGTS ou pela estabilidade decenal. Uma vez optando pelo FGTS, ele perdia a estabilidade adquirida após 10 anos de serviços prestados; todavia, ganharia o direito de receber o montante depositado em sua conta do FGTS mais o acréscimo de 10% sobre este valor, e, a partir da Constituição Federal de 1988, este percentual passou para 40%.

Quando o empregador dispensa seu empregado sem justa causa, deve este pagar 50% sobre o montante dos depósitos do FGTS apurados durante a vigência do contrato de trabalho, sendo 40% em favor do empregado e 10% a título de contribuição social, de competência da União.

11 | Estabilidade e garantia no emprego

11.1. Conceito

Estabilidade e garantia no emprego não se identificam, embora tenham significado muito próximos. A garantia de emprego é um instituto mais amplo que a estabilidade, a qual institui outras medidas que objetivam a manutenção do emprego. É o direito do trabalhador de permanecer no emprego, mesmo contra a vontade do empregador, enquanto existir uma causa relevante expressa em lei e que permita a sua dispensa. É o direito ao emprego. A estabilidade divide-se em definitiva e provisória e possui características pertinentes, as quais serão estudadas mais adiante.

Com a Constituição Federal de 1988 a estabilidade decenal (art. 492 da CLT) foi extinta, a chamada estabilidade absoluta é aquela em que o empregado não pode ser dispensado de forma alguma. Esta é, no entendimento de alguns autores, a única estabilidade propriamente dita, juntamente com a dos servidores públicos estatutários. Sendo as demais estabilidades provisórias ou garantia de emprego, termo este criticado por alguns autores, uma vez que o termo estabilidade é contrário ao termo provisório.

11.2. Classificação

11.2.1. Estabilidade definitiva

Estabilidade é o direito de não ser despedido, senão em razão da prática de ato que tenha violado o contrato. A estabilidade real é a absoluta, a que resulta em reintegração do trabalhador e não se substitui por indenização, nem sequer com sua concordância.

Há duas espécies de estabilidade: a definitiva e a provisória.

A estabilidade definitiva ou absoluta atribui-se ao empregado decenal, isto é, aquele que tinha mais de 10 anos de serviços prestados para o mesmo empregador e não era optante do sistema de FGTS, só podendo ser contratado antes da Constituição Federal de 1988.

11.2.1.1. Estabilidade decenal ou por tempo de serviço

O art. 491 da CLT redige que o empregado que contar mais de 10 anos de serviço na mesma empresa não poderá ser despedido senão por motivo de falta grave ou circunstância de força maior, devidamente comprovada.

Esta estabilidade perdurou até 04/10/88, com a Constituição Federal, artigo 7º, II e III, que procurou criar um sistema de estabilidade alternativa e, dessa forma, criou o Fundo de Garantia por Tempo de Serviço como um novo sistema de proteção contra a despedida arbitrária ou sem justa causa, extinguindo a antiga indenização ou estabilidade definitiva pela garantia de uma indenização compensatória.

A Lei n. 8.036/90, que rege o FGTS, assegura a opção de retroagir no regime de Fundo de Garantia (art. 14, § 4º). O empregado que não optou pelo novo regime e contava com menos de 10 anos de serviços prestados ao mesmo empregador, surpreendido pela atual Constituição Federal de 5/10/88, presume-se assegurada a indenização por tempo de serviço, cujo cálculo é feito na razão de um mês de remuneração para cada ano completo de serviço prestado ou fração igual ou superior a 6 meses (art. 478 da CLT). Se o contrato de trabalho deu seguimento, depois da Constituição Federal, tem esse contrato o regime denominado sistema híbrido, isto é, indenização por tempo de serviço e pelo regime do FGTS.

O empregado protegido pelo instituto da estabilidade decenal, por meio do direito adquirido até a Constituição de 1988, só pode ser dispensado se praticar falta grave, aquelas elencadas no artigo 482 da CLT, mediante inquérito judicial para apuração da falta, ou se ocorrer força maior (art. 853 da CLT).

11.2.2. Estabilidade provisória

A estabilidade temporária ou provisória, relativa à garantia de emprego, parte da doutrina que versa sobre aqueles trabalhadores protegidos provisoriamente contra despedidas arbitrárias, como ocorrem com gestantes, acidentados, entre outros.

11.2.2.1. Gestante

À gestante, dispõe o art. 10, II, "b", do ADCT, possui garantia de emprego, da confirmação da sua gravidez até cinco meses após o parto. A base de início da estabilidade é a confirmação da gravidez e não sua comprovação. A garantia referida independe de ter a empresa ciência do alegado fato (Súmula 244, I, do TST). Imperativo atentar para que não se confunda garantia de emprego da gestante com a licença-maternidade. Com a morte do feto ou do bebê, cessa a estabilidade.

A garantia de emprego é o lapso temporal em que a gestante está protegida de demissão arbitrária ou sem justa causa, enquanto a licença-maternidade significa o período em que a gestante é afastada do trabalho para dar a luz, pelo prazo de (120) dias (art. 7º, XVIII, CF c/c 392 da CLT), contados a partir do 28º dia antes do parto, atestado pelo médico e formalizado para o empregador.

Na prática, é bom ratificar que a estabilidade da gestante é muito relativa, uma vez que poderá ocorrer dispensa de forma arbitrária ou imotivada, dentro do período de estabilidade. Entretanto, reconhecida a arbitrariedade, fará jus à gestante reintegrar-se no emprego ou reparação com o pagamento de indenização compensatória. Por outro lado, quando a reintegração ao trabalho, por qualquer motivo que gere altíssimo grau de desconforto por causa da rescisão, a indenização deverá ser priorizada.

Vale firmar que não cabe garantia no emprego para contratos firmados com tempo certo de duração (contratos por prazo determinado), tais como contratos de experiência, contratos de obra certa e contratos temporários. Aos contratos regidos pela Lei n. 9.601/98, a garantia é condicionada ao término da vigência do contrato.

O TST textualiza, por meio da Súmula 244, o seguinte entendimento:

> *A garantia de emprego à gestante só autoriza a reintegração se esta se der durante o período de estabilidade. Do contrário, a garantia de emprego restringe-se aos salários e demais direitos correspondentes ao período de estabilidade (inciso II).*

O desconhecimento do estado gravídico pelo empregador não afasta o direito ao pagamento da indenização decorrente da estabilidade (inciso I).

Não há direito da emprega gestante à estabilidade provisória na hipótese de admissão mediante contrato de experiência, visto que a extinção da relação de emprego, em face do término do prazo, não constitui dispensa arbitrária ou sem justa causa.

De acordo com o art. 4º-A da Lei n. 5.859/72, é garantido o emprego à empregada doméstica desde a confirmação da gravidez até 5 meses após o parto.

À mulher que adota ou obtém guarda judicial para fins de adoção (art. 392-A, da CLT) lhe é assegurado também a licença-maternidade, resguardando as proporções:
• 120 dias se a criança adotada tiver até um 1 de idade;
• 60 dias se a criança tiver mais de 1 a 4 anos de idade;
• 30 dias se a criança adotada tiver acima de 4 a 8 anos de idade.

Essa licença-maternidade não se aplica às empregadas domésticas adotantes, pois a atividade é regida por Lei específica que não prevê esse direito (Lei n. 5.859/72).

Por fim, cabe ressaltar que o Tribunal do Trabalho tem entendido que se ocorrer aborto involuntário a estabilidade fica prejudicada. Comprovado por atestado médico oficial, a mulher terá um repouso remunerado de 2 semanas, assegurado o direito de retornar à função que ocupava antes do seu afastamento (art. 395 da CLT).

Jurisprudência:
GESTANTE. ESTABILIDADE PROVISÓRIA. RECUSA NO RETORNO AO TRABALHO. RENÚNCIA. A Constituição Federal ao estabelecer o direito à estabilidade da gestante teve como objetivo proteger a empregada contra despedida arbitrária e a discriminação em virtude da maternidade, o objetivo do legislador foi propiciar a continuidade do contrato de trabalho. Recusando-se a empregada a trabalhar na empresa, sem motivo relevante, quando esta lhe coloca o emprego à disposição renuncia ao direito à garantia de emprego, pois a Constituição assegura o direito ao emprego e não indenização. (TRT 2ª Região. 12ª Turma. RO 00330-2006-090-02-00. Relator Marcelo Freire Gonçalves. Data: 02/03/2007)

COOPERATIVA. Nem todas as cooperativas são fraudulentas e nem todas elas são criadas com o escopo de driblar a lei. Entretanto, no caso dos autos, houve comprovação robusta de vínculo direto com a primeira reclamada, o que descaracteriza a sua essência, na forma da lei. ESTABILIDADE GESTANTE – CONFIRMAÇÃO DA GRAVIDEZ – embora o entendimento da Súmula n. 244 do TST seja no sentido de que o desconhecimento do estado gravídico pelo empregador não afasta o direito ao pagamento da indenização decorrente da estabilidade, é certo que a lei garante a estabilidade desde a confirmação da gravidez, que é um fato objetivo e se dá com o exame positivo. Desse modo, se a confirmação se dá após a extinção do contrato de trabalho, não há como retroagi-la para reavivar um contrato de trabalho que já estava rescindido. EXPEDIÇÃO DE OFÍCIOS – o juiz do trabalho pode expedir ofícios sempre que vislumbrar possíveis irregularidades cometidas por uma das partes Recurso da reclamada a que se dá provimento parcial para excluir da condenação o pagamento dos salários do período de estabilidade e respectivos reflexos. (TRT 2ª Região. 12ª Turma. RO 02651-2002-008-02-00. Relator Delvio Buffulin. Data: 24/11/2006)

11.2.2.2. Dirigente sindical

Dirigente sindical (art. 8, VIII, da CF/88 e art. 543, § 3º, da CLT), a partir do registro de sua candidatura a cargo de direção ou representação sindical até um ano após o final do seu mandato, salvo se cometer falta grave, é estável nos termos da Lei (art. 853 e ss e Súmula 379 TST). A estabilidade estende-se ao suplente ou vice. Esta disposição estende-se aos trabalhadores rurais atendidas as condições estabelecidas pelo art. 1 da Lei n. 5.889/73.

O eleito dirigente sindical só terá direito à estabilidade se exercer, na empresa, atividade pertinente à categoria profissional do sindicato para o qual foi eleito dirigente (Súmula 369, III, do TST). A mesma Súmula (IV) apregoa que, em caso de extinção da empresa onde situa a base territorial do sindicato, encerra-se também a estabilidade do dirigente sindical, pois sua representação fica prejudicada.

Para garantir o direito à estabilidade, é imprescindível que a entidade sindical comunique à empresa, por escrito, no prazo de 24 horas, o dia e a hora do registro da candidatura do empregado e sua eleição e posse, fornecendo comprovante neste sentido (art. 543, § 5º, da CLT e Súmula 369, I, do TST).

Finalmente, o registro da candidatura do dirigente sindical com aviso prévio em curso, indenizado ou não, não garante o direito à estabilidade (Súmula 369, V, do TST).

A OJ 365 da SBDI-1 do TST aduz que o membro de conselho fiscal de sindicato não tem direito à estabilidade do dirigente sindical, porquanto não representa ou atua na defesa de direitos da categoria respectiva, tendo sua competência limitada à fiscalização da gestão financeira do sindicato.

O delegado sindical, por não ocupar cargo de direção, não faz jus à garantia de emprego, conforme OJ 369 da SBDI-1 do TST.

> Jurisprudência:
> ESTABILIDADE DO DIRIGENTE SINDICAL. Não cabe estabilidade provisória nem indenização ao dirigente sindical quando da extinção do setor ou do estabelecimento comercial. O instituto objetiva garantir a atividade sindical na empresa e não empregado como indivíduo. (TRT 2ª Região. 3ª Turma. RO01 - 02196-2003-055-02-00. Relatora Silvia Regina Pondé Galvão Devonald. Data: 27/10/2006)

11.2.2.3. Diretor de CIPA

O Diretor de CIPA (Comissão Interna de Prevenção de Acidentes), a partir do registro da candidatura até um ano após o mandato (art. 10, II, "a", do ADCT), e *caput* do art. 165 da CLT, não poderá sofrer despedida arbitrária. Entende-se como tal a que não se fundar em motivo disciplinar, técnico, econômico ou financeiro. Ademais, para formar a CIPA, deve existir no mínimo 20 empregados.

A Súmula 339, do TST, argui:

> O suplente da CIPA goza da garantia de emprego prevista no art. 10, II, "a", do ADCT a partir da promulgação da Constituição Federal de 1988 (inciso I).

Oportuno comentar que as CIPAs são formadas tanto por membros eleitos pelos trabalhadores como indicados pela empresa. Contudo, pela regra geral, apenas o "representante do empregador da CIPA" não tem direito à estabilidade, salvo se eleito para cargo de direção da CIPA. E mais, o único vice que não tem estabilidade é o vice do Diretor de Cooperativa.

A estabilidade atribuída ao cipeiro não se trata de uma garantia pessoal, mas sim de garantir o exercício das atividades de seus membros, projetada para uma proteção coletiva, visto que o cipeiro tem a função de investigar e prevenir acidentes, acusar deficiências de segurança do trabalho e adotar medidas para garantir a segurança dos trabalhadores. A NR 5, item 5.2, esclarece que a CIPA é formada para proteger certa coletividade de um estabelecimento, e a extinção deste cessa o objetivo da CIPA, cessando também o término da estabilidade do cipeiro.

A estabilidade provisória do cipeiro não constitui vantagem pessoal, mas garantia para as atividades dos membros da CIPA, que somente tem razão de ser quando a empresa estiver em atividade. Extinto o estabelecimento, não se verifica a despedida arbitrária, sendo impossível a reintegração e indevida a indenização do período estabilitário (Súmula 339, inciso II, do TST). Corrobora com esse entendimento a Súmula 676 do STF, que confere também o direito à estabilidade ao suplente da CIPA.

11.2.2.4. Acidentado do trabalho

O empregado que sofreu acidente de trabalho terá sua estabilidade garantida pelo prazo de 12 meses após a cessão do auxílio-doença acidentário (art. 118 da Lei n. 8.213/91). Quem sofre um acidente e volta ao serviço nos primeiros 15 dias de afastamento é remunerado pela empresa não é contemplado com a garantia de emprego durante o período acima indicado. Nos termos da Lei, o pressuposto da questionada garantia é a percepção do auxílio-doença acidentário, a qual só se efetua a partir do 16º dia após o acidente. Nota-se, portanto, que a garantia de emprego só é assegurada depois do término do auxílio-doença, ou seja, após a percepção de benefício previdenciário. A garantia de estabilidade por 1 ano começa a ser contada com o fim do auxílio-doença, com a alta médica. Conclui-se assim que com a não concessão do auxílio-doença acidentário, o empregado não terá direito à garantia de emprego.

A Súmula 378, II, do TST reza que "são pressupostos para a concessão da estabilidade o afastamento superior a 15 dias e a consequente percepção do auxílio-doença acidentário, salvo se constatada, após a despedida, doença profissional que guarde relação de causalidade com a execução do contrato de emprego".

O acidentado do trabalho tem direito à estabilidade na empresa e não na função, o que pelos princípios da dignidade da pessoa humana a reintegração do empregado que sofreu sinistro resultando sequelas ou redução da capacidade laborativa poderá assumir outras atividades, sem a consequente redução de salário.

Jurisprudência:
AGRAVO DE INSTRUMENTO. ASSISTÊNCIA JUDICIÁRIA GRATUITA. ISENÇÃO DE CUSTAS. DESERÇÃO AFASTADA. Preenchidos os pressupostos legais é de se dar provimento ao Agravo de Instrumento para isentar o Agravante do pagamento das custas processuais. Aplicação da Súmula n. 05 do E. TRT-2ª Região. Afasta-se a deserção. RECURSO ORDINÁRIO. Preenchidos os pressupostos para estabilidade provisória do empregado acidentado, quais sejam, afastamento do trabalho por período superior a 15 dias e percepção do benefício previdenciário consistente no auxílio-doença faz, o mesmo, jus à estabilidade provisória de 12 meses após a cessação do auxílio-doença, independentemente de percepção de auxílio-acidente. Recurso provido. (TRT 2ª Região. 12ª Turma. RO 00740-2005-251-02-01. Relatora Sonia Maria Prince Franzini. Data: 17/11/2006)

11.2.2.5. Portadores de deficiência física

O art. 93, *caput*, da Lei n. 8.213/91, determina à empresa com 100 ou mais empregados a obrigação quanto ao preenchimento de 2 a 5% dos seus cargos com beneficiários reabilitados ou pessoas portadoras de deficiência, habilitadas com a observância da seguinte proporção: a) de 100 a 200 empregados, 2%; b) de 201 a 500, 3%; c) 501 a 1.000, 4%; d) de 1001 ou mais, 5%. Em seu parágrafo 1º, a Lei determina ainda que a dispensa imotivada de trabalhador reabilitado ou deficiente habilitado só poderá ocorrer após a contratação de substituto de condição semelhante.

Apesar da expressão "condição semelhante" permitir diversas interpretações, o colegiado jurisprudencial tem conferido a garantia de emprego ao deficiente ou trabalhador reabilitado até que um novo seja contratado, permitindo inclusive a propositura de reivindicação de indenização compensatória ou reintegração ao cargo, se o referido legal não for observado.

11.2.2.6 Membro do Conselho Curador do FGTS e do Conselho Nacional de Previdência Social

Para os empregados nomeados para ocupar estas funções, efetivos ou suplentes, a Lei garante a estabilidade de emprego no prazo compreendido desde a nomeação até um ano após o término do mandato (Lei n. 8.036/90, art. 3º, § 9º, e Lei n. 8.213/91, art. 3º, § 7º).

Tais empregados, devidamente empossados em plena atividade de suas funções, só podem ser dispensados mediante ocorrência de falta grave e deverá ser comprovada judicialmente.

11.2.2.7. Membro da Comissão de Conciliação Prévia (CCP)

Reza o art. 625-A da CLT que as empresas e os sindicatos podem instituir Comissões de Conciliação Prévia (CCP), de composição paritária, com representantes dos empregados e dos empregadores, com a atribuição de tentar conciliar os conflitos individuais do trabalho.

Tendo em vista o que preceitua o art. 625-B, § 1º, da CLT, o membro de comissão de conciliação prévia, titular ou suplente, gozará de estabilidade pelo prazo de até um ano após o final do mandato, sendo vedada a dispensa dos representantes dos empregados membros da CCP, titulares e suplentes, pelo prazo acima mencionado, salvo se cometerem falta grave, nos termos da Lei.

11.2.2.8. Empregados eleitos diretores de cooperativas

A política nacional de cooperativismo, instituindo o regime jurídico das sociedades cooperativas, é regida pela Lei n. 5.764/71. A legislação procurou garantir ao empregado o retorno ao seu emprego quando, no artigo 55 da citada Lei, menciona que "os empregados de empresas que sejam eleitos diretores de sociedades cooperativas pelos mesmos criados gozarão das garantias asseguradas aos dirigentes sindicais", sendo vedada dispensa a partir do momento do registro de sua candidatura a cargo de direção ou representação de entidade sindical ou de associação profissional, até um ano após o término do mandato, salvo se cometer falta grave devidamente apurada por meio de inquérito judicial. (art. 453, § 3º, da CLT). Entretanto, se não houver comprovação da falta grave, o trabalhador poderá ajuizar ação trabalhista.

Na mesma esteira da Lei, preceitua o art. 543 da CLT que o empregado eleito para o cargo de administração sindical ou representação profissional, inclusive junto a órgão de deliberação coletiva, não poderá ser impedido do exercício de suas funções nem transferido para lugar ou mister que lhe dificulte ou torne impossível o desempenho das suas atribuições sindicais.

Em lógica decorrência dos fatos alegados, alude a Súmula 378, I e II do TST:

> *I – É constitucional o artigo 118 da Lei n. 8.213/1991 que assegura o direito à estabilidade provisória por período de 12 meses após a cessação do auxílio-doença ao empregado acidentado.*
>
> *II – São pressupostos para a concessão da estabilidade o afastamento superior a 15 dias e a consequente percepção do auxílio doença acidentário, salvo se constatada, após a despedida, doença profissional que guarde relação de causalidade com a execução do contrato de emprego.*

Jurisprudência:
MEMBROS DA DIRETORIA OU CONSELHO DE ADMINISTRAÇÃO. ESTABILIDADE NO EMPREGO. O artigo 55 da Lei n. 5.764/71 dispõe que os empregados eleitos diretores de sociedades cooperativas gozarão das garantias asseguradas aos dirigentes sindicais pelo artigo 543 da Consolidação das Leis do Trabalho. O referido artigo 55 está inserido na seção IV do mesmo dispositivo legal, que trata dos membros da diretoria ou conselho de administração. Adotando-se uma interpretação sistemática da lei, é autorizado concluir que os membros da diretoria e do conselho de administração foram agraciados com o direito à estabilidade provisória no emprego. Registre-se que a estabilidade provisória foi conferida a eles tendo em vista as suas maiores responsabilidades junto à sociedade cooperativa, cabendo-lhes praticar os atos de gestão e visando impedir que o empregador exerça pressão sobre os dirigentes, inclusive ameaçando sua permanência no emprego, e que se imiscua na gestão da cooperativa, que é prerrogativa única e exclusiva dos empregados seus associados, por meio da assembleia geral. (TRT 3ª Região. 5ª Turma. RO – 00215-2007-054-03-00-0. Relatora: Lucilde D'Ajuda Lyra de Almeida. Data: 02/02/2008)

11.2.2.9. Servidores públicos celetistas

Servidor público é aquele que, mediante concurso público, é empossado para desempenhar atividade pública em nível municipal, estadual ou federal.

Dispõe a Lei n. 9.962/2000 que o pessoal admitido para ocupar cargos públicos na Administração Federal direta, autárquica e fundacional, será regido pela CLT, e seu contrato de trabalho, decorridos 3 anos de posse (estágio probatório), não poderá ser rescindido por ato unilateral, salvo nas seguintes situações (art. 41, § 1º, da CF):

a) Prática de falta grave, mediante sentença judicial transitada em julgado.
b) Acúmulo ilegal de cargo, emprego ou função pública, mediante processo administrativo em que seja assegurada a ampla defesa.
c) Redução do quadro de pessoal, mesmo que necessária, para redução de despesas.
d) Insuficiência de desempenho, mediante procedimento de avaliação periódica.

Na discussão que orbita o artigo 41, *caput* da Constituição Federal, encontra-se a expressão "são estáveis após 3 anos de efetivo exercício os servidores nomeados para cargo de provimento efetivo em virtude de concurso público", o que literalmente não engloba os ocupantes de emprego público (Súmula 390, I, do TST).

À luz do Art. 19, *caput* do ADCT:

> [...] os servidores públicos civis da União, dos Estados, do Distrito Federal e dos Municípios, da administração direta, autárquica e das fundações públicas, em exercício na data da promulgação da Constituição, há pelo menos cinco anos continuados, e que não tenham sido admitidos na forma regulada no art. 37, da Constituição, são considerados estáveis no serviço público.

Esclarece a OJ 364, SBDI-1 do TST, que:

> [...] a fundação instituída por lei e que recebe dotação ou subvenção do Poder Público para realizar atividades de interesse do Estado, ainda que tenha personalidade jurídica de direito privado, ostenta natureza de fundação pública. Assim, seus servidores regidos pela CLT são beneficiários da estabilidade excepcional prevista no art. 19 do ADCT.

Por fim, preceitua a Súmula 390, II do TST, que ao empregado de empresa pública ou de sociedade de economia mista, ainda que admitido mediante aprovação em concurso público, não é garantida a estabilidade prevista no artigo 41 da CF.

11.2.2.10. Estabilidade convencional

A estabilidade convencional é resultante da negociação da categoria com a empresa ou sindicato patronal, por acordo coletivo ou convenção coletiva de trabalho, ou ainda, mediante aditivo ao contrato original de trabalho, ou seja, atinge somente os empregados representados por determinado sindicato.

A garantia provisória prevista nos acordos coletivos ou convenções coletivas de trabalho é muito comum, tais como:

a) Empregados em vias de aposentadoria.
b) Empregado que retorna de auxílio-doença.
c) Empregado que retorna de férias.
d) Período concedido após greve geral.
e) Dilatação do período de estabilidade legal da gestante.
f) Empregado alistado para serviço militar.

Essas garantias não estão previstas em Lei, porém representam um direito conquistado pelas entidades de classe e se aportam entre os direitos trabalhistas. Neste caso, se ocorrer desligamento injusto, a obrigação se converte em indenização, semelhante à que já ocorre nos demais casos de estabilidade ou garantia no emprego.

11.2.2.11. Serviço militar

Alude o artigo 472, da CLT, que:

> [...] *o afastamento do empregado em virtude das exigências do serviço militar, ou de outro encargo público, não constituirá motivo para alteração ou rescisão do contrato de trabalho por parte do empregador.*

Fica, portanto, embora não havendo estabilidade de emprego, assegurado ao empregado o direito de voltar a exercer o cargo do qual se afastou em virtude de exigências do serviço militar, sendo indispensável que notifique o empregador da sua intenção, por telegrama ou carta registrada, no prazo máximo de 30 dias contados da data da respectiva baixa.

11.2.2.12. Período eleitoral

Terá nulidade de pleno direito nomear, contratar ou de qualquer forma admitir, demitir sem justa causa, suprimir ou readaptar vantagens ou por outros meios dificultar ou impedir o exercício funcional e, ainda, *ex officio*, remover, transferir ou exonerar servidor público, na circunscrição do pleito, nos três meses que o antecedem e até a posse dos eleitos (Lei n. 9.504/97, art. 73, V).

11.2.3. Extinção da estabilidade

O direito de estabilidade no emprego visa a impedir que o empregador denuncie o contrato de trabalho, mesmo pagando ao empregado a indenização correspondente. O empregado estável não pode ser despedido senão nas hipóteses expressamente previstas em Lei, na forma e condições por ela estabelecidas. O empregado estável que incorrer em falta grave poderá ser demitido, porém deverá a falta ser comprovada perante a Justiça do Trabalho (arts. 494 e 652, alínea "b", da CLT).

A estabilidade cessa nas seguintes situações:
- Morte do empregado.
- Em decorrência da concessão de aposentadoria espontânea do trabalhador.
- Por motivo de força maior que implique encerramento das atividades da empresa, como, por exemplo, a destruição da empresa em decorrência de um terremoto ou incêndio.
- Pela falta grave cometida pelo empregado, mas lembrando que a sua despedida só se tornará efetiva após o inquérito em que se verifique a procedência da acusação.
- Com a cessação das atividades da empresa, sendo que a falência não é causa de extinção da estabilidade.
- Pedido de demissão do empregado, porém, só é válido quando assistido do respectivo sindicato e, se não houver, perante autoridade local competente do Ministério do Trabalho ou da Justiça do Trabalho.

Não há estabilidade para o funcionário com contrato de trabalho por tempo determinado, e uma vez encerrado, inclusive de experiência, o desligamento será possível no último dia do contrato, sem ônus para a empresa, pois se trata da extinção normal do contrato e não de dispensa. Vale ressaltar que, durante a vigência dos contratos com prazo determinado, o empregado que sofrer acidente do trabalho receberá a remuneração dos 15 primeiros dias da empresa contratante, e a partir do 16º dia serão pagos pelo INSS até o encerramento do contrato.

O empregado contratado por prazo indeterminado, na ocorrência do fato gerador da estabilidade no curso do aviso prévio, não é pacífico o entendimento no sentido de ser ou não devido o direito à garantia de emprego, pela inexistência de legislação específica. Porém, o entendimento predominante é que a estabilidade adquirida durante o prazo de aviso prévio não impossibilita a rescisão do contrato de trabalho, eis que está sujeito a termo.

Enfim, nenhum empregado estável poderá ser dispensado sem justificativa comprovada judicialmente; caso contrário, o empregado poderá recorrer de medidas cabíveis para determinar sua reintegração ao trabalho, quais sejam:
- No caso específico dos dirigentes sindicais, a reclamação trabalhista cumulada com pedido de liminar;
- No caso geral de empregados estáveis, caberá reclamação trabalhista cumulada com pedido de tutela antecipada para reintegração ao quadro funcional.

12 Segurança e medicina do trabalho

12.1. Conceito

A Segurança e Medicina do Trabalho é um ramo do Direito do Trabalho responsável em oferecer condições favoráveis de proteção à saúde do trabalhador em seu local de trabalho, bem como da sua recuperação quando não se encontrar em condições de prestar serviços ao empregador. A Segurança e Medicina do Trabalho compreende um conjunto de medidas preventivas adotadas no ambiente de trabalho, visando minimizar acidentes, doenças ocupacionais, bem como proteger a integridade e a capacidade de trabalho do empregado.

A Segurança do Trabalho é definida por normas e leis. No Brasil, a Legislação de Segurança do Trabalho compõe-se de Normas Regulamentadoras, Normas Regulamentadoras Rurais, Leis Complementares como Portarias e Decretos, e também as Convenções Internacionais da Organização Internacional do Trabalho (OIT), ratificadas pelo Brasil.

No âmbito do Direito do Trabalho, a Constituição Federal prevê a redução de riscos trabalhistas, por meio de normas de saúde, higiene e segurança, bem como do pagamento de remuneração, adicional inerentes às atividades penosas, insalubres ou perigosas, na forma da Lei (art. 7º, XXII e XXIII, da CF).

A Portaria n. 3.214/78 do Ministério do Trabalho aprovou as normas que regulamentam as tratativas quanto à Segurança e Medicina do Trabalho, que, ao longo do tempo, sofreram alterações de toda ordem, mantendo hoje o número de 33, e mais 5 Normas Regulamentadoras (NR) para o trabalhador rural.

As mais importantes são:
- NR 2 – Inspeção Prévia.
- NR 5 – Comissão Interna de Prevenção de Acidentes.
- NR 6 – Equipamentos de Proteção Individual – EPI.
- NR 7 – Programas de Controle Médico de Saúde Ocupacional.
- NR 9 – Programas de Prevenção de Riscos Ambientais.
- NR 15 – Atividades e Operações Insalubres.
- NR 16 – Atividades e Operações Perigosas.

Essas normas regulamentadoras são de observância obrigatória pelas empresas públicas e privadas, órgãos da administração direta e indireta e dos Poderes Legislativo e Judiciário que possuam empregados regidos pela Consolidação das Leis de Trabalho (arts. 154 a 201 da CLT). Assim, as empresas têm por obrigação de fazer cumprir o disposto no artigo 157 da CLT:
- ater-se ao cumprimento e fazer cumprir as referidas normas de Segurança e Medicina do Trabalho;
- instruir os empregados, por meio de ordens de serviço, quanto às precauções a tomar no sentido de evitar acidentes do trabalho ou doenças ocupacionais;
- adotar as medidas que lhe sejam determinadas pelo órgão regional competente;
- facilitar o exercício da fiscalização pela autoridade competente.

As empresas, por sua vez, também podem criar outras normas de proteção que colaborem com as existentes, as quais devem ser rigorosamente cumpridas por seus empregados, e a recusa ao descumprimento dessas normas pelo empregado constitui ato faltoso, podendo incorrer em justa causa (art. 158, parágrafo único, da CLT).

12.2. Inspeção prévia do estabelecimento, interdição e embargo

A NR 2 trata da inspeção prévia de estabelecimentos novos, instituindo que, antes de iniciar suas atividades, deverá solicitar aprovação de suas instalações ao órgão regional do Ministério do Trabalho, por meio das

Delegacias Regionais do Trabalho – DRTs, que, após realizar a inspeção prévia, emitirá o certificado de aprovação das instalações. A exigência vale tanto para a indústria como o comércio.

Quando não for possível a inspeção prévia antes de o estabelecimento iniciar suas atividades, a empresa poderá encaminhar ao órgão regional do Ministério do Trabalho uma declaração das instalações do estabelecimento novo, conforme modelo estabelecido nesta NR 2, que poderá ser aceita pelo referido órgão para fins de fiscalização. A empresa também fica obrigada a comunicar e solicitar a aprovação, quando ocorrer modificações substanciais nas instalações ou nos equipamentos do seu estabelecimento.

A inspeção prévia e a declaração de instalações constituem os elementos que asseguram que o estabelecimento esteja dentro das normas que regem os riscos de acidentes e doenças do trabalho, antes de iniciar suas atividades. Caso contrário, a empresa fica sujeita ao impedimento de seu funcionamento, conforme estabelece o art. 160 da CLT, até que a exigência desse artigo seja cumprida.

Cabe ao Ministério do Trabalho, por meio da Secretaria de Segurança e Medicina do Trabalho (SSMT), regulamentar as normas de Segurança e Medicina do Trabalho, cuja fiscalização é de competência das DRTs, as quais são responsáveis pela aplicação de multas (art. 201 e parágrafo único, da CLT), interdição do estabelecimento, setor, máquina ou equipamento, ou ainda, embargar obra quando demonstrarem grave e iminente risco para o trabalhador (art. 161).

12.3. Acidente do trabalho

Acidente do trabalho é toda lesão corporal ou perturbação funcional que ocorre com o empregado, no exercício de suas atividades a serviço da empresa, causando a morte, a perda ou redução, temporária ou permanente, da capacidade para o trabalho (Lei n. 8.213/91, art. 19). A mesma lei, em seu artigo 21, equipara-se também ao acidente do trabalho, o seguinte:

>*I – O acidente ligado ao trabalho que, embora não tenha sido a causa única, haja contribuído diretamente para a morte do empregado, para a redução ou perda da sua capacidade para o trabalho ou produzido lesão que exija atenção médica para a sua recuperação.*
>
>*II – O acidente sofrido pelo empregado no local e horário do trabalho, em consequência de ato de agressão, sabotagem ou terrorismo,*

praticado por terceiro ou companheiro de trabalho; ofensa física intencional, inclusive de terceiro, por motivo de disputa relacionada ao trabalho; ato de imprudência, de negligência ou de imperícia de terceiro ou de companheiro de trabalho; ato de pessoa privada do uso da razão; desabamento, inundação, incêndio ou outros casos fortuitos ou decorrentes de força maior.

III – O acidente sofrido pelo empregado ainda que fora do local e horário de trabalho:

a) Na execução de ordem ou na realização de serviço sob a autoridade da empresa;

b) Na prestação espontânea de qualquer serviço à empresa para lhe evitar prejuízo ou proporcionar proveito;

c) Em viagens a serviço da empresa, inclusive para estudo quando financiada por esta dentro de seus planos para melhor capacitação da mão de obra, independentemente do meio de locomoção utilizado, inclusive veículo de propriedade do empregado;

d) No percurso da residência para o local de trabalho ou deste para aquela, qualquer que seja o meio de locomoção, inclusive em veículo de propriedade do empregado.

Também é considerado, no exercício do trabalho, os períodos que compreendem as refeições e descanso ou por necessidades fisiológicas, em local de serviço ou durante este.

O empregado que sofreu acidente do trabalho tem garantida, pelo prazo de 12 meses, a manutenção do seu contrato de trabalho na empresa, após a cessação do auxílio-doença acidentário, independentemente da percepção de auxílio-acidente (Lei n. 8.213/91, art. 118). Entretanto, o mesmo instituto não se aplica aos empregados domésticos nem fazem jus ao benefício previdenciário do auxílio-doença acidentário (art. 1º, § 2º, da Lei n. 6.367/76, revogada parcialmente).

O acidente do trabalho é assim caracterizado:
- Acidente Típico: decorrente da característica da atividade profissional que o funcionário exerce.
- Acidente de Trajeto: ocorre no trajeto entre a residência do trabalhador e o local de trabalho, e vice-versa.
- Doença Profissional ou do Trabalho: doença produzida ou desencadeada pelo exercício de determinada função, característica de um empregado específico.

Para que seja caracterizado "acidente do trabalho", é essencial que um perito estabeleça uma relação entre o acidente e a lesão provocada. Nessa situação, o médico perito decidirá se o trabalhador pode voltar ao exercício da sua função ou se necessitará de afastamento permanente ou temporário do emprego.

A empresa contratante, por sua vez, tem por obrigação comunicar a Previdência Social, por meio da "Comunicação de Acidentes de Trabalho – CAT" até o primeiro dia útil após o acontecimento, independentemente se o trabalhador ter sido ou não afastado do trabalho. Em caso de morte, essa comunicação deve ser imediata. A falta do cumprimento dessas determinações implica punição da empresa, mediante o pagamento de multa.

A CAT pode ser preenchida pela empresa ou pelo próprio trabalhador, seus dependentes, entidade sindical, médico ou autoridade (magistrados, membros do Ministério Público e dos serviços Jurídicos da União, dos Estados e do Distrito Federal e comandantes de unidades do Exército, da Marinha, da Aeronáutica, do Corpo de Bombeiros e da Polícia Militar) e o formulário preenchido tem que ser entregue em uma agência da Previdência Social, sendo: 1ª via INSS; 2ª via empresa; 3ª via segurado ou dependente; 4ª via sindicato da classe do trabalhador acidentado; 5ª via Sistema Único de Saúde; 6ª Delegacia Regional do Trabalho.

12.4. Equipamento de proteção individual (EPI)

No que concerne à prevenção de acidentes no trabalho, o funcionário deve receber Equipamento de Proteção Individual (EPI), fornecido gratuitamente pela empresa, necessário à sua proteção e adequados ao risco da atividade desempenhada pelo empregado, em perfeita condições de uso e devidamente aprovados pelo MT (art. 167 da CLT), e as medidas gerais de Segurança e Medicina do Trabalho não forem suficientes para fornecer total proteção contra acidentes e doenças profissionais ao trabalhador (art. 166 da CLT). Cabe à empresa substituir referido equipamento sempre que for necessário, sem nenhum custo para o empregado.

É responsabilidade do empregador determinar e fiscalizar o uso efetivo do EPI pelos empregados que estão sujeitos às condições nocivas (Súmula 289 do TST), sob pena de, recusado o equipamento pelo empregado, incorrer em dispensa por justa causa. A lista completa de EPIs e as atividades onde se faz obrigatória sua utilização se encontram expressas na NR 6.

Imperativo lembrar que constitui ato faltoso do empregado recusar o uso injustificado do equipamento de proteção individual fornecido pela empresa ou à inobservância das instruções expedidas pelo empregador (art. 158, parágrafo único, II da CLT).

Em relação à eliminação da insalubridade pelo fornecimento do Equipamento de Proteção Individual, é importante observar que há dois posicionamentos: o primeiro é o que preceitua a Súmula 80 do TST, tem-se que, se fornecido aparelhos protetores aprovados pelo órgão competente do Poder Executivo, exclui a percepção do respectivo adicional. Enquanto o segundo posicionamento se dá por meio da Súmula 289 do TST, que alude que o simples fornecimento de aparelho de proteção não exime o empregador do adicional de insalubridade.

> Jurisprudência:
> *ADICIONAL DE INSALUBRIDADE. USO DOS EPI'S. OBRIGATORIEDADE. A segurança e medicina do trabalho devem ser objeto de mútua preocupação entre empregado e empregador, como determina a lei. O empregador que não cumpre as medidas de segurança está sujeito à interdição do estabelecimento (art. 161 da CLT) e dá causa à rescisão indireta do contrato, além de sofrer pesadas multas administrativas (art. 201 da CLT). Já para o empregado, será motivo para dispensa (art. 158, parágrafo único, "b", da CLT). É justamente o descumprimento obrigacional que faz incidir a sanção (ato faltoso e dispensa). A obrigação de usar o EPI é do trabalhador, não do empresário. Quem descumpre a obrigação é que deve responder pelas consequências jurídicas do seu ato.* (TRT 2ª Região. 6ª Turma. RO 22350-2002-90202002. Relator Rafael E. Pugliese Ribeiro. Data: 20/09/2002)
>
> *ADICIONAL DE INSALUBRIDADE. AGENTES QUÍMICOS. FORNECIMENTO DE EQUIPAMENTOS DE PROTEÇÃO INDIVIDUAL. INSUFICIÊNCIA. Demonstrados o contato permanente e habitual com agentes químicos presentes na NR-15, Anexo XIII, da Portaria n. 3.214/78, e o fornecimento de EPI's. Contudo, equipamentos estes inaptos a elidir a nocividade e a contaminação. A atenuação da nocividade, por si só, não acarreta a sua cessação, com o que o empregador não se exime do pagamento do adicional. Recurso*

a que se nega provimento. (TRT 2ª Região – 9ª Turma – Acórdão 20070795309 – Juiz Davi Furtado Meirelles – Publicado no DOE/SP em 05.10.2007)

LAUDO PERICIAL DESCONSIDERADO. INSALUBRIDADE NEUTRALIZADA. FORNECIMENTO DE EPI'S ADEQUADOS.
O empregado confessou que recebia todos os EPIs adequados à neutralização da insalubridade detectada pelo laudo pericial, os quais eram substituídos quando estivessem velhos. A confissão se sobrepõe às conclusões do expert, *afastando o direito à percepção do adicional de insalubridade.* (TRT 2ª Região – 4ª Turma – Acórdão 20080105151 – Juiz Carlos Roberto Husek – Publicado no DOE/SP em 29.02.2008)

12.5. Equipamento de proteção coletivo (EPC)

Como o próprio nome já diz, são equipamentos utilizados para a proteção coletiva de trabalhadores expostos a risco. Os empregadores devem instalar o EPC com essa finalidade, tais como extintores de incêndio, escadas de emergência, hidrantes, enclausuramento acústico de fontes de ruído, ventilação dos locais de trabalho, proteção de partes móveis de máquinas e equipamentos (NR 11), cabine de segurança biológica, capelas químicas e cabine para manipulação de radioisótopos.

A inobservância dos artigos 170 a 188 da CLT acarretará interdição do estabelecimento, por ato de autoridade fiscalizadora.

12.6. CIPA – Comissão Interna de Prevenção de Acidentes

Regida pela Lei n. 6.514/77 e regulamentada pela NR 5 do Ministério do Trabalho, a CIPA foi aprovada pela Portaria n. 3.214/76, publicada no D.O.U de 29/12/94 e modificada em 15/02/95. O objetivo principal da CIPA é desenvolver ações que sejam capazes de prevenir acidentes de trabalho.

As empresas privadas e públicas e os órgãos governamentais que possuam empregados regidos pela CLT ficam obrigados a organizar e manter em funcionamento, por estabelecimento, uma Comissão Interna de Prevenção de Acidentes, de acordo com o teor estabelecido no artigo 163 da CLT e de conformidade com instruções expedidas pelo Ministério do Trabalho.

Devem constituir a CIPA e manter regular funcionamento às empresas, independentemente de sua natureza, que admitam, no mínimo, 20 empregados por estabelecimento, enquanto no comércio varejista é a partir de 50 funcionários.

A CIPA deve ser composta por representantes do empregador e dos empregados, de acordo com as proporções mínimas estabelecidas no Quadro I da NR 5 ou com aquelas estipuladas em outras NRs, e tem como missão a preservação da saúde e da integridade física dos trabalhadores e de todos aqueles que interagem com a empresa.

O mandato dos cipeiros é de 1 ano, permitida uma reeleição (art. 164, §§ 2º e 3º da CLT), os quais, incluso os suplentes, têm estabilidade no emprego, desde o registro de sua candidatura até 1 ano após o término do mandato, inclusive os membros suplentes da representação dos trabalhadores (art. 10, II, "a", ADCT da CF).

Destarte, as faltas disciplinares são as justas causas do art. 482 da CLT, porquanto a lei não tem definição legal para motivo técnico, econômico ou financeiro.

Os membros representantes dos empregadores, titulares e suplentes, serão por eles designados, conforme preceitua o art. 164, § 1º, da CLT. O empregador designará entre eles o Presidente da CIPA, e os empregados elegerão, dentre eles, o Vice-Presidente (art. 164, § 5º, da CLT).

Organizada a CIPA, a mesma deverá ser registrada no órgão regional do Ministério do Trabalho, até 10 dias após a eleição.

12.7. CIPATR – Comissão Interna de Prevenção de Acidentes do Trabalho Rural

A CIPATR foi regulamentada pela NR 3 e aprovada pela Portaria n. 3.067/88, obrigatória para o empregador que tenha mantido uma média de 20 trabalhadores rurais no ano civil anterior. Nos estabelecimentos em instalação, o cálculo será realizado com base no número de trabalhadores previsto no ano. O cálculo da média dos trabalhadores era realizado pelo órgão regional do Ministério do Trabalho com a colaboração das entidades de classe.

O mandato dos cipeiros rurais é de 2 anos, permitindo uma reeleição, os quais seguem na mesma esteira de estabilidade constitucional moldada para os membros das CIPAs urbanas.

Uma vez organizada a CIPATR, esta deverá ser registrada no órgão regional do Ministério do Trabalho, mediante requerimento ao Delegado

Regional do Trabalho, acompanhado de cópias das atas da eleição e da instalação e posse, contendo o calendário anual das reuniões ordinárias, constando hora, dia, mês e local da realização.

12.8. Prevenção de riscos ambientais

Os riscos ambientais são os agentes físicos, químicos e biológicos existentes nos ambientes de trabalho que, em função de sua natureza, concentração ou intensidade e tempo de exposição, são capazes de causar danos à saúde dos trabalhadores.

A prevenção de riscos ambientais tem como objetivo manter a saúde e a integridade dos trabalhadores, mediante antecipação da ocorrência de riscos ambientais existentes ou que venham a existir no ambiente de trabalho, levando em consideração a proteção do meio ambiente e dos recursos naturais.

O PPRA ou Programa de Prevenção de Riscos Ambientais foi estabelecido pela NR 9 e tem por objetivo definir uma metodologia de ação que garanta a preservação da saúde e a integridade dos trabalhadores face aos riscos existentes nos ambientes de trabalho. O objetivo primordial e final é evitar acidentes que possam vir a causar danos à saúde do trabalhador.

Alguns fatores que podem causar riscos ambientais são:
a) Agentes físicos: ruído, vibrações, pressões anormais, temperaturas extremas, radiações etc.
b) Agentes químicos: poeiras, fumos, névoas, neblinas, gases, vapores que podem ser absorvidos por via respiratória ou através da pele, etc.
c) Agentes biológicos: bactérias, fungos, bacilos, parasitas, protozoários, vírus, entre outros.

Corroborando com os objetivos finais da PPRA, objetivos intermediários ajudam a assegurar a consecução desta meta:

- Criar mentalidade preventiva em trabalhadores e empresários.
- Reduzir ou eliminar improvisações e a criatividade do "jeitinho".
- Promover a conscientização em relação a riscos e agentes existentes no ambiente do trabalho.
- Desenvolver uma metodologia de abordagem e análise das diferentes situações (presentes e futuras) do ambiente do trabalho.
- Treinar e educar trabalhadores para a utilização da metodologia.

A elaboração, implementação, acompanhamento e avaliação do PPRA, bem como a caracterização das atividades classificadas como insalubres ou perigosas, poderão ser feitas pelo SESMT – Serviço Especializado em Engenharia de Segurança e em Medicina do Trabalho ou por médico ou engenheiro do trabalho credenciado pelo Ministério do Trabalho e Emprego.

No § 1º, do artigo 195, da CLT, esclarece que é facultado às empresas e aos sindicatos das categorias profissionais interessadas requererem ao MTE a realização de perícia em estabelecimento ou setor deste, com o objetivo de caracterizar e classificar ou delimitar as atividades insalubres ou perigosas.

12.8.1. INSALUBRIDADE

Veja também os capítulos 4.3.18.7 Trabalho insalubre e perigoso e 5.6.2.3 Adicional de Insalubridade.

A insalubridade e a periculosidade têm como base legal a CLT, em seu título II, capítulo V, seção XIII, e a Lei n. 6.514/77, que alterou a CLT no tocante a Segurança e Medicina do Trabalho. Ambas foram regulamentadas pela Portaria n. 3.214, por meio de Normas Regulamentadoras.

Todo trabalho que, de alguma maneira, abala a integridade física do trabalhador, podendo ocasionar doenças, é chamado de trabalho insalubre. O artigo 189 da CLT aduz que:

> *Serão consideradas atividades ou operações insalubres aquelas que, por sua natureza, condições ou métodos de trabalho, exponham os empregados a agentes nocivos à saúde, acima dos limites de tolerância fixados em razão da natureza e da intensidade do agente e do tempo de exposição aos seus efeitos.*

O Ministério do Trabalho é que aprovará o quadro das atividades e operações insalubres, estabelecendo limites de tolerância aos agentes agressivos, meios de proteção e o tempo máximo de exposição do empregado a esses agentes (art. 190, da CLT). É fato, portanto, que juridicamente a insalubridade só existe se constar da relação baixada pelo MT (Súmulas 194 e 460 do STF e Orientação Jurisprudencial n. 4 da SDI-I do TST)

A minimização da insalubridade ocorre com inclusão de medidas de proteção do trabalhador nas operações que produzem aerodispersoides tóxicos, irritantes, alergênicos ou incômodos, mediante adoção de medidas que conservem o ambiente de trabalho dentro dos limites de tolerância ao pleno desenvolvimento das atividades laborais, com a utilização de EPI que diminuam a intensidade do agente agressivo a limites de tolerância (art. 191 da CLT e Súmula 80 do TST).

Nos casos caracterizados insalubres, é devido ao empregado, segundo sua classificação em grau máximo 40%, médio 20% e grau mínimo 10%, calculado sobre o salário mínimo. Entretanto, o art. 7º, IV, da Carta Magna de 1988 proibiu vincular o salário mínimo para qualquer finalidade, o que gerou dúvidas na doutrina e na jurisprudência a respeito do referencial de salário que deveria ser utilizado como base de cálculo para a insalubridade.

Essa questão, todavia, foi resolvida com a jurisprudência dominante do TST, atribuindo o salário mínimo como base de cálculo para o adicional de insalubridade, mesmo na vigência da Constituição Federal (previsto no art. 76 da CLT), salvo quando o empregado perceber salário profissional determinado por força de lei, convenção coletiva ou sentença normativa, o qual será utilizado então como base de cálculo (Súmula 17 e 228 do TST e Orientação Jurisprudencial n. 2 da SDI-I do TST).

Jurisprudência:
ADICIONAL DE INSALUBRIDADE. AGENTES QUÍMICOS. Constatado pela perícia que a neutralização da insalubridade advinda dos agentes químicos, hidrocarbonetos aromáticos só ocorreria mediante a utilização de máscara com filtro para vapores orgânicos, vestimenta impermeável, óculos de proteção e luvas impermeáveis e, não comprovado o fornecimento da vestimenta impermeável, correta a condenação ao pagamento do adicional de insalubridade. (TRT 3ª Região. 2ª Turma. RO – 01079-2008-138-03-00-6. Relator Luiz Ronan Neves Koury. Data: 15/07/2009)

ADICIONAL DE INSALUBRIDADE. BASE DE CÁLCULO. SALÁRIO MÍNIMO. Nos termos do artigo 192 da CLT a base de cálculo do adicional de insalubridade é o salário mínimo, não configurando violação aos incisos IV e XXIII do artigo 7º da Carta Magna sua utilização para o calculo do adicional em questão. (Súmulas n. 228 e 333, e OJ-2 da SBDI-1 do C. TST e Súmula 307 do STF). (TRT 2ª Região – RO em rito sumaríssimo; Relatora: Sonia Maria Prince Franzini; Acórdão n. 20060216527; Processo n. 01011-2005-072-02-00-2 – Turma: 12ª; Data de publicação: 18/04/2006)

12.8.1.1. Jurisprudência correlata

O que tem resolvido grande parte das demais controvérsias relativas ao adicional de insalubridade são as Súmulas e Orientações Jurisprudenciais do Tribunal Superior do Trabalho.

De acordo com a Súmula 139 do TST, enquanto for percebido o adicional de insalubridade, este integra a remuneração para todos os efeitos legais, deixando claro que sua natureza é salarial e não indenizatória.

A Súmula Vinculante n. 4 aduz que, salvo nos casos previstos na Constituição, o salário mínimo não pode ser usado como indexador de base de cálculo de vantagem de servidor público ou de empregado nem ser substituído por decisão judicial. A partir de 9 de maio de 2008, data da publicação da Súmula Vinculante n. 4 do Supremo Tribunal Federal, assevera que o adicional de insalubridade será calculado sobre o salário básico, salvo critério mais vantajoso fixado em instrumento coletivo (Súmula 228 do TST). Ocorre que Súmula n. 4 do STF está suspensa, portanto vigora como base de cálculo do adicional de insalubridade o salário mínimo.

Aduz ainda os seguintes institutos sobre a jurisprudência correlata:
- Súmula 248 do TST – A reclassificação ou descaracterização da insalubridade por ato da autoridade competente repercute na satisfação do respectivo adicional, sem ofensa a direito adquirido ou ao princípio da irredutibilidade salarial.
- OJ 103, SBDI-1 do TST – O adicional de insalubridade já remunera os dias de repouso semanal e feriados.
- Súmula 47 do TST – O trabalho executado em condições insalubres, em caráter intermitente, não afasta, só por essa circunstância, o direito à percepção do respectivo adicional.
- Súmula 80 do TST – A eliminação da insalubridade mediante fornecimento de aparelhos protetores aprovados pelo órgão competente do Poder Executivo exclui a percepção do respectivo adicional.
- Súmula 289 do TST – O simples fornecimento do aparelho de proteção pelo empregador não o exime do pagamento do adicional de insalubridade. Cabe-lhe tomar as medidas que conduzam à diminuição ou eliminação da nocividade, entre os quais as relativas ao uso efetivo do equipamento pelo empregado.
- OJ 4, II – SDI-I do TST – A limpeza em residências e escritórios e a respectiva coleta de lixo não podem ser consideradas atividades

insalubres, ainda que constatadas por laudo pericial, porque não se encontram entre as classificadas como lixo urbano na Portaria do Ministério do Trabalho.
- OJ 173 – SBDI-1 do TST – Em face da ausência de previsão legal, é indevido o adicional de insalubridade ao trabalhador em atividade a céu aberto.

12.8.2. Periculosidade

Veja também o capítulo 5.6.2.4 Adicional de periculosidade.

Periculosidade são as atividades ou operações perigosas, na forma da regulamentação aprovada pelo Ministério do Trabalho, que, por sua natureza ou métodos de trabalho impliquem o contato permanente com inflamáveis ou explosivos em condições de risco acentuado que pode atingir a integridade física do trabalhador de maneira abrupta (art. 193 da CLT). Além disso, seguem na mesma esteira o trabalho desenvolvido pelo setor de energia elétrica (Lei n. 7369/85), os desenvolvidos com radiações ionizantes ou substâncias radioativas (Portaria n. 3.393/83).

O trabalho em condições de periculosidade assegura ao empregado um adicional de 30% sobre o salário sem os acréscimos resultantes de gratificações, prêmios ou participações nos lucros da empresa (§ 1º, do artigo 193, da CLT). Exemplo: frentista de posto de combustível, operador em distribuidora de gás, trabalhos em fábricas de fogos de artifícios etc.

Aduz a Súmula 364, I do TST e a Súmula 361 do TST, que, mediante a exposição permanente ou intermitente do empregado às condições de risco, o empregado terá direito ao adicional integral devido.

> Jurisprudência:
> *ADICIONAL DE PERICULOSIDADE. Cabistas. Empresas telefônicas. Adicional de periculosidade. A lei n. 7.369/85 não está atrelada à atividade do empregador, mas sim à atividade exercida pelo empregado* (ubi eadem ratio, idem ius). (TRT 1ª Região. 2ª Turma. RO 01953-1999-064-01-00. Relator Desembargador Paulo Roberto Capanema da Fonseca. Data: 23/05/2006)
>
> *ADICIONAL DE PERICULOSIDADE. PROVA PERICIAL. ADICIONAL DE PERICULOSIDADE. PROVA TÉCNICA. Valoração. Para caracterização da atividade em condições perigosas é necessária a produção de prova técnica. Contudo, o juízo não está adstrito à*

conclusão do expert, *podendo formar seu convencimento com base em outros elementos dos autos que apontem que o trabalho era efetivamente desempenhado em condições de risco acentuado. Assim, se um empregado trabalha em local que de acordo com manual de treinamento da empresa é considerado como área de alto risco devido às altíssimas correntes elétricas que atuam no ambiente, caracteriza-se a atividade de risco. O perigo, ainda que remoto, existe de ocorrer no momento, tanto no manuseio de uma ferramenta quando o empregado pode se transformar em um caminho para a corrente elétrica fluir para a terra, quanto por um acidente decorrente do rompimento do isolamento, o que pode lhe acarretar morte imediata devido à intensidade da energia. Assim, considerando que o risco não tem hora para ocorrer nem pode ser totalmente eliminado, a despeito de toda a estrutura e conhecimento técnico dos profissionais que realizam essa operação, a simples exposição do empregado implica o pagamento do adicional respectivo.* (TRT 1ª Região. 6ª Turma. RO 01363-2003-036-01-00. Relator Desembargador José Antônio Teixeira da Silva. Data: 11/07/2006)

12.8.2.1. Jurisprudência correlata

Na mesma esteira da insalubridade, as súmulas e orientações jurisprudenciais do Tribunal Superior do Trabalho resolveram grande parte das controvérsias a respeito do adicional de periculosidade: "Os empregados que operam em bomba de gasolina têm direito ao adicional de periculosidade" (Súmula 39 do TST).

Assim assevera a OJ 324 do TST:

É assegurado o adicional de periculosidade apenas aos empregados que trabalham em sistema elétrico de potência em condições de risco ou que façam com equipamentos e instalações elétricas similares, que ofereçam risco equivalente, ainda que em unidade consumidora de energia elétrica.

12.8.3. Perícia técnica

Somente através de perícia técnica, determinada pelo Ministério do Trabalho, a cargo de Engenheiro do Trabalho ou Médico do Trabalho, devidamente registrados no MT (art. 195 da CLT), é que se determinará a caracterização e a classificação da insalubridade e da periculosidade.

O perito é nomeado pelo Juiz, ao qual é determinado fazer os exames periciais sobre as atividades desempenhadas em local insalubre ou perigoso, e as partes podem indicar um assistente técnico que deverá entregar o laudo no mesmo prazo fixado ao perito (Lei n. 5.584/70, art. 3º, que revogou tacitamente o art. 826 da CLT). O pagamento de honorários periciais é da parte sucumbente no objeto da perícia, salvo quando beneficiada da justiça gratuita (art. 790-B da CLT).

O empregado, no momento da propositura de eventual reclamação trabalhista, poderá pleitear tanto o adicional de insalubridade quanto o adicional de periculosidade, contudo, por meio do laudo pericial, receberá apenas um desses adicionais.

Jurisprudência:
ADICIONAL DE INSALUBRIDADE E/OU PERICULOSIDADE. OPÇÃO/TRÂNSITO EM JULGADO. É bastante plausível admitir--se que o empregado quando vai requerer em Juízo, não tenha ainda certeza de que seu trabalho é perigoso e/ou insalubre, por isto mesmo não há vedação legal para que se postule pelo pagamento de ambos os adicionais. A constatação pericial da existência de trabalho perigoso e insalubre em concomitância, em face da proibição da cumulatividade, obriga o empregado a fazer a opção por um desses adicionais após o trânsito em julgado da decisão, pois nesta fase processual é que se materializa efetivamente o direito do trabalhador. (TRT 2ª Região – 6ª Turma – Acórdão 20080072385. Juiz Relator Valdir Florindo – Publicado no DOE/SP em 22.02.2008)

ADICIONAL DE INSALUBRIDADE. PROVA PERICIAL. Adicional de insalubridade. Desativação do local objeto da perícia. Tendo sido o local de trabalho, objeto da perícia, desativado, ou não mais se prestando para se inspecionado, pode o perito valer-se de todos os meios de direito permitidos para concluir pela existência ou não da insalubridade, tais como informações constantes de documentos da própria reclamada, como foi no caso dos autos. E para a convicção do juízo em relação à insalubridade, pode o julgador apoiar-se em laudo pericial, ou outros elementos probatórios que lhe parecerem de maior peso, uma vez que não está adstrito a nenhum laudo, obrigatoriamente. (TRT 1ª Região. 4ª Turma. RO 01592-1993-038-0100. Relatora Desembargadora Dóris Castro Neves. Data: 04/07/2006)

12.8.4. Controle médico

A CLT estabelece a obrigatoriedade do exame médico na admissão do empregado, na demissão, mudança de função e periódicos (NR 7), pago pelo empregador, além de prever regras mínimas relativas a edificação, iluminação, conforto térmico, instalação elétrica, movimentação, armazenagem e manuseio de materiais, utilização de máquinas e equipamentos, caldeiras, fornos e recipientes, conforme determinam os artigos 170 a 188 da CLT.

A empresa deverá manter em seu estabelecimento o material necessário à prestação de primeiros socorros médicos, de acordo com o risco de atividade (art. 168, § 4º, da CLT).

12.9. Atividades perigosas

A Lei n. 7.369/85 classifica como atividades perigosas aquela que por sua natureza ou método de trabalho coloque o funcionário em contato permanente ou intermitente com agentes de risco à vida, tais como inflamáveis, explosivos e energia elétrica, bem como radiações ionizantes ou substâncias radioativas (Portaria MTE n. 518/2003). Segundo jurisprudência dominante, entende-se por atividade perigosa o trabalhador que não se envolve diretamente com a manutenção de sistemas elétricos de potência, mas que a executa em locais próximos a eles, tais como instaladores de cabeamento de televisão em postes, linhas telefônicas. Também se enquadra neste instituto aqueles que se envolvem com a proteção armada de patrimônio (vigilantes), trabalho em altura (pintura e limpeza de vidros em prédios) ou atividade desenvolvida em áreas de desmoronamento iminente, transporte de inflamáveis líquidos ou gasosos liquefeitos em quaisquer vasilhames e a granel, armazenamento de explosivos, dentre outras.

As atividades perigosas e riscos em potencial encontram-se expressas no Quadro 1 da NR 16.

> Jurisprudência:
> *ADICIONAL DE PERICOLOSIDADE. Comissário de bordo e comandante de aeronave. Não configura condição perigosa de trabalho a permanência de comissários de bordo e comandante no interior de aeronave, durante a operação de reabastecimento desta. O art. 193 da CLT exige, para caracterização da atividade ou operação perigosa, a concomitância do contato permanente com inflamáveis ou explosivos e a condição de risco acentuado. Na hipótese concreta o*

contato não é permanente e tampouco é acentuado o risco. Adicional de periculosidade indevido. (TRT 2ª Região. 1ª Turma. RO 01017-2003-315-02-00-8. Relator Wilson Fernandes. Data: 28/07/2009)

12.9.1. Vigilantes

O vigilante difere do vigia, cuja função se milita a realizar a guarda de um determinado patrimônio, com a função de observar e comunicar as autoridades policiais sobre eventuais danos e invasão. O vigilante, por sua vez, está integrado numa categoria profissional diferenciada e regida pela Lei n. 7.102/83, e tem o dever de enfrentar o perigo quando está executando vigilância patrimonial de bancos e outros estabelecimentos públicos e privados, assim como a segurança de pessoas físicas (art. 15 c/c o art. 10)

As empresas que tenham objeto econômico diverso da vigilância ostensiva e do transporte de valores, que utilizem pessoal de quadro funcional próprio para execução dessas atividades, ficam obrigadas ao cumprimento do disposto na lei e demais legislações pertinentes.

Para o exercício da profissão, o vigilante deverá preencher alguns requisitos básicos, além do prévio registro no Departamento de Polícia Federal, sendo autorizado o porte de revólver calibre 32 ou 38 e o uso de cassetete de madeira ou borracha. Quando designados para o transporte de valores, poderão fazer uso também de espingarda calibre 12, 16 ou 20, de fabricação nacional.

Os requisitos para o exercício da profissão são os seguintes:
- Ser brasileiro;
- ter idade mínima de vinte e um anos;
- ter instrução correspondente à quarta série do primeiro grau;
- ter sido aprovado em curso de formação de vigilante, realizado em estabelecimento com funcionamento autorizado nos termos da Lei n. 7.102/83;
- ter sido aprovado em exame de saúde física, mental e psicotécnico;
- não ter antecedentes criminais registrados; e
- estar quite com as obrigações eleitorais e militares.

Cabe ainda o registro na Delegacia Regional do Trabalho e do Ministério do Trabalho, que se fará após a apresentação dos documentos comprobatórios das situações acima elencadas.

Jurisprudência:
VIGILANTE. ENQUADRAMENTO. Nos termos da Lei n. 7.102/83, vigilante é o profissional que preenche uma série de requisitos, dentre eles, a aprovação em curso de formação de vigilante, realizado em estabelecimento com funcionamento autorizado e o prévio registro na Delegacia Regional do Trabalho. Como se não bastasse, tem assegurado o direito de uso de uniforme especial, porte de arma, quando em serviço, prisão especial por ato decorrente do serviço e seguro de vida em grupo às expensas do empregador. O desempenho de atividades relacionadas ao controle e fiscalização de visitantes em condomínio, sem o uso de armas e sem os requisitos da legislação específica, não guarda equivalência de funções com as atribuições do vigilante, nem justifica o enquadramento pleiteado. Recurso Improvido. (TRT 2ª Região. 12ª Turma. RO 02807-2008-201-02-00-4. Relator Delvio Buffulin. Data: 19/06/2009)

12.10. ERGONOMIA

Ergonomia vem do grego *"ergons"*, que significa trabalho, e *"nomos"*, que significa leis. Atualmente a palavra é usada para descrever a ciência de conceber uma tarefa que se adapte ao trabalhador e não forçar o trabalhador a se adaptar à tarefa. Também é chamada de engenharia dos fatores humanos, e há ainda a preocupação com a interface homem-computador.

A ergonomia estabelece parâmetros que facilitam a adaptação das condições de trabalho às características psicofísicas dos trabalhadores, visando proporcionar conforto, segurança e desempenho suficiente. A ergonomia é tratada na NR-7 como uma ciência relativamente recente que estuda as relações entre o homem e seu ambiente de trabalho.

Para avaliar a adaptação das condições de trabalho às características psicofisiológicas dos trabalhadores, o empregador deve proceder análise ergonômica do trabalho, abordando, no mínimo, as condições de trabalho estabelecidas em Norma Regulamentadora.

Os agentes ergonômicos abaixo elencados podem gerar distúrbios físicos e psíquicos no trabalhador, causando sérios danos à saúde:
- Esforço físico intenso;
- levantamento e transporte manual de pesos;
- exigência de postura inadequada;

- controle rígido de produtividade;
- imposição de ritmos excessivos;
- monotonia e repetitividade.

Todas as disposições relacionadas à ergonomia estão disciplinadas na NR-17.

Jurisprudência:
ESTABILIDADE ACIDENTÁRIA. DOENÇA PROFISSIONAL. NEXO CAUSAL. CULPA DO EMPREGADOR. ERGONOMIA. Comprovada a existência de nexo causal entre as atividades desenvolvidas e as patologias adquiridas, revela-se patente a culpa do empregador, porquanto deixou de observar e cumprir as normas de saúde e segurança no trabalho, principalmente no que diz respeito à ergonomia (NR-17 da Portaria MTb 3214/78). Recurso Ordinário não provido. (TRT 2ª Região. 12ª Turma. RO 00681-2005-263-02-00-7. Relator Davi Furtado Meirelles. Data: 17/04/2009)

LER. DOENÇA PROFISSIONAL. RESPONSABILIDADE DO EMPREGADOR. O aumento crescente dos casos de LER foi impulsionado pela introdução massiva da informática que implica repetitividade dos gestos, pela crescente pressão por qualidade e produtividade. Houve uma alteração profunda no meio ambiente do trabalho nas últimas décadas no tocante ao ritmo imposto aos trabalhadores e à pressão exercida sobre os mesmos. O aumento da competitividade trouxe consigo a redução de custos e de prazos e a busca incessante pelo aumento da produtividade e pela aceleração. Neste quadro, a LER tem sido a moléstia desenvolvida com mais frequência. Incumbe ao empregador tomar todas as medidas que estão ao seu alcance para impedir o desenvolvimento da moléstia (exames periódicos, encaminhamento para tratamento, realocação do trabalhador em setor compatível, investimento em ergonomia, dentre outras). A omissão quanto ao dever legal de preservar a integridade física do trabalhador caracteriza culpa, ensejando a responsabilidade civil. (TRT 2ª Região. 4ª Turma. RO 00320-2006-078-02-00-4. Relatora Ivani Contini Bramante. Data: 15/05/2009)

12.10.1. PREVENÇÃO DA FADIGA

Veja também o capítulo 4.3.18.10 Limites de peso.

O peso máximo que o empregado pode remover individualmente, salvo disposições relativas ao trabalho da mulher e do menor, é de 60 kg. O empregador não pode exigir do empregado o transporte manual de cargas cujo peso possa comprometer a saúde e a segurança do trabalhador, salvo quando forem fixados limites para remoção de material feita por impulsão ou tração de vagonetes sobre trilhos, carros de mão ou qualquer outro aparelho mecânico (art. 198 da CLT).

Será obrigatória a colocação de assentos que assegurem a postura correta ao trabalhador, capazes de evitar posições incômodas ou forçadas, sempre que a execução da tarefa exija que trabalhe sentado. Quando o trabalho deva ser executado de pé, os empregados terão à sua disposição assentos para serem utilizados nas pausas que o serviço permitir (art. 199 e parágrafo único da CLT).

> Jurisprudência:
> *RECURSO DO RECLAMADO. CORREÇÃO MONETÁRIA. ÉPOCA PRÓPRIA. Coincidindo a pretensão recursal com os termos deferidos na decisão de 1º grau, carece (necessidade + utilidade) a parte de interesse para recorrer. JORNADA REDUZIDA. TELEFONISTA. O artigo 227, da CLT estabelece a jornada reduzida de seis horas aos operadores de serviços de telefonia. Refere-se, pois, aos empregados que prestem serviços preponderantemente através de aparelhos telefônicos. O fundamento da tutela especial está na demanda de atenção constante, capaz de gerar fadiga física e psíquica, com aparecimento de neuroses ou psicoses. RECURSO DA RECLAMANTE. HORAS EXTRAS. Entendo que a juntada dos registros de horário por parte da empresa, quando empregue mais de 10 trabalhadores, não depende de determinação judicial, por isso que a manutenção de tais controles resulta de imposição legal.* (TRT 2ª Região. 2ª Turma. RO 00779-2006-017-02-00-8. Relator Luiz Carlos Gomes Godoi. Data: 02/09/2008)
>
> *HORAS EXTRAS. SUPRESSÃO DO INTERVALO INTRAJORNADA. A regra insculpida no artigo 71 "in fine" da CLT caracteriza-se pela imperatividade absoluta, já que trata, em última instância, sobre a redução dos riscos inerentes ao trabalho, insuscetível de renúncia ou transação. Não resta dúvida de que a intenção do legislador foi*

prevenir a fadiga e a fragilidade do empregado, concedendo-lhe um descanso para recuperar suas energias exauridas pela labuta diária. Nesta esteira de raciocínio, as regras que impõem a obrigatoriedade da concessão de intervalos para descanso são de ordem pública e não podem sofrer derrogações, ainda que por via coletiva. A cláusula normativa que assim dispuser será ineficaz, por afrontar a prevenção aos riscos inerentes ao trabalho, valor constitucionalmente consagrado no artigo 7º, inciso XXII. (TRT 2ª Região. 10ª Turma. RO 01086-1999-251-02-00. Relatora Vera Marta Publio Dias. Data: 06/09/2005)

12.11. Proteção ao trabalho do menor

Veja também capítulo 4.3.17 Menor.

O artigo 403 da CLT aduz que é proibido qualquer trabalho a menores de 16 anos de idade, salvo na condição de aprendiz, a partir dos 14 anos. A MP 251/05 reforça que a idade para poder ser considerado aprendiz se dá dos 14 anos até os 24 anos. A nossa Constituição Federal considera menor o trabalhador de 16 a 18 anos de idade (art. 7º, inciso XXXIII).

O menor não poderá realizar nenhum trabalho em condições perigosas ou insalubres ou que prejudiquem a sua formação, o seu desenvolvimento físico, psíquico, moral e social e em horários e locais que possibilitem frequentar a escola. O disposto no artigo 404 da CLT veda ao menor o trabalho noturno de qualquer natureza, compreendido como noturno o trabalho executado no período compreendido entre 22h e 5h.

A partir dos 14 anos, é admissível o Contrato de Aprendizagem, feito por escrito e por prazo determinado, conforme artigo 428 da CLT (redação dada pela Lei n. 11.180/2005), com a duração máxima de 2 anos, com as respectivas anotações na CPTS.

A duração do trabalho do trabalho do aprendiz não poderá exceder 6 horas diárias, vedadas a prorrogação e a compensação de jornada, salvo para os aprendizes que já tiverem completado o Ensino Fundamental, se nelas forem computadas as horas destinadas à aprendizagem teórica. Neste caso, poderá o aprendiz trabalhar 8 horas diárias, conforme disposto no artigo 432 da CLT.

Jurisprudência:
HONORÁRIOS ADVOCATÍCIOS. O art.404 do Código Civil não alude a honorários advocatícios com natureza diversa daquela que

emerge da sucumbência em demandas judiciais, apesar de se encontrar estampado em diploma de direito material, a exemplo do que ocorre com a menção aos juros e custas, que também independem de pedido expresso. Em verdade, na Justiça do Trabalho, não se pode transferir ao reclamado o ônus que decorre da contratação de advogado particular, enquanto perdurar a vigência do art.791 da CLT, que faculta o jus postulandi *das próprias partes. Acidente de trabalho Indenização por danos morais e materiais. A contratação de empregado menor de idade para trabalho considerado perigoso, nos termos do art.7º, XXXIII, CF e art.405, I, CLT, enseja a presunção de culpa do empregador na hipótese de acidente do trabalho na constância da menoridade ou logo após adquirir a maioridade civil, sendo devida a indenização de que trata o art.7º, XXVIII, CF, a cargo do empregador.* (TRT 2ª Região. 12ª Turma. RO 01728-2006-086-02-00-8. Relator Adalberto Martins. Data: 27/03/2009)

ACIDENTE DO TRABALHO. VÍTIMA MENOR DE IDADE. EXERCÍCIO DE ATIVIDADE VEDADA EM LEI. RESPONSABILIDADE CIVIL DO EMPREGADOR. Nos termos dos artigo 405, I, e 425 da CLT, "os empregadores de menores de 18 anos são obrigados a velar pela observância, nos seus estabelecimentos ou empresas, (...) das regras de higiene e medicina do trabalho", sendo-lhes proibido ofertar, a menores, trabalho "nos locais e serviços perigosos ou insalubres, constantes de quadro para esse fim aprovado pela Secretaria de Segurança e Medicina do Trabalho". Nesse sentido, o Anexo I da Portaria Ministerial no. 20, de 13 de setembro de 2001, ao regulamentar o disposto no artigo 405, I, da CLT, arrola quais atividades vedadas ao menor de 18 anos. Verificada a ocorrência de acidente que resulta em dano para o trabalhador menor de idade, em atividade cujo exercício lhe é obstado por norma expressa do MTE. (TRT 3ª Região. 10ª Turma. RO 00972-2008-058-03-00-0. Relatora Deoclécia Amorelli Dias. Data: 11/03/2009)

12.11.1. Extinção do contrato de aprendizagem

O contrato de aprendizagem extingue-se no seu termo ou quando o aprendiz completar 18 anos de idade, ou antecipadamente, em algumas hipóteses, como:

- Desempenho insuficiente ou inadaptação do aprendiz, ou seja, quando o menor não tem bons resultados escolares ou não consegue se adaptar às atividades de formação profissional (art. 433, I, da CLT).
- Falta disciplinar grave autorizará a despedida do menor trabalhador (art. 433, II, da CLT).
- Ausência injustificada à escola que implique perda do ano letivo também autorizará a extinção do contrato de aprendizagem (art. 433, III, da CLT).
- Finalmente, o pedido de demissão do próprio aprendiz (art. 433, IV, da CLT).

12.12. Penosidade

Veja também o capítulo 5.6.2.6 Adicional de penosidade.

Trata-se de uma modalidade de indenização destinada às atividades que, embora não cause efetivo dano à saúde do trabalhador, possa tornar sua atividade profissional mais sofrida. Por exemplo: empregado que trabalha o dia todo em pé ou tenha que enfrentar filas, se sujeita ao sol ou à chuva, tenha de levantar muito cedo etc.

Embora previsto pelo art. 7º, XXIII, da CF, ainda não existe previsão legal sobre o que constitui atividade penosa e qual o respectivo adicional devido. Uma vez carecendo de regulamentação legal, não representa, portanto, um direito efetivo, até que o adicional de penosidade seja devidamente regulamentado.

O que tem garantido efetividade ao adicional de penosidade, até que seja determinado em lei específica a ser criada pelo Poder Legislativo, são as negociações realizadas entre entidades sindicais e empregadores, que têm negociado o pagamento deste adicional através de Acordos e Convenções Coletivas de Trabalho.

>Jurisprudência:
>*HORA NOTURNA REDUZIDA. REGIME 12×36. A jornada 12×36 não é incompatível com a determinação contida no artigo 73, parágrafo 1º, da CLT. De se relevar que a citada norma diz respeito à penosidade da atividade noturna e busca garantir a higidez física e mental do empregado. Logo, por se tratar de norma de ordem pública, deve ser observada em qualquer regime de trabalho noturno, inclusive aquele cumprido pelo autor, em escala 12×36.* (TRT 2ª Região. 2ª Turma. RO 00201-2004-038-02-00-0. Relatora Odette Silveira Moraes. Data: 28/07/2009)

12.13. Outras regras de proteção

Outras normas de prevenção são bem recebidas na CLT, cujos pontos principais são:
- Caldeiras, fornos e recipientes sob pressão: é obrigatório o uso de válvulas e dispositivos de segurança. Toda caldeira deve passar por inspeção periódica, anotada no Registro de Segurança, e contar com prontuário, com as suas características. Esta matéria é regulada pelas NRs-13 e 14.
- Conforto térmico: é obrigatória ventilação natural ou artificial que possibilite conforto térmico. Na geração de frio é necessário o uso de vestimentas ou isolamentos térmicos protetivos (arts. 174 a 178 CLT).
- Edificações: os locais de trabalho deverão ter, no mínimo, 3 metros de pé-direito, assim considerada a altura livre do piso ao teto. O piso não deve apresentar saliências nem depressões que prejudiquem a circulação de pessoas ou a movimentação de materiais (art. 171 a 174 da CLT).
- Equipamento de Proteção Individual: assunto já abordado em capítulo específico.
- Fadiga: salvo o uso de vagonetes sobre trilhos, carros de mão ou outros aparelhos mecânicos, há de se considerar que 60 quilos é o peso máximo para remoção individual pelo empregado. É obrigatória a colocação de assentos que assegurem a postura correta e, no trabalho em que o funcionário deverá ficar em pé, disponibilizar assentos para as pausas (NR-17 e Portaria 3.751/90).
- Iluminação: no local de trabalho a iluminação deve ser natural ou artificial, apropriada à natureza da atividade, uniformemente distribuída, geral e difusa, a fim de evitar ofuscamento, reflexos, incômodos, sombras e contrastes excessivos (art. 175 da CLT e Portaria MT-3.751/90).
- Insalubridade e periculosidade: assunto tratado em capítulo específico (NR-15).
- Instalações elétricas: trabalho realizado por empregado especializado, com instrução especial, em condições de prestar socorro a acidentados por choque elétrico. O aterramento e outras especificações pertinentes estão na NR-10.
- Máquinas e equipamentos: para evitar o acionamento acidental de máquinas e equipamentos, fica obrigada a empresa de instalar dispositivos de partida e parada, e de estabelecer que a manutenção só poderá ser realizada com a máquina completamente parada (NR-12).

Capítulo 12

- Movimentação, armazenagem e manuseio de materiais: padronização de avisos de carga máxima, avisos proibitivos de não fumar, advertência quanto à natureza perigosa, precaução, condições mínimas de segurança e higiene referente aos recipientes e armazéns, primeiros socorros e assuntos correlatos, tratados pela NR-11.

13 | Fiscalização do trabalho

13.1. Introdução

A fiscalização do trabalho tem por finalidade a prevenção e manutenção adequada dos direitos trabalhistas dos empregados, frente à relação trabalhista com o empregador.

É admissível que o Estado regule a relação trabalhista de duas maneiras distintas: em um primeiro momento a inspeção direta e autônoma do auditor fiscal junto ao empregador, e em segundo plano a Justiça do Trabalho, isto é, o ingresso do empregado no Poder Judiciário, que pleiteia na Justiça do Trabalho seus direitos e algumas vezes são lesados, independentemente do conhecimento ou não desses direitos que lhe são atribuídos, e que não raramente são abdicados em detrimento de represálias pelo empregador.

Os auditores realizam atividades internas e externas. A primeira refere-se a procedimento de assistência na rescisão do contrato de trabalho, pedido de demissão de um estável e outras. Enquanto a atividade externa se refere a prevenção e manutenção adequada dos direitos trabalhistas dos empregados em relação as partes envolvidas na relação de emprego, qual seja, o empregado e o empregador, podendo este último ser pessoa de direito privado ou público.

Os auditores fiscais também são chamados pelas expressões de inspetor do trabalho, agente fiscal e fiscal do trabalho.

13.2. Fundamentação legal

A fiscalização do trabalho encontra respaldo na Lei Fundamental em seu artigo 21, inciso XXIV, que versa sobre a competência da União em organizar, manter e executar a inspeção do trabalho. Na Consolidação, no artigo 626 incumbe às autoridades competentes do Ministério do Trabalho, ou àquelas que exerçam funções delegadas a fiscalização do fiel cumprimento das normas de proteção ao trabalho. Assim, os fiscais do Instituto Nacional de Seguridade Social e das entidades paraestatais em geral, dependentes do Ministério do Trabalho, serão competentes para a fiscalização na forma das instruções que forem expedidas pelo Ministro do Trabalho.

Há ainda diversas portarias, decretos e leis editadas ao longo dos anos versando sobre o tema: Portarias n. 3.158/71, 3.159/71, 3.292/71, 27/77, a Lei n. 7.855/89, a Instrução Normativa n. 28/2002 e, por fim, os Decretos n. 55.841/65, 57.819/66, 65.557/69 e 97.995/89, revogados pelo decreto n. 4.552/02.

De todos os dispositivos supramencionados, no Decreto n. 55.841/65 encontram-se as informações pertinentes ao Regulamento da Inspeção do Trabalho (RIT), cuja finalidade do RIT é assegurar o que está disposto no ordenamento legal e nos regulamentos trabalhistas.

Ainda, merece tecer comentários acerca da fiscalização direcionada, isto é, algumas áreas e leis laborais possuem agregada à legislação básica instrução normativa de fiscalização especial, tais como a Instrução Normativa (IN) n. 26/2001, que trata da aprendizagem, a IN MTE n. 01/1997, que versa sobre a empresa e o trabalho temporário, a IN MTE n. 20/2001, que exprime sobre os portadores de deficiência, a IN MTE n. 25/2001, que fala do FGTS, e outras.

13.3. Sujeitos

São sujeitos competentes para a fiscalização trabalhista o Ministério do Trabalho (MT) e o Ministério da Previdência Social. No âmbito regional, a fiscalização é realizada pelo Instituto Nacional da Seguridade Social (INSS) e pela Delegacia Regional do Trabalho (DRT). A representação pela DRT é realizada por meio dos agentes da inspeção ou auditor fiscal, pessoa física, que se identifica pela identidade funcional, contendo dados pessoais e profissionais.

A função do Ministério do Trabalho e Emprego (MTE) está na fiscalização das leis trabalhistas e do Fundo de Garantia do Tempo de Serviço, podendo, portanto, ser solicitado toda a documentação pertinente para a averiguação do cumprimento das obrigações trabalhistas e do FGTS. A estrutura e a composição dos órgãos fiscalizadores são compostas da seguinte maneira: Conselho Nacional de Imigração, Conselho Curador do FGTS, Conselho Deliberativo do Fundo de Amparo ao Trabalhador (FAT), Conselho Nacional de Economia Solidária, Secretaria de Políticas Públicas de Emprego, Secretaria de Relações do Trabalho, Secretaria de Inspeção do Trabalho e Secretaria Nacional de Economia Solidária.

Importante frisar que o papel do auditor fiscal limita-se a analisar as leis que tutelam a relação do empregado com o empregador. Isto quer dizer que a relação é exclusiva para o empregado, não fazendo parte desta análise vínculos devidamente regulamentados, tais como o estagiário, o autônomo, o temporário, entre outros. É exceção à fiscalização nas empresas tomadoras de sociedade de cooperativa, a qual procede nos termos gerais da fiscalização (Portaria n. 925/95). Assim, verificado os procedimentos contrários à norma de trabalho, como trabalhadores sem registro ou infantil, deverá o auditor fiscal considerar a infração.

Jurisprudência:
AUTO DE INFRAÇÃO. AUSÊNCIA DE FISCAIS À SEDE DA EMBARGANTE. NULIDADE. NÃO CARACTERIZAÇÃO. Não é nulo o auto de infração pelo simples fato de não ter sido realizada a fiscalização na sede da empresa ou no local de prestação de serviços, uma vez que o agente fiscal teve acesso a toda documentação relativa aos "cooperados" prestadores de serviços à embargante, na sede da cooperativa, tais como o Livro de Inspeção do Trabalho, fichas de produção em nome de cada associado, contendo dias trabalhados, faltas, horas trabalhadas, produção diária e repreensões. (TRT 3ª Região. 6ª Turma. AP – 02199-2006-152-03-00-5. Relator Convocado João Bosco Pinto Lara. Data: 19/12/2007)

EXECUÇÃO FISCAL. NULIDADE DE AUTO DE INFRAÇÃO. LIMITES AO PODER DA FISCALIZAÇÃO. A fiscalização do trabalho como resultado da atuação do poder de polícia da administração pública tem atribuição funcional para inspecionar a existência ou não de trabalhadores sem o devido registro em CTPS. Entretanto, esta atuação é feita tão somente a nível administrativo, com vistas à verificação de infração administrativa, lavrando o respectivo auto de infração, com base no qual é aplicada a penalidade de multa ao infrator da legislação trabalhista. No exercício de sua atividade, o fiscal certamente enfrenta situações que exigem a interpretação da relação laboral havida entre as partes, como no presente caso, que inclui a valoração da existência ou não de relação de emprego, concernente a obreiros que, a priori, prestam serviços autônomos mediante contrato escrito de prestação de serviços, ou por meio de pessoa jurídica, ou, ainda, através do sistema de cooperativa. Tendo a empresa-autora demonstrado através da prova documental (contratos de prestação de serviços) e da prova testemunhal produzida nos autos que a relação laboral empreendida possui natureza autônoma, impõe-se a nulidade do auto de infração. 2. AUTO DE INFRAÇÃO. ANULAÇÃO. TUTELA ANTECIPADA. CABIMENTO. Presentes os requisitos autorizadores da tutela antecipada, nos termos do art.273 do CPC, correto o seu deferimento pela origem, vez que há prova do alegado (os contratos de prestação de serviços autônomos), possibilidade de dano ocorrência de irreparável ou de difícil reparação para a empresa autuada, consistente na inscrição na dívida ativa da União, que pode acarretar outras lesões, como p. ex. a limitação para contratar com o poder público, abuso no exercício do direito de fiscalização da administração pública, que extrapolou seus limites de poder de polícia e, por fim, trata-se de provimento reversível (a administração deixa de poder cobrar a multa decorrente e, acaso a decisão venha a ser reformada, poderá cobrá-la normalmente, a futuro). (TRT 2ª Região. 4ª Turma. RO01 – 00519-2008-301-02-00-3. Relator Ricardo Artur Costa e Trigueiros. Data: 08/05/2009)

13.4. Documentação obrigatória

As empresas devem cumprir uma série de obrigações que são comprovadas por meio de documentação fiscal, que deve ser exibida à fiscalização do trabalho sempre que for exigida, com a obrigatoriedade de mantê-la no estabelecimento da empresa, podendo ser analisada no momento da inspeção ou com data e hora determinada pelo auditor fiscal.

Portanto, independente de sua atividade econômica, toda empresa deverá manter à disposição do auditor fiscal o livro de inspeção do trabalho, que será devidamente autenticado pelo Agente da Inspeção do Trabalho em sua visita ao estabelecimento, sendo desnecessária a autenticação pela unidade regional do Ministério do Trabalho e Emprego. Contudo, uma exceção na lei dispensa as microempresas e empresas de pequeno porte (Lei n. 9.841/99, artigo 11 e Lei Complementar n. 123/06 artigo 51, IV) de manter o Livro de Inspeção do Trabalho. É neste livro que o Auditor lançará a documentação fiscal e o prazo que a empresa deverá apresentar. O referido livro pode ser adquirido em papelaria.

Para aqueles empreendedores que possuem mais de um estabelecimento comercial, filial ou sucursal, estes devem possuir tantos Livros de Inspeção do Trabalho quantos forem seus estabelecimentos.

Jurisprudência:
FISCALIZAÇÃO DO TRABALHO – EXISTÊNCIA DE VIOLAÇÃO ÀS NORMAS DA CLT – OBRIGAÇÃO DE LAVRATURA DO AUTO DE INFRAÇÃO – AÇÃO ANULATÓRIA DE DÉBITO FISCAL – EMPRESA PROMOTORA DE EVENTOS E FEIRAS – ALUGUEL DE STANDS. 1) Incumbe às autoridades competentes do Ministério do Trabalho ou àquelas que exerçam funções delegadas, na linha do preceituado no artigo 626 da CLT, a fiscalização do fiel cumprimento das normas de proteção ao trabalho. Em reforço, dispõe o artigo 628 da CLT, que, "salvo o disposto nos arts. 627 e 627-A, a toda verificação em que o Auditor Fiscal do Trabalho concluir pela existência de violação de preceito legal deve corresponder, sob pena de responsabilidade administrativa, a lavratura do auto de infração, o que, no particular, ainda é reforçado pelos ditames da Portaria n. 925/95. Na mesma toada o artigo 18 do Decreto n. 4.552/02, que ancorado na Lei n. 10.593/02, aprovou o Regulamento da Inspeção do Trabalho – RIT. 2) A relação jurídica mantida pela empresa recorrida, promotora de eventos e feiras, e aquelas que alugam os estandes nas feiras de exposição é autônoma, não se inserindo no campo de atuação desta Especializada. Na Justiça Comum, lado outro, há espaço para a discussão a respeito da natureza da relação jurídica por elas mantida (contratos de comodato, de exposição de espaços/ cessão de uso ou contrato atípico e misto de locação de espaço e de prestação de serviços). 3) O artigo 3º da Lei n. 6.830/80 dispõe que "A Dívida Ativa regularmente inscrita goza da presunção de certeza e liquidez", a qual, contudo, pode vir a ser desconstituída pelo executado (artigo 3º, parágrafo único, da mesma norma legal), desde que produza elementos suficientes de prova, ônus a ele imputado portanto, atendido no caso concreto. 4) A recorrida não possuía o dever legal de manter, no momento da autuação, o que se deu na feira de moda por

ela organizada, a documentação comprobatória referente a registro de empregados, de controle de jornada e livro de inspeção do trabalho, como exigido pelos auditores fiscais. As pessoas que ali se encontravam não trabalhavam para ela, mas, sim, para os expositores que alugaram os stands, ou para a empresa de segurança contratada para aquele evento. Mantenho a sentença, que julgou procedente a ação anulatória de débito fiscal para declarar a nulidade dos autos de infração. (TRT 3ª Região. 4ª Turma. RO – 01733-2005-007-03-00-2. Relator Júlio Bernardo do Carmo. Data: 17/10/2006)

Com a apresentação do livro de inspeção, o agente encarregado da inspeção do estabelecimento fará as devidas averiguações e registrará no livro:
- A visita;
- a data e a hora (início e término);
- resultado da inspeção;
- anotação de qualquer irregularidade;
- as exigências feitas e os respectivos prazos para seu cumprimento.

Abaixo estão alguns dos documentos necessários exigíveis pela fiscalização, que a empresa deverá portar em seu estabelecimento comercial para esta finalidade:
- Quadro de Horário ou ficha /cartão de ponto devidamente aprovado;
- livros ou fichas de empregados preenchidos;
- folhas de pagamento;
- relação de empregados maiores e menores;
- relação de empregados homens e mulheres;
- acordo de compensação de horas;
- acordo de prorrogação de horas;
- encargos sociais: INSS, FGTS, IRRF e sindical;
- rescisão contratual;
- recibo e aviso de férias;
- cópia de INSS protocolada no Sindical;
- normas regulamentadoras de saúde, higiene e segurança no trabalho.

Para as empresas que apresentem mais de 10 funcionários em seu estabelecimento, deverá apresentar, perante a inspeção de rotina, somente a seguinte documentação:

a) Registro de empregados, com as anotações atualizadas, inclusive do horário de trabalho e com a indicação dos acordos ou convenções coletivas de trabalhos celebrados;
b) acordo para prorrogação ou compensação do horário de trabalho;
c) escala de revezamento de folgas semanais, quando houver trabalho no dias de repouso obrigatório;
d) comunicação de admissão e dispensa (CAGED);
e) CTPS – recibo de entrega e devolução;
f) aviso e recibo de férias;
g) aviso prévio;
h) pedido de demissão, se for o caso;
i) recibo de quitação da rescisão do contrato de trabalho;
j) cartão de inscrição no CNPJ;
k) Atestado de Saúde Ocupacional (ASO);
l) comprovante de entrega do vale-transporte;
m) comprovante do Seguro-Desemprego;
n) recibo de pagamentos;
o) folhas de pagamentos;
p) guias de recolhimentos do FGTS e informações à Previdência Social (Sefip);
q) guias de recolhimentos rescisórios do FGTS e informações à Previdência Social (GRFP).

Cabe ressaltar que a ausência de anotação no referido livro configura infração, de acordo com os artigos 628 e 630 da CLT, sujeitando o responsável à multa.

13.5. Concessão de prazo para exibição dos documentos

Fica a critério do agente de inspeção do trabalho o prazo para exibição dos documentos por ele exigidos, desde que não seja inferior a 2 dias nem superior a 8 dias. É bom salientar que a concessão do referido prazo não se aplica à exibição do livro ou ficha de registro do empregado, mas sim à documentação pertinente.

Em consonância com a IN n. 28/2002, o auditor fiscal do trabalho pode adotar outros meios de análise da documentação, podendo até mesmo solicitar a busca e a apreensão de documentos, livros, materiais, equipamentos e assemelhados mediante o "Auto de Apreensão e Guarda", o qual aduz em seu art. 1º que:

> *A apreensão de documentos, livros, materiais, equipamentos e assemelhados será realizada pelo Auditor Fiscal do Trabalho – AFT mediante Auto de Apreensão e Guarda, com a finalidade de se verificar a existência de fraudes e irregularidades, no âmbito de competência da inspeção das relações de trabalho e emprego e segurança e saúde do trabalhador.*

Na mesma esteira, é pertinente acrescentar o § 1º do mesmo instituto: "Não se aplica aos Auditores Fiscais do Trabalho a vedação de acesso a livros de escrituração contábil e balanços gerais contidos nos art. 17 e 18 do Código Comercial."

Quanto ao livro ou ficha de registro de empregados de empresas prestadoras de serviços, é permitido que, na sua sede, os empregados portem cartão de identificação, do tipo "crachá", e, para tanto, é mister que contenha nome completo, data da admissão, número do PIS/PASEP, horário de trabalho e a respectiva função, isto para a empresa que estiver localizada no mesmo município.

Jurisprudência:
AÇÃO ANULATÓRIA DE DÉBITO FISCAL. MULTA POR INFRAÇÃO ADMINISTRATIVA. ART. 630, PARÁGRAFOS 3º E 4º DA CLT. DESCUMPRIMENTO DE DETERMINAÇÃO DE EXIBIR DOCUMENTOS. Terceirização das atividades. Exigência de exibição de documento que exterioriza o cumprimento de obrigação que não foi cumprida pela empresa. Conduta típica de empregador, refutada pela autuada. Documentação inexistente. Inexigibilidade da determinação. Punição reiterada. Autos de infração anulados. Recurso da autora a que se dá provimento. (TRT 2ª Região. 11ª Turma. RO01 – 01863-2006-066-02-00-9. Relator Eduardo de Azevedo Silva. Data: 21/07/2009)

13.6. ACESSO LIVRE

O auditor fiscal do trabalho tem a prerrogativa do livre acesso a todas as dependências da empresa que estão sujeitas ao regime da lei trabalhista. Contudo, esse direito compreende não só de ingressar nas dependências da empresa, mas também o de permanecer no local, para a devida apuração fiscal.

Entretanto, é importante lembrar que, para ocorrer a inspeção do trabalho no estabelecimento comercial, não é obrigatório o pré-aviso, podendo o inspetor, dentro de sua região de competência, visitar a empresa que achar necessário.

Da mesma maneira, o horário não se dá de forma especial. O auditor fiscal poderá, de acordo com o que achar necessário, fiscalizar durante o dia ou durante a noite e em qualquer dia da semana, cabendo a ele estabelecer esses detalhes.

Para o bom andamento da inspeção, o auditor fiscal tem a liberdade de interpelar o dirigente ou preposto da empresa para sanar eventuais esclarecimentos, além de questionar qualquer empregado, independentemente da presença ou não do empregador.

Diferente disso é imperativo que o empregador tenha ciência das solicitações do auditor, para, se necessário, providenciar cópias de documentos, informarem modelos de equipamentos ou amostras de materiais para análise na sede da Delegacia Regional do Trabalho ou outro órgão a ela vinculado.

Nota-se, portanto, que a empresa não pode demonstrar ações impeditivas para o bom andamento da inspeção, podendo com isso caracterizar a má-fé do empregador.

Os auditores fiscais do trabalho, com a finalidade de promover a instrução dos empregadores ou dos responsáveis pelo cumprimento das leis de proteção ao trabalho, observarão o critério da dupla visita, quando:
a) ocorrer a promulgação ou expedição de novas leis, regulamentos ou instruções ministeriais, sendo que, com relação exclusivamente a esses atos, será feita apenas a instrução dos responsáveis;
b) perante a primeira inspeção dos estabelecimentos ou dos locais de trabalho, recentemente inaugurados ou empreendidos.

O critério da dupla visita será observado nas empresas com até 10 funcionários, salvo quando for constatada infração por falta de registro de empregado, anotação de sua Carteira de Trabalho e Previdência Social e na ocorrência de fraude, resistência ou embaraço à fiscalização (Lei n. 7.855/89, artigo 6º, § 3º e Lei n. 9.841/99, parágrafo único, do artigo 12).

Conclui-se assim que a empresa somente poderá ser autuada na segunda visita do fiscal, que é a dupla visita. A primeira terá o caráter de advertência.

> Jurisprudência:
> *FISCALIZAÇÃO DO TRABALHO. MICROEMPRESAS, EMPRESAS DE PEQUENO PORTE E COM MENOS DE DEZ EMPREGADOS. CRITÉRIO DA DUPLA VISITA. PRAZO PARA REGULARIZAÇÃO DE DOCUMENTOS. PRORROGAÇÃO. POSSIBILIDADE, DESDE QUE OBSERVADOS OS DITAMES LEGAIS. As microempresas, as empresas de pequeno porte e as com menos de dez empregados só podem ser multadas pela fiscalização do trabalho após a dupla visita. Em observância a esse critério, o prazo concedido para a regularização de documentos poderá ser prorrogado, desde que haja requerimento na forma e no prazo estabelecidos na legislação e seja razoável o pedido de prorrogação. O requerimento de prorrogação após a imposição da multa, sem se comprovar as diligências da empresa durante o primeiro período concedido para a regularização de documentos, não é razoável, sob risco de fraude à lei. (TRT3ª Região. 9ª Turma. RO – 00420-2008-050-03-00-1. Relator Ricardo Antônio Mohallem. Data: 20/05/2009)*

> *FISCALIZAÇÃO DO TRABALHO. VALIDADE DO AUTO DE INFRAÇÃO. A fiscalização realizada pelos auditores fiscais do trabalho é atividade vinculada e tem por finalidade constatar o cumprimento das normas de proteção ao trabalho. Verificado o descumprimento dos preceitos estabelecidos em lei, cabem as sanções previstas. Atividade que é constante e que não afasta a possibilidade da visita de diferentes auditores em curto espaço de tempo. Fundamento, portanto, que não justifica a desconstituição do auto de infração. Também não se exige o critério da dupla visita, fora das hipóteses elencadas taxativamente no art. 627 da CLT. Pedido de nulidade do auto de infração a que se julga improcedente. (TRT2ª Região. 11ª Turma. RO01 – 00232-2007-442-02-00-6. Relator Eduardo de Azevedo Silva. Data: 02/06/2009)*

Nenhum agente da inspeção poderá exercer as atribuições do seu cargo sem exibir a carteira de identidade fiscal, devidamente autenticada, fornecida pela autoridade competente (artigo 630 da CLT).

13.7. Atuação do auditor fiscal

Vale lembrar que, quando verificados procedimentos irregulares na empresa, no entanto, sanáveis, o fiscal auditor, antes de aplicar eventual multa, concederá um prazo para a correção da infração.

Se ainda assim for necessário aplicar o auto de infração, ou diante da gravidade do ato praticado ou reincidência, este será lavrado em duplicatas, sendo uma via entregue ao infrator, contra-recibo, ou ao mesmo enviada no prazo de 10 dias, contados da data de sua lavratura, mediante registro postal com sustado o curso do respectivo processo, devendo o fiscal do trabalho apresentá-lo à autoridade competente, ainda que incida em erro. As multas são aplicáveis com base na Portaria n. 290/97 e anexos, cujos institutos relacionam a natureza e a variação da multa em UFIR, com graduação mínima e máxima, e será recolhida em formulário DARF no código fornecido pelo auditor fiscal.

> Jurisprudência:
> *RECURSO ORDINÁRIO EM MANDADO DE SEGURANÇA. CAPITULAÇÃO ERRÔNEA DA VIOLAÇÃO A DISPOSITIVO LEGAL DA CLT. MAJORAÇÃO INDEVIDA DO VALOR DA MULTA. A sonegação de documento ao Agente de Inspeção enquadra-se no parágrafo 6º do art. 630 da CLT que autoriza a lavratura de auto de infração e comina multa para aquele que opõe resistência à fiscalização. A autuação da empresa por infração ao parágrafo 1º do art. 459 da CLT configura capitulação errônea do dispositivo violado da CLT e implica majoração da multa em valor excessivo, haja vista que a infração descrita no parágrafo 6º do art. 630 da CLT impõe multa de 756,56 UFIR (tabela "c" do Anexo III da Portaria n. 290/1997 do Ministério do Trabalho e Emprego), ao passo que a infração ao parágrafo 1º do art. 459 da CLT exige multa de 160 UFIR por empregado prejudicado (160 UFIR x 374 empregados = 59.840 UFIR), conforme art. 4º da Lei n. 7855/1989 c/c anexo I da Portaria n. 290/1997 do Ministério do Trabalho e Emprego. O infrator tem direito líquido e*

certo de ser autuado de acordo com a conduta descrita no auto de infração e com a tipificação legal correspondente. (TRT 2ª Região. 12ª Turma. RO01 – 04647-2006-084-02-00-7. Relator Marcelo Freire Gonçalves. Data: 21/09/2007)

13.8. Defesa e recurso

Depois de lavrado o auto de infração, o autuado poderá apresentar sua defesa no prazo de 10 dias, contados de seu recebimento, por escrito e em duas vias, e serão encaminhadas ao Delegado Regional do Trabalho da localidade, devidamente protocoladas. Para tanto, é possível a oitiva testemunhal e as diligências necessárias à elucidação do processo, porém, cabe ao Juiz analisar sobre as necessidades da realização de tais provas.

Caberá recurso para Secretária Nacional do Trabalho ou órgão que for competente na matéria, no prazo de 10 dias contados do recebimento da notificação de indeferimento da defesa, perante a autoridade que tiver imposto a multa. Contudo, o recurso somente terá seguimento se o interessado o instruir com prova de depósito da multa, sob pena de cobrança executiva. Se não for promovido o recurso, o depósito se converterá em pagamento.

Informa o artigo 636, § 6º, da CLT, que a multa será reduzida de 50% se o infrator, renunciando ao recurso, a recolher ao Tesouro Nacional dentro do prazo de 10 dias contados do recebimento da notificação ou da publicação do edital.

Desta feita, resta plenamente cabível a prorrogação de prazo para defesa ou recurso de acordo com despacho expresso da autoridade competente, quando o autuado residir em localidade diversa daquela onde se achar esta autoridade.

13.9. Empresa enquadrada no Simples

No que tange às normas trabalhistas, a legislação que aprovou o estatuto da Microempresa (ME) e da Empresa de Pequeno Porte (EPP) não simplificou de forma ampla os procedimentos a serem observados em relação a estas normas. De acordo com a lei, essas empresas não estão dispensadas de todas as obrigações acessórias exigidas para as empresas de modo geral. Destaca-se uma exigência feita a todas as empresas com exceção às Microempresas e Empresas de Pequeno Porte (Lei n. 9.841/99, artigo 11), ou seja, que estas não precisam manter o Livro de Inspeção do Trabalho no estabelecimento.

Consagra-se como dispensa de cumprimento das obrigações acessórias a EPP e ME das seguintes situações, quais sejam o quadro de horário, as anotações de concessão de férias no registro de empregados e a manutenção de menores aprendizes e do livro de Inspeção do Trabalho. Do mais, a EPP e a ME estão obrigadas a apresentar toda a documentação e as exigências solicitadas pela fiscalização trabalhista.

13.10. Força policial ou especialista

Diante da resistência por parte dos representantes da empresa inspecionada, poderá o auditor fiscal requerer força policial para desempenhar o exercício de sua função. Para isso, será aplicado o poder de polícia.

Havendo necessidade de avaliação especializada, o auditor poderá requer o acompanhamento de técnicos profissionais para apuração adequada dos dados em questão, tais como médico do trabalho, engenheiro, entre outros.

14 TERCEIRIZAÇÃO

14.1. CONCEITO E CONSIDERAÇÕES

A terceirização, *outsourcing*, horizontalização, focalização, entre outras, é a relação criada entre uma empresa que presta o serviço (prestadora) e outra que utiliza os serviços desta empresa (tomadora) e o empregado, vinculado à empresa prestadora do serviço.

Assim, é a contratação de serviços por meio de empresa, intermediária entre o tomador de serviços e a mão de obra, mediante contrato de prestação de serviços. A relação de emprego se faz entre o trabalhador e a empresa prestadora de serviços e não diretamente com o contratante destes. Em suma, na terceirização, determinada atividade deixa de ser desenvolvida pelos empregados da empresa para ser transferida para outra empresa.

Merece tecer comentários sobre os sujeitos envolvidos na terceirização. A empresa prestadora de serviço para terceiros é a pessoa jurídica de direito privado, de natureza comercial, legalmente constituída, que se destina a realizar determinado e específico serviço à outra empresa fora do âmbito das atividades-fim e normais para que se constitui essa última. A empresa contratante de serviços é a pessoa física ou jurídica de direito público ou privado que celebra contrato com empresas de prestação de serviços a terceiros com a finalidade de contratar serviços.

Conceituando a expressão atividade-meio e atividade-fim, a atividade-meio é aquela que não representa o objetivo da empresa, não fazendo parte, portanto, do seu processo produtivo, embora caracterizando um serviço necessário, mas não essencial. Enquanto a atividade-fim é a que compreende as atividades essenciais e normais para as quais a empresa se constituiu. É o seu objetivo a exploração do ramo de atividade expressa nos objetivos do contrato social.

>   Jurisprudência:
>   *TERCEIRIZAÇÃO FRAUDULENTA. VÍNCULO DE EMPREGO. Quando se verifica que a contratação do empregado (supostamente terceirizado) visa a não mais que a execução, de forma diretamente subordinada, de serviços insertos no conjunto de atividades pertencentes ao contexto empresarial, desvirtua-se o instituto da terceirização, que não pode, e nem deve, servir de instrumento para alijar o trabalhador das garantias creditórias ofertadas pela empresa contratante. Com efeito, não se deve entender a **atividade-meio** como uma das etapas do processo produtivo, mas, sim, como aquela que serve de mero suporte, alheio à **atividade principal da empresa**, o que, a meu ver, não consubstanciava a rotina do Autor. O Reclamante, como captador de clientes, diretamente para a primeira Reclamada, inseria-se no âmbito das **atividades essenciais da empresa**, não se vislumbrando o exercício de serviços especializados, verdadeiramente ligados à atividade-meio da tomadora, mas inerentes à sua própria atividade-fim. Correta, pois, a decisão de Origem, que declarou a nulidade da terceirização e reconheceu o vínculo de emprego diretamente com a tomadora dos serviços.* (TRT 3ª Região. 8ª Turma. RO – 00267-2008-137-03-00-0. Relator Márcio Ribeiro do Valle. Data: 02/08/2008)

A terceirização traz uma série de vantagens e desvantagens para a empresa contratante e para a empresa contratada.

Sobre as vantagens para a empresa contratante, pode-se enumerar:
- Redução dos níveis hierárquicos e controles;
- aumento dos índices de produtividade;
- transformações dos custos fixos em custos variáveis;
- maior agilidade, flexibilidade e competitividade;
- redução de custo final do produto;
- concentração de esforços na atividade-fim;
- melhoria na imagem institucional;
- liberação de capital imobilizado;
- expansão sem grandes investimentos;

- diminuição dos recursos investidos em infraestrutura;
- controle de qualidade assegurado pelo fornecedor;
- maior eficiência na cadeia produtiva.

Sobre as vantagens para a empresa contratada, pode-se elencar:
- expansão dos negócios;
- aprimoramento da vocação empreendedora;
- maior especialização em seu segmento;
- abertura de novos mercados;
- desenvolvimento da visão a longo prazo;
- desenvolvimento do senso de parceria;
- desenvolvimento gerencial do empresário.

E, por fim, são caracterizadas como desvantagens para a empresa contratada:
- resistências e conservadorismo;
- risco de coordenação dos contratos;
- aumento do risco a ser administrado;
- custo de demissões;
- dificuldade de encontrar a parceria ideal;
- demissões na fase inicial;
- conflito com os sindicatos;
- mudanças na estrutura do poder;
- perda do vínculo para com o empregado;
- dificuldade de aproveitamento dos empregados já treinados;
- falta de parâmetros de custos internos;
- desconhecimento da legislação trabalhista;
- falta de cuidado na escolha dos fornecedores;
- aumento da dependência de terceiros;
- perda da identidade cultural da empresa, em longo prazo, por parte dos funcionários.
- risco de desemprego e não absorção da mão de obra na mesma proporção.

Em relação às atividades desenvolvidas por meio do instituto da terceirização, podemos destacar, como exemplo, a indústria e/ou o comércio. As atividades mais comuns executadas por empresas terceirizadas no interior da empresa cliente são: limpeza, segurança, restaurante, certos tipos de manutenção, construção civil, processamento de dados, transporte, seleção e treinamento de pessoal, serviços contábeis e jurídicos.

Destarte, não se pode terceirizar o que quiser. Permite-se a terceirização em quatro hipóteses, quais sejam:
a) contratação de serviços de vigilância, de conservação e de limpeza;
b) Fazenda Pública (Administração Pública, Direta, Autarquia, Fundação Pública), salvo Sociedade de Economia Mista e Empresa Pública;
c) trabalho temporário;
d) atividade-meio.

Lembre-se de que a empresa contratante de serviços poderá terceirizar a mão de obra das suas atividades-meio, ou seja, aquelas que têm a finalidade de auxiliar no resultado final do seu objetivo social, porém os serviços não são classificados como essenciais.

Conclui-se, pois, que a empresa contratante e a empresa prestadora de serviços a terceiros devem desenvolver atividades diferentes e ter finalidades distintas.

Acerca do assunto, a Súmula 331 do TST declara:

> *I – A contratação de trabalhadores por empresa interposta é ilegal, formando-se o vínculo diretamente com o tomador dos serviços, salvo no caso de trabalho temporário (Lei n. 6.019, de 03.01.1974).*
>
> *II – A contratação irregular de trabalhador, mediante empresa interposta, não gera vínculo de emprego com os órgãos da administração pública direta, indireta ou fundacional (art. 37, II, da CF/1988).*
>
> *III – Não forma vínculo de emprego com o tomador a contratação de serviços de vigilância (Lei n. 7.102, de 20/06/1983), de conservação e limpeza, bem como a de serviços especializados ligados à atividade-meio do tomador, desde que inexistente a pessoalidade e a subordinação direta.*
>
> *IV – O inadimplemento das obrigações trabalhistas, por parte do empregador, implica a responsabilidade subsidiária do tomador dos serviços, quanto àquelas obrigações, inclusive quanto aos órgãos da administração direta, das autarquias, das fundações públicas, das empresas públicas e das sociedades de economia mista, desde que hajam participado da relação processual e constem também do título executivo judicial.*

É importante se ater na disposição do inciso I da referida Súmula sobre o trabalho temporário, regido pela Lei n. 6.019/74, caracterizado por aquele prestado por pessoa física, com a finalidade de atender à necessidade transitória de uma empresa, representada pela substituição de seu pessoal regular e permanente ou por acréscimo extraordinário de serviços, como ocorre na época natalina, quando a contratação de funcionários aumenta em função da demanda de trabalho, ou, ainda, na época da Páscoa, em que a contratação sofre o mesmo efeito em função da contratação de trabalhadores temporários para confeccionar ovos de Páscoa.

Enfim, o trabalho temporário não poderá ser caracterizado como trabalho terceirizado, uma vez que o temporário se subordina ao poder disciplinar, técnico e diretivo da empresa cliente, prestando serviços junto com os empregados desta.

> **Jurisprudência:**
> *TERCEIRIZAÇÃO. CONTRATO DE TRABALHO TEMPORÁRIO. É consabido que, em regra, o prestador de serviço vincula-se diretamente ao tomador. Entre as exceções da pactuação direta, tem-se o contrato de trabalho temporário, regulado pela Lei n. 6.019/74, que prescreve as circunstâncias em que a empresa tomadora pode contratar trabalhadores através de outra empresa. O desrespeito aos requisitos exigidos pela legislação especial leva à ilicitude da terceirização, autorizando a formação do vínculo de emprego diretamente com o tomador dos serviços, consoante prescreve a Súmula n. 331, I, do Colendo TST.* (TRT 3ª Região. 2ª Turma. RO – 00482-2006-106-03-001. Relator Convocado Paulo Maurício Ribeiro Pires. Data: 30/01/2008)

Ainda pairam dúvidas quanto à caracterização de determinadas funções, como é o caso do funcionário que presta serviços de processamento de dados a bancos. Porém, a Súmula 239, do TST, esclarece que é bancário o empregado de empresa de processamento de dados que presta serviço a banco integrante do mesmo grupo econômico, exceto quando a empresa de processamento de dados presta serviços a banco e a empresas não bancárias do mesmo grupo econômico ou a terceiros.

14.2. Contrato de prestação de serviço

O Código Civil é que trata da relação entre a empresa de prestação de serviços a terceiros e a empresa contratante.

Quem contrata, remunera e dirige o trabalho realizado por seus empregados é a empresa de prestação de serviços a terceiros, e estes não estão subordinados ao poder diretivo, técnico e disciplinar da empresa contratante, que não poderá desvirtuar a atividade do empregado para a qual este fora contratado pela empresa de prestação de serviços a terceiros.

Contudo, prima em mencionar que a relação entre as empresas do mesmo grupo econômico, em que a prestação de serviços se dê em uma delas, o vínculo empregatício se estabelece entre a contratante e o trabalhador colocado à sua disposição.

Em consonância com a Lei de Licitações n. 8.666/93, o contrato aprazado entre a empresa prestadora de serviços de terceiros e a pessoa jurídica de direito público é tipicamente administrativo, com direitos iminentemente civis.

14.3. Descaracterização da terceirização

A caracterização do vínculo empregatício deve necessariamente preencher os requisitos do SHOPP (método mnemônico), isto é, deve existir a subordinação, a continuidade, a onerosidade, a pessoalidade e que o empregado seja pessoa física. Preenchidos esses requisitos na contratação de determinado serviço terceirizado e à luz do instituto da terceirização, o vínculo empregatício entre o prestador do serviço e a empresa contratante fica caracterizado, e, portanto, estamos diante de uma terceirização ilícita e fraudulenta. A fraude somente se caracteriza quando a empresa contratante tem os trabalhadores terceirizados sob sua subordinação ou os serviços prestados são inerentes à sua atividade-fim.

Entretanto, atualmente existe outra forma de fraude, que ocorre quando uma decorre de uma determinada atividade terceirizada, mediante constituição de empresa prestadora de serviços, cuja prestação de serviços é realizada pelos trabalhadores de antes. Ou seja, é o caso típico de quando a empresa demite seus empregados e simultaneamente sugere que estes formem uma empresa de prestação de serviços, a qual irá prestar serviços para aquela de onde os funcionários foram demitidos. Assim nada muda, salvo o vínculo empregatício que deixou de existir, porquanto os empregados continuarão subordinados ao antigo empregador e prestando serviço sem qualquer autonomia, caracterizando, com isso, a fraude na terceirização.

Para tanto, a fiscalização do trabalho deve observar as tarefas executadas pelo trabalhador da empresa de prestação de serviços, a fim de constatar se esta não está ligada à atividade-fim da contratante, com efeito de coibir a fraude na prestação de serviço.

Jurisprudência:
TERCEIRIZAÇÃO ILÍCITA – VÍNCULO DE EMPREGO DIRETAMENTE COM O TOMADOR DOS SERVIÇOS. Conforme entendimento consolidado na Súmula 331, item III, do TST, o vínculo de emprego é formado diretamente com o tomador de serviços quando for comprovado que o trabalhador foi contratado por empresa intermediária para exercer função relacionada à atividade-fim da tomadora, caracterizando hipótese de terceirização ilícita. INDENIZAÇÃO. DANOS MORAIS. ATOS DISCRIMINATÓRIOS. Defluindo dos autos o erro de conduta do empregador consubstanciado em atos pejorativos e humilhantes dirigidos ao empregado em razão de sua orientação sexual, fica em evidência o prejuízo suportado, com ofensa à honra e dignidade da vítima, bem como o nexo de causalidade entre a conduta ilícita e o dano, o que torna devida a reparação deste último. (TRT 3ª Região. 6ª Turma. RO – 00965-2007-006-03-00-9. Relator Convocado Fernando Antonio Viegas Peixoto. Data: 20/07/2009)

LEI GERAL DE TELECOMUNICAÇÕES. TERCEIRIZAÇÃO ILÍCITA. IMPOSSIBILIDADE DE INTERMEDIAÇÃO PARA EXECUÇÃO DE ATIVIDADE – FIM DA TOMADORA. FORMAÇÃO DE VÍNCULO DIRETO COM O BENEFICIÁRIO DA MÃO DE OBRA. A contratação terceirizada, por si só, não representa violação direta à legislação trabalhista, quando permite o repasse das atividades periféricas e/ou extraordinárias, promovendo com isto um incremento na oferta de postos de trabalho os quais, se a princípio são precários, podem vir a se tornar efetivos. Entretanto, quando se verifica que os serviços terceirizados estão intrinsecamente ligados à atividade-fim da tomadora, desvirtua-se o instituto, que não pode e nem deve servir de instrumento para alijar o empregado das garantias creditórias ofertadas por estas empresas que, geralmente, ostentam maior solidez econômico-financeira em relação às prestadoras de mão de obra. Se a empresa cliente, através da fornecedora de mão de obra, não contratou serviços especializados ligados à sua atividade-meio, mas à sua atividade essencial, impõe-se, com supedâneo no artigo 9º da CLT e na Súmula 331, I, TST, a declaração da nulidade da aludida intermediação e a formação do vínculo diretamente com a tomadora dos serviços, situação que absolutamente não se altera, sequer ao enfoque da Lei Geral de Telecomunicações, reguladora das relações civis e administrativas da concessionária prestadora de serviços de telefonia, sendo inoponível aos trabalhadores que, direta ou indiretamente, contribuam com a consecução dos fins empresariais. As consequências trabalhistas da terceirização são reguladas por ramo específico do Direito, norteado por princípios próprios, não impressionando a autorização contida na Lei n. 9.472/97, quanto à terceirização levada a efeito, pois esta dispõe sobre a organização dos serviços de telecomunicações e, em seu artigo 60, apenas define o serviço de telecomunicações como sendo o conjunto de atividades que possibilita a sua oferta de telecomunicação, não trazendo qualquer rol taxativo da atividade-fim de empresas concessionárias deste serviço. (TRT 3ª Região. 4ª Turma. RO – 00409-2007-009-03-00-1. Relator Júlio Bernardo do Carmo. Data: 29/03/2008)

14.4. Responsabilidade e obrigação trabalhista

As relações entre a empresa de prestação de serviços a terceiros e seus empregados são regidas pela CLT. Portanto, as empresas de prestação de serviços a terceiros estão obrigadas a cumprir as normas pertinentes à relação de emprego prevista na CLT, devendo, também, seguir a rotina de admissão e demissão que é cumprida pelas empresas, de modo que seus empregados façam jus a todos os direitos previstos na legislação trabalhista, tais como: férias, 13º salário, repouso semanal remunerado, horas extras, adicional noturno, licença-maternidade, licença-paternidade, jornada de trabalho de 8 horas diárias e 44 horas semanais, salvo as categorias com jornada especial, dentre outras.

Além disso, devem providenciar o registro de seus empregados com a devida anotação na CTPS, possuir Livro de Inspeção do Trabalho, providenciar o cadastramento no PIS para os empregados não cadastrados, enviar o CAGED – Cadastro Geral de Empregados e Desempregados, entregar anualmente a RAIS – Relação Anual de Informações Sociais, entregar aos empregados demitidos sem justa causa o formulário do Seguro-Desemprego, observar as normas de Saúde e Segurança do Trabalho, fornecer o Vale-Transporte e observar os instrumentos coletivos das categorias, quando existentes, dentre outros.

A empresa tomadora responde subsidiariamente pelo inadimplemento das obrigações trabalhistas pelo empregador. Isso quer dizer que, se a prestadora do serviço não cumprir suas obrigações para com os empregados, a tomadora (que a princípio não tem relação de emprego com o trabalhador) passa a responder por tais obrigações (Súmula 331 do TST e OJ 191 da SDI-I do TST).

Assim, sugere-se que além de escolher corretamente a empresa prestadora de serviços, o tomador do serviço deve monitorá-la mês a mês para garantir o cumprimento da lei.

> Jurisprudência:
> *TERCEIRIZAÇÃO – RESPONSABILIDADE SUBSIDIÁRIA – ABRANGÊNCIA – TOTALIDADE DAS VERBAS DEFERIDAS. A responsabilização pelo pagamento de verbas trabalhistas dá-se em razão da existência de uma relação jurídica, entre as empresas contratantes. O inadimplemento das verbas, independentemente de sua natureza, pela empresa prestadora de serviços, implica na responsabilização da empresa tomadora por uma razão bem simples: fora ela quem se beneficiou, diretamente, da força de trabalho. É, exatamente, por isso, que não se pode limitar ou restringir a responsabilidade do tomador a determinadas parcelas, porque, a rigor, não se pode falar em verbas principais. Aferida a dívida do devedor principal, em decorrência de mau pagamento de verbas trabalhistas, a condenação subsidiária do tomador de serviços, no cumprimento das obrigações da empresa prestadora, é uma imposição jurídica, não se discutindo a natureza de cada parcela deferida, porque todas decorrem, exclusivamente, da prestação laboral, num único contrato de trabalho.* (TRT 3ª Região. 1ª Turma. RO – 00825-2008-097-03-00-3. Relator Manuel Cândido Rodrigues. Data: 15/05/2009)

15 | Prescrição e decadência

15.1. Conceito

É muito comum pairar certa confusão com os termos prescrição e decadência. O assunto é complexo e de muitas celeumas, sendo motivo de calorosos debates entre os juristas. Prescrição é a perda da ação judicial atribuída a um direito e de toda sua capacidade defensiva, em consequência da inércia (não uso) de seu titular por um determinado lapso de tempo, ou seja, é a forma de extinguir um direito, é a perda do direito de ação pelo decurso do tempo. Por outro lado, a decadência, ou prazo extinto, é a perda do direito em virtude da inércia de seu titular, quando o direito foi de origem outorgado para ser exercido em um determinado prazo, e este prazo se extingue sem que tal exercício fosse confirmado.

Observe que tanto na prescrição quanto na decadência a inércia e o tempo são elementos comuns entre ambos, porém, a diferença está quanto ao objetivo e ao momento de atuação. Enquanto na decadência a inércia diz respeito ao exercício do direito e o tempo produz seus efeitos a partir do seu nascimento, na prescrição, a inércia diz respeito ao exercício da ação e o tempo produz seus efeitos a partir do nascimento desta, que, via de regra, é posterior ao nascimento do direito que ela protege. Em suma, a decadência tem o efeito de extinguir o direito, enquanto a prescrição, de extinguir a ação.

Como se pode observar, a decadência é reconhecida após o ajuizamento da ação e não afeta o exercício desse direito, mas sim a exigibilidade deste direito. A inércia do titular do direito violado que não busca a reparação no prazo previsto em Lei acarreta a prescrição.

Dispõe o Código Civil, em seu artigo 189, sobre a prescrição: "Violado o direito, nasce para o titular a pretensão, a qual se extingue, pela prescrição, nos prazos a que se referem os artigos 205 e 206".

O prazo prescricional estabelecido pelo Estado em Lei objetiva a segurança jurídica das relações, e, no que se refere à prescrição trabalhista, esta foi tratada pela Constituição Federal, art. 7º, XXIX. A prescrição trabalhista foi tratada pela Lei Maior. Em se tratando da prescrição trabalhista, esta foi tratada pela nossa Lei Maior.

15.2. Previsão constitucional – empregado urbano e empregado rural

A Emenda Constitucional n. 28, de 26 de maio de 2000, revogou o artigo 233 do ADCT/CR88, bem como as alíneas "a" e "b", do inciso XXIX do artigo 7º da CF, passando o referido inciso a ter a seguinte redação: "XXIX – ação, quanto a créditos resultantes das relações de trabalho, com prazo prescricional de cinco anos para os trabalhadores urbanos e rurais, até o limite de dois anos após a extinção do contrato de trabalho."

Assim, deixou de haver distinção entre a prescrição do empregado urbano e a prescrição do empregado rural.

15.3. Classificação

A prescrição classifica-se em extintiva e aquisitiva. Os termos prescrição extintiva e prescrição aquisitiva são modalidades distintas de prescrição.

15.3.1. Prescrição extintiva

A prescrição extintiva diz respeito à prescrição genérica, ou seja, representa a perda de um direito, quando o seu titular, pela inércia e decurso do tempo, não exercita a tutela defensiva para exigi-lo. Implica o término do direito de ação, que é o meio legal para exigir o direito violado.

Os requisitos da prescrição extintiva são:
a) existência de uma ação exercitável;
b) inércia do titular da ação pelo seu não exercício;

c) continuidade dessa inércia durante certo lapso de tempo;
d) ausência de algum fato ou ato a que a lei confere eficácia impeditiva, suspensiva ou interruptiva do prazo prescricional.

15.3.2. PRESCRIÇÃO AQUISITIVA

A prescrição aquisitiva é hipótese contrária. Consiste na aquisição de um direito real sobre um bem pelo decurso do prazo, e não na perda.

Nessa modalidade de prescrição, se por um lado há a aquisição de um direito pelo decurso do tempo, por outro há a perda da possibilidade do antigo proprietário reivindicar sua propriedade. A prescrição aquisitiva é instituto relacionado exclusivamente aos direitos reais sobre as coisas, sejam elas móveis ou imóveis. Seus elementos básicos são a posse e o tempo.

Entre tantas novidades legislativas que ocorrem a cada instante no mundo das leis, sempre vislumbrando construir um processo mais célere/efetivo, certamente há que se conferir destaque para mais uma particularidade jurídica trazida pela Lei n. 11.280, de 16.02.2006, que modificou o diploma legal e o artigo 219, § 5º, do CPC, trouxe nova redação: "O Juiz pronunciará, de ofício, a prescrição".

O texto, de notar, é curto, porém, seus efeitos jurídicos são profundos, pois constitui medida que se propõe a concretizar o princípio da celeridade processual, estampado no artigo 5º, inciso LXXVIII, da Constituição Federal.

> Jurisprudência:
> PRESCRIÇÃO – DECLARAÇÃO DE OFÍCIO – INCOMPA-TIBILIDADE – PRINCÍPIO PROTETIVO. A *prescrição, como modalidade extintiva ou aquisitiva do direito de ação, é medida de defesa destinada a excluir a pretensão inicial (total ou parcialmente). O art. 269, IV do CPC, coloca a prescrição como matéria de mérito. E, como tal, por versar sobre direito patrimonial, a teor do art.194 do CC/02, cc arts.128 e 219, parágrafo 5º do CPC, deve ser arguida pela parte interessada, em qualquer grau ordinário de jurisdição, completa o art.193 do CC/02. O que implica necessariamente a possibilidade de renúncia, expressa ou tácita, tal como previsto no art. 191 do mesmo Diploma. O exercício dessa prerrogativa, por parte do devedor ou obrigado, é incompatível com a pronúncia de ofício da prescrição, pelo juiz. O instituto da prescrição, nos sistemas Processual Civil e Trabalhista, são diversos. Não há compatibilidade*

na aplicação do art.219, parágrafo 5º do CPC, aqui no processo do trabalho, já que se pretende garantir a isonomia das partes, assegurando condições jurídicas ao hipossuficiente. Até porque também afrontaria ao princípio protetivo delegado ao empregado e a seus direitos alimentares exigidos nesta Especializada. Afasto a declaração de prescrição de ofício. (TRT 2ª Região. 6ª Turma. RO01 – 00392-2006-034-02-00-7. Relatora Ivani Contini Bramante. Data: 22/02/2008)

PRESCRIÇÃO – EXECUÇÃO. CONHECIMENTO DE OFÍCIO. *A possibilidade de conhecimento de ofício da prescrição, na forma estabelecida pelo artigo 219, § 5º, do CPC, somente pode se dar na ação de conhecimento, jamais na de execução, cujo único objetivo, nos termos do artigo 879, § 1º, da CLT, é o fiel cumprimento da coisa julgada. Agravo de petição a que se nega provimento.* (TRT 2ª Região. 10ª Turma. AP01 – 02256-2005-056-02-00-8. Relatora Rilma Aparecida Hemetério. Data: 16/06/2009)

15.4. Elementos que integram a prescrição

Para se analisar a prescrição, é mister que se busque alguns elementos que integram a prescrição, quais sejam: a existência de ação exercitável, a inércia do titular da ação pelo não exercício do seu direito, o transcurso de certo lapso de tempo no qual o titular da ação se mantêm inerte e a ausência de fato ou ato ao qual a Lei atribui a eficácia impeditiva, suspensiva ou interruptiva do curso prescricional.

15.4.1. Causas impeditivas da prescrição

As causas impeditivas da prescrição são aquelas que não permitem que o prazo prescricional comece a correr ou a fluir, impossibilitando o início da contagem do prazo. No Direito do Trabalho, têm os seguintes exemplos:
• Menoridade (artigo 440 da CLT e 10 da Lei n. 5.999/73) contra menores de 18 anos não corre nenhum prazo de prescrição. Assim, o início do prazo prescricional para menores só começa a fluir após o 18º aniversário.

- A incapacidade civil absoluta também é causa impeditiva (artigos 3º e 198, I, do Código Civil). Os direitos decorrentes do contrato de trabalho e transmitidos aos herdeiros são apenas aqueles ainda não alcançados pela prescrição na data do falecimento do pai.
- Não corre a prescrição se não estiver vencido o prazo combinado.

Como se pode observar, as causas impeditivas são anteriores ao início da prescrição, ao contrário das causas suspensivas, que são supervenientes ao início da fluência do prazo prescricional.

> **Jurisprudência:**
> *PRESCRIÇÃO. MENORIDADE. CAUSA IMPEDITIVA. Uma das causas impeditivas da prescrição é a incapacidade do menor e, sobre o tema, a lei trabalhista tem regra específica, não se aplicando as normas de direito comum. Estabelece o art. 440 da CLT que não corre prescrição contra os menores de 18 anos, o que significa que, na seara trabalhista, a menoridade é fator impeditivo da prescrição e cessa quando o menor completa 18 anos, e não aos 21 anos como pretende o recorrente.* (TRT 19ª Região. Turma: Tribunal Pleno. RO – 01174-2003-056-19-00-1. Relator Juiz Pedro Inácio. Data: 27/10/2004)

15.4.2. Causas suspensivas da prescrição

Causas suspensivas são aquelas que criam um obstáculo momentâneo à continuidade do prazo que já estava fluindo. Não existindo mais a causa suspensiva, prossegue a contagem do prazo, levando em conta o tempo anterior e prosseguindo-se a contagem pelo tempo que faltar.

São causas suspensivas da prescrição:
- Criada pela Lei n. 9.9581/2000, a submissão de qualquer demanda à Comissão de Conciliação Prévia – CCP (artigo 625-G da CLT) ou Núcleo Intersindical de Conciliação Trabalhista suspende o curso prescricional, nos limites do artigo 625-O da CLT.
- Ausência do titular, quando este está fora do Brasil em serviço público da União, Estado ou Município.
- O período em que a pessoa se encontrar servindo as Forças Armadas em tempo de guerra (artigo 198, II e III do CC).

Além das causas suspensivas da prescrição mencionadas acima, há outras que merecem o devido destaque: deve-se conceder a isenção ao titular do direito que se vê impossibilitado de ajuizar a ação, por paralisação das atividades judiciárias e força maior. Ainda, Lei Municipal que decreta feriado em sua comarca, no último dia em que o titular do direito pudesse defender seus interesses em Juízo. Por fim, a doença do empregado que o impossibilita a ajuizar a ação, aplicando, por analogia, o artigo 199, I, do Código Civil.

Contudo, se o nascimento do direito de ação ocorre durante o tempo de ausência, as causas podem se transformar em impeditivas porque não permitem que o prazo prescricional comece a fluir.

15.4.3. Causas interruptivas da prescrição

São os fatos provocados e determinados diretamente pelas partes. Paralisam o curso prescricional já iniciado, que será desprezado, desaparecida a causa interruptiva, quando então começará um novo curso prescricional, esquecendo-se o prazo transcorrido anteriormente.

A principal causa interruptiva no Direito do Trabalho é a decorrente da propositura de ação judicial trabalhista (artigo 202, I, CC). A data dessa propositura fixa o termo exato da interrupção, por ser automática a citação (notificação) do reclamado no processo do trabalho (artigo 841 da CLT), tomando o Juiz conhecimento do processo, em regra, apenas na audiência inaugural.

No Direito do Trabalho, a notificação é feita automaticamente, sem necessidade de despacho do Juiz (artigo 841 da CLT); assim, a interrupção da prescrição ocorre pelo simples ajuizamento da reclamação. Mesmo ocorrendo o arquivamento da reclamação, é predominante o entendimento de que ela tem a capacidade de interromper a prescrição.

A Súmula 268, do TST, alude que "A jurisprudência trabalhista firmou que a extinção do processo sem julgamento do mérito não prejudica a interrupção prescricional efetuada com a propositura da ação."

> Jurisprudência:
> PRESCRIÇÃO. AJUIZAMENTO DE AÇÃO TRABALHISTA ANTERIOR. INTERRUPÇÃO DO PRAZO PRESCRICIONAL. É cediço que a prescrição extintiva consiste na perda pelo titular da faculdade de exigir em juízo a sua pretensão, por não ter se manifestado dentro de certo lapso temporal. O instituto em tela, portanto, exige dois requisitos para a sua configuração: decurso do tempo e inércia do titular. Especificamente no que se refere à fluência do prazo prescricional deve ser analisado se não ocorreram causas interruptivas, suspensivas

ou impeditivas de prescrição, que constituem limites legais ao escoamento do lapso temporal para exigibilidade da pretensão. No caso em comento, a ação movida pelo espólio, por intermédio da inventariante, é fato inequívoco nos autos, sendo que a provocação da Justiça do Trabalho pode ser descrita como a antítese do elemento inércia, razão pela qual entendo afastado este último requisito à caracterização da prescrição. Neste contexto, verificou-se a interrupção do lapso prescricional em favor da reclamação ajuizada pelos herdeiros e pela viúva do de cujus, uma vez que a Justiça do Trabalho prima pela primazia da realidade, sendo que qualquer tese contrária a esta seria validar a forma em detrimento dos fatos. Ademais, não se pode esquecer que o art. 203 do Código Civil dispõe que 'A prescrição pode ser interrompida por qualquer interessado', com o que enuncia que a finalidade do instituto da interrupção prescricional é resguardar o direito lesado da forma mais ampla possível. Por conseguinte, entendo que no caso sub judice houve interrupção da prescrição bienal pelo ajuizamento da primeira ação trabalhista movida pelo espólio e suspensão do lapso prescricional pela ação trabalhista que se seguiu, de modo que não caracterizou o instituto da prescrição no caso em comento. (TRT 23ª Região. RO – 00263-2008-022-23-00. Relator Desembargador Tarcísio Régis Valente. Data: 16 09 2008)

15.5. Prescrição total, prescrição parcial e seus efeitos

Após a análise da eficácia impeditiva, suspensiva ou interruptiva do curso prescricional, faz necessário observar a distinção entre a prescrição total e parcial e seus efeitos na relação empregatícia, pois, conforme o título jurídico da parcela, a *actio nata* firma-se em momentos distintos.

Na prescrição total, a lesão ocorre em um só momento, passando a incidir o prazo prescricional a partir do evento danoso. Na prescrição parcial, a lesão renova-se a cada prestação, ou seja, se as prestações forem mensais, por exemplo, se renovariam todo mês, gerando uma espécie de parcela imprescritível; porém, somente é possível reclamar os 5 anos anteriores ao requerimento.

Convém se ater ao que sustenta a redação da Súmula 294, que, em se tratando de demanda que envolva pedido de prestações sucessivas decorrentes de alteração do pactuado, a prescrição é total, exceto quando o direito à parcela esteja também assegurado por preceito de Lei.

De qualquer sorte, a respeito do pedido de reenquadramento, a prescrição é total, contada da data do enquadramento do empregado (Súmula 275, II do TST).

Em suma, o conteúdo da prescrição total e parcial pode ser sintetizado da seguinte forma:
- As prescrições total e parcial são referentes a prestações sucessivas decorrentes de alteração do pactuado.
- Como regra geral, a prescrição nos casos de alteração das prestações sucessivas é a total, salvo quando a parcela seja decorrente de preceito de Lei, situação que incide a prescrição parcial.

As Súmulas que melhor direcionam o entendimento sobre os efeitos da prescrição parcial e total são as de números 326 e 327, respectivamente. Cumpre ressaltar que explicam de forma satisfatória somente os efeitos e não a natureza das parcelas. Veja a seguir:

> *Tratando-se de pedido de complementação de aposentadoria oriunda de norma regulamentar e jamais paga ao ex-empregado, a prescrição aplicável é a total, começando a fluir o biênio a partir da aposentadoria.*
>
> *Tratando-se de pedido de diferença de complementação de aposentadoria oriunda de norma regulamentar, a prescrição aplicável é a parcial, não atingindo o direito de ação, mas, tão somente, as parcelas anteriores ao quinquênio.*

Insta elucidar os efeitos da prescrição parcial e total quando ocorridos no decorrer do contrato de trabalho, bem como após seu término. Os efeitos da prescrição total ocorridos no decorrer do contrato de trabalho contam-se a partir da lesão, no prazo de 5 anos, não sendo atingidos pela prescrição bienal, pois o contrato não se extinguiu. Quando for encerrado o contrato de trabalho, conta-se o prazo bienal a partir da lesão, podendo reclamar os 5 anos anteriores. Já com relação aos efeitos da prescrição parcial, pouco importa se ocorrerem no decorrer ou após o transcurso da relação empregatícia, pois a lesão se renova a cada mês, incidindo apenas a prescrição quinquenal, já que o direito de ação se tornaria imprescritível.

Jurisprudência:
COMPLEMENTAÇÃO DE APOSENTADORIA. PRESCRIÇÃO. EXEGESE DAS SÚMULAS No. 326 E 327 DO TST. A diferença básica

entre as Súmulas nos 326 e 327 reside em a primeira conduzir à prescrição total do direito de ação e a segunda à parcial. A interpretação dos termos utilizados em cada uma delas conduz à conclusão de que, em se tratando de pedido de diferença na complementação de aposentadoria, isto é, acréscimo em complementação que já é paga, seja lá por que motivo, a prescrição é sempre parcial (exceto se a própria verba trabalhista que motiva o acréscimo estiver alcançada pela prescrição, nos termos da Orientação Jurisprudencial no. 156 da SDI-1 do TST). Já a prescrição total apenas tem cabimento quando se discute o próprio direito à complementação. (TRT 3ª Região. 9ª Turma. Relator Ricardo Antônio Mohallem. Data: 13/05/2009)

15.6. Prescrição quinquenal

É o lapso temporal limite para se pleitear direitos trabalhistas violados, isto é, refere-se ao prazo em que o empregado pode reclamar as verbas trabalhistas que fizeram parte do seu contrato de trabalho, a contar do ajuizamento da ação. O empregado poderá reclamar os últimos 5 anos trabalhados (quinquenal), contados da propositura da demanda trabalhista.

O Tribunal Superior do Trabalho, na Súmula n. 380, incisos I e II dispõe:

I – Respeitado o biênio subsequente à cessação contratual, a prescrição da ação trabalhista concerne às pretensões imediatamente anteriores a cinco anos, contados da data do ajuizamento da reclamação, e não às anteriores ao quinquênio da data da extinção do contrato.

II – A norma constitucional que ampliou o prazo de prescrição da ação trabalhista para 5 (cinco) anos é de aplicação imediata e não atinge pretensões já alcançadas pela prescrição bienal quando da promulgação da CF/1988.

15.7. Prescrição bienal

Refere-se ao prazo em que o empregado pode ingressar com a reclamação trabalhista após a rescisão do contrato de trabalho, a contar do ajuizamento da ação. Assim, a partir da rescisão contratual, qualquer que seja a sua causa, prescreve em 2 anos o direito de pleitear direitos relativos à relação de emprego, isto é, o empregado terá 2 anos (bienal) para ingressar com ação, a contar da cessação do contrato de trabalho. Decorrido esse prazo, o empregado nada mais poderá reclamar.

15.8. Outros prazos prescricionais

O prazo prescricional do Direito do Trabalho basicamente está fixado na Constituição Federal, compreendendo trabalhadores urbanos e rurais (artigo 7º, XXIX):

a) **Fundo de Garantia do Tempo de Serviço (FGTS)** – Regulado pela Lei n. 8.036/90. A posição do TST, por meio da Súmula n. 362, vaticina que é trintenária a prescrição do direito de reclamar contra o não recolhimento da contribuição para o FGTS, observado o prazo de 2 anos após o término do contrato de trabalho. Frisa-se que tais verbas interessam não só ao trabalhador, mas também à Caixa Econômica Federal, que é uma Autarquia Federal. Motivo que ensejou o STJ, pela Súmula 210, a fixar a ação de cobrança das contribuições do FGTS em 30 anos. Assim, se não houver pagamento de parcelas salariais (débito salarial) nem o recolhimento do FGTS, prescreve junto com os salários. Adveio nova redação do TST com a Súmula 362: "é trintenária a prescrição do direito de reclamar contra o não recolhimento da contribuição para o FGTS, observado o prazo de dois anos após o término do contrato", passando a unificar o entendimento com o STJ.

Declara ainda a Súmula 206 do TST que: "Prescrição da pretensão relativa às parcelas remuneratórias alcança o respectivo recolhimento da contribuição para o FGTS."

> **Jurisprudência:**
> *EXPURGOS INFLACIONÁRIOS. PRESCRIÇÃO. A multa-indenização de 40% não mantém relação de assessoriedade com os depósitos do FGTS, que apenas servem de base de cálculo daquela, não havendo que se falar em prescrição trintenária. A prescrição extintiva conta-se, a partir da edição da Lei Complementar n. 110/01, que reconheceu o direito às diferenças de atualização monetária sobre os depósitos do FGTS, ou a partir do efetivo depósito das diferenças dos expurgos inflacionários – seja na conta vinculada ou em Juízo (Justiça Federal). (TRT 2ª Região. 6ª Turma. RO01 – 02026-2005-463-02-00-0. Relatora Ivani Contini Bramante. Data: 30/01/2009)*

I - PRESCRIÇÃO SOBRE O FGTS. A aplicabilidade da prescrição trintenária sobre o Fundo de Garantia por Tempo de Serviço nos moldes da Súmula n. 362 do C. TST é pertinente às quotas nunca recolhidas no curso da relação de emprego. Nas reclamações trabalhistas nas quais o empregado persegue verbas parcialmente inadimplidas, a teor do que dispõe o artigo 7º, inciso XXIX, da Constituição da República, aplica-se a prescrição quinquenal ou parcial, sob pena de admitir a existência do acessório sem o principal, circunstância que contraria um dos primados da ciência jurídica. II - ADICIONAL DE INSALUBRIDADE. AGENTES BIOLÓGICOS E ÁLCALIS. A limpeza de banheiros, incluindo-se aí a higienização dos aparelhos sanitários, bem como a coleta dos cestos de papéis, equipara-se à coleta de lixo urbano, quando há comprovação, como no caso dos autos, de que o trabalhador se expôs efetivamente à ação nociva dos agentes patogênicos presentes nos dejetos, ante a ausência de equipamentos de proteção industrial. Adicional de insalubridade devido. (TRT 2ª Região. 4ª Turma. RO01 - 00647-2005-445-02-00-7. Relator Paulo Augusto Camara. Data: 17/10/2008)

b) **Ações declaratórias** – Para ações declaratórias, não incide a prescrição quinquenal ou trintenal (30 anos). Caso típico no processo do trabalho é o reconhecimento de vínculo de emprego e anotação do registro na CTPS (Carteira de Trabalho e Previdência Social). Mas incide a prescrição com relação às respectivas verbas condenatórias.

Jurisprudência:
PRESCRIÇÃO NUCLEAR ATINGE AS AÇÕES DECLARATÓRIAS DO RECONHECIMENTO DE VÍNCULO EMPREGATÍCIO. Nos termos do § 1º do art. 11 da CLT, as ações declaratórias de reconhecimento de vínculo empregatício não estão sujeitas aos efeitos da prescrição quinquenal. Como o legislador não excepcionou a ação declaratória sob análise da regra geral de prescrição, a mesma está sujeita ao prazo prescricional estabelecido para o ajuizamento da ação, que começa a fluir a partir da extinção do elo entre as partes. (TRT 2ª Região. 4ª Turma. Relator Paulo Augusto Camara. Data: 25/11/2005)

c) Menor – Contra os menores de 18 anos não corre nenhum prazo de prescrição, conforme dispõe o artigo 440 da Consolidação das Leis do Trabalho.

d) Férias – O prazo prescricional começa a fluir na data em que findar o prazo de concessão das férias (período concessivo), portanto, é deste momento que o direito passou a ser violado. Dali decorre 5 anos para operar-se a prescrição ou até 2 anos após a cessação do contrato (artigo 149 da CLT). Alude a Súmula 156 do TST que "da extinção do último contrato é que começa a fluir o prazo prescricional do direito de ação, objetivando a soma de períodos descontínuos de trabalho.

e) Diferença de salários – As diferenças de salários não pagas prescrevem mensalmente, no prazo de 5 anos, contados da data em que efetivamente deveriam ter sido pagos (5º dia útil de cada mês – artigo 459, § 1º da CLT).

f) Equiparação salarial – Prescreve, enquanto durar a situação que o origina, mas as diferenças vão prescrevendo mensalmente após o decurso do prazo de 5 anos anteriores ao ajuizamento da respectiva reclamação (entendimento da Súmula 6, IX).

g) Ação de cumprimento – A ação de cumprimento de decisão normativa tem seu termo inicial do prazo prescricional a partir do trânsito em julgado da sentença normativa (Súmula 350 do TST).

h) Períodos descontínuos – O direito de ação, objetivando a soma de períodos descontínuos de trabalho, começa a fluir da extinção do último contrato e visa fixar tempo de serviço (Súmula 156 do TST).

i) Execução – A execução tem seu prazo prescricional idêntico ao ingresso de uma ação.

j) Prestações sucessivas – "Tratando-se de demanda que envolva pedido de prestações sucessivas decorrente de alteração do pactuado, a prescrição é total, exceto quando o direito à parcela esteja também assegurado por preceito de lei" (Súmula 294 do TST).

k) Prescrição bienal e quinquenal – A norma constitucional que ampliou o prazo de prescrição da ação trabalhista para 5 anos é de aplicação imediata, e, assim, não atinge o que já foi alcançado pela prescrição bienal (Súmula 308, II, do TST).

l) Complementação de aposentadoria – No que se refere à prescrição do direito na aposentadoria por invalidez, o assunto tem provocado certa celeuma no entendimento da aplicação da prescrição. Por um lado, os que entendem que a prescrição bienal é contada a partir do deferimento da invalidez permanente e a quinquenal a partir da propositura da ação. Por outro, os que dizem que durante o lapso temporal da invalidez não há de se falar em prescrição bienal, tendo em vista a suspensão do contrato de trabalho decorrente de aposentadoria por invalidez, enquanto, por outro lado, a prescrição quinquenal é aplicável porque nada o impede de exercer o direito de ação, e há ainda aqueles que adotam a prescrição vintenária.

Diante de tamanha disparidade de entendimentos, merece destaque as Súmulas 326 e 327 do TST. "Tratando-se de pedido de complementação de aposentadoria oriunda de norma regulamentar e jamais paga ao ex-empregado, a prescrição aplicável é a total, começando a fluir o biênio a partir da aposentadoria" (Súmula 326 do TST). Contudo, se houver o pedido de diferença de complementação de aposentadoria, também oriunda de norma regulamentar, a prescrição cabível será a prescrição parcial, não atingindo o direito de ação, mas, tão somente, as parcelas anteriores ao quinquênio (Súmula 327 do TST).

m) Prescrição Intercorrente – É a prescrição que flui durante o desenrolar do processo. Proposta a ação, interrompe-se o prazo prescritivo; em seguida, ele volta a correr, de seu início, podendo consumar-se até mesmo antes que o processo. A Súmula 327 do STF vaticina que: "O direito trabalhista admite a prescrição intercorrente" em contraposição, certifica a Súmula 117 do TST: "É inaplicável na Justiça do Trabalho a prescrição intercorrente". Aplica-se principalmente na execução trabalhista por culpa exclusiva do exequente quando esse não realiza o ato processual quando devidamente intimado para tal. Deverá ser arguida dois anos após o arquivamento do processo.

> Jurisprudência:
> *AGRAVO DE PETIÇÃO. EXECUÇÃO FISCAL. PRESCRIÇÃO. DECLARAÇÃO DE OFÍCIO. Decorridos mais de 05 (cinco) anos de arquivamento dos autos de execução fiscal sem baixa na distribuição,*

e, intimada a se pronunciar sobre o decurso do prazo de que trata o § 4º do art. 40 da Lei n. 6.830/80, acrescentado pela Lei n. 11.051/2004, a exequente nada fala sobre a superveniência da prescrição ou, sobre a existência de quaisquer de suas causas interruptivas ou suspensivas, cabe ao Judiciário declarar, de ofício, a extinção do crédito tributário, pela prescrição intercorrente. Consequentemente, não será juridicamente viável à Fazenda Pública a dedução de sua pretensão em juízo, posto que esta, também, estará extinta. Agravo de petição a que se nega provimento. (TRT 2ª Região. 3ª Turma. AP08 – 00211-2006-466-02-00-0. Relatora Maria Doralice Novaes. Data: 20/02/2009)

n) Avulsos – O início da prescricional para os avulsos começará a contar a partir do cancelamento da inscrição no órgão de gestão de mão de obra (OGMO) ou da rescisão do vínculo empregatício com a empresa terceirizada.

o) Acidente de trabalho – Acidente do trabalho é um tema bastante polêmico em nossos julgados. Alguns juristas aplicam a prescrição trabalhista, enquanto outros, a vintenária (20 anos), e há aqueles que dizem ser direitos imprescritíveis.

A alteração da competência da Justiça do Trabalho para o julgamento de ações relativas a danos decorrentes de acidente de trabalho, a partir da Emenda Constitucional 45/2004, não permite a aplicação imediata da prescrição trabalhista (de 2 anos) para ajuizamento de ação, motivo pelo qual vem sendo aplicado a prescrição quinquenal, a contar da data do acidente, observados os 2 anos da ruptura do vínculo de emprego.

Porém, algumas Turmas do TST vem adotando o prazo prescricional de 20 anos previsto no artigo 177 do Código Civil, em observância ao artigo 2028 do novo Código Civil Brasileiro e não o previsto no ordenamento jurídico-trabalhista, consagrado no artigo 7º, XXIX, da Constituição Federal.

O posicionamento de alguns Tribunais Regionais do Trabalho alude ser direitos imprescritíveis, uma vez que se refere à natureza pessoal.

Jurisprudência:
PRESCRIÇÃO. DIREITO INTERTEMPORAL. A transferência das ações envolvendo pretensões oriundas de acidentes de trabalho decorreu de norma de competência com caráter nitidamente processual, sem qualquer referência com o direito material. A prescrição, que é tratada pelo direito substantivo, orienta-se pela data da lesão, e não em razão

PRESCRIÇÃO E DECADÊNCIA

Capítulo 15

do ramo do Poder Judiciário afeto ao conhecimento da lide. O lapso temporal para a reparação das lesões ocorridas antes do advento da EC/45 sujeita-se ao prazo prescricional do Código Civil/16. Após o implemento da alteração constitucional, proceder-se-á a observância do prazo geral dos créditos trabalhistas, exceção feita aos casos em que ainda prevaleça a disposição do art. 177 do CC/16, em face da regra de transição do art. 2.028 do Código Civil. (TRT 2ª Região. 8ª Turma. RO01 – 00975-2006-461-02-00-3. Relator Rovirso Aparecido Boldo. Data: 03/03/2009)

p) **Transferência do regime celetista para o estatutário** – De acordo com a Súmula 382 do TST, a transferência do regime jurídico de celetista para estatutário resulta em extinção do contrato de trabalho, cujo prazo ocorrerá o prazo de 2 anos a partir da mudança de regime.

15.9. DECADÊNCIA NO DIREITO DO TRABALHO

A decadência diz respeito à perda do direito, é a caducidade do direito. Refere-se aos direitos potestativos, que conferem ao titular o poder de influir, com sua manifestação de vontade, sobre a condição jurídica de outrem, sem o concurso da vontade deste. Estes não se manifestam contra uma prestação.

Os direitos potestativos não podem ser lesados por ninguém. Quando os direitos potestativos se exercitam com a necessária intervenção do Juiz, este profere uma sentença constitutiva. É possível dizer que, na decadência, mesmo tendo o direito nascido, este não se tornou efetivo pela falta de exercício, enquanto na prescrição o direito se efetivou, foi lesado e pereceu pela falta de proteção da ação (o titular do direito violado deixa transcorrer o prazo de forma inerte).

Os prazos decadenciais no Direito do Trabalho são:
- Mandado de segurança – 120 dias da ilegalidade praticada ou abuso do poder;
- Inquérito para apuração de falta grave – 30 dias da suspensão do empregado (artigo 853 da CLT);
- Ação rescisória – 2 anos contados do dia imediatamente posterior ao trânsito em julgado da última decisão proferida, independentemente de ser de mérito ou não (artigo 485 da CLT).

No inquérito judicial para apuração de falta grave de empregado estável, em caso de ter cometido falta grave, o empregador tem 30 dias para ajuizar inquérito para apuração de falta grave. Prazo que é decadencial.

O prazo de decadência do direito do empregador de ajuizar inquérito contra o empregado que incorre em abandono de emprego é contado a partir do momento em que o empregado pretendeu retornar ao serviço (Súmula 62 do TST).

Prorroga-se até o primeiro dia útil, imediatamente subsequente, o prazo decadencial para ajuizamento de ação rescisória quando expira em férias forenses, feriados, finais de semana ou em dia em que não houver expediente forense. Aplicação do art. 775 da CLT (Súmula 100, IX do TST).

De acordo com o artigo 207 do CC, a decadência não admite interrupção nem suspensão, salvo prazo contra absolutamente incapaz (artigos 198, I e 208 do CC) e se a lei assim dispuser. A decadência pode ser aduzida em qualquer grau de jurisdição e deve o Juiz conhecer de ofício quando estabelecida por Lei (artigo 210 do CC), podendo inclusive, quando faz parte do processo, ser arguida pelo Ministério Público.

A decadência e seu respectivo prazo somente poderá ser estabelecido por Lei heterônoma estatal; contudo, podem ser declaradas por meio de acordos e convenções coletivas de trabalho e regulamentos empresariais.

> Jurisprudência:
> *A decadência para propositura de inquérito para apuração de falta grave conta-se a partir da efetiva suspensão do empregado, não importando que haja afastamento prévio, pois este não gera os mesmos efeitos. Recurso Ordinário provido.* (TRT 2ª Região. 9ª Turma. RO01 – 02154-2005-313-02-00-9. Relator Davi Furtado Meirelles. Data: 30/10/2007)
>
> *INQUÉRITO JUDICIAL – PRAZO DECADENCIAL. A apresentação de Inquérito Judicial, dentro de trinta dias contados a partir da última suspensão aplicada visando apuração de falta grave, não caracteriza decadência, mormente quando as denúncias de irregularidades nos procedimentos do empregado tenham continuado a surgir. Assim, não há que se falar em violação ao disposto no artigo 853 da CLT e Súmula n. 403 do Supremo Tribunal Federal. EMENTA. Justa causa. Servidor celetista estável. A prova da prática de crime contra a administração em geral por parte de servidor celetista estável autoriza a rescisão contratual por justa causa, principalmente quando*

aprovado que o recorrente, em razão da função exercida, recebia vantagens pecuniárias em troca de promessas de agilização nos processos de regularização de plantas de imóveis e de transferências de propriedade de terreno baldio. A ausência de prejuízos ao erário não exime o servidor de culpa, pois é caracterizado o crime de corrupção passiva, disciplinado no artigo 317 do Código Penal. (TRT 2ª Região. 3ª Turma. RO 01 – 01091-2001-361-00-00. Relator Décio Sebastião Daidone. Data: 17/01/2006)

16 | Direito coletivo do trabalho

16.1. Introdução

O sindicalismo no Brasil passou por vários revezes, com grandes perseguições políticas aos movimentos sindicais que ocorreram desde a época do Império. A partir de 1900, as Ligas Operárias, apoiadas pela Igreja Católica, finalmente conseguiram firmar seu peso político e social, fato que serviu de modelo para as dezenas de associações, federações e confederações que proliferaram desde então. Esta nova realidade fez com que os legisladores, num esforço especial, promulgassem o Decreto n. 19.770, de 19 de março de 1931, nascendo aí a primeira lei sindical brasileira.

Devido a sua grande complexidade e extensão, o estudo do Direito foi fragmentado em vários ramos jurídicos, cuja divisão se deu somente para fins didáticos, a fim de facilitar seu estudo e compreensão, não representando a realidade. O Direito é único e não comporta fragmentações, já que seus ramos, embora autônomos, são interdependentes e coexistem harmonicamente.

Da mesma forma, também o intuito de facilitar seu estudo, o Direito do Trabalho foi relativamente fragmentado de maneira que é possível abraçar duas formas de divisão: o Direito Individual e o Direito Coletivo. O Primeiro trata das regras estabelecidas entre empregado e empregador, dos deveres e obrigações das partes pactuantes. O segundo versa sobre as relações entre o ente sindical, tanto dos empregados quanto dos empregadores, assim como das organizações de empregados e empregadores, mas desta vez tendo em vista os interesses coletivos da categoria ou de um grupo específico.

O Direito Individual do Trabalho visa satisfazer a necessidade individual, ou seja, regulando sobretudo as relações entre empregado e empregadores individualmente relacionados. Por outro lado, o Direito Coletivo do Trabalho é indivisível, pois não especifica as pessoas, e sim refere-se a um coletivo de pessoas ou grupos, isto é, trata de questões que envolvem toda a categoria, tais como melhoria das condições de trabalho e aumento de salário.

São os sujeitos do direito individual do trabalho o empregado e o empregador; já no direito coletivo do trabalho encontramos o sindicato dos empregados (categoria profissional) e o sindicato das empresas (categoria econômica).

16.2. Denominação

As expressões "Direito Sindical" e "Direito Corporativo" têm o mesmo significado que Direito Coletivo do Trabalho. Enquanto o termo Direito Sindical tem uma interpretação mais restrita, pois se refere aos sindicatos e suas organizações e não aos grupos não organizados em sindicatos, a expressão "Direito Corporativo" relaciona-se ao sistema do qual a organização sindical é controlada pelo ente estatal.

Cabe destacar que a representação dos trabalhadores nas empresas não engloba o Direito Sindical, porquanto os trabalhadores nele inseridos não precisam ser sindicalizados para entrar em acordos com as empresas.

Assim, importa dizer que o Direito Coletivo se opõe ao Direito Individual, uma vez que este último dispõe acerca do contrato de trabalho do empregado, porquanto o Direito Coletivo trata das regras coletivas que terão aplicabilidade nos contratos de trabalho.

16.3. Conceito

De acordo com Amauri Mascaro Nascimento, o Direito Coletivo versa sobre as "relações jurídicas que têm como sujeitos os sindicatos de trabalhadores e os sindicatos de empregadores ou grupos e como causa a defesa dos interesses coletivos dos membros desses grupos". (*Curso de Direito do Trabalho*: história e teoria geral do direito do trabalho – relações individuais e coletivas do trabalho. 22. ed. rev. e atual. São Paulo: Saraiva, 2007, p. 1078).

Verifica-se, pois, que o Direito Coletivo do Trabalho é considerado uma divisão do Direito do Trabalho que versa sobre temas como a representação dos trabalhadores, a greve, a negociação coletiva e a organização sindical e seus dispositivos constam na Consolidação das Leis do Trabalho (CLT).

16.4. Função

São funções do direito coletivo do trabalho:
a) Produção de normas jurídicas – realizadas por meio de negociação coletiva, acarretando um vínculo nos contratos de trabalho dos empregados e empregadores.
b) Poder de solucionar os conflitos trabalhistas – feitos por meio de acordos e convenções coletivas, visando uma melhoria das condições de trabalho dos empregados.

17 | LIBERDADE SINDICAL

17.1. Conceito

A Constituição da OIT, de 1919, previu o princípio da liberdade sindical, que foi uma das metas de seu programa de ação. Essa Constituição incorporou em seu texto a Declaração de Filadélfia, de 1944: "a liberdade de expressão e a de associação são essenciais à continuidade do progresso". Essa declaração também incluía o reconhecimento do direito da negociação coletiva, a cooperação entre empregados e empregadores para aperfeiçoamento da eficiência produtiva e a colaboração de trabalhadores e empregados na preparação e aplicação de medidas sociais e econômicas.

A liberdade sindical está prevista no artigo 511 da Consolidação das Leis do Trabalho, CLT, permitindo a liberdade de expressão de um indivíduo (empregados, empregadores ou trabalhadores autônomos) em associar-se a um sindicato para discutir interesse profissional ou econômico.

Na obra *Direito do Trabalho*, do autor Sergio Pinto Martins, 25. ed. São Paulo: Atlas, 2009, p. 688:

> *Liberdade sindical é o direito de os trabalhadores e empregadores se organizarem e constituírem livremente as agremiações que desejarem, no número por eles idealizado, sem que sofram qualquer interferência ou intervenção do Estado, nem uns em relação aos outros, visando à promoção de seus interesses ou dos grupos que irão representar. Essa liberdade sindical também compreende o direito de ingressar e retirar-se dos sindicatos.*

Amauri Mascaro Nascimento entende que a:

> [...] *perspectiva que se desdobra em liberdade como direito de organização e liberdade como direito de atuação, ambos complementando-se, indivisíveis, caso se pretenda qualificar um sistema como de plena liberdade sindical, sendo, portanto, a ação o meio de implementação da liberdade de organização e condição para a sua efetividade, com o que um sistema restritivo da ampla autonomia coletiva dos particulares não pode ser enquadrado entre os modelos de plena liberdade sindical, tanto quanto um sistema limitativo da macro ou da micro-organização, aquela na dimensão internacional, o municipal, o de categorias, abrangendo a liberdade de organização dos trabalhadores na empresa ou na unidade produtiva.* (Curso de Direito do Trabalho: história e teoria geral do direito do trabalho – relações individuais e coletivas do trabalho. 22. ed. rev. e atual. São Paulo: Saraiva, 2007, p. 1089)

Jurisprudência:
SINDICATO. DESMEMBRAMENTO. SINDICATO DOS TRABALHADORES NAS INDÚSTRIAS DA CONSTRUÇÃO E DO MOBILIÁRIO DE TELÊMACO BORBA (ASSOCIAÇÃO-MÃE) × SINDICATO DOS OFICIAIS MARCENEIROS E TRABALHADORES DA INDÚSTRIA DE MÓVEIS DE MADEIRA, DE SERRARIAS, CARPINTARIAS, TANOARIAS, MADEIRAS COMPENSADAS E LAMINADAS, AGLOMERADOS E CHAPAS DE FIBRAS DE MADEIRA DE IBAITI, VENTANIA, CURIÚVA, SAPOPEMA, FIGUEIRA, PINHALÃO E JABUTI (PRETENSO NOVO SINDICATO). A liberdade sindical e de associação são garantias constitucionais, asseguradas nos artigos 5º e 8º e, de fato, não é atribuição do Poder Judiciário estabelecer limites ou requisitos para constituição e fundação de sindicatos, não previstos na legislação, como, por exemplo, número de trabalhadores para compor assembleia de fundação. Também o desmembramento da base para constituição e fundação de sindicato específico não depende de assembleia convocada pelo sindicato originário e detentor da base. Por outro lado, se constatado que em verdade não há nenhuma convocação e nem mesmo a efetiva assembleia pelos interessados, de forma regular, precedida de publicidade através de editais que contenham a exposição dos motivos para a fundação da nova associação, afigura-se irregular a sua constituição. Se aos autos somente são

trazidas meras declarações públicas e particulares, que não possuem força probante quanto à efetiva realização da reunião deliberativa, inviável o reconhecimento de gênese regular, com validade jurídica, do pretenso novo ator social. (TRT-PR-93001-2006-671-09-00-0-ACO-00647-2009 – 1ª Turma. Relatora Janete do Amarente. Publicado no DJPR em 20/01/2009)

17.2. GARANTIAS SINDICAIS

A Convenção n. 87 da OIT trata da liberdade sindical, porém não foi ratificada no Brasil. Apresenta várias garantias, sendo algumas delas:
a) Os trabalhadores e as entidades patronais, sem distinção de qualquer espécie, terão direito, sem autorização prévia do Estado, de constituírem organizações de sua escolha, assim o de se filiarem nessas organizações, com a única condição de se observarem seus estatutos.
b) As organizações de trabalhadores e de empregadores têm o direito de elaborar seus estatutos e regulamentos administrativos, de eleger livremente seus representantes e sua atividade, formulando e organizando seu programa de ação.
c) As autoridades públicas não poderão intervir nos sindicatos, de maneira a limitar seu exercício legal, suspender ou dissolver o sindicato, por via administrativa.
d) As organizações de trabalhadores e de empregadores têm o direito de constituírem federações e confederações, bem como o direito de filiação a estas. As organizações, federações e confederações têm o direito de se filiarem em organizações internacionais de trabalhadores e de entidades patronais.
e) A aquisição de personalidade jurídica pelas organizações de trabalhadores e de entidades empregadoras não podem estar, suas federações e confederações, subordinadas a condições que põem em causa os direitos de filiação.

As garantias previstas são aplicáveis às forças armadas e à polícia, no referendo à legislação de cada país (Convenção n. 87 da OIT, art. 9º, 1).
A liberdade de filiar-se a um sindicato refere-se tanto ao setor público como ao privado, sem nenhum tipo de distinção entre ambos os setores.

Os empregadores não poderão fazer distinção entre os empregados por estes se filiarem ou não a sindicatos, conforme alude a Convenção 98, artigo 1º, da OIT.

17.3. Classificação da liberdade sindical

A classificação da liberdade sindical se faz sob os seguintes aspectos: do indivíduo, ou seja, a liberdade de ingressar ou sair, filiar-se ou não a um sindicato. Outro aspecto é o do grupo profissional, uma vez que aduz sobre a liberdade da organização em aplicar as regras, declarar os trâmites e trata de diversas relações. Por último, o aspecto do Estado, onde este não interfere nas ações do sindicato.

17.4. Sistema sindical brasileiro

São três os sistemas de liberdade sindical. O primeiro trata do intervencionismo estatal nas ações sindicais. O segundo refere-se à ausência estatal nas relações sindicais, nominado de desregulamentado. E o terceiro sistema, conhecido como intervencionista socialista, o Estado estabelece metas no qual ordena e regula as relações sindicais.

Mister se faz salientar que o tema trazido à baila não busca vislumbrar soberanias concorrentes com o Estado, uma vez que o Estado é detentor de uma soberania una. Portanto, a autonomia e a soberania do Estado não estão equiparadas à autonomia do sindicato trazida pela liberdade sindical.

Alguns conceitos pertinentes ao tema são:
1. *Agency shop*, que se refere à imposição de pagamento da contribuição sindical e não necessariamente a filiação.
2. *Union shop*, que se fala sobre a necessidade de se filiar para permanência da prestação de serviço.
3. *Closed shop*, no qual exige a sindicalização para se obter um emprego.
4. Cláusula *maintenance of membership*, que alude que o empregado inscrito em determinado sindicato deve preservar sua sindicalização durante o prazo de vigência da convenção coletiva referente à categoria.

17.5. Autonomia sindical

A autonomia sindical corresponde à possibilidade de atuação do grupo organizado em sindicato, não levando em conta a individualidade de seus componentes. Como leva a lição de Sergio Pinto Martins, a autonomia sindical "é a possibilidade de atuação do grupo organizado em sindicato e não de seus componentes individualmente considerados" (*Direito do Trabalho*. 24. ed. São Paulo: Atlas, 2008, p. 684).

Urge esclarecer que o princípio da autonomia sindical sustenta a garantia de autogestão às organizações associativas e sindicais dos trabalhadores, sem interferências empresariais ou do Estado.

De acordo com o artigo 8º, inciso II da Constituição Federal, aduz que:

> *É livre a associação profissional ou sindical, observado o seguinte: II – é vedada a criação de mais de uma organização sindical, em qualquer grau, representativa de categoria profissional ou econômica, na mesma base territorial, que será definida pelos trabalhadores ou empregadores interessados, não podendo ser inferior à área de um Município.*

Dispõe ainda o artigo 516 da CLT: "Não será reconhecido mais de um sindicato representativo da mesma categoria econômica e profissional, ou profissão liberal, em uma dada base territorial".

A constituição sindical se faz apenas para abordar assuntos de questões profissionais ou econômicas, não se referindo, por exemplo, à política, ou seja, trata da redação do estatuto, da liberdade de organização interna, enfim, não visa afrontar a liberdade sindical.

Jurisprudência:

> *SINDICATOS – UNICIDADE SINDICAL E BASE TERRITORIAL. A norma constitucional consagrou o princípio da unicidade sindical, proibindo a existência de mais de um sindicato representante da mesma categoria (econômica ou profissional) na mesma localidade, assim entendida como o limite de atuação de cada ente sindical, que não poderá ser inferior a de um município. Comprovada a superposição de base territorial, prevalece aquele sindicato mais antigo, que*

abarca área menor (intermunicipal). (Processo n. 00730-2007-068-02-00-9. Ano: 2008. 3ª Turma. Publicado em 17/02/2009. Relatora Silvia Regina Pondé Galvão Devonald)

17.6. A INTERVENÇÃO ESTATAL E A AUTONOMIA SINDICAL

É importante frisar a não intervenção estatal nos sindicatos, uma vez que são entes privados, e isso não afasta o que dispõe o artigo 513, alínea "d" da CLT: "São prerrogativas dos Sindicatos: d) colaborar com o Estado, como órgãos técnicos e consultivos, no estudo e solução dos problemas que se relacionam com a respectiva categoria ou profissão liberal."

O sistema brasileiro adota uma forma de organização sindical que não valoriza a autonomia, pois, além de estabelecê-la por categoria, o sindicato não pode ter base inferior à área de um município, o que está claramente demonstrado no artigo 8º, inciso II da Constituição Federal. Essa determinação constitucional não condiz com a Convenção de número 87 da OIT, demonstrando que no Brasil não há liberdade para as pessoas criarem livremente quantos sindicatos desejarem. Além de, ainda se ter a obrigatoriedade da contribuição sindical, que entra em conflito com o princípio da liberdade sindical.

A autonomia sindical é uma espécie de liberdade sindical consagrada na Convenção Internacional n. 87 da OIT, conceituando como o direito de o sindicato elaborar seus estatutos e regulamentos administrativos, de eleger livremente seus representantes, de organizar sua gestão e sua atividade e de formular seu programa de ação (art. 3º).

As limitações impostas pela Constituição Federal/88 à organização sindical foram de encontro às tendências mundiais de consagrar uma liberdade sindical ampla. Senão, veja inciso por inciso do artigo 8º da Constituição:

> Art. 8º – É livre a associação profissional ou sindical, observado o seguinte:
> I – a lei não poderá exigir autorização do Estado para a fundação de sindicato, ressalvado o registro no órgão competente, vedadas ao Poder Público a interferência e a intervenção na organização sindical;
> II – é vedada a criação de mais de uma organização sindical, em qualquer grau, representativa de categoria profissional ou econômica,

na mesma base territorial, que será definida pelos trabalhadores ou empregadores interessados, não podendo ser inferior à área de um Município;

III – ao sindicato cabe a defesa dos direitos e interesses coletivos ou individuais da categoria, inclusive em questões judiciais ou administrativas;

IV – a assembleia geral fixará a contribuição que, em se tratando de categoria profissional, será descontada em folha, para custeio do sistema confederativo da representação sindical respectiva, independentemente da contribuição prevista em lei;

V – ninguém será obrigado a filiar-se ou a manter-se filiado a sindicato;

VI – é obrigatória a participação dos sindicatos nas negociações coletivas de trabalho;

VII – o aposentado filiado tem direito a votar e ser votado nas organizações sindicais;

VIII – é vedada a dispensa do empregado sindicalizado a partir do registro da candidatura a cargo de direção ou representação sindical e, se eleito, ainda que suplente, até um ano após o final do mandato, salvo se cometer falta grave nos termos da lei.

Parágrafo único. As disposições deste artigo aplicam-se à organização de sindicatos rurais e de colônias de pescadores, atendidas as condições que a lei estabelecer.

A leitura do inciso I supra transcrito revela a adoção, pela Carta Magna de 1988, do princípio da autonomia sindical. Tal princípio sustenta a garantia de autogestão às organizações associativas e sindicais dos trabalhadores, sem interferências empresariais ou do Estado. Trata, portanto, da livre estruturação interna do sindicato, sua livre atuação externa, sua sustentação econômico-financeira e sua desvinculação de controles administrativos estatais ou em face do empregador.

Ao par desse relevante princípio, a Constituição da República manteve, em sentido contrário, a unicidade sindical e a representação sindical por categoria, características próprias do sistema corporativista extinto pela atual Carta Magna, a qual, embora alude à liberdade sindical, delimitou alguns parâmetros de regulamentação, como o princípio da Unicidade Sindical (art. 8º, inciso II), que dispõe ser "livre a associação profissional ou sindical". Porém, é notório que não tem ampla e ilimitada aplicação, em face do art. 8º, inciso II, da CF, estabelece "ser vedada a criação de mais de uma organização, na mesma base territorial, que será definida pelos trabalhadores".

Jurisprudência:
SINDICATO PERSONALIDADE JURÍDICA E LEGITIMIDADE PROCESSUAL ENTRELAÇAMENTO SEM AMBIGUIDADES ASPECTOS JURÍDICOS E BUROCRÁTICOS SUPERAÇÃO DAS PRINCIPAIS ETAPAS TRIBUTIVAS DE PERSONALIDADE E LEGITIMIDADE NORTEADAS PELO PRINCÍPIO DA LIBERDADE SINDICAL PRESERVAÇÃO DA UNICIDADE SINDICAL. O Sindicato é ente de natureza coletiva, que representa determinada categoria profissional ou econômica, sempre por contraposição, mas com idêntica finalidade de defesa dos interesses coletivos próprios dos respectivos representados, sem qualquer interferência negativa de grupos internos ou externos. O princípio da liberdade sindical é o primeiro e o último dos princípios do verdadeiro sindical e sobre ele se acomodam, secundariamente, todos os outros que se digam existir. Em se tratando de sindicato da categoria profissional, sua finalidade precípua é a luta pela melhoria das condições de trabalho, nas quais se inserem reivindicações de ordem econômica e social, sempre com o fito de realçar a dignidade humana naquilo que tem de mais distintivo entre os seres vivos: sua força psíco-física laborativa, com a qual agrega valores à matéria-prima para o fornecimento de bens e serviços para uma sociedade de consumo. Assim, a entidade sindical é a defensora das ideias e dos ideais, dos anseios e das aspirações, dos sonhos e da realidade, das lutas e das conquistas, resultantes da síntese majoritária da vontade da categoria, que, em princípio, se presume livre por parte dos indivíduos que a compõem. Determinado requisito pode ou não ser ad substantia do ato jurídico, nada justificando a sua estrita observância quando o próprio ordenamento constitucional dispensa determinadas formalidades. Orlando Gomes assinala que "os homens demoram a reconhecer que novos acontecimentos sepultaram, de vez, ideias e normas de ação que lhes eram inerentes por terem perdido seu conteúdo real." (Direito do Trabalho – Estudos. 3. ed., LTr, 1979, p. 37 e seguintes). Neste sentido, a doutrina e a jurisprudência firmaram-se no sentido de que o ente sindical adquire personalidade jurídica com o registro de seus estatutos no Cartório de Registro de Títulos e Documentos e Registro Civil de Pessoas Jurídicas. Portanto, o registro

do ente sindical no Ministério do Trabalho e Emprego constitui mera formalidade, para a preservação da unidade sindical, que poderá ser exigida para a prática de determinados atos, mas sem o condão de tornar inválida a sua criação. In casu, exigência do registro sindical pelo Ministério do Trabalho importa no enfraquecimento do princípio da liberdade sindical, por interferir na constituição do ser coletivo, que é o porta-voz da real vontade da maioria dos trabalhadores, apurada no seio de assembleia livre e soberana para a defesa dos interesses individuais e coletivos da categoria, mormente quando o respectivo pedido foi publicado e não sofreu nenhuma impugnação, o que denota a preservação da unicidade sindical. Ademais, a demora do Ministério do Trabalho e Emprego em apreciar o pedido de registro não pode se constituir em óbice à atuação judicial do sindicato. A burocracia estatal não pode, em hipótese alguma, se sobrepor à liberdade sindical, principalmente quando o tema em debate envolve o trabalho análogo à condição de escravo ou degradante, com alegação de sérias ofensas aos direitos fundamentais da pessoa humana. (Processo 01263-2007-048-03-00-4 RO. 4ª Turma. Relator: Luiz Otávio Linhares Renault. Publicado em 23/08/2008. TRT – 3ª Região)

18 | Organização sindical brasileira

18.1. Conceito

Lembra Gustavo Filipe Barbosa Garcia que sindicato pode ser definido "como a associação de pessoas físicas ou jurídicas que têm atividades econômicas ou profissionais, visando à defesa dos interesses coletivos ou individuais dos membros da categoria (artigo 511, CLT)". (*Curso de Direito do Trabalho*. 2. ed. rev., atual. e ampl. São Paulo: Método, 2008, p. 1098).

Veja o inteiro teor do artigo 511 da CLT:

> *É lícita a associação para fins de estudo, defesa e coordenação dos seus interesses econômicos ou profissionais de todos os que, como empregadores, empregados, agentes ou trabalhadores autônomos, ou profissionais liberais, exerçam, respectivamente, a mesma atividade ou profissão ou atividades ou profissões similares ou conexas.*

O deslinde da questão é que, para haver uma organização sindical, se faz imperioso a associação de pessoas físicas ou jurídicas e que exerçam atividade profissional ou econômica, para a defesa dos respectivos interesses e a prestação assistencial a todo o grupo, além de outras atividades complementares que as favoreçam.

Assim, o sindicato define-se como entidade formada, em caráter permanente, por trabalhadores que exerçam suas atividades a empregadores do mesmo ramo de negócio, ou empresas que explorem o mesmo ramo econômico, cujos objetos são o estudo e a defesa dos interesses daqueles que a compõem. Restando de sobejo comprovado, que a simples reunião de estudantes num espaço físico delimitado, não caracteriza a constituição de um sindicato.

18.2. Diferenças entre sindicato, sindicato de profissionais, associação desportiva e cooperativa

Será tratada nesse capítulo a distinção entre esses institutos:
1. O sindicato tem como prerrogativa a defesa dos interesses coletivos e individuais dos empregados e empregadores.
2. O sindicato de profissionais disciplina e fiscaliza uma determinada classe de profissionais.
3. A associação desportiva tem como objetivo o agrupamento de pessoas com atividades ligadas ao esporte.
4. A cooperativa é uma associação autônoma de pessoas que se unem, voluntariamente, para satisfazer aspirações e necessidades econômicas, sociais e culturais comuns, por meio de um empreendimento de propriedade coletiva e democraticamente gerido. A cooperativa presta serviços aos seus cooperados.

18.3. Natureza jurídica da organização sindical

Muito se tem discutido na doutrina acerca da natureza jurídica do sindicato. Antes de tudo, pode-se afirmar que o sindicato é uma pessoa jurídica. As divergências doutrinárias surgem quando se procura situar essa personalidade jurídica do sindicato nos ramos do Direito. Alguns defendem a tese do sindicato ser uma associação de direito público, outros de direito privado, há alguns até que defendem a tese do sindicato ser de natureza semipública, e outros, ainda, de natureza de direito social.

Detêm-se, nesse aspecto, que a natureza jurídica dos sindicatos depende do sistema sindical em que estão inseridos, sendo elencadas três teorias principais.

A primeira define o sindicato como uma associação de direito privado, disciplinados pelas regras gerais pertinentes a esse setor de direito.

A segunda define o sindicato como ente de direito público, sendo praticamente um apêndice do Estado. Com base nessa teoria, os interesses do sindicato confundem-se com os próprios interesses peculiares do Estado. Em geral, o sindicato tem natureza de pessoa jurídica de direito público apenas nos regimes totalitários.

A terceira posição define sindicato como pessoa jurídica de direito social. O sindicato é um ente que não se pode classificar exatamente nem entre as pessoas jurídicas de direito privado nem entre pessoas jurídicas de direito público.

Em suma, o sindicato é uma associação civil de natureza privada, autônoma e coletiva, pessoa jurídica de direito privado e não tem natureza pública, mas sim privada.

18.4. Classificação dos sindicatos

18.4.1. Verticais e horizontais

O sindicato vertical é aquele que envolve a todos que trabalham na empresa em razão da atividade econômica, isto é, sua concepção é juntar numa única instituição todos os patamares de uma determinada área econômica.

O sindicato horizontal é aquele que as pessoas se reúnem e realizam certas atividades profissionais, não havendo importância o segmento da empresa laborativa em que atua. Ou seja, é aquele que reúne todas as pessoas que exercem a mesma profissão, não importante o setor econômico em que trabalha. Por exemplo, tanto os economistas da indústria de automóveis quanto os da indústria têxtil farão parte do mesmo sindicato.

18.4.2. Abertos, fechados, puros, misto, de direito, de fato e espúrios

Os sindicatos dividem-se em várias categorias:
- Os abertos apresentam mais vantagens para as pessoas fazerem parte dessa categoria.
- Os fechados apresentam mais limites dos associados.
- Os puros dizem respeito aos empregados ou aos empregadores.
- Os mistos envolvem tanto os empregados quanto os empregadores.
- O sindicato de direito é realizado de acordo com as leis.
- O sindicato de fato é instituído sem nenhum apreço à legislação, não atende aos requisitos legais.
- Os chamados espúrios, também conhecidos pela expressão de pelegos, são influenciados pelo empregador.

Jurisprudência:
ENQUADRAMENTO SINDICAL. ATIVIDADE PREPONDE-RANTE DO EMPREGADOR. FUNÇÃO DE FRENTISTA. CATEGORIA DIFERENCIADA INEXISTENTE. O enquadramento sindical é efetuado, via de regra, de acordo com a atividade preponderante do empregador. Tratam-se dos chamados sindicatos verticais, em que os trabalhadores formam uma "categoria profissional", de acordo com "similitude de condições de vida oriunda da profissão ou trabalho em comum, em situação de emprego na mesma atividade econômica ou em atividades econômicas similares ou conexas" (art. 511, § 2º, da CLT). Em casos excepcionais, admite-se também os chamados sindicatos horizontais, abrangendo as categorias diferenciadas. Esta hipótese, contudo, é restrita aos casos em que os trabalhadores exerçam profissões ou funções diferenciadas "por força de estatuto profissional especial ou em consequência de condições de vida singulares" (fl. 511, § 3º, da CLT). Exercendo o empregado a função de "frentista", atividade que não é reconhecida como diferenciada, em empresa de transporte rodoviário de cargas, necessário seu enquadramento sindical de acordo com a atividade preponderante do empregador. Assim, por não trabalhar em empresa dedicada ao ramo de comércio de combustíveis e derivados de petróleo, o reclamante não é representado pelo "Sindicato dos Trabalhadores no Comércio de Minérios e Derivados de Petróleo do Estado do Paraná", deixando de se beneficiar das convenções coletivas de trabalho firmadas pelo referido ente sindical. Recurso Ordinário do Reclamante a que se nega provimento, nesta parte. (TRT-PR-00118-2006-654-09-00-3-ACO-05207-2007 – 1ª Turma. Relator Ubirajara Carlos Mendes. Publicado no DJPR em 02/03/2007)

18.5. Unicidade Sindical

Para Mauricio Godinho Delgado, a:

[...] unicidade corresponde à previsão normativa obrigatória de existência de um único sindicato representativo dos correspondentes obreiros, seja por empresa, seja por profissão, seja por categoria profissional. Trata-se da definição legal imperativa do tipo de sindicato passível de organização na sociedade, vedando-se a existência de entidades sindicais concorrentes ou de outros tipos sindicais. É, em

síntese, o sistema de sindicato único, com monopólio de representação sindical dos sujeitos trabalhistas. (Curso de Direito do Trabalho. 7. ed. São Paulo: LTr, 2008, p. 1331)

A título de esclarecimento, faz-se necessário trazer à luz desse estudo a distinção entre a unicidade sindical e a unidade sindical.

Unicidade sindical é um sistema de organização em que somente é possível uma entidade sindical por categoria para uma mesma base territorial. A base territorial mínima é o Município; contudo, os sindicatos podem ser municipais, intermunicipais, estaduais, interestaduais e nacionais. Enquanto a unidade sindical significa a existência de somente uma entidade sindical, representativa de um grupo, na mesma base territorial, mas não por imposição do Estado, e sim decorrente da vontade das pessoas.

O modelo de unicidade ocorre com a proibição legal de criar mais de um sindicato na mesma base de atuação. O Brasil adota o sistema de unicidade sindical, com representação por categoria e com base territorial não inferior a um município (art. 8º, inciso II da CF). Isso arremete o entendimento que o sistema brasileiro é o de sindicato único e não o do pluralismo sindical (Convenção n. 87 da OIT), a qual determina a liberdade de se criar tantos sindicatos quantos desejarem os interessados, sem se ater a limitações.

Assim, pode-se assegurar que não há o princípio da liberdade sindical quando a unicidade sindical advêm da lei e não da vontade dos interessados, para sua criação.

Para saber qual sindicato é o mais representativo, é só observar o número de integrantes que fazem parte do sindicato em questão, pois aquele que possui maior representatividade dentro do ambiente laboral, eleição e outros fatores será caracterizado o que melhor representa a categoria.

Jurisprudência:
EMPRESAS DE PROCESSAMENTO DE DADOS E EMPRESAS DE INFORMÁTICA. UNICIDADE SINDICAL. 1. Empresas de informática e empresas de processamento de dados não se distinguem ontologicamente. O processamento de dados é o tratamento de informações por sistemas informacionais, o que inclui a entrada, o armazenamento, a recuperação, a transformação e a produção de dados por meios eletrônicos, especialmente por processador computacional. As 'empresas de informática' têm o mesmo objeto. A informática é a ciência que estuda o tratamento da informação por meio de equipamentos e procedimentos da área de processamento de dados. Logo, a

informática é a ciência do processamento de dados. Uma empresa de informática é uma empresa de processamento de dados. Uma empresa de processamento de dados é uma empresa de informática. 2. O princípio da unicidade sindical está expressamente colocado no sistema constitucional brasileiro. Mesmo que se possa criticar o modelo, e dar a ele interpretação adequada aos interesses maiores das classes trabalhadoras, não cabe admitir dois sindicatos representando a mesma categoria profissional. Recurso a que se dá provimento. (TRT-PR-13913-2007-028-09-00-7-ACO-21785-2008 – 5ª Turma. Relator: Reginaldo Melhado. Publicado no DJPR em 27/06/2008)

18.6. Registro e criação dos sindicatos

Cabe mensurar que a liberdade de criação de sindicato é relativa a partir do momento que o artigo 8º, inciso II da Constituição declara que não pode haver outro sindicato constituído na mesma base territorial, mesmo Município, assim como no princípio da unicidade sindical, quando declara que não pode haver dois sindicatos representantes da mesma categoria numa mesma base territorial.

De acordo com a Súmula 677 do STF, incube ao Ministério do Trabalho registrar as entidades sindicais, assim como a Portaria n. 343, de 04/05/2000, em que o pedido de registro sindical será encaminhado ao Ministro do Estado do Trabalho e Emprego e devem apontar o endereço completo do requerente. Com isso, revoga-se a Instrução Normativa n. 3, de 10/08/1994, e n. 1, de 17/07/1997, fazendo-se necessário o registro do sindicato.

O registro do sindicato é um requisito necessário para sua abertura e existência como pessoa jurídica, e podem ser constituídas sem autorização prévia do Estado (Convenção n. 87 da OIT). A Carga Magna de 1988 (art. 8º, I) mantém este disposto, ressalvando, no entanto, o registro em órgão competente. Desta forma, o artigo 520 da CLT, arguindo sobre a expedição de carta de reconhecimento assinada pelo Ministro do Trabalho especificando a representação econômica ou profissional, conferida e mencionada a base territorial outorgada, fica revogado. Entretanto, está mantido o registro no órgão competente.

É inexistente teor legal definindo o órgão para o registro do ente sindical. Com a Constituição de 1988, o Ministério do Trabalho cessou emissão da carta de reconhecimento de sindicatos, baixou instruções normativas para fixar as regras do mencionado registro e criou o Cadastro Nacional das Entidades Sindicais.

É de suma importância ater-se que a finalidade do registro junto ao Ministério do Trabalho é tornar público o pedido de constituir a entidade sindical, além de possibilitar que outros sindicados da mesma categoria e base territorial impugnem, caso sintam-se prejudicados, aquele registro feito por outro sindicato. Havendo disputas, o Ministério do Trabalho deve recusar o pedido de registro diante de uma impugnação e cabe ao Poder Judiciário decidir a quem será deferido o efetivo registro.

A sua existência jurídica se dá por meio do registro do estatuto no cartório de registro de títulos e documentos, uma vez que o cartório civil outorga personalidade jurídica aos sindicatos.

> **Jurisprudência:**
> *PUBLICAÇÃO DO PEDIDO DE REGISTRO SINDICAL. REGULARIDADE DO REQUERIMENTO APRESENTADO PELA ENTIDADE SINDICAL. NULIDADE INOCORRENTE. 1. Hipótese em que uma Federação pleiteia a declaração de nulidade do ato administrativo concernente ao pedido de registro sindical de outra entidade sindical de segundo grau. 2. A Constituição Federal consagrou coerente com a lógica democrática do momento histórico em que promulgada, o princípio da liberdade sindical (art. 8º e respectivo inciso I), segundo o qual a lei não pode exigir autorização do Estado para a fundação do sindicato, ressalvado o registro no órgão competente, vedadas ao Poder Público a interferência e a intervenção na organização sindical. Apesar da ressalva vinculada à unicidade sindical, da qual deriva a exigência de prévio registro perante o órgão competente como condição para a aquisição da chamada personalidade jurídica sindical, parece claro não mais haver possibilidade de intervenção do Poder Público no funcionamento das entidades sindicais. Sem dúvida, ainda que os sindicatos, enquanto pessoas jurídicas de direito privado, possam ser criados com a simples inscrição de seus atos constitutivos no cartório de registro civil (CC, art. 45), é certo que a personalidade sindical apenas surge com o registro perante o órgão ministerial. Não tendo sido concedido registro sindical a nenhuma entidade, não caberá à Secretaria das Relações de Trabalho negá-lo à organização que apresenta a documentação suficiente e necessária para aquisição da personalidade*

sindical. Recursos conhecidos e providos. (Processo n. 01092-2007-019-10-00-0 RO – 3ª Turma. 19ª Vara do Trabalho de Brasília DF. Relator: Desembargador Douglas Alencar Rodrigues. Publicado em 13/04/2009)

18.7. REPRESENTAÇÃO SINDICAL POR CATEGORIAS

Categoria pode ser definida como o conjunto de pessoas com interesses profissionais ou econômicos em comum, decorrentes de identidade de condições ligadas ao trabalho ou à atividade econômica desempenhada. É uma forma de organização do grupo profissional ou econômico. (Gustavo Filipe Barbosa Garcia. *Curso de direito do trabalho.* 2. ed. rev., atual. e ampl. São Paulo: Método, 2008, p. 1068)

O artigo 8° da Norma Ápice alude sobre a liberdade de associação profissional ou sindical, observado o inciso II deste mesmo dispositivo:

II – É vedada a criação de mais de uma organização sindical, em qualquer grau, representativa de categoria profissional ou econômica, na mesma base territorial, que será definida pelos trabalhadores ou empregadores interessados, não podendo ser inferior à área de um Município.

Nota-se que houve a recepção da CLT pela Lei Maior, uma vez que a organização sindical manteve o sistema de categoria econômica e profissional, permitindo, ainda, a formação de categorias diferenciadas.

18.7.1. CATEGORIA ECONÔMICA

É imperativo evidenciar que o sindicato não é uma categoria, mas sim um instituto que representa uma categoria. A categoria refere-se a uma organização do grupo profissional ou econômico paralelamente à política estatal (art. 511, § 1° da CLT).

A categoria dos empregadores, também conhecida como categoria econômica, parte da solidariedade de interesses econômicos daqueles que respondem pelo empreendimento e requerem que as atividades empreendidas sejam idênticas, similares ou conexas, acarretando um vínculo social básico entre os componentes dessa categoria, como por exemplo, bares e restaurantes. (artigo 511, § 1º, da CLT).

Em outro ponto, são as atividades conexas exploradas por grupos empresariais que são idênticos e semelhantes, mas que se integram, como é o caso da construção civil que possui vários ramos de atividade, como o da pintura, da marcenaria, da elétrica, da hidráulica etc.

18.7.2. Categoria profissional

A categoria dos empregados ou profissional reflete a identidade de interesses de um conjunto de trabalhadores integrantes da mesma atividade laboral (artigo 511, § 2º, CLT). Refere-se à união de vários trabalhadores em situação de emprego na mesma atividade econômica ou em atividades econômicas similares ou conexas, em razão da profissão ou trabalho que exercem em comum, acarretando assim a formação da categoria profissional. Contudo, depende da atividade econômica desenvolvida pela empresa onde os empregados trabalham, por exemplo, aquele que trabalha em uma metalúrgica fará parte da categoria profissional dos metalúrgicos enquanto nela trabalhar.

À vista do exposto, se a empresa possuir vários segmentos, o empregado será classificado de acordo com a atividade preponderante. Assim, se a empresa exerce uma atividade na indústria e comércio de um determinado produto, será o empregado enquadrado naquela atividade principal exercida pela empresa.

Por outro lado, os trabalhadores, caso queiram, poderão criar um sindicato que represente sua categoria, quando esses tiverem interesses profissionais específicos.

Sobreleva notar dois critérios para a formação da categoria profissional, quais sejam: o critério da representação em razão do setor econômico e o critério de representação por profissão.

> Jurisprudência:
> *ENQUADRAMENTO SINDICAL. REQUISITOS. O modelo sindical brasileiro, em virtude do quanto preceituado no art. 8º, II, da Constituição Federal vigente, c/c o art. 570 da Consolidação Trabalhista, impõe aos sindicatos, obrigatoriamente, a organização por categorias. Esta organização, como disposto no art. 511 da CLT, porque decorre da solidariedade de interesses econômicos das empresas que desenvolvem*

atividades idênticas, similares ou conexas, impõe o conclusivo de que o enquadramento sindical no direito brasileiro decorre pura e simplesmente da atividade preponderante desenvolvida pela empresa, salvo em se tratando de categoria profissional diferenciada, impondo-se apenas a regular constituição do sindicato, na forma dos incisos I e II do art. 8º da Carta Magna. (Processo 00727-2007-004-05-00-0 RO, ac. n. 030656/2008, Relatora Desembargadora Débora Machado, 2ª Turma, DJ 04/12/2008)

18.7.3. Categoria profissional diferenciada

Comentários à Consolidação das Leis do Trabalho atualizada por Eduardo Carrion conceituam categoria diferenciada àquela:

[...] que tem regulamentação específica do trabalho diferente da dos demais empregados da mesma empresa, o que lhe faculta convenções ou acordos coletivos próprios, diferentes dos que possam corresponder à atividade preponderante do empregador, que é regra geral. (33. ed. São Paulo: Saraiva, 2008, p. 425)

Categoria profissional diferenciada é a que se forma dos empregados que exercem profissões ou funções diferenciadas por força de estatuto profissional especial ou em consequência de condições de vida singulares (art. 511, § 3º da CLT).

Em consonância com a Lei n. 7.316/85, os profissionais liberais, tais como médicos e contadores, são considerados categoria diferenciada justamente por exercerem condições de vida singulares e terem estatuto profissional próprio. Num primeiro momento, basta observar se determinada profissão tem o seu próprio estatuto profissional para ser categoria diferenciada. Porém, na outra ponta ocorre uma dificuldade no entendimento da lei quando se trata de condições de vida singulares, já que não existe definição específica no instituto jurídico desta expressão. Entende-se, portanto, tratar-se de grupos de profissionais que possuem as mesmas condições de vida em razão da identidade de profissão, como ocorre com enfermeiros e motoristas, por exemplo (art 8º, incisos II, III e IV da CF e artigos 522, § 3º e 577 da CLT).

Para prevalecer o pacto coletivo da categoria diferenciada, o sindicato ou empregador da categoria diferenciada deverá ter feito parte do acordo de vontade pactuado entre as partes.

Veja posição adotada pelo Tribunal Superior do Trabalho no seguinte aresto:

> Súmula 374 do TST – Norma coletiva. Categoria diferenciada. Abrangência. Empregado integrante de categoria profissional diferenciada não tem o direito de haver de seu empregador vantagens previstas em instrumento coletivo no qual a empresa não foi representada por órgão de classe de sua categoria.

Os profissionais liberais poderão pagar a contribuição sindical apenas ao ente que representa a profissão pertencente, vide o advogado, resguardado pelo artigo 47, da Lei n. 8.906/94 do Estatuto da Advocacia, apontado pelo artigo 585 da CLT:

> Os profissionais liberais poderão optar pelo pagamento da contribuição sindical unicamente à entidade sindical representativa da respectiva profissão, desde que a exerça, efetivamente, na firma ou empresa e como tal sejam nelas registrados.

Jurisprudência:
ENQUADRAMENTO SINDICAL. ATIVIDADE PREPONDERANTE DA EMPRESA. CATEGORIA DIFERENCIADA. MOTORISTA. Por princípio, a atividade preponderante da empresa é que define o enquadramento sindical do empregado. Isto apenas se excepciona quando há a prestação de serviços tidos como de categoria profissional diferenciada. Porém, não basta o exercício de atividade do autor que o submeta às condições de vida singulares, a que se refere o artigo 511, § 3°, da CLT. O enquadramento sindical do empregado em categoria diferenciada também requer a participação do empregador nas respectivas convenções coletivas. Sentença que se mantém. (TRT-PR-00745-2007-094-09-00-5-ACO-38146-2008 – 4ª Turma. Relator Sérgio Murilo Rodrigues Lemos. Publicado no DJPR em 04/11/2008)

18.8. Enquadramento sindical

Cada empresa terá o seu próprio enquadramento sindical, numa ordem de categorias estabelecidas pelos artigos 570 a 577 da CLT. Atualmente, os sindicatos não respeitam o antigo enquadramento, já que foram desobrigados pela Constituição Federal de 1988, mas deve prevalecer o sistema de representação por categorias.

Em nosso sistema jurídico, o enquadramento sindical considera a atividade empresarial preponderante, ressalvado o caso das categorias diferenciadas, por interpretação conjunta dos artigos 511 e 570, da CLT. O critério da atividade empresarial preponderante tem especial aplicabilidade nas empresas com atividade econômica complexa e que militam em um ramo de empreendimento misto, que configure miscigenação de modos de produção. Cabe, no caso concreto, identificar a atividade empresarial predominante para identificar o enquadramento sindical.

> Jurisprudência:
> *ENQUADRAMENTO SINDICAL. No Brasil, o enquadramento sindical se faz, excetuando-se as categorias profissionais diferenciadas e os profissionais liberais, pela atividade preponderante do empregador (art. 570 e seguintes da CLT).* (TRT-PR-00662-2007-089-09-00-0-ACO-43078-2008 – 3ª Turma. Relator Paulo Ricardo Pozzolo. Publicado no DJPR em 09/12/2008)

18.8.1. Sindicalismo rural

O artigo 535, § 4º, da CLT remete às disposições mencionadas no Decreto-Lei n. 1.166/71, ao arguir sobre as federações e as confederações da Agricultura e Pecuária.

Quanto aos sindicatos rurais e dos pescadores, terão a aplicabilidade do artigo 8º, parágrafo único, do Estatuto Supremo.

18.9. Órgãos do sindicato

Os órgãos sindicais são eleitos por uma Assembleia Geral, cuja administração será composta por uma Diretoria e Membros de um Conselho fiscal, eleitos pela Assembleia Geral, conforme artigo 522 da CLT.

A assembleia geral é o órgão máximo do sindicato, é quem elege os três componentes que irão compor o conselho fiscal por três anos de mandato e traça as diretrizes e forma de atuação do sindicato, entre outras tarefas. A diretoria tem como prerrogativa a administração do sindicato, composta de no mínimo três e no máximo sete pessoas, dentre as quais faz parte o presidente eleito. A gestão financeira do sindicato é de competência do Conselho Fiscal.

No tocante à estabilidade sindical dos dirigentes sindicais e à inclusão dos suplentes, estão dispostas no artigo 543 § 3º:

> O empregado eleito para cargo de administração sindical ou representação profissional, inclusive junto a órgão de deliberação coletiva, não poderá ser impedido do exercício de suas funções, nem transferido para lugar ou mister que lhe dificulte ou torne impossível o desempenho das suas atribuições sindicais.
>
> § 3º – Fica vedada a dispensa do empregado sindicalizado ou associado, a partir do momento do registro de sua candidatura a cargo de direção ou representação de entidade sindical ou de associação profissional, até 1 (um) ano após o final do seu mandato, caso seja eleito, inclusive como suplente, salvo se cometer falta grave devidamente apurada nos termos desta Consolidação.

O número de membros que constitui a administração das Confederações e Federações encontra respaldo no artigo 538 da CLT, em seu parágrafo 1º:

> A administração das federações e confederações será exercida pelos seguintes órgãos: § 1º – A Diretoria será constituída no mínimo de 3 (três) membros e de 3 (três) membros se comporá o Conselho Fiscal, os quais serão eleitos pelo Conselho de Representantes com mandato por 3 (três) anos.

Vale ressaltar que a legislação, embora tenha proibido qualquer intervenção estatal na organização do sindicato, limitou a quantidade de membros integrantes na organização sindical (artigo 522 da CLT), sendo improcedente alegar que o artigo supracitado foi revogado (Súmula 369, II, do TST).

> **Jurisprudência:**
> ESTABILIDADE SINDICAL. DIRIGENTES. LIMITAÇÃO DO NÚMERO DE DIRETORES ESTÁVEIS. CONSTITUCIONALIDADE. Diante da regra prevista no art. 522, da CLT, recepcionada pela Constituição Federal de 1988, conforme entendimento do STF e, inclusive, sumulado pelo TST, o número de dirigentes sindicais acobertados

pela estabilidade provisória encontra-se limitado. Assim, a previsão de número excessivo de membros na diretoria de um ente sindical constitui abuso de direito. (Processo 01224-2007-009-05-00-3 RO, ac. n. 007704/2009, Relatora Juíza Convocada Margareth Rodrigues Costa, 3ª Turma, DJ 22/04/2009)

18.10. ELEIÇÕES SINDICAIS

Reza o artigo 529 da CLT sobre as características para o exercício do direito de voto e obrigação dos associados:

> *São condições para o exercício do direito do voto como para a investidura em cargo de administração ou representação econômica ou profissional:*
> *a) ter o associado mais de 6 (seis) meses de inscrição no Quadro Social e mais de 2 (dois) anos de exercício da atividade ou da profissão;*
> *b) ser maior de 18 (dezoito) anos;*
> *c) estar no gozo dos direitos sindicais.*
> *Parágrafo único – É obrigatório aos associados o voto nas eleições sindicais.*

Em consonância com o artigo 8º, inciso VIII, da Constituição e desde que os aposentados sejam filiados, estes têm o direito de votar e ser votado nas eleições sindicais.

São impedidos de permanecer no exercício dos cargos e de serem eleitos para cargos administrativos ou de representação econômica ou profissional:

- Aqueles que não tiverem definitivamente aprovadas as suas contas de exercício em cargos de administração.
- Os que houverem lesado o patrimônio de qualquer entidade sindical.
- Os que não estiverem, desde dois anos antes, pelo menos, no exercício efetivo da atividade ou da profissão dentro da base territorial do Sindicato, ou no desempenho de representação econômica ou profissional.
- Os que tiverem sido condenados por crime doloso enquanto persistirem os efeitos da pena.
- Os que não estiverem no gozo de seus direitos políticos.
- Os que apresentarem má conduta, devidamente comprovada. (art. 530 da CLT).

Para as eleições de diretor e conselho fiscal, serão eleitos aqueles que adquirirem maioria absoluta de votos em relação ao total de associados eleitores, conforme artigo 531 da CLT. No parágrafo 1º do mesmo dispositivo, preceitua que, não concorrendo à primeira convocação maioria absoluta dos membros ou não obtendo nenhum candidato a essa maioria, proceder-se-á à nova convocação para dia posterior, sendo então considerados eleitos os candidatos que obtiverem maioria dos eleitores presentes. No parágrafo 2º do mesmo artigo, corrobora que, diante de uma chapa registrada para as eleições, poderá a assembleia, em última convocação, ser realizada duas horas após a primeira convocação, desde que do edital respectivo conste essa advertência.

O prazo máximo de renovação da diretoria e do conselho fiscal será de sessenta dias no máximo e no mínimo de trinta dias, antes do término do mandato dos dirigentes em exercício (artigo 532 da CLT).

Será de competência da Justiça Estadual as ações referentes a eleições sindicais e a relação de conflitos entre associados, previsão legal da Súmula 4 do STJ.

> Jurisprudência:
> *ELEIÇÃO SINDICAL. NULIDADE. Confirma-se a nulidade das eleições sindicais para composição de nova diretoria, quando comprovada nos autos a inobservância das normas estatutárias pertinentes ao processo eleitoral.* (Processo 00322-2006-281-05-00-6 RO, ac. n. 019097/2007. Relator Desembargador Luiz Tadeu Leite Vieira, 1ª Turma, DJ 30/07/2007)

18.11. Órgãos sindicais: federação, confederação e central sindical

18.11.1. Federação

Federações "são entidades sindicais de segundo grau, situadas acima dos sindicatos da respectiva categoria, e está abaixo das confederações." (Amauri Mascaro Nascimento. *Compêndio de direito sindical*. 4. ed. São Paulo: LTr, 2005, p. 210).

São compostas de no mínimo cinco sindicatos que representem atividades ou profissões idênticas, similares ou conexas (artigo 534 da CLT).

A federação é composta pela diretoria, conselho de representante e conselho fiscal. A constituição da diretoria não é composta de número máximo, sendo exigido apenas três membros como requisito mínimo em sua composição. Enquanto o conselho fiscal obrigatoriamente deverá conter três membros. Tanto a diretoria quanto o conselho fiscal terão mandato de três anos e serão eleitos pelo conselho de representantes. O presidente da federação é escolhido pela diretoria, e as eleições são realizadas apenas entre os integrantes da federação.

Vale lembrar que, no âmbito nacional, não existe federação, e sim confederação, sobre a qual será explicado em seguida.

18.11.2. CONFEDERAÇÃO

As "Confederações eram as organizações de um determinado número de federações, enquadradas por ramo de atividade e em âmbito nacional." (José Francisco Siqueira Neto. *Liberdade sindical e representação dos trabalhadores nos locais de trabalho*. São Paulo: LTr, 1999. p. 329).

Sua composição é de, no mínimo, três federações, localizadas com sede em Brasília (art. 535, da CLT). Sua administração é composta pela diretoria, conselho de representante e conselho fiscal. Não é formado de número máximo, sendo exigido apenas o número de três membros como requisito mínimo para sua composição. Já o conselho fiscal deverá conter três membros. Ambos, diretoria e conselho fiscal, terão mandato de três anos, eleitos pelo conselho de representantes. As eleições são realizadas apenas entre os integrantes da confederação; a diretoria escolherá o presidente; a gestão financeira é de competência do conselho fiscal.

São exemplos de confederações: Confederação Nacional dos Trabalhadores em Estabelecimentos de Educação e Cultura; Confederação Nacional de Comunicações e Publicidade; Confederação Nacional dos Trabalhadores na Indústria; Confederação Nacional dos Trabalhadores na Agricultura.

18.11.3. CENTRAL SINDICAL

"As centrais sindicais são entidades que se encontram acima das categorias profissionais e econômicas. Agrupam organizações que se situam tanto em nível de sindicatos como de federações ou confederações", este é o entendimento dos autores Francisco Ferreira Jorge Neto e Jouberto de Quadros Pessoa Cavalcante, na obra *Direito do trabalho* – Tomo II. 4. ed. Rio de Janeiro: Editora Lumen Júris, 2008, p. 1579.

São características das centrais sindicais: tem natureza de associação civil, não integram os sindicatos, nem as federações, nem as confederações. Não há regulamentação legal que dispõe acerca das centrais sindicais, por isso são consideradas órgãos governamentais e representam a classe dos trabalhadores. De acordo com o artigo 103, inciso IX, da Constituição Federal não podem ingressar com ação direita de inconstitucionalidade, possuem âmbito nacional, são os órgãos de cúpula, intercategorias e posicionam-se acima das confederações.

A Portaria n. 3.100/85 não proíbe a criação das centrais sindicais.

São exemplos de centrais sindicais a CGT (Confederação Geral dos Trabalhadores), FS (Força Sindical), CUT (Central Única dos Trabalhadores), reguladas no Decreto n. 1.1617/95, artigo 2º, inciso II.

As centrais sindicais não podem declarar greves, celebrar acordos coletivos, convenções coletivas e dissídios coletivos. Representam a categoria, mas não assinam em nome dela, nem podem dispor de critérios sobre empréstimos, financiamentos ou arrendamentos.

A Carga Magna de 1988 não proibiu nem autorizou a criação de centrais sindicais. A MP 293 de 08/05/2005 reconhece as centrais sindicais e estabelece suas atribuições e prerrogativas, porém esta MP foi rejeitada pela Câmara dos Deputados Federais em 04 de setembro de 2006. Assim, dado concreto, as centrais sindicais não têm personalidade jurídica sindical, já que não são reconhecidas pelo Instituto Legal.

18.12. Proteção à sindicalização

O artigo 543 da CLT, visando proteger o empregado eleito para cargo de administração sindical ou representação profissional, inclusive junto a órgão de deliberação coletiva, esclarece que o empregado eleito não poderá ser impedido do exercício de suas funções nem transferido para lugar ou mister que lhe dificulte ou torne impossível o desempenho das suas atribuições sindicais. O parágrafo 3º, do mesmo dispositivo, veda a dispensa do empregado sindicalizado ou associado, a partir do momento do registro de sua candidatura, ao cargo de direção ou representação de entidade sindical ou de associação profissional, até 1 ano após o final do seu mandato – caso seja eleito, inclusive como suplente – salvo se cometer falta grave devidamente apurada nos termos desta Consolidação.

Diante de impedimento ou dificuldades impostas pela empresa para o ingresso do empregado no sindicato, esta será punida com multa administrativa.

Jurisprudência:
DIRIGENTE SINDICAL. ESTABILIDADE PROVISÓRIA. RECONHECIMENTO DA RECLAMADA EM COMUNICAÇÃO INTERNA. A Constituição da República veda a dispensa do empregado sindicalizado a partir do registro da candidatura a cargo de direção ou representação sindical e, se eleito, ainda que suplente, até um ano após o final do mandato, ressalvada, no entanto, a apuração de falta grave em inquérito judicial (artigo 8º, inciso VIII). In casu, a "Comunicação Interna" expedida pela reclamada consigna que reconheceu a estabilidade provisória do reclamante, assim como há documentos registrando que o reclamante foi eleito como Diretor Regional do Triângulo pelo SENGE – Sindicato de Engenheiros de Minas Gerais. Peço venia para transcrever trecho da sentença que entendeu que o reclamante detém estabilidade provisória no emprego. "Corrobora o entendimento acima, o documento de fls. 19, representativo do reconhecimento da condição jurídica do Reclamante (empregado com garantia de emprego), cujo conteúdo vincula a Reclamada – artigos 5º, XXXVI e 7º, caput, da CRFB c/c artigos 444 e 468, da CLT c/c artigo 6º, caput e § 2º, da LICC. Na mesma direção, a aplicação analógica da Súmula 77, do C. TST. Ressalte-se que o documento supracitado explicita o teor do artigo 8º, VIII, da CLT c/c artigos 522 e 543, da CLT na Reclamada, ou seja, a interpretação/aplicação da garantia no emprego, intra-empresarialmente. Como se vê, não há que se falar em criação de garantia, mas explicitação, em adequação com os princípios anteriormente mencionados, bem como da Vedação do Retrocesso Social (em que o Direito do Trabalho observa o Pluralismo Jurídico das Fontes). Não fosse assim, representaria admitir que a Reclamada se beneficiasse de sua própria torpeza, bem como a prevalência de condições ilícitas potestativas e impossíveis por ela criadas, o que não se admite – artigos 122, 123 e 129, do CCB c/c artigo 8º, p. único, da CLT. Destarte, declara-se incidentalmente a categorização jurídica do Reclamante como dirigente sindical – categoria diferenciada dos engenheiros, cujas atividades pertinentes à

profissão/função conglobada eram exercidas na Reclamada (Súmula 369, III, do C. TST. (RO – 00594-2008-048-03-00-8, Relatora convocada: Taísa Maria Macena de Lima, TRT 3ª Região, 10ª Turma, Decisão: 03 12 2008)

18.13. Comunicação da candidatura do dirigente sindical

Enquanto alguns doutrinadores aduzem sobre o imperioso registro do dirigente sindical, outros destacam a necessidade da simples candidatura. Percebe-se assim uma divisão entre os pensadores do direito. Por isso, a importância de mencionar o parágrafo 5º do artigo 543 da CLT:

> § 5º – Para os fins deste artigo, a entidade sindical comunicará por escrito à empresa, dentro de 24 (vinte e quatro) horas, o dia e a hora do registro da candidatura do seu empregado e, em igual prazo, sua eleição e posse, fornecendo, outrossim, a este, comprovante no mesmo sentido. O Ministério do Trabalho fará no mesmo prazo a comunicação no caso da designação referida no final do § 4º.

Para evitar eventuais dúvidas, faz-se necessário que o dirigente averigue se o sindicato realizou a comunicação à empresa, sobre sua estabilidade, enquanto o empregador deve verificar com o sindicato a candidatura do seu empregado.

> Jurisprudência:
> *ESTABILIDADE PROVISÓRIA. DIRETOR DE COOPERATIVA. ART. 543, § 5º, DA CLT. O art. 55 da Lei n. 5.764/71 prevê que "os empregados de empresas que sejam eleitos diretores de sociedades cooperativas pelos mesmos criadas, gozarão das garantias asseguradas aos dirigentes sindicais pelo artigo 543 da Consolidação das Leis do Trabalho". No entanto, segundo o art. 543, § 5º, da CLT, para que o trabalhador faça jus à garantia de emprego, o registro da candidatura, a eleição e a posse deverão ser comunicados por escrito à empresa, dentro de 24 horas, a teor do entendimento consolidado na Súmula 369, inciso I, do TST, aplicado por analogia.* (Processo n. 01128-2008-106-03-00-6 RO. 2ª Turma. Relator: Sebastião Geraldo de Oliveira. Publicação: 28/01/2009)

18.14. Filiação e desligamento do ente sindical

De acordo com o artigo 540 da CLT, a toda empresa ou indivíduo que exerçam respectivamente atividade ou profissão, desde que satisfaçam as exigências desta Lei, assiste o direito de ser admitido no Sindicato da respectiva categoria, salvo o caso de falta de idoneidade, devidamente comprovada, com recurso para o Ministério do Trabalho.

A liberdade de filiação sindical é, assim, assegurada na Convenção n. 87 da OIT e no artigo 8º, V, da Constituição Federal: "Art. 8º É livre a associação profissional ou sindical, observado o seguinte: V – ninguém será obrigado a filiar-se ou a manter-se filiado a sindicato".

No mesmo sentido, o artigo 5º, inciso XX, da Carta Magna, aponta que ninguém será coagido a associar-se ou continuar associado. Assim como a liberdade sindical possui respaldo jurídico na Lei, o mesmo ocorre com a retirada do associado a qualquer momento.

Por fim, corrobora o artigo 541 da CLT dispondo que aqueles que exercerem determinada atividade ou profissão em que não haja Sindicato da respectiva categoria, ou de atividade ou profissão similar ou conexa, poderá filiar-se a Sindicato de profissão idêntica, similar ou conexa, existente na localidade mais próxima.

Jurisprudência:
COBRANÇA DE CONTRIBUIÇÕES CONFEDERATIVA. OBRIGAÇÃO DOS TRABALHADORES QUE VOLUNTARIAMENTE SE FILIARAM AO SINDICATO. RESPEITO À LIBERDADE SINDICAL, DIREITO FUNDAMENTAL NO TRABALHO. DECLARAÇÃO DA OIT DE 1998. RECURSO PROVIDO. A orientação democrática pretendida pelo constituinte de 1988 está inserida em vários dispositivos da Constituição Federal, quer seja no princípio da legalidade (artigo 5º, II) ou no contido no inciso XX do citado dispositivo, "ninguém poderá ser compelido a associar-se ou a permanecer associado"; nesse mesmo sentido encontramos a disposição do inciso V do artigo 8º da Carta, "ninguém será obrigado a filiar-se ou a manter-se filiado a sindicato". Seria um contrassenso entender, ao mesmo tempo em que não se pode obrigar alguém a filiar-se ou a manter-se filiado a sindicato, que é legítimo impor determinada contribuição a todos os integrantes de determinada categoria, além daquela com compulsoriedade prevista em lei. Qualquer outra contribuição que dependa de aprovação em assembleia geral somente pode obrigar aqueles trabalhadores que

voluntariamente filiaram-se a determinado sindicato e expressamente autorizaram o desconto. Orientação que emana do Precedente Normativo n. 119 do Colendo TST. Recurso a que se dá provimento. (Processo n. 02377-2004-464-02-00-6. Acórdão n. 20081080403. Turma: 10ª. Relatora Marta Casadei Momezzo. DJ: 09/12/2008)

18.15. Práticas antissindicais ou foro sindical ou práticas desleais ou atos antissindicais

Como leva a lição de Oscar Ermida Uriarte, em sua obra intitulada *A proteção contra os atos antissindicais*. São Paulo: LTr, 1989, na p. 35, o conceito de conduta antissindical envolve os atos que:

> [...] *prejudicam indevidamente um titular de direitos sindicais no exercício da atividade sindical ou por causa desta ou aqueles atos mediante os quais lhe são negadas injustificadamente as facilidades ou prerrogativas necessárias ao normal desempenho da ação coletiva.*

O que se procura defender não é só a estabilidade e o emprego do trabalhador, mas também a liberdade sindical, o interesse individual e coletivo.

A prática antissindical encontra respaldo na Convenção n. 81 da OIT e no artigo 8º, inciso VIII, da Constituição Federal:

> *Art 8º – É livre a associação profissional ou sindical, observado o seguinte: VIII – é vedada a dispensa do empregado sindicalizado a partir do registro da candidatura a cargo de direção ou representação sindical e, se eleito, ainda que suplente, até um ano após o final do mandato, salvo se cometer falta grave nos termos da lei.*

Neste sentido, é oportuna a transcrição do artigo 543, § 6º, da CLT, que assevera:

> [...] *a empresa que, por qualquer modo, procurar impedir que o empregado se associe ao Sindicato, organize associação profissional ou sindical ou exerça os direitos inerentes à condição de sindicalizado fica sujeita à penalidade prevista na letra "a" do artigo 553, sem prejuízo da reparação a que tiver direito o empregado.*

Jurisprudência:
PENA DE SUSPENSÃO. REPRESENTANTE SINDICAL. DANOS MORAIS. A punição de representante sindical com suspensão, em decorrência de sua participação em uma caminhada pacífica, constitui prática antissindical, atentatória ao exercício dessa atividade. Ferira-se a dignidade do trabalhador, pois não pudera, livremente, exercer seu direito de manifestação. Ofendera-se a sagrada liberdade de expressão, apanágio do mundo civilizado, subjugando o trabalhador à vontade autoritária do patronado. Assim como o despedimento, a punição do empregado deve observar parâmetros éticos e sociais, forma de preservar a dignidade do trabalhador. Devida indenização por danos morais. (Processo n. 00525-2002-255-02-00-9. Turma 1ª. Acórdão n. 20060110621. Relatora Lizete Belido Barreto Rocha. DJ: 23/02/2006)

18.16. Funções das entidades sindicais

Haja vista o cenário de divergências no que concerne as ações dos sindicatos, prima-se em abordar apenas as principais funções, isto é, função de representação, negocial e assistencial, além de receitas financeiras.

18.16.1. Função de representação

O sindicato tem a função de representar a categoria, tanto no plano coletivo como no individual. Como o próprio nome diz, disposto no artigo 513, alínea "a", da CLT, refere-se ao ato do sindicato em representar os interesses da categoria e dos indivíduos associados, relativos à atividade ou profissão exercida, perante as autoridades judiciárias e administrativas. Assim participa de processos judiciais, praticando homologações de rescisões contratuais, entre outros.

A função de representação difere da substituição processual disposta no artigo 8º, inciso III, da Constituição Federal, uma vez que a substituição processual possui legitimação extraordinária, ou seja, é concedida por Lei, diferindo da legitimação ordinária, de representar a categoria, proferida no artigo 8º, inciso III, da Constituição Federal.

Jurisprudência:
AGRAVO DE PETIÇÃO. INTERESSES COLETIVOS. AÇÃO DE CUMPRIMENTO. COISA JULGADA. EFEITOS. O art. 8º III da Constituição da República de 88 ao prever expressamente que cabe ao sindicato a defesa dos interesses individuais da categoria em questões judiciais ou administrativas, ampliou a legitimidade dos sindicatos quanto ao aspecto subjetivo, derrogando, pela incompatibilidade, os artigos 513, 195, § 2º e 872, parágrafo único, da CLT e 3º das leis n. 6.708/79 e n. 7.238/84 na parte em que restringiam a representação e a substituição processual dos sindicatos apenas aos associados quanto à defesa dos direitos individuais. As decisões proferidas nessas ações possuem efeitos erga omnes ou ultra partes, sendo perfeitamente legítima a admissão dos reclamantes como assistentes litisconsorciais do sindicato, com escopo de promover a execução definitiva de seus créditos através de carta de sentença ou outro mecanismo aceito pelo sistema, impondo-se a improcedência do apelo. (TRT 1ª Região. Processo 00062-2003-241-01-00-9. 8ª Turma. Relatora Desembargadora Maria José Aguiar Teixeira Oliveira)

18.16.2. Função negocial

É o ato pelo qual o sindicato participa das negociações coletivas das quais são aprazados acordos e convenções coletivas a serem cumpridas pelas categorias, por meio de cláusulas preestabelecidas que vai estabelecer normas e condições de trabalho.

De acordo com o artigo 8º, inciso VI, da Constituição, a participação sindical é obrigatória nas negociações coletivas, apoiada pela Convenção n. 98 da OIT que incentiva a atuação negocial dos sindicatos. Para tanto, o sindicato possui prerrogativas nas participações das negociações coletivas (artigos 513, alínea "b" e 611 da CLT), prestigiada pela CF, além da participação na celebração dos acordos realizados pelo sindicato (artigo 611, § 1º, da CLT) com as empresas, recepcionada pelo artigo 7º, XXVI da CF. Os incisos VI, XIII e XVI também condicionam a efetivação de certos direitos que têm os sindicados de participarem das negociações coletivas.

Jurisprudência:
ADICIONAL DE PERICULOSIDADE. FIXAÇÃO EM CONVENÇÃO OU ACORDO COLETIVOS DE PERCENTUAL INFERIOR AO LEGAL. POSSIBILIDADE. Muito se tem discutido acerca da extensão

e limites nas negociações coletivas. Não há dúvida de que elas não afrontam o princípio da indisponibilidade de direitos quando conferem direitos superiores aos previstos na legislação heterônoma aplicável. Tratando-se de verba de indisponibilidade relativa, é possível a transação. Esta se qualifica seja pela própria natureza da parcela, seja por autorização expressa da Constituição Federal, como ocorre, por exemplo, com a possibilidade da redução do salário ou alteração da jornada por Convenção ou Acordo Coletivo de Trabalho (incisos VI, XIII e XIV do art. 7º da Carta Magna). Por sua vez, não se pode esquecer que o sindicato ao celebrar Convenção ou Acordo Coletivo de Trabalho nos quais se estabelecem cláusulas aparentemente menos favoráveis aos trabalhadores, o faz, evidentemente, em troca da obtenção de outras vantagens mais benéficas para os empregados. De sorte que é perfeitamente possível a redução da parcela de adicional de periculosidade pela via negocial, conforme, inclusive, orienta o item II da Súmula n. 364, do c. TST, in verbis: "A fixação do adicional de periculosidade, em percentual inferior ao legal e proporcional ao tempo de exposição ao risco, deve ser respeitada, desde que pactuada em acordos ou convenções coletivos". (Processo 00342-2007-013-05-00-3 RO, ac. n. 001984/2008, Relatora Desembargadora Dalila Andrede, 2ª Turma, DJ 19/02/2008)

18.16.3. FUNÇÃO ECONÔMICA

Deve-se trazer a lume que o sindicato não tem como função exercer atividade econômica de acordo com o artigo 564 da CLT, *in verbis*:

Às entidades sindicais, sendo-lhes peculiar e essencial a atribuição representativa e coordenadora das correspondentes categorias ou profissões, é vedado, direta ou indiretamente, o exercício de atividade econômica.

18.16.4. FUNÇÃO POLÍTICA

Ao sindicato, é defeso atuar em atividades não dispostas no rol do artigo 511 da CLT, é o que dispõe o artigo 521 da CLT, em sua alínea "d":

Art. 521 – São condições para o funcionamento do Sindicato: d) proibição de quaisquer atividades não compreendidas nas finalidades mencionadas no art. 511, inclusive as de caráter político-partidário.

18.16.5. Função assistencial

São deveres dos sindicatos colaborar com os poderes públicos no desenvolvimento da solidariedade social, manter serviços de assistência judiciária para os associados, promover a conciliação nos dissídios de trabalho sempre que possível, e, de acordo com as suas possibilidades, manter no seu Quadro de Pessoal um assistente social, por meio de convênio com entidades assistenciais ou por conta própria, com as atribuições específicas de promover a cooperação operacional na empresa e a integração profissional na Classe (514 da CLT).

Os sindicatos de empregados terão o dever de promover a fundação de cooperativas de consumo e de crédito, e fundar e manter escolas de alfabetização e pré-vocacionais.

À vista do exposto, merece notar que, enquanto o dispositivo 514, "b", da CLT se restringe à prestação da assistência independentemente do salário percebido pelo associado, a Lei n. 5.584/70, artigo 14, baseia-se no valor do salário percebido para prestar a assistência.

No aspecto da rescisão contratual entre as partes, aqueles que com mais de um ano de emprego ou empregados estáveis, mister se faz a presença do sindicato no término da relação laboral.

Conclui-se, assim, muito embora alguns entendam que não é função própria do sindicato prestar serviços assistenciais, que, pela análise da própria CLT, é obrigação do sindicato atuar prestando tais serviços aos seus associados.

Jurisprudência:
SINDICATO – SUBSTITUIÇÃO PROCESSUAL – LEGITIMIDADE ATIVA. É assente que o Sindicato é parte legítima para vindicar, não só em favor dos associados, como também de toda a categoria, o cumprimento de direito estabelecido em acordo ou convenção coletiva da categoria profissional que representa, como disposto no inciso III, do artigo 8º, da Constituição da República, e também do contido no art. 1º, da Lei n. 8.984/95, que conferiu legitimidade aos sindicatos para atuarem como substitutos processuais em dissídios que tenham origem no cumprimento de negociações coletivas. Por sua

vez, o parágrafo único, do artigo 872, da CLT, faz expressa menção à autorização para atuação do Sindicato, como substituto processual, quando os empregadores deixarem de satisfazer o pagamento de salários. À luz do citado texto normativo, em que a lei não cuidou de limitar a legitimação extraordinária do Sindicato à natureza do direito previsto em acordo ou convenção coletiva, para efeito de ajuizamento de ação como substituto processual, não há como se entender pela limitação no caso de ação de cumprimento de sentença normativa, sem que isto macule o referido dispositivo constitucional. (Processo 00516-2007-099-03-00-5 RO. 6ª Turma DJMG. Relatora Emília Facchini. Publicado em 15/05/2008)

18.17. RECEITAS DO SINDICATO

Além da contribuição sindical (art. 8º, IV da CF, c/c artigos 578 a 610 da CLT), o sindicato conta com a contribuição confederativa (art. 8º, IV, da CF), a contribuição assistencial (art. 513, "e", da CLT) e a mensalidade dos sócios do sindicato (art. 548, "b", da CLT).

De acordo com o art. 548 da CLT, o sindicato conta, ainda, com outras receitas, tais como bens e valores adquiridos e as rendas produzidas por aquelas (alínea "c"), com doações e legados (alínea "d"), e as multas e outras rendas eventuais (alínea "e").

18.17.1. CONTRIBUIÇÃO SINDICAL

A natureza jurídica da contribuição sindical tem como fato gerador a cobrança de um tributo, em respeito ao artigo 4º do Código Tributário Nacional (CTN). Por possuir natureza tributária, torna-se compulsória seu pagamento para os trabalhadores sindicalizados. Mesmo o não filiado terá que pagar, conforme reza o artigo 8º, III, da Constituição e artigo 217, I, do CTN.

O pagamento da contribuição sindical, de acordo com o artigo 581 da CLT, estará em consonância com a atividade que predomina na empresa, ou seja, se em uma determinada empresa houver dois segmentos distintos, cada qual irá recolher para o sindicato respectivo.

Jurisprudência:
AÇÃO DE COBRANÇA DE CONTRIBUIÇÕES SINDICAIS. ENQUADRAMENTO SINDICAL. O enquadramento sindical é determinado pela atividade preponderante da empresa (art. 581, § 2º, da CLT). Os serviços de confecção de chaves (chaveiro) não se enquadram na atividade econômica representada pelo Sindicato do comércio varejista de ferragens e tintas, madeiras, materiais elétricos e hidráulicos e materiais de construção. Ainda que considerada a atividade secundária de "comércio de ferragens", referida em comprovante de CNPJ do demandado, verifica-se que a realidade de seu empreendimento não converge para a categoria econômica representada pelo Sindicato Autor. Este representa o comércio voltado a edificações, como se extrai de sua própria denominação; o termo "ferragens", neste contexto, exprime o "conjunto ou porção de peças de ferro necessárias para edificação", no qual não se inserem, sequer por proximidade, os serviços de confecção de chaves e comércio de peças correlatas. Recurso ordinário do Sindicato Autor a que se nega provimento. (TRT-PR-03479-2008-021-09-00-3-ACO-05042-2009 – 1ª Turma. Relatora Janeta do Amarante. Publicado no DJPR em 13/02/2009)

SINDICATO: CONTRIBUIÇÃO SINDICAL DA CATEGORIA: RECEPÇÃO. A recepção pela ordem constitucional vigente da contribuição sindical compulsória, prevista no art. 578 CLT e exigível de todos os integrantes da categoria, independentemente de sua filiação ao sindicato resulta do art. 8º, IV, in fine, da Constituição; não obsta à recepção a proclamação, no caput do art. 8º, do princípio da liberdade sindical, que há de ser compreendido a partir dos termos em que a Lei Fundamental a positivou, nos quais a unicidade (art. 8º, II) e a própria contribuição sindical de natureza tributária (art. 8º, IV) – marcas características do modelo corporativista resistente – dão a medida da sua relatividade (cf. MI 144, Pertence, RTJ 147/868, 874); nem impede a recepção questionada a falta da lei complementar prevista no art. 146, III, CF, à qual alude o art. 149, à vista do disposto no art. 34, §§ 3º e 4º, das Disposições Transitórias (cf. RE 146733, Moreira Alves, RTJ 146/684, 694)" (STF, 1ª T., Rel. Min. Sepúlveda Pertence, RE 180.745/SP, DJU 08/05/1998, p. 014). (Processo 00524-2008-401-05-00-8 RO, ac. n. 006761/2009, Relator Desembargador Edilton Meireles. 3ª. Turma. DJ 07/04/2009)

O valor da contribuição sindical significa um dia de trabalho para os empregados (inciso I do art. 580 da CLT), enquanto, para o empregador, esta será calculada sobre o capital da empresa (inciso III do art. 580 da CLT). Os trabalhadores autônomos e profissionais liberais terão um percentual pré-fixado pela empresa (inciso II do artigo 580 da CLT) e, para as entidades ou instituições que não registram o capital social, terão como base de cálculo 40% sobre a movimentação econômica registrado no exercício imediatamente anterior com fim lucrativo (artigo 580 da CLT).

Os trabalhos remunerados por gorjetas ou pagos em utilidades, o valor da contribuição será correlativo em 1/30 (um trinta avos) do salário-base do mês de janeiro.

O profissional liberal que não exercer a profissão não pagará a contribuição. Porém, os que laborem na respectiva profissão, poderão dar preferência ao pagamento ao ente sindical que represente sua profissão (artigo 585 da CLT).

Para aqueles que estão classificados na categoria diferenciada, o pagamento será devido para essa categoria, independentemente da categoria predominante do empregador.

Uma vez que o pagamento da contribuição é obrigatório, o desconto do empregado será realizado no mês de março de cada ano, diretamente da sua folha de pagamento, feito pelo empregador, com destino ao sindicato dos profissionais. Na CTPS, serão anotados o valor da contribuição, o sindicato da categoria e a data do desconto, não sendo inclusas as horas extras laboradas.

A título de esclarecimento, o artigo 581, § 2º, da CLT, versa que: quando a empresa realizar diversas atividades econômicas, sem que nenhuma delas seja preponderante, cada uma dessas atividades será incorporada à respectiva categoria econômica, sendo a contribuição sindical devida à entidade sindical representativa da mesma categoria, procedendo-se, em relação às correspondentes sucursais, agências ou filial, na forma do presente artigo. Contudo, diante do grupo de empresas, cada empresa fará o recolhimento da contribuição sindical de acordo com a atividade de maior predominância.

O artigo 587 da CLT determina que as empresas devem fazer seu recolhimento da contribuição sindical no mês de janeiro de cada ano, ou, para os que venham a se estabelecer após aquele mês, na ocasião em que requeiram às repartições o registro ou a licença para o exercício da respectiva atividade.

Os valores recolhidos das contribuições serão divididos entre os entes confederativos da seguinte forma:

I – Para os empregadores:
a) 5% para a confederação correspondente;
b) 15% para a federação;
c) 60% para o sindicato respectivo; e
d) 20% para a Conta Especial Emprego e Salário.

II – Para os trabalhadores:
a) 5% para a confederação correspondente;
b) 10% para a central sindical;
c) 15% para a federação;
d) 60% para o sindicato respectivo; e
e) 10% para a Conta Especial Emprego e Salário.

Na falta de existência de confederação, o percentual terá destinação diversa, cabendo, em princípio, à federação. Na falta de existência de sindicato, perceberá o percentual a federação correspondente da mesma categoria profissional ou econômica. Não havendo sindicato, ou ainda, ente de grau superior, o valor recebido total das contribuições arrecadadas será destinado à Conta Especial Emprego e Salário.

As instituições bancárias responsáveis pelo recebimento das contribuições sindicais são a Caixa Econômica Federal e o Banco do Brasil, ou outro estabelecimento que possa receber tributos federais.

O recolhimento da contribuição sindical dos rurais ocorrerá simultaneamente à arrecadação do imposto territorial rural (artigo 10, § 2º, da ADCT).

Para os empregadores rurais organizados em firmas ou empresas, a cobrança da contribuição sindical será em consonância com o capital social da empresa, enquanto para os não organizados em firmas e empresas, o valor da contribuição a ser arrecadada será de acordo com o valor lançado no imposto territorial do imóvel em questão, incidindo, porém, a contribuição apenas sobre um único imóvel.

O valor da contribuição paga pelos empregadores rurais será de um dia sobre o salário mínimo regional, pelo número máximo de assalariados que trabalham nas épocas de maiores serviços.

A destinação do valor da contribuição sindical vai para a federação diante da ausência de representação ou coordenação da categoria respectiva na área da localização do imóvel. Inexistindo federação, caberá à confederação, e, na ausência desta última, vai para o Ministério do Trabalho.

A publicação dos editais é extremamente relevante, conforme reza o artigo 605 da CLT:

> As entidades sindicais são obrigadas a promover a publicação de editais concernentes ao recolhimento da contribuição sindical, durante 3 (três) dias, nos jornais de maior circulação local e até 10 (dez) dias da data fixada para depósito bancário.

Jurisprudência:
CONTRIBUIÇÃO SINDICAL RURAL. COBRANÇA. PUBLICAÇÃO DOS EDITAIS. A publicação de editais é condição necessária e essencial à eficácia da cobrança de contribuição sindical, nos termos do art. 605 da CLT e do princípio da publicidade, inerente à cobrança de tributos. (Processo 00409-2007-003-05-00-2 RO, ac. n. 004218/2009, Relatora Desembargadora Delza Karr. 5ª Turma, DJ 06/04/2009)

O empregador deverá, no prazo de 15 dias da data do recolhimento, apresentar o pagamento da contribuição sindical à categoria profissional e econômica, mediante cópia da guia autenticada e recolhida, acompanhado da relação com os nomes dos empregados que obtiveram descontos na contribuição.

Diante do atraso no pagamento da contribuição sindical deverá ser respeitado o artigo 600 da CLT, que dispõe sobre os percentuais de multa a serem aplicados.

Jurisprudência:
MULTA MORATÓRIA. ARTIGO 600 DA CLT. CONTRIBUIÇÃO SINDICAL RURAL. Operou-se a revogação tácita do art. 600 da CLT, ante os princípios da anterioridade e da especialidade a que alude o § 3º, do artigo 2º da LICC, o que afasta a incidência da multa 10% (dez por cento) e dos juros de 1% (um por cento) ao mês. (Processo n. 00009-2009-802-10-00-0 ROPS. 3ª Turma. Relator: Juiz Grijalbo Fernandes Coutinho. Publicado em 24/04/2009)

No que tange a prescrição da contribuição sindical e de acordo com o artigo 606, § 1º, da CLT, caberá ao ente sindical ingressar com uma ação de cobrança na Justiça Comum, no prazo decadencial de cinco anos, por meio do documento de certidão enviada pelo Ministério do Trabalho, em que deverá constar o nome, o valor do débito, o ente sindical favorecido e o enquadramento sindical.

> Jurisprudência:
> CONTRIBUIÇÃO SINDICAL RURAL. PRESCRIÇÃO. A contribuição sindical rural possui natureza de crédito tributário e por isso a ela se aplica o art. 174 do Código Tributário Nacional, que estabelece que 'a ação para a cobrança do crédito tributário prescreve e em 5 (cinco) anos, contados da data de sua constituição definitiva'. Para a constituição regular do crédito tributário, dispõe o art. 142 do CTN que 'Compete privativamente à autoridade administrativa constituir o crédito tributário pelo lançamento, assim entendido o procedimento administrativo tendente a verificar a ocorrência do fato gerador da obrigação correspondente, determinar a matéria tributável, calcular o montante do tributo devido, identificar o sujeito passivo e, sendo caso, propor a aplicação da penalidade cabível. Ainda, a teor do art. 114 do CTN c/c as alíneas 'a' a 'c' do inciso II do art. 1º do Decreto-lei n. 1.166/71, o fato gerador da contribuição sindical é vinculada ao simples fato de o contribuinte ser empresário ou empregador rural com área superior a dois módulos rurais. As regras do lançamento de ofício, mencionadas no art. 142 do CTN, aplicam-se à CNA que, por força do art. 4º do Decreto-Lei n. 1.166/71, deve 'proceder ao lançamento e cobrança da contribuição sindical devida pelos integrantes das categorias profissionais e econômicas da agricultura'. Nesse contexto, consoante próprias informações lançadas na exordial, torna-se indiscutível que somente a contribuição sindical rural vencida antes do quinquênio que antecedeu a presente demanda encontra-se fulminada pelo instituto da prescrição capitulada no art. 174 do Código Tributário Nacional. (TRT 23ª Região. Acórdão: RO n. 01665-2005-031-23-00-6. Relator Desembargador Tarcísio Valente.)

18.17.2. Contribuição confederativa

Leciona Francisco Ferreira Jorge Neto e Jouberto de Quadros Pessoa Cavalcante, no livro *Direito do Trabalho* – Tomo II. 4. ed. Rio de Janeiro: Editora Lumen Júris, 2008, p. 1599, que a contribuição confederativa é a "fonte de receita criada com a Constituição, artigo 8º, IV, e que tem como finalidade custear o sistema confederativo (sindicato, federação e confederação), sendo fixada em assembleia da categoria."

A arrecadação da contribuição confederativa é prevista na Constituição Federal, acolhida pelo Precedente Normativo n. 119, do TST:

> *Contribuições sindicais. Inobservância de preceitos constitucionais. A Constituição da República, em seus arts 5º, XX e 8º, V, assegura o direito de livre associação e sindicalização. É ofensiva a essa modalidade de liberdade cláusula constante de acordo, convenção ou sentença normativa estabelecendo contribuição em favor da entidade sindical a título de taxa para custeio do sistema confederativo, assistencial, revigoramento ou fortalecimento sindical e outros da mesma espécie, obrigando trabalhadores não sindicalizados. Sendo nulas as estipulações que inobservem tal restrição, tornam-se passíveis de devolução os valores irregularmente descontados.*

> Jurisprudência:
> *CONTRIBUIÇÃO CONFEDERATIVA SOMENTE ASSOCIADOS. Admitem-se, no máximo, quatro tipos de contribuição para as entidades sindicais: a contribuição sindical (prevista na CLT, art. 578), a contribuição confederativa (art. 8º, IV da CF/88), a contribuição assistencial (art. 513, "e" da CLT) e a mensalidade sindical. Apenas a primeira, a contribuição sindical, é obrigatória para toda a categoria; as demais, somente para os associados. Assim, a imposição, em instrumento coletivo, de contribuição confederativa, sem distinção, fere o disposto nos artigos 5º, XX e 8º, da CF/88, a regra de competência exclusiva prevista no art. 149 da CF/88, bem como o princípio da legalidade (art. 5º, II, da CF/88). A previsão em norma coletiva, por si só, não torna a contribuição legítima, sendo que o empregador não pode compactuar com cláusula coletiva inválida por inconstitucionalidade. O empregador tem a obrigação de preservar a intangibilidade dos salários de seus empregados, somente podendo fazer descontos dentro do permissivo legal.* (Processo 00702-2007-142-03-00-1 RO. 8ª Turma. Relator: Cleube de Freitas Pereira. Publicado em 28/05/2008)

Com relação à natureza jurídica da contribuição confederativa, não é instituída por Lei, portanto não possui natureza jurídica de tributo e, por conseguinte, não se classifica no artigo 3º do CTN. Cumpre salientar que também não se enquadra no artigo 149 da Carta Magna, pois é estabelecida pela assembleia geral, e não pela União.

A contribuição confederativa é cobrada pelo sindicato, prevalecendo a autonomia sindical em contrapartida à soberania. Configura como credor o sindicato da categoria econômica ou profissional, e, como devedor, os empregados e empregadores, sendo classificada como direito privado.

Uma vez que não há penalidade para o contribuinte que não efetuar a referida contribuição, tem caráter facultativo, exceto se prevista em acordo ou convenção coletiva.

Há necessidade de instituição de Lei para a cobrança da contribuição confederativa, e é salutar mensurar que a assembleia geral deverá instituir por meio de lei ordinária os verdadeiros ditames do valor da contribuição.

> Jurisprudência:
> DESCONTO SALARIAL – CONTRIBUIÇÃO CONFEDERATIVA – PRESSUPOSTO NECESSÁRIO – FILIAÇÃO SINDICAL – INEXISTÊNCIA – RESSARCIMENTO. É pressuposto necessário para legitimar o desconto salarial relativo à contribuição confederativa a filiação do empregado à entidade sindical da categoria profissional, mesmo que as normas coletivas estabeleçam o desconto compulsório a esse título. À luz do entendimento jurisprudencial majoritário, vigorante no TST e no STF, a saber, Precedente Normativo 119 e Orientação Jurisprudencial 17 da SDC do TST, e Súmula 666 do STF, o desconto ofende o direito à liberdade de sindicalização e associação, sendo nulas as estipulações que vão contra essa restrição e passíveis de restituição os valores assim descontados. (Processo 00720-2008-100-03-00-2 RO. 2ª Turma. Publicado em 24/09/2008)

A cobrança da contribuição confederativa tem como objetivo custear o sistema confederativo da representação sindical. O desconto da categoria patronal será estipulado em assembleia geral. O fato se dá por conta dos empregadores não possuírem folha de pagamento, e, assim, a Lei adotará um método para a base de cálculo para as categorias econômicas e estes valores serão distribuídos entre os entes (sindicato, federação e confederação).

Já o desconto da contribuição confederativa da categoria profissional será realizado na folha de pagamento do trabalhador. Não será permitida a cobrança de valores diversos entre os associados e os não associados, pois assim infringiria o direito de igualdade previsto no Estatuto Supremo, artigo 5º, "*caput*", e estaria violando a Convenção n. 81 da OIT, ao impor contribuição aos filiados ao sindicato.

Ainda sobre o tema, vale transcrever o posicionamento da Súmula 666 do Supremo Tribunal Federal, o Precedente Normativo n. 119 e a Orientação Jurisprudencial n. 17 da SDC, que corroboram com o entendimento de que a contribuição confederativa só é exigível aos filiados ao sindicato da categoria respectiva:

> *Súmula 666 do STF – A contribuição confederativa de que trata o artigo 8º, IV, da Constituição, só é exigível dos filiados ao sindicato respectivo.*

> *Precedente Normativo n. 119 – CONTRIBUIÇÕES SINDICAIS – INOBSERVÂNCIA DE PRECEITOS CONSTITUCIONAIS. A Constituição da República, em seus arts. 5º, 20xx e 8º, 5v, assegura o direito de livre associação e sindicalização. É ofensiva a essa modalidade de liberdade cláusula constante de acordo, convenção coletiva ou sentença normativa estabelecendo contribuição em favor de entidade sindical a título de taxa para custeio do sistema confederativo, assistencial, revigoramento ou fortalecimento sindical e outras da mesma espécie, obrigando trabalhadores não sindicalizados. Sendo nulas as estipulações que inobservem tal restrição, tornam-se passíveis de devolução os valores irregularmente descontados.*

> *Orientação Jurisprudencial n. 17 da SDC – "contribuições para entidades sindicais. Inconstitucionalidade de sua extensão a não associados, as cláusulas coletivas que estabeleçam contribuição em favor de entidade sindical, a qualquer título, obrigando trabalhadores não sindicalizados, são ofensivas ao direito de livre associação e sindicalização, constitucionalmente assegurado, e, portanto, nulas, sendo passíveis de devolução, por via própria, os respectivos valores eventualmente descontados.*

> **Jurisprudência:**
> *RESTITUIÇÃO DE DESCONTOS. CONTRIBUIÇÕES CONFEDERATIVAS. É devida a restituição dos valores descontados a título de contribuição confederativa, quando a empresa não comprova ter observado exigência contida no instrumento coletivo para fazer a*

cobrança (requerimento do sindicato) nem demonstrado a filiação da autora ao sindicato, nos termos da Súmula n. 666 do STF, que determina que "a contribuição confederativa de que trata o § 8º, IV, da Constituição, só é exigível dos filiados ao sindicato respectivo". (Processo 01097-2008-067-03-00-5 RO. 9ª Turma. Relator: Ricardo Antônio Mohallem. Publicado em 03/12/2008 DJMG)

18.17.3. Contribuição assistencial

O conceito de contribuição assistencial para Francisco Ferreira Jorge Neto e Jouberto de Quadros Pessoa Cavalcante, no livro *Direito do Trabalho – Tomo II*. 4. ed. Rio de Janeiro: Editora Lumen Júris, 2008, p. 1600, refere-se a:

> *[...] contribuição assistencial, também conhecida como taxa assistencial, taxa de reversão, contribuição de solidariedade ou desconto assistencial, e visa cobrir os gastos do sindicato realizado por conta da participação em negociação coletiva (artigo 513, e, CLT), sendo definida em norma coletiva de trabalho.*

A seguir destaca-se algumas características da contribuição assistencial:
- Possui seu fundamento legal no artigo 513, alínea "e" da CLT;
- tem natureza jurídica de direito privado;
- não é um tributo, só será devida para os associados ao sindicato, portanto, possui natureza facultativa.

O objetivo da contribuição assistencial está em custear as atividades assistenciais do sindicato para obtenção de novas condições de trabalho para a categoria e também para a prestação de assistência jurídica, médica, dentária etc.

A contribuição paga pelos empregados não é rateada entre a federação e a confederação. Vale destacar o artigo 545 da CLT que:

> *Os empregadores ficam obrigados a descontar na folha de pagamento dos seus empregados, desde que por eles devidamente autorizados, as contribuições devidas ao sindicato, quando por estes notificados, salvo quanto à contribuição sindical, cujo desconto independe dessas formalidades.*

É possível determinar em acordos e convenções coletivas a cobrança da contribuição assistencial, não acarretando com isso nenhuma afronta à autonomia entre as partes. Desde que não haja discordância pelo empregado e que o desconto seja realizado até um determinado prazo, é permitido acordar, em dissídio coletivo, assuntos referentes à contribuição assistencial.

É de bom alvitre fazer uma breve análise sobre a disposição do TST:

> *Precedente 74 do TST – Subordina-se o desconto assistencial sindical à não oposição do trabalhador, manifestada perante a empresa até 10 dias antes do primeiro pagamento reajustado.*

Jurisprudência:
AGRAVO DE INSTRUMENTO. RECURSO DE REVISTA. CONTRIBUIÇÃO ASSISTENCIAL POR EMPREGADO NÃO SINDICALIZADO. Inadmissível a imposição da contribuição assistencial com suporte em norma coletiva a empregado não associado, em favor do sindicato da categoria profissional respectiva. Liberdade de associação que se resguarda, nos termos dos arts. 5º, XX, e 8º, V, da Lei Maior. Decisão em conformidade com o Precedente Normativo n. 119 e com a OJ 17, ambos da SDC/TST, óbice da Súmula 333/TST e do art. 896, § 4º da CLT. Agravo de instrumento conhecido e não-provido. (Processo: AIRR – 74/2005-075-02-40.5 Data de Julgamento: 03/09/2008, Relatora Ministra: Rosa Maria Weber Candiota da Rosa, 3ª Turma, Data de Divulgação: DEJT 03/10/2008)

CONTRIBUIÇÃO ASSISTENCIAL PREVISTA EM ACORDO OU CONVENÇÃO COLETIVA ÀS EMPRESAS NÃO SINDICALIZADAS. POSSIBILIDADE. Não viola o princípio da livre associação e sindicalização a cláusula prevista em acordo ou convenção coletiva de trabalho que prevê o pagamento de contribuição assistencial em favor da entidade sindical pelos trabalhadores ou empresas não sindicalizadas desde que assegurado o direito de oposição. (Processo 00068-2009-000-05-00-8 MS, ac. n. 007091/2009, Redator Desembargador Edilton Meireles, Subseção II da SDI, DJ 15/04/2009)

18.17.4. Mensalidade sindical

A cobrança da mensalidade sindical prevista no estatuto sindical possui dois requisitos:
- Estar filiado ao sindicato; e
- previsão de mensalidade a ser paga pelo sindicalizado.

Trata-se, pois, de mera mensalidade sindical prevista pelo estatuto de cada entidade sindical (art. 548, "b", da CLT), com pagamento facultativo, exceto se previsto em acordo ou convenção coletiva.

>Jurisprudência:
>*MENSALIDADE SINDICAL. RECOLHIMENTO. FACULDADE DO EMPREGADOR. O empregador não está obrigado por Lei ou outra norma jurídica a proceder ao recolhimento da mensalidade sindical e repassar ao Sindicato. Trata-se de faculdade do empregador em fazê-lo. Consequentemente, não há ilegalidade ou arbitrariedade do empregador quando deixa de efetuar tal desconto mensal no salário do empregado. Este, querendo continuar filiado, deve efetuar diretamente o pagamento na sede do Sindicato.* (Processo 00890-2007-611-05-00-0 RO, ac. n. 005724/2008, Relatora Juíza Convocada Léa Nunes, 4ª Turma, DJ 17/04/2008)

19 | REPRESENTAÇÃO DOS TRABALHADORES NAS EMPRESAS

19.1. Classificação

Gustavo Filipe Barbosa Garcia alude que a representação de trabalhadores na empresa envolve um "conjunto de meios destinados a promover o entendimento entre os trabalhadores e os empregadores sobre as condições de trabalho" (*Curso de Direito do Trabalho*. 2. ed. rev., atual. e ampl. São Paulo: Método, 2008, p. 1157).

Pelo que dispõe o art. 11 da Constituição Federal, nas empresas de mais de 200 empregados é assegurada a eleição de um representante dos trabalhadores que será chamado de Delegado Sindical, sindicalizados ou não, com a finalidade exclusiva de promover-lhes o entendimento direto com os empregadores.

A falta de legislação própria disciplinando a escolha e as prerrogativas do representante dos empregados deve respeitar o disposto na Convenção n. 135 da OIT, aprovada pelo Decreto Legislativo n. 86/89 e promulgada pelo Decreto n. 131/91 e da Recomendação n. 143 do mesmo Instituto. O que foi estabelecido nesses Institutos é que os representantes dos trabalhadores devem dispor de proteção eficaz contra todas as medidas que possam causar-lhes prejuízo, inclusive a dispensa enquanto estiver no exercício da função.

Insta destacar que a função de representante dos trabalhadores mantém relação direta com o empreendedor, não interferindo em nada na empresa nem tem influência empresarial, apenas trata de assuntos pertinentes aos trabalhadores que dizem respeito aos interesses dos empregados no âmbito laboral. Enfim, representam os empregados e não precisam ser sindicalizados.

O entendimento majoritário da doutrina no que tange a um grupo de empresas é de que se deve levar em consideração o fato de que, individualmente, cada empresa do grupo tem personalidade jurídica própria, e consequentemente deverá ter, no mínimo, um representante para cada empresa do grupo.

> **Jurisprudência:**
> REPRESENTAÇÃO DOS EMPREGADOS NA EMPRESA – CONSELHO DE REPRESENTANTES DE EMPREGADOS DA PRODAM (CREP) – PRETENSÃO DE EVITAR A CRIAÇÃO, FOMENTADA PELA PRODAM, DE OUTRO ÓRGÃO DE REPRESENTAÇÃO DOS TRABALHADORES – LEGITIMIDADE DE PARTE RECONHECIDA – DESNECESSIDADE DE ADEQUAÇÃO ESTATUTÁRIA AO NOVO CÓDIGO CIVIL – O ORDENAMENTO JURÍDICO PÁTRIO NÃO EXIGE FORMALIDADE PARA A CONSTITUIÇÃO DE REPRESENTANTES DE TRABALHADORES – RECURSO PROVIDO PARA DECLARAR A LEGITIMIDADE DO CREP, AO MENOS ATÉ QUE OS EMPREGADOS CRIEM OUTRO ENTE ESPONTANEAMENTE – ARTS. 11, CF-88, CONVENÇÃO 135 DA OIT, RATIFICADA NO BRASIL, E LEI ORGÂNICA DO MUNICÍPIO DE SÃO PAULO, ART. 83. *O ordenamento jurídico não exige que o instituto jurídico da representação dos trabalhadores na empresa se formalize mediante associação. Ressalte-se que o Direito Pátrio permite o convívio harmônico de vários tipos de representação de trabalhadores, a ponto de ser possível afirmar a plena liberdade de representação, reinante neste país: aquele destinado a promover o entendimento entre empregados e empregadores, nas empresas com mais de 200 empregados (art. 11, CF-88); a participação na gestão (art. 7º, XI); o outro, genérico, sindical ou não, fomentado pela Convenção 135 da OIT, ratificada pelo Brasil (Decreto n. 131, de 22/5/91); o de empregados na CIPA (art. 165, CLT); nas Comissões de Conciliação Prévia (arts. 625-A*

e seguintes, CLT), sem falar na representação obreira para as comissões de participação nos lucros e resultados (Lei n. 10.101/2000). E, pondere-se, nenhuma delas exige o formato de associação ou outra hipótese tipificada no Código Civil e que, por isso, necessite ser adequada à nova codificação de 2002. Declara-se que, para os efeitos da representação efetiva de que trata o art. 83 da Lei Orgânica, o CREP é o órgão legalmente representativo dos trabalhadores, ao menos enquanto os próprios empregados efetivos não criarem espontaneamente outra entidade efetivamente representativa. (RO. Acórdão n. 20070131982. Processo n. 03371-2006-090-02-00-1. Relatora Ivani Contini Bramante. 6ª Turma. Data da Publicação: 23/03/2007)

19.2. COGESTÃO OU PARTICIPAÇÃO NA GESTÃO

A expressão "cogestão" também chamada por participação na gestão "implica a participação do empregado na tomada de decisões junto com o empregador, atuando na administração e no gerenciamento da empresa". (Francisco Ferreira Jorge Neto e Jouberto de Quadros Pessoa Cavalcante. *Direito do Trabalho* – Tomo II. 4. ed. Rio de Janeiro: Editora Lumen Júris, 2008, p. 1698). O principal objetivo da cogestão é diminuir a distância entre o empregado e o empregador, por meio da participação do empregado na gestão empresarial.

Prevê o artigo 621 da CLT que as Convenções e os Acordos poderão incluir, entre suas cláusulas, disposição sobre a constituição e o funcionamento de comissões mistas de consulta e colaboração, no plano da empresa e sobre participação nos lucros.

A cogestão classifica-se em:
a) De empresa – quando envolve a delegação de poderes de direção ao empregado e deliberação de toda a empresa.
b) De estabelecimento – quando engloba apenas o estabelecimento e não a empresa.

Os aspectos positivos analisados com a implantação da cogestão é que, na omissão e ausência de cláusulas no contrato individual do empregado, estas serão supridas com a cogestão, promovendo um melhoramento nas relações laborais, nos relacionamentos entre os homens, na redução da desordem e confusões entre os empregados, com notória evolução empresarial.

A falta ou má formação intelectual do empregado, na gestão da empresa, é um dos aspectos negativos da cogestão. Tal fato não oferece respaldo seguro ao gestor que administra e dirige a empresa. Outro ponto a ser considerado é que o envolvimento do empregado na empresa resulta em perda da unidade da gestão empresarial e, por último, o sindicato acaba perdendo o poder único de comando, já que deverá ser repartido indiretamente com os demais integrantes da empresa.

20 | Conflitos coletivos de trabalho

20.1. Conceito e classificação

Baseado no conceito de Amauri Mascaro Nascimento, *Compêndio de Direito Sindical*. 4. ed. São Paulo: LTr, 2005, p. 290):

> *Conflitos são aqueles que surgem entre os trabalhadores e os empregadores, nascem em um conjunto de circunstâncias fáticas, econômicas e outras, como a insatisfação com a própria condição pessoal, social ou profissional.*

Tem sua origem do latim *conflictus,* que quer dizer luta, combate diante do posicionamento contrário de ambas as partes. O fator preponderante que resulta em conflitos é a desigualdade entre as pessoas de uma forma geral.

Os conflitos são classificados de duas formas:
- **Conflito coletivo econômico ou por interesse** – objetiva a melhora de salário e as condições de trabalho e trata das normas jurídicas coletivas visando melhorar as condições de trabalho.
- **Conflito coletivo jurídico ou de direito** – refere-se tão somente à existência ou não de relação jurídica antagônica, e não busca sanar divergências na aplicação ou interpretação de uma norma.

Para sanar os conflitos, a doutrina classifica três institutos, quais sejam, autodefesa, autocomposição e heterocomposição.

20.2. FORMAS DE SOLUÇÃO

20.2.1. AUTODEFESA OU AUTOTUTELA

"É uma forma de solução do conflito que ocorre quando alguém faz sua defesa por si próprio." (Amauri Mascaro Nascimento. *Curso de Direito do Trabalho*: história e teoria geral do direito do trabalho: relações individuais e coletivas do trabalho. 22. ed. rev. e atual. São Paulo: Saraiva, 2007, p. 1213).

Aqui a solução é direta e coativa, uma das formas mais primitivas de solução. Por exemplo, o *lockout*.

20.2.2. AUTOCOMPOSIÇÃO

Ressalta Delgado que:

> A autocomposição ocorre quando as partes coletivas contrapostas ajustam suas divergências de modo autônomo, diretamente, por força e atuação próprias, celebrando documento pacificatório, que é o diploma coletivo negociado. Trata-se de uma negociação coletiva trabalhista. (Mauricio Godinho Delgado. *Curso de Direito do Trabalho*. 7. ed. São Paulo: LTr, 2008, p. 1294)

A autocomposição é uma forma de solução dos conflitos trabalhistas apresentada pelas próprias partes sem a necessidade da participação de terceiro ou do judiciário. Por exemplo, as convenções e os acordos coletivos.

Divide-se em duas formas: a primeira, a unilateralidade, ocorre quando uma das partes renuncia a um direito. E a segunda, a bilateralidade. Ambas transacionam mutuamente. Neste sentido, oportuna é a transcrição da renúncia, que é um sacrifício do interesse de uma das partes, e da transação, que sacrifica o interesse das duas partes.

Jurisprudência:
NORMAS COLETIVAS. PRAZO DE VIGÊNCIA. SÚMULA N. 02 DO TRT DA 5ª REGIÃO. De acordo com o entendimento deste Eg. Regional, cristalizado na sua Súmula n. 02, "As cláusulas normativas, ou seja, aquelas relativas às condições de trabalho, constantes dos instrumentos decorrentes da autocomposição (Acordo Coletivo de Trabalho e Convenção Coletiva de Trabalho) gozam do efeito

ultra-ativo, em face do quanto dispõe o art. 114, § 2º, da Constituição Federal de 1988, incorporando-se aos contratos individuais de trabalho, até que venham a ser modificadas ou excluídas por outro instrumento da mesma natureza". (Processo 00942-2007-039-05-00-4 RO, ac. n. 016129/2008, Relatora Desembargadora Débora Machado, 2ª Turma, DJ 28/07/2008)

20.2.3. HETEROCOMPOSIÇÃO
Ainda citando Delgado:

> *A heterocomposição ocorre quando as partes coletivas contrapostas, não conseguindo ajustar, autonomamente, suas divergências, entregam a um terceiro o encargo da resolução do conflito; ocorre também a heterocomposição quando as partes não conseguem impedir, com seu impasse, que o terceiro intervenha (casos próprios a dissídios coletivos).* (Mauricio Godinho Delgado. Curso de Direito do Trabalho. 7. ed. São Paulo: LTr, 2008, p. 1294)

A heterocomposição se dá quando o conflito não é sanado pelas partes e sim por terceiro, ou ainda, órgão oficial. Por exemplo, a arbitragem, a mediação e a jurisdição.

Jurisprudência:
SENTENÇA ARBITRAL. Inexistindo vício há de ser declarada válida e eficaz a sentença decorrente da heterocomposição, produzindo o efeito de coisa julgada entre as partes (art. 31 da Lei n. 9.307/96). (Processo 02117-2004-611-05-00-5 RO, ac. n. 014893/2005, Relator Desembargador Luiz Tadeu Leite Vieira, 1ª. Turma, DJ 25/07/2005)

20.2.3.1. MEDIAÇÃO
Para o autor Amauri Mascaro Nascimento:

> *[...] a mediação não é uma decisão. Não contém, implícitas, as características de um pronunciamento decisório, ao contrário dos arbitrais e jurisdicionais. O mediador não substitui a vontade das partes. Restringe-se a propor às partes e estas terão plena liberdade para aceitar ou não a proposta. Se a proposta for aceita por uma,*

mas recusada pela outra parte, não haverá composição do conflito, exaurindo-se, assim, a mediação. Se as duas partes concordarem com a proposta, estarão se compondo porque para tanto se dispuseram. (Compêndio de Direito Sindical. 4. ed. São Paulo: LTr, 2005, p. 297)

A mediação ocorre quando um terceiro, escolhido pelas partes, é convocado para sanar o conflito por meio de propostas apresentadas para as partes. A função do mediador é propor soluções para o litígio e prestar esclarecimento sobre as informações e consequências da negociação, estimular ações para uma negociação amigável, formular recomendações e propostas aos representantes no litígio (Portaria 817 de 30/08/1995). Para isso, não é imperativo que o mediador tenha conhecimentos jurídicos, isto é, qualquer pessoa pode exercer esta função.

De acordo com o Decreto n. 1.572/95, artigo 2º, § 1º, é possível pleitear um mediador, independentemente de conhecimento jurídico, podendo ser até um ex-funcionário da empresa ou solicitar um ao Ministério do Trabalho, o qual designará um servidor público do quadro do TEM, sem ônus financeiro para as partes (art. 616, da CLT). O Ministério Público do Trabalho também pode tentar a formalização de um acordo, durante a investigação prévia ou inquérito civil público e antes da instauração de ação civil pública, a que se dá o nome de termo de ajuste de conduta. Esse termo vai determinar um entendimento favorável, o qual terá força executiva, já que é título executivo extrajudicial.

O mediador terá o prazo de 30 dias para concluir o processo de negociação, salvo acordo expresso entre as partes. Caso esse entendimento não logre êxito, será lavrada ata contendo as causas motivadoras do conflito e as reivindicações de natureza econômica.

Jurisprudência:
COMISSÃO DE CONCILIAÇÃO PRÉVIA. PRESSUPOSTO DE CONSTITUIÇÃO E DE DESENVOLVIMENTO VÁLIDO E REGULAR DO PROCESSO. CARÊNCIA DE AÇÃO. *Embora os sujeitos da relação jurídica do trabalho não estejam obrigados, por lei, a instituir a Comissão de Conciliação Prévia, nem tampouco aceitar a proposta de conciliação ofertada pela comissão mediadora, o legislador exige, obrigatoriamente, que, havendo a CCP no âmbito da empresa ou do sindicato da categoria, o trabalhador leve ao seu conhecimento, para fins de mediação, a demanda de natureza trabalhista, antes de intentar uma ação perante a Justiça do Trabalho ou, não fazendo,*

que declare na inicial, o "motivo relevante" da impossibilidade de observância do procedimento legal. Trata-se de pré-requisito processual que deverá ser observado, sob pena de extinção do feito, por ausência de um dos pressupostos de constituição e de desenvolvimento válido e regular do processo. (Processo 01488-2003-012-05-00-6 RO, ac. n. 004380/2005, Relatora Desembargadora Graça Boness, 4ª Turma, DJ 16/12/2006)

20.2.3.1.1. **Comissão de Conciliação Prévia (CCP)**

Pedro Paulo Teixeira Manus e Carla Teresa Martins Romar, em sua obra CLT e legislação complementar em vigor. 7. ed. ver. e atual. São Paulo: Atlas, 2009, p. 195, cometam que o legislador:

> [...] *instituiu as Comissões de Conciliação Prévia – CCP's, com o objetivo de conciliar conflitos entre empregados e empregadores, de forma extrajudicial, buscando atender à necessidade na solução do dissídio e, também, desafogar o Judiciário Trabalhista.*

A faculdade delegada para a instauração da CCP está prevista no artigo 625-A a 625-H, da CLT. É um instituto facultativo e não obrigatório, formado por grupo de empresas (composto de no mínimo 2 e no máximo 10 membros), os quais passam a ter estabilidade provisória de um ano. Tem caráter intersindical e o objetivo de promover a conciliação de conflitos individuais do trabalho (art. 652-A da CLT).

Imperativo dizer que, ao ingressar com uma reclamação trabalhista na Vara do Trabalho, é importante juntar à peça exordial e a CCP, caso contrário deverá ser mencionado o motivo de relevância do qual não foi utilizada a CCP para a solução do eventual conflito ou a cópia frustrada da demanda.

Prevê o artigo 625-F da CLT: "As Comissões de Conciliação Prévia têm prazo de dez dias para a realização da sessão de tentativa de conciliação a partir da provocação do interessado." E o termo do acordo torna-se um título executivo extrajudicial.

Jurisprudência:

DA EFICÁCIA LIBERATÓRIA DO ACORDO ENTABULADO EM SEDE DE COMISSÃO DE CONCILIAÇÃO PRÉVIA. O art.585, VII do CPC estabelece que são títulos executivos extrajudiciais, além daqueles enumerados, todos os demais títulos, a que, por disposição expressa, a lei atribuir força executiva. A Lei N. 9.958/00, que criou o

Título VI – A e os artigos acrescentados na CLT, dispôs que, in verbis:
"*Art. 625-E. Aceita a conciliação, será lavrado termo assinado pelo empregado, pelo empregador ou seu preposto e pelos membros da Comissão, fornecendo-se cópia às partes. Parágrafo único. O termo de conciliação é título executivo extrajudicial e terá eficácia liberatória geral, exceto quanto às parcelas expressamente ressalvadas.*" *Portanto, consoante se infere dos dispositivos legais antes mencionados, a lei efetivamente atribuiu força executiva ao acordo entabulado em sede de Comissão de Conciliação Prévia.* (Processo 00531-2008-021-05-00-1 Rec Ord, ac. n. 005605/2009, Relatora Juíza Convocada Maria Elisa Costa Gonçalves, 2ª Turma, DJ 24/03/2009)

COMISSÃO DE CONCILIAÇÃO PRÉVIA. OBRIGATORIEDADE. A ausência de submissão da demanda à comissão implica a extinção do processo sem julgamento do mérito (art. 267, IV, do CPC), ressalvada a hipótese prevista no § 3º do art. 625-D da CLT". (Enunciado n. 6 TRT-5ª Região). (Processo 00425-2008-025-05-00-3 Rec Ord, ac. n. 006209/2009, Relator Juiz Convocado Het Jones Rios, 4ª Turma, DJ 02/04/2009)

20.2.3.2. Arbitragem

Citando Delgado:

Arbitragem é, desse modo, o tipo procedimental de solução de conflitos mediante o qual a decisão, lançada em um laudo arbitral, efetiva-se por um terceiro, árbitro, estranho à relação entre os sujeitos em controvérsia e, em geral, por eles escolhido. (Mauricio Godinho Delgado. *Curso de Direito do Trabalho*. 7. ed. São Paulo: LTr, 2008, p. 1449)

A expressão "arbitramento" difere de arbitragem. O arbitramento é a simples modalidade de liquidação de sentença judicial, preceituada no artigo 897 da CLT, tipificada em lei, pelo qual o juiz nomeia perito para fixação do respectivo *quantum debeatur* resultante da sentença liquidanda.

A Lei n. 9.307/96, artigo 3º, aduz sobre a possibilidade das partes submeter a solução do litígio mediante a convenção da arbitragem, ou seja, a cláusula compromissória e o compromisso arbitral. Este último é um documento que demonstra o compromisso em solucionar um conflito pela arbitragem em vez de se recorrer ao Judiciário, enquanto a cláusula compromissória ou cláusula arbitral é um instrumento pelo qual as partes contratantes se comprometem a submeter à arbitragem os eventuais conflitos no relacionamento. Frisa-se que a arbitragem é permitida no dissídio coletivo, conforme dispõe o artigo 114, § 1º da Constituição: "Frustrada a negociação coletiva, as partes poderão eleger árbitros."

A arbitragem também é aplicada para sanar conflitos coletivos, como a participação nos lucros ou resultados da empresa (Lei n. 10.101/2000, artigo 4º, II), ou a greve (Lei n. 7.783/89, artigo 3º). Destarte, a arbitragem está disciplinada na Lei n. 9.307/96, que prevê apenas solução de litígio para direitos patrimoniais disponíveis.

Diante da Lei n. 8.630/93, artigo 23, § 1º, a arbitragem terá cabimento quando a lei especificamente a autorize, pois os direitos individuais trabalhistas são indisponíveis, assim é permitida a arbitragem no caso de trabalhador portuário avulso e seu respectivo órgão gestor de mão de obra.

> **Jurisprudência:**
> *JUÍZO ARBITRAL. É cediço que somente os direitos patrimoniais disponíveis podem ser objeto de exame no procedimento do juízo arbitral, consoante o art. 1º, da Lei n. 9307/1996. Assim, não caberia a negociação de direitos trabalhistas individuais, porquanto as normas do regime jurídico laboral "são geralmente imperativas, inafastáveis pela vontade das partes, salvo para conferir maior proteção ao empregado" (Valentin Carrion, Comentários, 2002, p. 19). A exceção contemplada no sistema reside na matéria de distribuição de lucros por meio de arbitragem (Lei n. 10.101/2000) e nas convenções ou acordos coletivos, conforme o art. 613 da CLT.* (Processo 00118-2007-002-05-00-8 RO, ac. n. 013997/2008, Relatora Desembargadora Maria Adna Aguiar, 5ª Turma, DJ 07/07/2008)
>
> *ARBITRAGEM. As disposições da Lei n. 9.307/96, que regula o instituto da arbitragem, aplicam-se ao Direito do Trabalho. Entretanto, a validade da mesma exige a obediência a certas formalidades, as quais, in casu, foram observadas.* (Processo 00795-2006-028-05-00-8 RO, ac. n. 025180/2007, Relatora Desembargadora Graça Boness, 4ª Turma, DJ 06/09/2007)

Quanto à natureza jurídica da arbitragem é considerada mista, uma vez que envolve um contrato e a jurisdição, além da necessidade de se contratar um terceiro para dizer de quem é o direito em litígio.

A admissibilidade da arbitragem se dá quando da afronta apenas a direitos disponíveis (Lei n. 9.307/96, art. 1º). Porém, não há afronta ao artigo 5º, inciso XXXV da Constituição Federal, uma vez que as partes não são obrigadas a adotarem a arbitragem e, em adotando, o Judiciário não está impossibilitado de acompanhar a execução do laudo arbitral.

Diante da recusa da arbitragem, assim como da negociação coletiva, caberá às partes a instauração do dissídio coletivo, conforme aduz o artigo 114 § 2º da Magna Carta:

> *§ 2º – Recusando-se qualquer das partes à negociação coletiva ou à arbitragem, é facultado às mesmas, de comum acordo, ajuizar dissídio coletivo de natureza econômica, podendo a Justiça do Trabalho decidir o conflito, respeitadas as disposições mínimas legais de proteção ao trabalho, bem como as convencionadas anteriormente.*

A arbitragem pode ser: De direito – quando tem por objeto conflito interpretativo de regra, princípios jurídicos ou cláusulas contratuais; e será De equidade – quando tem por objeto o conflito de interesses materiais, de manifesto matiz econômico, englobando reivindicações materiais ou circunstanciais litigadas pelas partes.

Em consonância com o artigo 475 – N do CPC, diante do descumprimento da sentença arbitral, esta poderá ser executada. Insta esclarecer que a decisão arbitral não está sujeita a recursos em segunda instância.

20.2.3.3. JURISDIÇÃO OU TUTELA

A jurisdição é exercida pelo Estado por meio de sentença normativa proferida em dissídio coletivo em processo judicial, o qual poderá criar, modificar e até extinguir condições de trabalho. É a solução do litígio imposto ao Judiciário, ou seja, o Estado diz o direito no caso concreto. Desta forma resolve-se o problema da falta de interesse de execução da sentença por parte do vencido, pois o Estado pode requerer forças coercitivas para executar o proferido.

Decorre, pois, a necessidade da pacificação de conflitos e não apenas jurídica, do Estado conceder tutela jurisdicional efetiva ao interessado. Uma vez vedando ele a realização da justiça particular e ao mesmo tempo assumindo o poder e o dever de prestá-la pelas vias do devido processo legal, só justificaria, do ponto de vista do destinatário da tutela, um resultado que atenda a sua reclamação. Na esteira que é certo a todos ter o direito de propor demandas para ter acesso à jurisdição e, ainda, para se ter direito à obtenção do provimento jurisdicional as condições da ação devem ser preenchidas (direito instrumental de ação), certo então dizer que o direito à tutela jurisdicional efetiva terá aqueles que efetivamente estejam amparados no plano do direito material.

Os conflitos individuais são submetidos às Varas do Trabalho, enquanto o dissídio coletivo é ajuizado no Tribunal Regional Federal (TRT) e no Tribunal Superior do Trabalho (TST).

20.2.3.3.1. Dissídio coletivo

É a ação que tutela interesses gerais e abstratos de determinada categoria com o objetivo de criar condições novas de trabalho e remuneração mais benéficas do que as previstas na legislação. Geralmente o dissídio coletivo é proposto por sindicatos, federações ou confederações de trabalhadores ou empregadores. Diz que o dissídio coletivo é legítimo quando instaurado por estas instituições, além de empresas e Ministério Público.

Em relação aos dissídios coletivos, abarca problemáticas como criação de normas ou condições de trabalho para uma determinada categoria, ou ainda a interpretação da norma jurídica. Entretanto, segundo o artigo 114, § 2º da Constituição Federal, os dissídios coletivos podem criar normas e condições de trabalho além das contidas em leis ou convenções. De acordo com este mesmo instituto, os dissídios são instaurados no Tribunal Regional do Trabalho ou no Tribunal Superior do Trabalho.

As decisões dos dissídios coletivos são chamadas de sentença normativa e poderão ser estendidas aos demais empregados da empresa com validade de um ano, e poderão ser revistas depois de decorrido esse prazo.

As espécies de dissídio coletivo são:

a) Natureza econômica – criam normas e condições de trabalho (ex. cláusulas que concedem reajustes salariais ou que garantem estabilidades provisórias no emprego), subdividindo em originários (inexiste norma coletiva anterior); revisionais (pretende revisão de uma norma coletiva anterior) e de extensão (de determinadas condições de trabalho já acordadas a toda a categoria – natureza constitutiva.

b) Natureza jurídica – são ajuizados para sanar divergências na aplicação ou interpretação de determinada norma jurídica (natureza declaratória) preexistente que, na maioria das vezes, é costumeira ou resultante de acordo, convenção ou dissídio coletivo.

c) Natureza mista – em caso de greve, pode ser instaurado pelo Ministério Público do Trabalho, que adota procedimento mais célere visando discutir tanto a interpretação e aplicação da norma, quanto a melhoria nas condições de trabalho.

Jurisprudência:
DISSÍDIO COLETIVO. ACORDO. HOMOLOGAÇÃO. Compete à Seção Especializada em Dissídios Coletivos homologar o acordo firmado entre Suscitante e Suscitado, a fim de que produza seus efeitos legais. (Processo 00006-2009-000-05-00-6 DCG, ac. n. 003300/2009, Relatora Desembargadora Lourdes Linhares, SEDC, DJ 06/03/2009)

21 | Autonomia sindical, coletiva ou privada coletiva

21.1. Disposições gerais

O termo "autonomia" refere-se à autonomia dos sindicatos em se organizarem e elaborarem seus próprios estatutos, de fazerem convenções coletivas de trabalho, de elegerem a sua diretoria e exercer a própria administração, de efetuar o registro sindical, enfim, tudo sem a intervenção do Estado.

A autonomia pode ser pública ou privada.

Autonomia pública é aquela proveniente do Estado, ou seja, o próprio Estado concede a possibilidade de outro ente editar normas. Enquanto a autonomia privada é a possibilidade de um poder editar normas a seu favor.

Em relação à natureza jurídica da autonomia coletiva, há dois aspectos a serem analisados, ou seja, o aspecto público e o privado.

O aspecto público ocorre diante da interferência estatal em fiscalizar o sindicato, ou ainda, por meio das funções delegadas pelo Estado. O aspecto privado prima na liberdade de ingresso ou desistência de pertencer a um determinado sindicato, que é a liberdade sindical assegurada pela Lei.

A autonomia privada pode ser classificada em individual e coletiva.

A autonomia privada coletiva ocorre por meio do poder dos sindicatos em elaborar normas jurídicas com força de Lei, feitas por acordos coletivos e convenções coletivas, das quais serão empregadas nas relações laborais coletivas. Esta autonomia sindical não afronta o já estabelecido em Lei, e não se pode dizer que o sindicato está legislando no lugar do Estado, muitas vezes complementam as normas já preestabelecidas pelo Estado. Já a autonomia privada individual refere-se, por exemplo, ao contrato de trabalho pactuado entre o empregado e empregador, versando sobre a atividade negocial entre os particulares.

A autonomia privada coletiva também é classificada quanto ao aspecto objetivo e subjetivo.

Será subjetivo quando referir-se a um mesmo interesse de uma coletividade de pessoas. E será objetivo quando envolve a particularidade desse ordenamento, ou ainda o próprio ordenamento sindical, como, por exemplo, o estatuto do sindicato.

Cumpre salientar que o interesse coletivo deve predominar sobre o individual na elaboração das normas jurídicas.

> Jurisprudência:
> *SINDICATO. DESMEMBRAMENTO. VONTADE DA CATEGORIA. O sindicato tem os seus destinos traçados pela categoria profissional, de onde é oriundo. Se esta, no exercício da autonomia coletiva de sua própria vontade, decide pelo desmembramento daquele, é ilegítima e sem amparo legal a vinculação a qualquer norma interna que obste o exercício da determinação coletiva.* (Processo 00975-2006-019-05-00-9 RO, ac. n. 000592/2008, Redator Desembargador Cláudio Brandão. 2ª Turma. DJ 02/10/2008)

> *AUXÍLIO – CESTA ALIMENTAÇÃO. POSSIBILIDADE DE CRIAÇÃO EM ACORDO COLETIVO DE PARCELA DE CONTEÚDO IDÊNTICO, MAS NÃO EXTENSIVA AOS APOSENTADOS. EXERCÍCIO DA AUTONOMIA SINDICAL COLETIVA, AMPARADA CONSTITUCIONALMENTE (Art. 7º, XXVI). É válida a criação, em acordo coletivo, de benefício (auxílio-cesta alimentação), ainda que de natureza idêntica a outro já percebido (auxílio-alimentação), mas cujo direito é restrito apenas aos empregados da ativa. Não se trata de parcela criada unilateralmente, mas fruto do exercício da autonomia sindical coletiva garantida constitucionalmente, que expressa, e por isso deve ser respeitada e garantida, a vontade da coletividade dos trabalhadores representada pelo sindicato.* (Processo 01010-2006-017-05-00-0 RO, ac. n. 008604/2008, Relator Juiz Convocado Rodolfo Pamplona Filho. 2ª Turma, DJ 08/05/2008)

Capítulo 21

A autonomia privada coletiva, por sua vez, divide-se em autotutela, autonomia administrativa, auto-organização, representação de interesses e autonomia negocial.

- A autotutela é notada quando o empregado não precisa ingressar no Judiciário para sanar eventuais conflitos diante da existência do sindicato.
- A autonomia administrativa trata dos principais atos ou atividade interior do sindicato. Ex.: eleições, redação do próprio estatuto.
- A expressão "auto-organização" é percebida no papel do sindicato em negociar com o empregador, suprindo assim a deficiência que o empregado tem em acordar com o superior.
- A representação de interesses está no ato do sindicato representar uma determinada categoria, tanto no aspecto judicial como no administrativo.
- A autonomia negocial está na liberdade sindical em negociar por meio de acordos e convenções coletivas.

Vale destacar o que dispõe o artigo 8º, inciso III, da Constituição Maior: "É livre a associação profissional ou sindical, observado o seguinte: III – ao sindicato cabe a defesa dos direitos e interesses coletivos ou individuais da categoria, inclusive em questões judiciais ou administrativas.", assim como o artigo 513, alínea "a", da CLT:

> *São prerrogativas dos Sindicatos: a) representar, perante as autoridades administrativas e judiciárias, os interesses gerais da respectiva categoria ou profissão liberal ou os interesses individuais dos associados relativos à atividade ou profissão exercida.*

Compõem como sujeitos da autonomia privada coletiva os sindicatos dos empregados e empregadores.

Diante da elaboração de um acordo coletivo de trabalho, mister se faz a ciência por escrito, da resolução ao Sindicato representativo da categoria profissional. Tanto o Sindicato da categoria profissional quanto da categoria econômica deverá assumir em oito dias a direção dos entendimentos entre os interessados. Na ausência de manifestação pelo sindicato, cabe à Federação se manifestar em oito dias, e, na sua ausência desta, à Confederação. Caso contrário, os interessados darão andamento de maneira independente.

Tem-se como limite da liberdade sindical o poder não absoluto do ente sindical. O sindicato poderá legislar normas a serem aplicadas aos trabalhadores por meio de acordo e convenção coletiva; contudo, cabe ao Estado editar leis. No que tange a autonomia coletiva privada, seu espaço é reduzido, uma vez que atua apenas diante da omissão de leis estatais.

22 | Negociação coletiva de trabalho

22.1. Considerações relevantes

Segundo Maria Monteiro de Barros, "a negociação coletiva é modalidade de autocomposição de conflitos advinda do entendimento entre os interlocutores sociais." (*Curso de Direito do Trabalho*. 2. ed. São Paulo: LTr, 2006, p. 1204).

A negociação é oriunda das tratativas realizadas entre as partes e tem como objetivo a supressão da insuficiência do contrato individual de trabalho, que, durante a negociação, busca o atendimento das peculiaridades das partes.

A Convenção n. 91 da OIT define a negociação coletiva como:

> [...] *todo o acordo escrito relativo à condição de trabalho e de emprego, celebrado entre um empregador, um grupo de empregadores ou uma ou várias organizações de empregadores de um lado, e, de outro lado, uma ou várias organizações representativas de trabalhadores ou, na ausência de tais organizações, por representantes dos trabalhadores interessados, devidamente eleitos e autorizados pelos últimos, de acordo com a legislação nacional.*

Já a Convenção n. 98 sugere que se tomem medidas que sejam adequadas a cada país, para o estímulo do "pleno desenvolvimento e uso de procedimentos de negociação voluntária com o objetivo de regulamentar, por meio de contratos coletivos, as condições de emprego". Esta convenção exclui, todavia, o direito de negociação no setor público.

A negociação coletiva busca conciliar e resolver os conflitos existentes entre as partes. As negociações devem ser feitas pelos sindicatos, pelas federações e pelas confederações, bem como pelas entidades sindicais registradas ou não.

Uma vez que a negociação coletiva é constituída como lei entre as partes, as autoridades públicas não podem reduzir o direito de negociação, assim como não podem exigir a dependência de homologação por parte das autoridades públicas.

Os sindicatos devem participar obrigatoriamente das negociações coletivas de trabalho (artigo 8º, inciso VI, do Estatuto Supremo) e são os sujeitos legitimados a gerir a negociação coletiva. Assim, os sindicatos devem obrigatoriamente participar das negociações, e sua participação deve ocorrer tanto nas negociações entre os sindicatos representativos da categoria profissional como na categoria econômica, seja autorizando a negociação entre o sindicato profissional e uma ou mais empresas.

De acordo com a Convenção 154 da OIT, o objetivo da negociação coletiva é o de fixar a condição de trabalho ou emprego, de regular as relações entre empregadores e trabalhadores, e disciplinar as relações entre os empregadores ou suas organizações e uma ou várias organizações de trabalhadores, ou ainda alcançar de uma só vez todos esses objetivos.

>**Jurisprudência:**
>
>*HORAS "IN ITINERE" – NEGOCIAÇÃO COLETIVA – DIREITO IRRENUNCIÁVEL. A Constituição Federal permite a negociação coletiva da jornada de trabalho, conforme art. 7º, incisos XIII e XIV, o que afasta a irrenunciabilidade do direito a horas in itinere. Além disso, a não computação de tais horas na jornada de trabalho normalmente é compensada com o fornecimento de outras vantagens pelo empregador, como transporte gratuito, além da responsabilização por eventuais acidentes no trajeto da residência para o trabalho e vice-versa, de forma que o pactuado em norma coletiva não implica qualquer prejuízo para o trabalhador. (Processo 01156-2008-431-05-00-7 Recurso Ordinário, ac. n. 007824/2009, Relatora Desembargadora Marama Carneiro. 1ª Turma, DJ 23/04/2009)*

A negociação coletiva possui várias funções: função política, social, econômica, ordenadora e jurídica.
- A função política entende que as partes devem resolver suas divergências entre si.
- A função social garante aos trabalhadores o direito de participar das decisões empresariais.
- A função econômica trata das distribuições de riquezas.
- A função ordenadora dá-se quando ocorre crises ou recomposição dos salários.
- A função jurídica subdivide-se em normativa, isto é, aquela que cria normas que serão aplicadas às relações de trabalho.
- A obrigacional, que fixa obrigações e direitos entre as partes.
- E, por último, a compositiva, que versa sobre a superação dos conflitos entres as partes e visa ao equilíbrio e a paz social entre o capital e o trabalho, mediante um instrumento negociado.

Sob o aspecto da validade da negociação coletiva prima esclarecer que, em consonância com o artigo 7º, inciso XXVI, da Constituição, a Lei Maior reconhece as convenções ou acordos coletivos estabelecidos no Brasil, contudo, não terá eficácia de validade a negociação coletiva ilícita perante o Estado.

> **Jurisprudência:**
> *ACORDO COLETIVO. REDUÇÃO DA MULTA FUNDIÁRIA. VALIDADE: "Embora a Constituição Federal de 1988, no artigo 7º, XXVI, tenha consagrado o reconhecimento das convenções e acordos coletivos de trabalho, elegendo-os como verdadeiros instrumentos normativos, não é ilimitado o poder de transação conferido aos sindicatos, cabendo ao Judiciário sopesar as vantagens advindas aos trabalhadores por meio da negociação coletiva entabulada. Não se vislumbrando tenha o laborista obtido qualquer vantagem com o ajuste coletivo, que reduziu a multa fundiária, é devida a diferença pleiteada". Recurso ordinário a que se nega provimento. (Processo n. 00727-2007-466-02-00-5, Ano: 2008. Relatora Dora Vaz Treviño. 11ª Turma. Data de Publicação: 10/03/2009)*

Houve por bem esclarecer que o sindicato não é obrigado a concluir um acordo. Desta feita, o artigo 616 da CLT, *caput*, determina que "os sindicatos representativos de categoria econômicas ou profissionais e as empresas, inclusive as que não tenham representação sindical, quando provocadas, não podem recusar-se à negociação coletiva". Até porque as funções principais da negociação coletiva são de promover o diálogo como um dos caminhos para solucionar os conflitos entre as partes, quando há divergência de interesses; criar normas aplicadas aos contratos individuais de trabalho; e suprir lacunas da lei além de estabelecer direitos e obrigações para as partes envolvidas, ou seja, os sindicatos.

Em relação à necessidade de homologação, o tema é bem recepcionado pelo artigo 614:

> Art. 614 – Os Sindicatos convenentes ou as empresas acordantes promoverão, conjunta ou separadamente, dentro de 8 (oito) dias da assinatura da Convenção ou Acordo, o depósito de uma via do mesmo, para fins de registro e arquivo, no Departamento Nacional do Trabalho, em se tratando de instrumento de caráter nacional ou interestadual, ou nos órgãos regionais do Ministério do Trabalho nos demais casos.
>
> § 1º – As Convenções e os Acordos entrarão em vigor 3 (três) dias após a data da entrega dos mesmos no órgão referido neste artigo.

Para que se instaure o dissídio coletivo, é necessário que se passe antes pela negociação coletiva para posterior realização da norma coletiva. Sendo frustrada essa negociação coletiva, as partes poderão eleger árbitros. Verifica-se que a intermediação da Delegacia Regional do Trabalho (DRT) não é obrigatória, sendo obrigatória apenas a negociação coletiva.

Importante destacar o que dispõe os parágrafos do artigo 616 da CLT:

> Art. 616 – Os Sindicatos representativos de categorias econômicas ou profissionais e as empresas, inclusive as que não tenham representação sindical, quando provocados, não podem recusar-se à negociação coletiva.
>
> § 1º – Verificando-se recusa à negociação coletiva, cabe aos Sindicatos ou empresas interessadas dar ciência do fato, conforme o caso, ao Departamento Nacional do Trabalho ou aos órgãos regionais do Ministério do Trabalho para convocação compulsória dos Sindicatos ou empresas recalcitrantes.
>
> § 2º – No caso de persistir a recusa à negociação coletiva, pelo desatendimento às convocações feitas pelo Departamento Nacional do

Trabalho ou órgãos regionais do Ministério do Trabalho ou se malograr a negociação entabulada é facultada aos Sindicatos ou empresas interessadas a instauração de dissídio coletivo.

§ 3º – Havendo convenção, acordo ou sentença normativa em vigor, o dissídio coletivo deverá ser instaurado dentro dos 60 (sessenta) dias anteriores ao respectivo termo final, para que o novo instrumento possa ter vigência no dia imediato a esse termo.

§ 4º – Nenhum processo de dissídio coletivo de natureza econômica será admitido sem antes se esgotarem as medidas relativas à formalização da Convenção ou Acordo correspondente.

22.2. Níveis de negociação

Tendo em vista o que preceitua o art. 8º, II, III e IV, da CF, o nível da negociação coletiva é determinada por categoria, corroborada pelo Art. 611, § 2º da CLC, ao professar que as Federações e, na falta destas, as Confederações representativas de categorias econômicas ou profissionais poderão celebrar convenções coletivas de trabalho para reger as relações das categorias a elas vinculadas, inorganizadas em sindicatos, no âmbito de suas representações.

22.3. Instrumentos da negociação coletiva

O objetivo principal da negociação coletiva é deliberar sobre os interesses das partes em razão de interesses antagônicos. A negociação materializa-se com a Convenção Coletiva de Trabalho e o Acordo Coletivo de Trabalho, quando então esse objetivo se encerra.

Esses instrumentos jurídicos determinarão as condições de trabalho a serem aplicadas nos contratos individuais.

23 | Contrato coletivo de trabalho

23.1. Considerações importantes acerca do contrato coletivo de trabalho

Contrato coletivo de trabalho é o conjunto de normas que regulam as relações profissionais de uma categoria de trabalhadores na abrangência de seu sindicato para garantir que os direitos do profissional sejam respeitados. Segundo o Decreto-Lei n. 5.452/43, no artigo 611, o contrato coletivo de trabalho:

> [...] é o convênio de caráter normativo pelo qual dois ou mais sindicatos representativos de categorias econômicas e profissionais estipulam condições que regerão as relações individuais de trabalho, no âmbito da respectiva representação. (Amauri Mascaro Nascimento. *Curso de Direito do Trabalho*: história e teoria geral do direito do trabalho: relações individuais e coletivas do trabalho. 22. ed. rev. e atual. São Paulo: Saraiva, 2007, p. 1197)

Cabe esclarecer que a doutrina não é unânime a respeito da matéria. O conceito de contrato coletivo de trabalho ainda causa grande polêmica.

As características do contrato de trabalho, segundo as Recomendações n. 31 e 91 da OIT, prescrevem: ser escrito; dispor sobre as condições de trabalho; são partes o empregador, grupo de empregadores, várias organizações e a parte contrária, ou ainda uma ou várias organizações que representam a classe dos trabalhadores.

O contrato coletivo de trabalho decorre do resultado da negociação coletiva e possui, como objetivo, estabelecer as condições de trabalho, criando, modificando ou extinguindo tais condições. Segundo o Ministério do Trabalho, aludido contrato é resultado de uma negociação coletiva direta e voluntária que tem força de lei e é estabelecida entre os empregados e os empregadores. Impende destacar que, se frustrada a negociação coletiva, é possível ingressar com dissídio coletivo.

Os sindicatos, por meio dos acordos e convenções coletivas, as entidades representativas de grau superior, isto é, as federações e as confederações e as centrais sindicais, que são de nível inferior, possuem legitimidade para realização de negociação coletiva.

O artigo 7º, inciso XXVI não reconhece o contrato coletivo. Contudo, nada impede das partes disporem a respeito, pois o que não consta em lei não é proibido, e não sendo proibido é permitido. Outrossim, as Leis n. 8.222/91, em seu artigo 6º, Lei n. 8.419/92, artigo 1º, § único e a Lei n. 8542/92, artigo 1º, § 2º, versam sobre as cláusulas salariais para o contrato coletivo.

Neste diapasão, levanta-se o questionamento sobre a existência de hierarquia entre o contrato, a convenção e o acordo coletivo. Mensura-se que esses institutos possuem um campo de atuação diferente, isto é, são elaboradas por sujeitos diversos. Desta forma, não haveria ordem e subordinação entre essas normas, limitando apenas à aplicação do dispositivo 620 da CLT: "as condições estabelecidas em convenção, quando mais favorável, prevalecerão sobre as estipuladas em acordo".

Este é o ponto considerado de maior conflito, uma vez que não há hierarquia entre o contrato coletivo e as normas coletivas, em especial ao acordo e a convenção coletiva.

Por fim, a forma do contrato coletivo segue o que dispõe o artigo 613 da CLT, parágrafo único, que não admite contrato verbal, emendas ou rasuras, em tantas vias quantas forem as partes, sendo uma via reservada para o registro e publicidade no Ministério do Trabalho. A lei também prevê que contenha cláusulas de paz social.

24 | Convenções e acordos coletivos de trabalho

24.1. Conceito

A convenção coletiva é o resultado de negociações entabuladas por entidades sindicais, quer dos empregados, quer dos respectivos empregadores, que envolve o âmbito da categoria, seja a profissional (obreiros), seja a econômica (empregadores). Em resumo, são acordos entre sindicatos de trabalhadores e empregadores. O artigo 611 da CLT conceitua que a convenção como:

> [...] o acordo de caráter normativo, pelo qual dois ou mais sindicatos representativos de categorias econômicas e profissionais estipulam condições de trabalho aplicáveis, no âmbito das respectivas representações, às relações individuais do trabalho.

Embora as normas internacionais não fazem distinção entre acordos e convenções coletivos de trabalho, no Brasil, nosso instituto confere esta diferença (art. 611, § 1º da CLT):

> É facultado aos sindicatos representativos de categorias profissionais celebrar Acordos Coletivos com uma ou mais empresas da correspondente categoria econômica, que estipulem condições de trabalho, aplicáveis no âmbito da empresa ou das empresas acordantes às respectivas relações de trabalho.

Convenções e acordos coletivos de trabalho

Assim, este instituto procurou diferenciar a convenção coletiva que é pactuada entre sindicatos, enquanto o acordo coletivo se realiza entre o sindicato profissional e a empresa ou empresas. Em contrapartida, o aspecto de igualdade entre ambos os institutos é que neles são estipuladas condições de trabalho que serão aplicadas aos contratos individuais dos trabalhadores, acarretando assim um efeito normativo.

Nesse passo, os sindicatos representativos de categorias profissionais podem celebrar acordos com uma ou mais empresas da mesma categoria econômica (artigo 611, § 1º da CLT). Com amparo, na ausência de sindicatos, as federações e por conseguintes as confederações representativas de categorias econômicas ou profissionais poderão instituir convenções coletivas de trabalho (artigo 611, § 2º da CLT).

> *As convenções coletivas, embora de origem privada, criam regras jurídicas (normas autônomas), isto é, com preceitos gerais, abstratos e impessoais, para normatizar situações* ad futurum. *Correspondem à noção de lei em sentido material, traduzindo ato-regra (Duguit) ou comando abstrato. São desse modo, do ponto de vista substantivo (ou seja, de seu conteúdo), diplomas desveladores de inquestionáveis regras jurídicas.* (Mauricio Godinho Delgado. Curso de Direito do Trabalho. 7. ed. São Paulo: LTr, 2008, p. 1378)

24.2. Acordo dos trabalhadores e empregadores

O artigo 612 da CLT menciona o devido procedimento a ser realizado pelos entes sindicais para a realização de acordos e convenções coletivas:

> *Art. 612 – Os Sindicatos só poderão celebrar Convenções ou Acordos Coletivos de Trabalho, por deliberação de Assembleia Geral especialmente convocada para esse fim, consoante o disposto nos respectivos Estatutos, dependendo a validade da mesma do comparecimento e votação, em primeira convocação, de 2/3 (dois terços) dos associados da entidade, se tratar de Convenção, e dos interessados, no caso de Acordo e, em segunda, de 1/3 (um terço) dos membros.*
> *Parágrafo único – O* quorum *de comparecimento e votação será de 1/8 (um oitavo) dos associados em segunda convocação, nas entidades sindicais que tenham mais de 5.000 associados.*

Na mesma esteira, o dispositivo 617 da CLT aduz como as empresas devem proceder e os devidos prazos devem ser respeitados:

> Art. 617 – Os empregados de uma ou mais empresas que decidirem celebrar Acordo Coletivo de Trabalho com as respectivas empresas darão ciência de sua resolução, por escrito, ao Sindicato representativo da categoria profissional, que terá o prazo de 8 (oito) dias para assumir a direção dos entendimentos entre os interessados, devendo igual procedimento ser observado pelas empresas interessadas com relação ao Sindicato da respectiva categoria econômica.
>
> § 1º – Expirado o prazo de 8 (oito) dias sem que o Sindicato tenha-se desincumbido do encargo recebido, poderão os interessados dar conhecimento do fato à Federação a que estiver vinculado o Sindicato e, em falta dessa, à correspondente Confederação, para que, no mesmo prazo, assuma a direção dos entendimentos. Esgotado esse prazo, poderão os interessados prosseguir diretamente na negociação coletiva até final.
>
> § 2º – Para o fim de deliberar sobre o Acordo, a entidade sindical convocará Assembleia Geral dos diretamente interessados, sindicalizados ou não, nos termos do art. 612.

Por fim, deve as empresas e as instituições realizar o enquadramento sindical nos quadros de atividades e profissões empresariais. Contudo, independentemente desse enquadramento, as empresas poderão acordar com os sindicatos que representam os empregados, cujos dispositivos fazem parte da redação dos artigos 577 e 618 da CLT.

> Jurisprudência:
> ADICIONAL DE PERICULOSIDADE – ELETRICITÁRIOS – BASE DE CÁLCULO – NORMA COLETIVA. Diz o parágrafo primeiro do artigo 193, da CLT, que o adicional de periculosidade deverá incidir sobre os salários sem os acréscimos resultantes de gratificações, prêmios ou participação nos lucros. De sua vez, o artigo 1º da Lei n. 7369/85 informa que o eletricitário, em condições de periculosidade, tem direito a uma remuneração adicional de trinta por cento sobre o salário que perceber. Assim, uma primeira interpretação permitiria deduzir que aos eletricitários foi garantida condição especial porque lei posterior teria lhes garantido outra base de cálculo, sendo essa a linha interpretativa do Egrégio TST, por meio da Súmula 191.

Entretanto, quando o Sindicato representativo da categoria negocia com o empregador outras condições em normas coletivas que estipulam a base de incidência do adicional normativo como sendo o salário-base dos seus empregados, como acima referenciado, o caso é de incidência da norma constitucional contida no art. 7º XXVI da CF/88, que prestigia o reconhecimento das convenções e acordos coletivos de trabalho. Hipótese de incidência da teoria do conglobamento, autorizando que o Sindicato representativo dos interesses de toda uma categoria negocie direitos, obtendo outras conquistas para os empregados que representa não se podendo decotar dos acordos coletivos somente aquilo que interesse ao trabalhador. (RO n. 00999-2008-003-03-00-5. 3ª Região. Relator Milton Vasques Thibau de Almeida. Decisão 01/04/2009)

24.3. Natureza jurídica

Em relação à natureza jurídica da convenção coletiva, ainda é divergente entre os doutrinadores. Classifica-se em três teorias distintas: a teoria normativa ou regulamentar, a teoria contratualista ou civilista, e a teoria mista.

A teoria mista agrupa a teoria normativa – tem sua natureza jurídica inclinada no efeito meramente normativo – e a teoria contratualista são teorias que procuram expressar a natureza jurídica da convenção coletiva como um contrato entre as partes, ou seja, decorrente da autonomia do direito privado e que merecem ser estudadas individualmente. Por exemplo: mandato, estipulação em favor de terceiros, gestão de negócios, contrato inominado. Aparece, assim, o entendimento de que a convenção coletiva possui natureza dupla, uma vez que há a existência de um contrato pactuado entre as partes, decorrente de negociação, e simultaneamente esse contrato possui um efeito normativo para todos os integrantes da categoria.

Jurisprudência:
AÇÃO ANULATÓRIA – CLÁUSULA DE CONVENÇÃO COLETIVA DE TRABALHO. A natureza jurídica da convenção coletiva é apropriadamente definida pela teoria mista como contrato lato sensu, *na sua formação, pois traduz um ajuste entre entidades sindicais por meio do qual se criam obrigações mútuas. O conteúdo da convenção coletiva, no entanto, assemelha-se à norma jurídica, pois cria regras trabalhistas objetivas autônomas, que vão constituir o*

conteúdo dos contratos individuais de trabalho, insuscetíveis de derrogação. No dizer de Délio Maranhão (Direito do Trabalho. 7. ed. Rio de Janeiro: Fundação Getúlio Vargas), *a convenção coletiva possui a natureza de um contrato-ato-regra. É contrato porque pressupõe um ajuste de vontades sindicais e ato-regra porque tem efeito erga omnes. O caráter contratual exige que as partes acatem as disposições livremente pactuadas. Logo, rejeita-se o pedido de anulação de cláusula ajustada em convenção coletiva, de cuja celebração participou o autor, se nem mesmo chegou a ser alegado vício em sua manifestação de vontade.* (Processo 01514-2008-000-03-00-1 AA. DEJT. Relator Alice Monteiro de Barros. Publicado em 27/03/2009)

A convenção coletiva e o acordo coletivo não possuem hierarquia entre si, apenas possuem campos diferentes de atuação. No entanto, há de se ressalvar que há uma hierarquia entre a Lei e a convenção coletiva. A Lei é superior à convenção, exceto se beneficiar o empregado.

A aplicabilidade do acordo e da convenção coletiva do trabalho exige melhor entendimento ao estudar a eficácia limitada e a eficácia geral. A eficácia limitada terá aplicação apenas aos associados do sindicato, enquanto a eficácia geral é para toda a categoria, resultando no efeito *erga omnes*. Neste raciocínio, reza o artigo 620 da CLT: "As condições estabelecidas em Convenção, quando mais favoráveis, prevalecerão sobre as estipuladas em Acordo."

Nesse aspecto, cumpre citar a teoria do conglobamento e a teoria da acumulação. Na teoria do conglobamento, a aplicação da norma coletiva ocorrerá de forma global, que, diante de duas normas distintas, será utilizada a que possuir cláusulas que mais beneficiem o trabalhador. Não haverá a análise de cláusula por cláusula e será avaliado num contexto geral. Já a teoria da acumulação quer dizer que serão agrupadas as melhores cláusulas de cada convenção coletiva, acarretando assim uma nova convenção com as cláusulas que melhor beneficiem o trabalhador. E então, diante da necessidade de aplicação de convenção, far-se-á a escolha da melhor opção pela escolha da teoria da acumulação ou do conglobamento.

Jurisprudência:
DIREITO COLETIVO DO TRABALHO. PRINCÍPIO DA AUTONOMIA COLETIVA PRIVADA. TEORIAS DA ACUMULAÇÃO E DO CONGLOBAMENTO. PROGRAMA DE DEMISSÃO VOLUNTÁRIA. INCENTIVO FINANCEIRO E OPÇÃO POR LICENÇA

Capítulo 24

REMUNERADA SEM PRESTAÇÃO DE SERVIÇOS. AUSÊNCIA DE ISONOMIA COM OS EMPREGADOS QUE OPTARAM POR TRABALHAR. A parte que, com amparo em acordo coletivo lícito, beneficiou-se de "incentivo financeiro" e "licença remunerada" por liberalidade, não pode, após a paralisação das atividades por longa data com percepção de salários e levantamento de todos os valores avençados, ver reconhecida nulidade a pretexto de malferimento ao princípio da igualdade. In casu, a "licença remunerada" acordada com o sindicato-autor não foi imposta pela empresa aos mais de 1.900 empregados, posto que voluntariamente se inscreveram no curso de formação. A aplicação da norma específica apenas na parte que beneficia o empregado e, no que lhe é prejudicial, a utilização da regra geral, é tese que se amolda à teoria da acumulação. Ocorre que o legislador pátrio preferiu a teoria do conglobamento, pela qual as normas devem ser consideradas em seu conjunto, não subsistindo a cisão pretendida. Esta se coaduna com o suscitado princípio protetivo e o disposto no artigo 620 da CLT. Ocorre que havia uma diferença substancial dentre os empregados lotados por opção no curso de formação e os demais. Estes cumpriam a jornada de trabalho ativamente, ao passo que os ora substituídos se encontravam licenciados sob remuneração, mas sem prestação de serviços. Não há, portanto, igualdade de condições a justificar a invalidação apenas da cláusula estabelecida acerca dos percentuais de incentivo financeiro. Os invocados princípios da isonomia e da irredutibilidade salarial não obrigam o empregador a remunerar de forma igualitária empregados em condições radicalmente diferentes. O avençado em acordo coletivo representa a prática do princípio da autonomia coletiva privada e tem valor jurídico em respeito ao preconizado no artigo 7º, XXVI, da Constituição Federal (pacta sunt servanda). Recurso ordinário improvido. (Acórdão n. 20090117071. Processo n. 00972-2007-465-02-00-6. Ano: 2007. Turma: 7ª. Data de Publicação: 13/03/2009. Relator José Carlos Fogaça)

TEORIA DO CONGLOBAMENTO. CONVENÇÃO COLETIVA X ACORDO COLETIVO. ARTIGO 620, DA CLT: "Verificando-se que o conjunto dos benefícios concedidos em convenção coletiva são superiores àqueles fixados em acordo coletivo, não favorece a defesa a tese de aplicação da teoria do conglobamento. Deferem-se ao reclamante *diferenças salariais pela observância dos índices estabelecidos em convenção coletiva para o reajuste salarial da categoria (art. 620, da CLT)".* Recurso ordinário do reclamante a que se dá provimento, nesse item do recurso. (Acórdão n. 20081035165. Processo n. 01733-2005-008-02-00-4. Ano: 2008. Turma: 11ª. Relatora Dora Vaz Treviño. Data de Publicação: 16/12/2008)

24.4. A APLICAÇÃO, EFICÁCIA E CONTEÚDO DAS CONVENÇÕES E ACORDOS COLETIVOS

O modelo adotado no Brasil quando à aplicação dos institutos normativos é o de eficácia geral, ou seja, aplicável em relação a todos que compõem a categoria, independentemente de filiação ou não (art. 611 da CLT). Para que seja alcançada eficácia, as convenções e os acordos coletivos devem atender aos seguintes requisitos: aplicabilidade efetiva, legitimidade e interpretação das normas. A convenção coletiva atinge a todos os trabalhadores e a todas as empresas de uma mesma atividade econômica, em um determinado território ou base territorial. O acordo coletivo é mais restrito, isto é, tem de um lado o sindicato profissional representando os interesses dos empregados e de outro uma ou várias empresas.

No artigo 620 da CLT estabelece que as condições fixadas em Convenção, quando mais favoráveis, prevalecerão sobre as estipuladas em acordo. Na mesma esteira, os termos convencionados em acordos coletivos, quando mais favoráveis aos empregados, prevalecerão sobre as pactuadas em convenções coletivas.

Importante lembrar que a convenção coletiva deve fixar o prazo de vigência que não poderá ser superior a dois anos (Art. 614, § 3º da CLT). Passado esse período, perde a sua validade.

Jurisprudência:
MANDADO DE SEGURANÇA – ATO JUDICIAL – ANTECIPAÇÃO DE TUTELA EM AÇÃO CIVIL PÚBLICA PROMOVIDA PELO MINISTÉRIO PÚBLICO DO TRABALHO. Sustação de eficácia de cláusulas de convenção coletiva autorizadas de cobrança de contribuição assistencial de toda a categoria, inclusive não filiados – Alegação de ingerência na organização sindical – Inadmissibilidade – Inexistência de direito líquido e certo – Hipótese de legítima tutela judicial

de direito coletivo e difuso constitucionalmente protegido, tal seja, a liberdade sindical de não se associar – inteligência do art 8º, V, CF-88, do art 545, CLT, afora do precedente 119 e da OJ 17, SDC, TST. (MS. Acórdão n. 2007000090. Processo n. 20228-2006-000-02-00-9. Ano: 2006. Turma: SDC. Relatora Ivani Contini Bramante. Data de Publicação: 21/02/2007)

EFICÁCIA DA CONVENÇÃO COLETIVA. A eficácia da convenção coletiva não depende de filiação do sindicato. Os artigos 8º, incisos, II, III e IV e 7º, parágrafo único da Constituição Federal, fazem referência à categoria. O sindicato representa toda categoria, independentemente de filiação e suas normas são aplicadas em toda categoria. A eficácia da norma coletiva é "erga omnes". Recurso ordinário da reclamante a que se dá provimento. (Acórdão n. 20080186542. Processo n. 01873-2006-049-02-00-9. Ano: 2008. Turma: 10ª. Relatora Marta Casadei Momezzo. Data de Publicação: 01/04/2008)

O conteúdo das convenções e acordos coletivos, em consonância com o artigo 613 da CLT, deverá conter: a designação dos sindicatos convenentes ou dos sindicatos e empresas acordantes, o prazo de vigência, as categorias ou classes de trabalhadores abrangidas pelos respectivos dispositivos, as condições ajustadas para reger as relações individuais de trabalho durante sua vigência, as normas para a conciliação das divergências surgidas entre os convenentes por motivos da aplicação de seus dispositivos, as disposições sobre o processo de sua prorrogação e de revisão total ou parcial de seus dispositivos, os direitos e deveres dos empregados e empresas e as penalidades para os sindicatos convenentes, os empregados e as empresas em caso de violação de seus dispositivos. E ainda as convenções e os acordos devem ser celebrados por escrito, sem emendas nem rasuras, em tantas vias quantos forem os sindicatos ou as empresas acordantes, além de uma via do acordo ou convenção destinada ao registro.

Jurisprudência:
COMPLEMENTAÇÃO DE APOSENTADORIA. EQUIVALÊNCIA DE TRATAMENTO ENTRE O PESSOAL DA ATIVA E OS INATIVOS. ABONO CRIADO EM NORMA COLETIVA. DISCRIMINAÇÃO. OFENSA AO PRINCÍPIO DA ISONOMIA. INEXISTÊNCIA.

A validade da norma coletiva de conteúdo restritivo deve ser reconhecida por força do art. 7º, inciso XXVI, e do art. 8º, III, da CF. (RO. Acórdão n. 20070711857. Processo n. 00526-2006-081-02-00-7. Ano: 2006. Relator Luiz Edgar Ferraz de Oliveira. Turma: 9ª. Data de Publicação: 14/09/2007)

24.5. Cláusulas obrigacionais e normativas

As cláusulas das normas coletivas dividem-se em: Obrigacionais, que subdividem em Típicas e Atípicas, e Normativas.

As cláusulas obrigacionais referem-se às partes, isto é, a matéria tratada neste tipo de cláusula destina-se aos sindicatos e não se incorporam aos contratos individuais, por exemplo, multa ao ente sindical. Na subdivisão, as cláusulas típicas estabelecem relação com os deveres de paz (greve) e de influência (poder de convencimento do sindicato). As cláusulas atípicas dirimem trâmites de administração da convenção coletiva.

As normativas indicam as cláusulas referentes a direitos e deveres laborais entre as partes, são aplicadas diretamente ao contrato de trabalho individual. Por exemplo: uma cláusula que versa sobre aumento salarial para determinada categoria, estabilidade provisória, gratificações, abonos.

24.6. Incorporação das cláusulas normativas no contrato de trabalho

Grande discussão doutrinária está na permanência ou não das cláusulas normativas com o fim de vigência do contrato de trabalho. Esse fenômeno é chamado pela doutrina de ultra-atividade da norma coletiva.

Há duas correntes doutrinárias que buscam uma solução. A doutrina tem um grande desafio para cessar essa discussão. Para os que defendem que as cláusulas normativas devem ser inclusas no contrato de trabalho, estes justificam suas posições argumentando que tratam de direito adquirido, não acarretando prejuízo ao empregado (artigo 468 da CLT).

Com respaldo a esse posicionamento, nota-se que os empregadores não têm encontrado motivação para realizarem negociações coletivas, uma vez que não sabem mensurar se irão conseguir cumprir as obrigações aprazadas.

A Súmula 277, do TST, alude sobre as condições de trabalho alcançadas por força de sentença normativa que devem vigorar no prazo assinado; contudo, não integram de forma definitiva, os contratos.

O artigo 624 da CLT preceitua que a vigência de cláusula de aumento ou reajuste salarial, que implique elevação de tarifas ou de preços sujeitos à fixação por autoridade pública ou repartição governamental, dependerá de prévia audiência dessa autoridade ou repartição e sua expressa declaração no tocante à possibilidade de elevação da tarifa ou do preço e quanto ao valor dessa elevação.

A Lei n. 8.542/92, em seu § 1º, vaticina que as cláusulas devem permanecer nos contratos individuais de trabalho e que sua retirada far-se-á mediante posterior acordo, convenção ou contrato coletivo. Entretanto, a Lei n. 10.192/2001 revogou o supracitado artigo da Lei n. 8.542/92, e, portanto, as cláusulas de normas coletivas não mais incorporam os contratos individuais de trabalho.

Conclui-se, pois, que as condições legais mínimas previstas na Constituição Federal devem permanecer diante de uma norma coletiva, porquanto há a incorporação das convenções ou acordos coletivos aos contratos de trabalho até que seja revogada por outra norma coletiva. Esta nova norma poderá manter as mesmas condições preestabelecidas anteriormente ou disciplinar novas condições mais favoráveis, ou ainda estabelecer condições menos favoráveis aos trabalhadores. Frisa-se que o mencionado não poderá ocorrer mediante dissídio coletivo.

> Jurisprudência:
> *ABONO CONCEDIDO EM ACORDO COLETIVO APENAS AOS EMPREGADOS DA ATIVA. NATUREZA JURÍDICA INDENIZATÓRIA. O abono anual previsto em acordos coletivos e concedido pela reclamada em duas parcelas, apenas aos empregados da ativa, possui natureza indenizatória, por lhe faltar um dos elementos essenciais do salário, qual seja, a habitualidade. A norma coletiva, cujo sindicato dos trabalhadores participou da elaboração, não previu a incorporação do benefício aos salários dos empregados. Não sendo devidos os abonos pela contraprestação do serviço, não há que se falar que tais vantagens constituíssem aumento salarial.* (RO. Acórdão n. 20080704772. Processo n. 00190-2003-445-02-00-9. Ano: 2006. Turma: 4ª. Relatora Odette Silveira Moraes. Data de Publicação: 29/08/2008)

RECURSO DO RÉU. HORAS EXTRAS. PROVA. Cabia à reclamante a prova das horas extras, e desse ônus se desincumbiu. A prova oral produzida confirmou a impossibilidade de anotação da real jornada de trabalho nas folhas de ponto. Prova documental imprestável para a comprovação das horas trabalhadas. Nego provimento. Intervalo para refeição e descanso. Horas extras. Natureza jurídica do título. O intervalo para refeição e descanso, quando não concedido, deve ser pago como hora normal acrescida do adicional de horas extras. O § 4°, do art. 71, da CLT, não fixa o pagamento de forma indenizada, ao contrário, prevê que o empregador deve o período correspondente com um acréscimo de no mínimo 50% sobre o valor da remuneração da hora normal de trabalho", do que decorre a natureza salarial. Mantenho. Horas extras habituais. Integração em sábados e DSRs. A norma coletiva dos bancários determina a integração das horas extras em sábados. Prevalece a norma coletiva, e não o entendimento fixado na Súmula 119 do TST. Em relação aos DSRs, devida a integração, pois os salários mensais contemplam apenas as horas ordinárias, e não as extraordinárias. Aplicação da Súmula n. 172 do TST. Mantenho. Reflexos das horas extras nas gratificações semestrais, na licença prêmio e nos repasses ao Banesprev. Indevida a integração, pois são verbas concedidas pelo empregador, com cálculos específicos e de caráter benéfico. Demandam, assim, interpretação restritiva. Dou provimento. Gratificação semestral. Incidência no FGTS e décimo terceiro. Não se confunde gratificação semestral com participação nos lucros e resultados. A verba em comento, para se configurar como PLR, deveria ser fruto de negociação entre a empresa e seus empregados, nos moldes da Lei n. 10.101/2000. Além disso, ocorreu supressão ilegal dessa parcela, entre 2001 e 2005. Devidas as gratificações. Sobre a parcela incide o FGTS, consoante determinação em norma coletiva. Cabe também a integração nos décimos terceiros, de acordo com o art. 457, parágrafo 1° da CLT. Mantenho. Multa normativa. Horas extras. Violação de norma coletiva. Reconhecido o direito ao labor em jornada reduzida, patente o descumprimento da norma coletiva. Pela violação, é devida a multa normativa, conforme súmula n. 384 do TST. Nego provimento. *RECURSO DA AUTORA.* Horas extras pela supressão parcial do intervalo intrajornada. É devida a paga de uma hora extra em decorrência da supressão, ainda que parcial, do intervalo intrajornada a que alude o art. 71 da CLT. Entendimento pacificado na OJ 307 da SDI-1 do TST. Dou provimento. Diferenças de gratificações semestrais e gratificações *semestrais integrais – cálculo com base na remuneração. A base de cálculo da gratificação semestral é prevista em regulamento e nada indica que deva ser a remuneração. Cuida-se de norma benéfica demanda interpretação restritiva. Nego provimento. Reflexo das horas extras na complementação de aposentadoria do Banesprev – parcelas vincendas. As horas extras não integram a base de cálculo das parcelas vertidas ao Banesprev, por ausência de previsão normativa, o que inclui parcelas vencidas e vincendas. Mantenho. Reajustes salariais. Pontos anteriormente conquistados por uma categoria de trabalhadores devem ser considerados no conjunto das regras, não podendo ser pinçados somente os favoráveis de um estatuto para somar-se ao de outra convenção. Por este princípio, conjugando-o com o da autonomia privada coletiva e o da flexibilização, introduzido pela Constituição (art. 7º, VI), os Sindicatos podem reduzir benefícios em troca de garantias que, em dado momento sejam consideradas mais vantajosas para a totalidade da categoria. Nego provimento. Auxílio cesta alimentação. Integração indevida. A cesta alimentação é benefício despido de caráter salarial. Condição prevista na norma coletiva. Integrações indevidas. Mantenho. Correção monetária. Aplica-se o contido na Súmula n. 381 do Colendo TST, limitada sua aplicação aos salários e aos títulos a eles diretamente jungidos, como as horas extras. No tocante às demais verbas, utilizam-se, para a atualização monetária, os índices concernentes às datas das respectivas concessões. Nego provimento. Descontos previdenciários e fiscais. As deduções a título de imposto de renda e as contribuições previdenciárias decorrem de lei e devem ser suportadas pelo empregador e também pelo empregado. Aplicação do entendimento cristalizado na OJ n. 363 da SDI-1 do TST. Nego provimento.* (RO. Acórdão n. 20080869143. Processo n. 00346-2005-076-02-00-9. Ano: 2005. Turma: 10ª. Relatora Marta Casadei Momezzo. Data de Publicação: 14/10/2008)

24.7. Validade e prazo

Para a validação da convenção coletiva, deve-se atender ao disposto no artigo 613 da CLT, parágrafo único, caso contrário será nula: "As Convenções e os Acordos serão celebrados por escrito, sem emendas nem rasuras, em tantas vias quantos forem os Sindicatos convenentes ou as empresas acordantes, além de uma destinada a registro."

A convenção só entrará em vigor quando for entregue uma via na Delegacia Regional do Trabalho (DRT) para registro. Os acordos e convenções coletivas entrarão em vigor em três dias da entrega da via na DRT.

Deverá ser afixada uma cópia da norma coletiva nas empresas e sindicatos, após cinco dias da data do depósito na DRT. Destaque-se que a DRT não analisará o conteúdo da norma convencionada em respeito ao princípio da legalidade, ressaltando que o poder público não interfere nas normas estabelecidas pelos sindicatos.

O prazo de validade da norma coletiva é de dois anos, porém, na prática, tem-se aplicado o período de um ano em razão da economia e da flexibilização trabalhista. Contudo, a Orientação Jurisprudencial n. 322 da SBDI-1 do TST considera inválida a cláusula que estipular termos que superem mais de dois anos de vigência.

As convenções e acordos coletivos só terão validade por deliberação celebrada em assembleia geral específica (art. 612 da CLT), dependendo, para a validade desta, do comparecimento e votação, em primeira convocação, de 2/3 (dois terços) dos associados da entidade (em caso de acordo), e, em segunda, de 1/3 (um terço) dos membros. Para as entidades que tenham mais de 5.000 associados, o *quorum* de comparecimento e votação será de 1/8 (um oitavo) dos associados em segunda convocação.

O art. 615 da CLT permite o processo de prorrogação, revisão, denúncia ou revogação total ou parcial da convenção ou acordo coletivo, sujeitos à aprovação de Assembleia Geral dos sindicatos convenentes ou partes acordantes.

De acordo com o disposto no § 1º do art. 615 do mesmo instituto legal, o instrumento de prorrogação, revisão, denúncia ou revogação de Convenção ou Acordo será depositado, para fins de registro e arquivamento, na repartição em que este originariamente foi depositado, observado o disposto no art. 614.

O seu § 2º apregoa que as modificações introduzidas em Convenção ou Acordo, por força de revisão ou de revogação parcial de suas cláusulas, passarão a vigorar 3 (três) dias após a realização do depósito previsto no § 1º.

No tocante ao dissídio coletivo, este deverá ser instaurado em 60 dias que antecedem o seu fim, para que assim o novo instrumento vigore no dia posterior ao acordo, convenção ou sentença normativa.

Jurisprudência:
ULTRATIVIDADE DA NORMA COLETIVA. Não integração definitiva nos contratos individuais de trabalho. Adicional de periculosidade no percentual de 11%, decorrente de acordo firmado em Dissídio

Coletivo. Prazo de vigência limitado. As condições de trabalho alcançadas por força convenção coletiva, acordo coletivo ou de sentença normativa vigoram pelo prazo assinado, não integrando, de forma definitiva, os contratos individuais de trabalho, ressalvado o direito individualmente adquirido. Princípio da temporalidade da norma coletiva. Inteligência do art. 7º, XXVI, CF e Art. 868, CLT. Sumula 277/ TST e OJ n. 41/ SDI-1-TST. (RO. Acórdão n. 20080953349. Processo n. 01980-2005-382-02-00-5. Ano: 2007. Turma: 6ª. Relatora Ivani Contini Bramante. Data de Publicação: 31/10/2008)

TURNOS ININTERRUPTOS DE REVEZAMENTO – ACORDO COLETIVO – VIGÊNCIA PARA O FUTURO SEM DETERMINAÇÃO DE PRAZO. O artigo 614, § 3º da CLT estipula o prazo máximo de 02 anos para a vigência do acordo coletivo. Assim, cláusula normativa prevendo vigência indeterminada e para o futuro de turno ininterrupto de revezamento com jornada diária de 08 horas, não tem valor jurídico e não obriga aqueles empregados contratados após o fim da vigência do acordo coletivo. (RO. Acórdão n. 20080918497. Processo n. 02764-2003-361-02-00-4. Ano: 2007. Turma: 3ª. Relator Jonas Santana de Brito. Data da Publicação: 28/10/2008)

24.8. Sanções, descumprimento e multas das normas coletivas

As sanções classificam-se em sanções de restituição e de pena, há ainda as penais, cíveis e sindicais, e ainda aquelas caracterizadas como legais e convencionais.

Jurisprudência:
HORAS EXTRAS. ADICIONAL NOTURNO. REFLEXOS. Demonstrado que o obreiro extrapolou os módulos diários de 8 horas e semanal de 44, é devido o excedimento como extraordinário, acrescido do correspondente adicional convencional ou na sua ausência, do legal. Outrossim, o adicional noturno integra a base de cálculo das horas extras prestadas no período noturno, a teor da Orientação Jurisprudencial n. 97, da SBDI-1, do Colendo TST. E tal parâmetro não configura o cálculo de adicional sobre adicional. GORJETAS. O artigo 457, parágrafo 3º, da CLT, define gorjeta como a importância paga espontaneamente ou aquela cobrada pela empresa, do cliente,

a ser repassada, posteriormente, aos empregados. E nos termos do caput do mesmo preceptivo, insere-se na remuneração, para todos os efeitos legais. INDENIZAÇÃO POR ANTIGUIDADE. A cláusula 55ª da Convenção Coletiva de Trabalho traz previsão de pagamento de indenização por antiguidade nos casos de extinção do contrato de trabalho sem justo motivo, na base de dois dias de salário para cada ano de serviço prestado, sem prejuízo do adimplemento das verbas rescisórias. Não demonstrado o pagamento por ocasião da rescisão, tem jus o reclamante à parcela. MULTAS NORMATIVAS. A violação de cláusula de convenção coletiva, infração de natureza meramente objetiva, há de ser sancionada com a multa pactuada. JUSTIÇA GRATUITA. Preenchidos os pressupostos legais, de rigor a concessão dos benefícios da Justiça Gratuita, isentando a parte do recolhimento das custas processuais. Aplicação da Lei n. 1060/1950, complementada pela Lei n. 7115/1983. REVERSÃO DE CUSTAS. Remanescendo a condenação da reclamada na demanda, fica prejudicada a análise do pedido de reversão de custas. (RO. Acórdão n. 20081111732. Processo n. 00084-2005-018-02-00-1. Ano: 2007. Turma: 2ª. Relator Luiz Carlos Gomes Godoi. Data de Publicação: 20/01/2009)

O descumprimento das normas coletivas tem um efeito *erga omnes*, ou seja, será aplicado a todos os integrantes, independentemente de associado ou não. Isso decorre do efeito normativo concedido pela lei às convenções coletivas.

Em relação à multa ser aplicada ao infrator, o art. 622 da CLT rege que os empregados e as empresas que celebrarem contratos individuais de trabalho, estabelecendo condições contrárias ao que tiver sido ajustado em Convenção ou Acordo que lhes for aplicável, serão passíveis da multa neles fixada. E, em seu parágrafo único, alude que a multa a ser imposta ao empregado não poderá exceder da metade daquela que, nas mesmas condições, seja estipulada para a empresa.

A nulidade será declarada de ofício ou mediante representação, pelo Ministro do Trabalho ou pela Justiça do Trabalho, no caso de convenção coletiva ou acordo que infrinja a política econômico-financeira.

Jurisprudência:
TAXA DE REVALIDAÇÃO. O reembolso das despesas está previsto em norma coletiva, não tendo a reclamada comprovado que efetuou o ressarcimento dos gastos realizados pela autora. Por outro lado,

inova a empresa em razões recursais, quando alega ausência de solicitação pelo trabalhador. Das diárias de café da manhã, alimentação, reserva, sobreaviso, diárias internacionais e de treinamento. O apelo não ataca os fundamentos adotados como razões de decidir pelo MM. Juízo de Origem. Aplicação da Súmula 422, do C. TST. Da apresentação. A recorrente não demonstrou de forma clara e objetiva o correto pagamento da jornada efetivamente cumprida pela autora. Ao divagar sobre o modo como efetua o pagamento, acabou tirando de foco o pedido principal, já que não há meios de se comprovar que os pagamentos foram efetuados corretamente. Tempo de solo. Remuneração. A r. sentença de piso não abordou plenamente a matéria. Por outro lado a reclamada quedou-se inerte ao deixar de sanar as omissões por meio de Embargos Declaratórios. Preclusa a discussão nessa fase recursal. Multas normativas. O descumprimento da convenção coletiva gera o direito ao pagamento da multas inserida no mesmo instrumento. Adicional de Periculosidade. Prova técnica somente pode ser combatida por outra prova técnica. Assim, comprovado por laudo pericial que a reclamante exercia suas atividades no círculo com raio de 7,5 metros, é devido o adicional de periculosidade. Aplicação do art. 193 da CLT, e Súmula 364, I, do C. TST. Honorários periciais. Sucumbente no objeto da perícia, deverá a reclamada arcar com os honorários periciais. Recurso Ordinário a que se nega provimento. (RO. Acórdão n. 20090207224. Processo n. 00089-2003-029-02-00-6. Ano: 2007. Turma: 10ª. Relatora Marta Casadei Momezzo. Data de Publicação: 07/04/2009)

O limite da multa da norma coletiva é um tema de discussão na doutrina diante da ausência de previsão na CLT, quando é necessário determinar se é de natureza trabalhista ou cível, e mais, se é aplicável o artigo 412 do Código Civil, uma vez que vaticina que o valor da multa não poderá ser superior ao valor contratual. Enfim, uma vez que o Direito Civil é fonte subsidiária do Direito do Trabalho, torna-se plenamente cabível a aplicação do artigo 412 do CC, mesmo porque não há incompatibilidade entre os princípios desses institutos.

Jurisprudência:
MULTA NORMATIVA. CABIMENTO. *É devida a multa normativa em favor do empregado, quando comprovado o descumprimento das cláusulas das convenções coletivas firmadas entre*

os sindicatos dos litigantes. (Processo 00314-2004-026-05-00-0 RO, ac. n. 017379/2005, Relator Desembargador Alcino Felizola. 3ª Turma, DJ 16/12/2006)

AÇÃO RESCISÓRIA. PRETENSÃO DE CORTE RESCISÓRIO COM FUNDAMENTO NO INCISO V, DO ARTIGO 485 DO CPC. APLICAÇÃO DE MULTA DIÁRIA PARA COMPELIR O CUMPRIMENTO DE OBRIGAÇÃO DE FAZER. NATUREZA JURÍDICA DE "ASTREINTES". IMPROCEDÊNCIA DA AÇÃO. 1) As "astreintes" não podem ser consideradas como multa, uma vez que possuem natureza jurídica mais ampla, qual seja, a de compelir a parte a cumprir a obrigação a ela imputada. Assim, a possibilidade de sua imposição por decisão judicial, independentemente de pedido do autor, como forma de forçar o cumprimento de obrigação de fazer é plenamente admitida na esteira do disposto no parágrafo 4º, do artigo 461, do Código de Processo Civil. 2) O artigo 412 do Código Civil trata de cláusula penal, instituto próprio do direito civil, que visa coibir abusos nas penas convencionais, através da imposição de um limite, não sendo aplicável no processo do trabalho. Por outro lado, a cominação judicial objetivando garantir a efetividade do processo, na forma do parágrafo 4º, do artigo 461, do Código de Processo Civil, possui natureza jurídica de "astreinte", sendo que o novo instrumento processual civil, subsidiariamente aplicável no processo trabalhista 'ex vi' do artigo 769 da Consolidação das Leis do Trabalho, veio a ampliar os preceitos contidos no artigo 729 consolidado, de modo a torná-lo mais consentâneo com a realidade atual. (Ação Rescisória. Acórdão n. 2005026504. Processo n. 11843-2004-000-02-00-2. Ano: 2004. Turma: SDI. Relatora Vania Paranhos. Data de Publicação: 09/09/2005)

24.9. Superveniência de acordo ou convenção coletiva

Em relação à superveniência de acordo ou convenção coletiva, tem-se como predominância o acordo e a convenção coletiva sobre o dissídio coletivo da categoria, uma vez que a norma específica se sobrepõe à norma genérica, além da existência da autocomposição havida entre as partes para a solução do conflito, das quais cada qual fez concessões recíprocas para que seja sanado o problema.

Jurisprudência:
CONVENÇÃO COLETIVA X ACORDO COLETIVO. PREVA-LÊNCIA DA CONDIÇÃO MAIS BENÉFICA E DA NORMA MAIS FAVORÁVEL. Sendo os reajustes previstos nas Convenções Coletivas mais favoráveis aos autores, devem prevalecer sobre os valores pactuados no Acordo Coletivo que não poderiam ter sido acordados de forma menos benéfica que as disposições normativas já existentes e aplicáveis ao conjunto da categoria. Princípio da prevalência da norma mais favorável e da condição mais benéfica. Inteligência do artigo 620 da CLT. (RO. Acórdão n. 20080318945. Processo n. 00158-2005-254-02-00-0. Ano: 2008. Turma: 4ª. Relator(a): Ricardo Artur Costa e Trigueiros. Data de Publicação: 29/04/2008)

1. DIFERENÇAS DO FGTS. LEI COMPLEMENTAR 110/2001. DIFERENÇAS PLEITEADAS, NECESSIDADE DO TERMO DE ADESÃO A QUE SE REFERE O ART.4º, I, DA REFERIDA LEI OU DECISÃO DO PROCESSO EM FACE DA CEF VISANDO À RECOMPOSIÇÃO DE SALDO. O empregador fica responsável pelo pagamento das diferenças devidas do FGTS, desde que provado o direito às mesmas nos termos da própria Lei Complementar. Isto é, desde que o titular da conta vinculada comprove ter firmado o Termo de adesão de que trata a Lei Complementar, nos exatos termos do art. 4º, I da referida LC 110/01. Havendo a prova da adesão nos autos, o direito reivindicado deve ser acolhido. 2. NORMA COLETIVA. OBEDIÊNCIA. Só se admite a desconsideração da norma coletiva aquela estabelecida entre as categorias econômica e profissional ou aquela estabelecida entre o Sindicato e a empresa, se contrária a direitos fundamentais do empregado. Quando tal norma estabelece meios de administrar melhor as contas das empresas, favorecendo direta ou indiretamente o empregado, como a participação nos lucros e os abonos salariais, não há de se desconsiderar a norma coletiva por uma interpretação, em tese mais favorável ao empregado, nos termos da lei. A autonomia coletiva deve ser prestigiada porque leva em conta a coletividade e não o indivíduo, não podendo a Justiça quebrar as normas estabelecidas sob o argumento do Direito protetivo. (RO. Acórdão n. 20090126259. Processo n. 02054-2007-463-02-00-9. Ano: 2008. Turma: 4ª. Relator Carlos Roberto Husek. Data de Publicação: 13/03/2009)

24.10. Convenção coletiva no setor público

No tocante às convenções coletivas no setor público, nota-se que a Convenção n. 151 da OIT, em seu artigo 7º, disciplina a ampla negociação entre a administração pública e as organizações dos servidores públicos. A livre associação sindical é garantida ao servidor no o artigo 37, inciso VI da Lei Maior.

O artigo 39, § 3º, da Constituição Federal alude várias normas aplicáveis ao servidor público, enquanto a Súmula 679 do STF informa que "a fixação de vencimentos dos servidores públicos não pode ser objeto de convenção coletiva."

O artigo 61, § 1º, II, alínea "a" da Carta Magna vaticina que a criação de cargos, funções ou empregos públicos na administração direta e autárquica ou aumento de sua remuneração somente ocorrerão mediante lei e por iniciativa do Presidente da República.

O Decreto n. 908, de 31/08/1993, em seu artigo 1º disciplina:

> As empresas públicas, sociedades de economia mista, suas subsidiárias e controladas, e demais empresas sob controle direto ou indireto da União deverão esgotar todas as possibilidades no sentido de viabilizar a celebração de acordos coletivos de trabalho satisfatórios às partes, observadas as diretrizes fixadas neste decreto.

Jurisprudência:
REAJUSTES CONVENCIONAIS. ENTE PÚBLICO. O ente público encontra-se proibido de firmar convenção coletiva prevendo reajuste salarial de seus servidores, uma vez que não possui autonomia para dispor sobre despesas, salvo se expressamente autorizado por lei e respeitados os limites nela previstos. Recurso a que se nega provimento. (RO. Acórdão n. 20090237131. Processo n. 03306-2006-080-02-00-9. Ano: 2006. Turma: 8ª. Relatora Silvia de Almeida Prado. Data de Publicação: 07/04/2009)

24.11. Competência

Prevê o artigo 625, da CLT, que é da competência da Justiça do Trabalho solucionar conflitos que envolvam acordos e convenções coletivas, mesmo aquelas que incluam sindicatos. O mesmo entendimento traz à baila a Lei n. 8.984/95, artigo 1º:

Capítulo 24

> *Compete à Justiça do Trabalho conciliar e julgar os dissídios que tenham origem no cumprimento de convenções coletivas de trabalho em acordos coletivos de trabalho, mesmo quando ocorram entre sindicatos ou entre sindicato de trabalhadores e empregador.*

Corrobora com esse posicionamento o artigo da Constituição Federal, n. 114, inciso III, ao versar que compete à Justiça do Trabalho processar e julgar as ações sobre representação sindical, entre sindicatos, entre sindicatos e trabalhadores e entre sindicatos e empregadores.

Jurisprudência:
AMPLIAÇÃO DA COMPETÊNCIA DA JUSTIÇA DO TRABALHO EM FACE DA EC 45. LIMITES. O método literal de interpretação da nova redação do art. 114 da CF/88 é simplista e equivocado, eis que leva à teratológica conclusão de que todas as relações que envolvam dispêndio de alguma energia considerada economicamente útil para qualquer ser humano seria uma relação de trabalho. (Processo 00647-2008-013-05-00-6 Recurso Ordinário, ac. n. 007610/2009, Relatora Desembargadora Marizete Menezes. 3ª Turma, DJ 27/04/2009)

COMPETÊNCIA. JUSTIÇA DO TRABALHO. RELAÇÃO DE TRABALHO. Consoante vaticina o art. 114 da Constituição Federal, é competente essa Justiça Especializada para dirimir e julgar as lides decorrentes da relação de trabalho. (Processo 00325-2008-612-05-00-0 RO, ac. n. 007910/2009, Relatora Juíza Convocada Margareth Rodrigues Costa. 3ª Turma, DJ 22/04/2009)

25 | GREVE

25.1. CONCEITO

O termo greve surgiu quando alguns operários foram massacrados na Praça de Greve, em Paris. Doravante, a paralisação dos trabalhadores passou a ser chamada de Greve. É, portanto, um movimento de paralisação coletiva dos trabalhadores visando pressionar os patrões ou o Estado para atender suas reivindicações. De outro modo, Greve é a cessação coletiva e voluntária do trabalho, decidida por sindicatos de trabalhadores assalariados de modo a obter ou manter benefícios, ou para protestar contra algo. (Vólia Bomfim Cassar. *Direito do Trabalho*. 3. ed. Niterói: Impetus, 2009, p. 1033).

Cumpre mencionar que o uso da palavra tenha se estendido nas últimas décadas, por exemplo, greve de fome – um ato que não é realizado necessariamente por trabalhadores e nem precisa ser coletivo –, bem como a chamada Greve de Investimentos, realizada por capitalistas. O boicote visa impedir o exercício da atividade do empregador, obstando a continuidade laboral do patrão sem o apoio do empregado. Portanto, pode-se dizer que, neste último caso, o nome mais adequado é boicote de investimentos e, no primeiro, pressão pela fome.

A greve é um ato jurídico que tem por objetivo sanar conflitos, e não um fato jurídico. É uma garantia fundamental que consta na Constituição Federal, um exercício dos direitos sociais dos trabalhadores.

Importante ressaltar que a greve só é admitida em face do empregador e não perante terceiros. Se um trabalhador resolver isoladamente decretar greve, este poderá ser dispensado por justa causa, pois a greve é um direito coletivo exercido por meio de suspensão coletiva dos serviços. Se não houver a suspensão do trabalho, não será estabelecida a greve. Seguindo a esteira, a greve deve ter como requisito a suspensão do trabalho de forma temporária, e não definitiva, pois, se a paralisação for definitiva, será caracterizada a justa causa disposta no artigo 482, i, da CLT, e a consequência é o abandono de emprego.

A Lei n. 7.783/89 regula o exercício do direito de greve definindo as atividades essenciais e o atendimento às necessidades da comunidade, e especificamente em seu artigo 2º trata da legitimidade da greve: "Para os fins desta Lei, considera-se legítimo exercício do direito de greve a suspensão coletiva, temporária e pacífica, total ou parcial, de prestação pessoal de serviços a empregador".

A greve classifica-se em parcial ou total, ou seja, a greve abrangerá parte da empresa ou todo o seu complexo, cujo direito deve ocorrer de forma pacífica, sem violência, sem agressões a pessoas ou coisas.

25.2. Natureza jurídica

É de suma importância a determinação da natureza jurídica do direito de greve para, assim, se definir a essência do instituto, em que ele consiste e em que lugar ele está inserido no ordenamento jurídico. Na falta de doutrina específica não há um entendimento pacífico sobre o tema. Alguns autores atribuem naturezas diversas.

O professor Maurício Godinho Delgado, em sua obra Curso de Direito do Trabalho, 7. edição, São Paulo: LTr, 2008, pp. 1436, define que "a natureza jurídica da greve, hoje, é de um direito fundamental de caráter coletivo, resultante da autonomia privada coletiva inerente às sociedades democráticas." Na doutrina, há autores que entendem que a greve seria um direito potestativo, pois ninguém a este poderia se opor.

O efeito que a greve acarreta ao contrato de trabalho, a interrupção e a suspensão, destaco que ainda é objeto de entendimento. Na interrupção, o tempo de serviço transcorre normalmente e o empregado recebe os salários, na suspensão o empregado não recebe salário e não há a contagem do tempo de serviço.

Como se pode perceber, ainda existem legislações que encaram a greve como um fato social – tolerado pelo direito – porém, não é aceito como fato jurídico. Entretanto, há de se ater que a greve é um direito fundamental, garantido ao trabalhador, de caráter eminentemente coletivo e proveniente das relações sociais de trabalho.

25.3. Greve lícita, ilícita e abusiva

Pelos seus diversos efeitos e circunstâncias, a greve pode ter inúmeras classificações, sendo considerada lícita, ilícita e abusiva. Lícita quando atender as prescrições legais, e ilícita, quando as ignorarem. Na greve abusiva, por sua vez, os atos são cometidos além das determinações legais.

Quanto à extensão, a greve classifica-se em: greves globais, parciais e de empresa. Enquanto as greves globais envolvem mais de um empregador no movimento grevista, as greves parciais atingem apenas alguns setores, podendo, inclusive, ser o mesmo setor de várias empresas. As greves de empresa, por sua vez, são aquelas em que o movimento acontece apenas em uma empresa.

As greves também ocorrem por solidariedade ou por objetivo político. As primeiras são realizadas por obreiros em solidariedade com outros obreiros, com a finalidade de fortalecer as reivindicações. As greves políticas dizem respeito às solicitações genéricas e estão relacionadas ao governo.

Quanto ao exercício da greve, elas se classificam em: greve contínua, rotativa, intermitente ou branca:
- A greve contínua começa com uma data prevista e determina com um acordo entre as partes.
- A greve rotativa é alternada entre grupos.
- A greve global atinge várias empresas, podendo-se alternar as empresas em greve.
- A greve intermitente, ora se trabalha, ora não se trabalha.
- A greve branca (também chamada de braços caídos ou braços cruzados) é a cessação da prestação de trabalho pelo empregado, porém permanecem no local de labor, diminuindo o ritmo de trabalho ou simplesmente não trabalhando (apesar de estarem no local de trabalho), a qual não deve ser confundida com "greve de zelo" e "operação tartaruga".
- A "greve de zelo" refere-se ao excesso de zelo durante o labor, acarretando com isso uma redução da produção normal de trabalho.
- A "operação tartaruga" é a diminuição drástica do trabalho, em que o processamento das atividades torna-se lento demais.

Contudo, essas duas últimas não são consideradas espécies de greve, pois não ocorre da forma prescrita em lei nem há suspensão do trabalho.

Outras expressões que nos remetem à greve são:
- greve de ocupação – o local de labor é ocupado pelos trabalhadores;
- greve relâmpago – trata-se de uma paralisação rápida do labor, atingindo um ramo da economia, ou ainda, um setor da empresa;
- parede – é a mesma coisa que greve;
- greve de fome – por meio de uma situação aflitiva provocada pela debilitação da própria saúde, os integrantes desse movimento não se alimentam e torna pública essa situação.

25.4. Limites da greve

É assegurado pela Constituição Federal o direito à greve; contudo, o exercício de greve possui limites. O artigo 9º da Constituição Federal impõe que: "É assegurado o direito de greve, competindo aos trabalhadores decidir sobre a oportunidade de exercê-lo e sobre os interesses que devam por meio dele defender."

A Lei n. 7.783/89, em seu artigo 9º, dispõe:

> *Durante a greve, o sindicato ou a comissão de negociação, mediante acordo com a entidade patronal ou diretamente com o empregador, manterá em atividade equipes de empregados com o propósito de assegurar os serviços, cuja paralisação resultem em prejuízo irreparável, pela deterioração irreversível de bens, máquinas e equipamentos, bem como a manutenção daqueles essenciais à retomada das atividades da empresa quando da cessação do movimento.*

O artigo 6º da Lei de Greve também faz limitações à greve. Cita que as manifestações e os atos de persuasão utilizados pelos grevistas não poderão impedir o acesso ao trabalho. Trata-se de uma proteção especial ao trabalhador que insiste em trabalhar. Foi assegurado constitucionalmente o direito à livre manifestação de pensamento (artigo 5º, inciso IV, da Constituição) e livre locomoção (artigo 5º, inciso, XV, da Constituição), portanto, haverá liberdade de pensamento quanto à greve e livre locomoção em relação aos que são contrários a ela.

A terceira limitação concerne aos serviços essenciais, preconizando a lei que defende o direito de haver atendimento das necessidades inadiáveis da comunidade. Portanto, não há proibição do exercício da greve, mas há limitações.

25.5. Serviços e atividades essenciais

De acordo com o artigo 10 da Lei de Greve n. 7.783/89, são considerados serviços ou atividades essenciais, sendo situações taxativas e não exemplificativas, o seguinte:

I – tratamento e abastecimento de água; produção e distribuição de energia elétrica, gás e combustíveis;
II – assistência médica e hospitalar;
III – distribuição e comercialização de medicamentos e alimentos;
IV – funerários;
V – transporte coletivo;
VI – captação e tratamento de esgoto e lixo;
VII – telecomunicações;
VIII – guarda, uso e controle de substâncias radioativas, equipamentos e materiais nucleares;
IX – processamento de dados ligados a serviços essenciais;
X – controle de tráfego aéreo;
XI – compensação bancária.

O artigo 12 do mesmo instituto reza que o Poder Público assegurará a prestação dos serviços indispensáveis, na hipótese de os grevistas não quererem atender às necessidades inadiáveis da comunidade.

Por derradeiro, a greve dos militares é vedada no artigo 142, § 3º, da Carta Magna. Os servidores até poderão realizar o movimento paredista, porém, o artigo de lei da Constituição é uma lei de eficácia limitada, e, para exercer o direito, deve haver uma lei específica para os servidores públicos (artigo 37, VII, da Constituição Federal). Frisa-se que ainda é aguardada a regulamentação específica sobre a greve do servidor público; enquanto isso, o Supremo Tribunal Federal decidiu sobre a aplicação da Lei de Greve aos servidores públicos.

Jurisprudência:
DIREITO DE GREVE. "É assegurado o direito de greve, competindo aos trabalhadores decidir sobre a oportunidade de exercê-lo e sobre os interesses que devam por meio dele defender. A lei definirá os serviços ou atividades essenciais e disporá sobre o atendimento das necessidades inadiáveis da comunidade. Os abusos cometidos sujeitam os responsáveis às penas da lei" (Constituição da República, art. 9º,

§§ 1º e 2º). (Processo 00649-2008-033-05-00-0. Recurso Ordinário, ac. n. 005845/2009, Relator Juiz Convocado Het Jones Rios. 4ª Turma, DJ 26/03/2009)

GREVE – METROVIÁRIOS. Em se tratando de serviço público de natureza essencial, como o é o transporte, a paralisação como forma de pressão atinge não só o empregador, mas a coletividade como um todo, produzindo efeitos na rotina das relações sociais, ameaçando a segurança e o bem-estar comuns e atingindo principalmente o trabalhador que necessita do transporte público para chegar ao seu local de trabalho, único meio de sua sobrevivência. Não observância da obrigação legal, tanto de empregados quanto de empregadores e dos sindicatos, de garantirem o atendimento das necessidades inadiáveis da comunidade, durante todo o movimento. Comprovaram as partes que as negociações encontravam-se suficientemente encaminhadas para que o impasse fosse resolvido sem maiores consequências, ou, ao menos, minimizado com o recurso do funcionamento parcial dos serviços. Mas não. Preferiram o alarde, o caos, o desrespeito ao cidadão que paga seus impostos e mais uma vez arca com o prejuízo, a exemplo de outras tantas crises envolvendo não só o transporte metroviário, mas também o rodoviário e aéreo e outros segmentos de igual importância, como a saúde e a educação. Desta forma, impõe-se concluir pelo manifesto transtorno gerado pela greve, causando danos moral e material à coletividade, configurando a abusividade do movimento e impondo a responsabilização solidária dos suscitados, ante a não observância das disposições legais referidas. Fixo a indenização na entrega de 450 cestas básicas às entidades beneficentes nomeadas, no prazo de 15 dias do trânsito em julgado, sob pena de multa diária. (Dissídio Coletivo de Greve. Acórdão n. 2007001568. Processo n. 20288-2007-000-02-00-2. Ano: 2007. Turma: SDC. Relatora Sonia Maria Prince Franzini. Data de Publicação: 10/07/2007)

GREVE. METROVIÁRIOS. Em se tratando de serviço público de natureza essencial, como é o caso do transporte metroviário, a paralisação, como forma de pressão dos trabalhadores, atinge à coletividade como um todo, produzindo efeitos na rotina das relações sociais. A não observância da obrigação legal, por parte dos grevistas, de garantir o atendimento das necessidades inadiáveis da comunidade, minimizando os efeitos do movimento, conduz à conclusão de abusividade do movimento e à responsabilização do Sindicato Profissional dos Metroviários. A apenação do responsável, contudo, deve ser sopesada de acordo com as circunstâncias que permeiam o caso concreto. Dissídio Coletivo de Greve julgado parcialmente procedente. (Dissídio Coletivo de Greve. Acórdão n. 2008001278. Processo n. 20218-2007-000-02-00-4. Ano: 2007. Turma: SDC. Data de Publicação: 20/06/2008)

São necessidades inadiáveis da comunidade aquelas que, se não atendidas, coloquem em perigo iminente a sobrevivência, a saúde ou a segurança da população, conforme preceitua o parágrafo único da Lei de Greve. Classifica-se como necessidades inadiáveis as atividades de assistência médica, tais como hospitais, unidade de terapia intensiva (UTI), distribuição de remédios nas farmácias.

Dispõe a Lei n. 7.783/89, em artigo 11:

> *Nos serviços ou atividades essenciais, os sindicatos, os empregadores e os trabalhadores ficam obrigados, de comum acordo, a garantir, durante a greve, a prestação dos serviços indispensáveis ao atendimento das necessidades inadiáveis da comunidade.*

Na ausência de atendimento das necessidades inadiáveis, caberá ao Serviço Público fornecer esse serviço, conforme preceitua o artigo 12 da Lei de greve: "No caso de inobservância do disposto no artigo anterior, o Poder Público assegurará a prestação dos serviços indispensáveis."

Jurisprudência:
DISSÍDIO COLETIVO DE GREVE. RECURSO ORDINÁRIO DO MINISTÉRIO PÚBLICO DO TRABALHO. GREVE EM SERVIÇO ESSENCIAL. TRANSPORTE COLETIVO. PAGAMENTO DE MULTA POR DESCUMPRIMENTO DE ORDEM JUDICIAL. Na ocorrência de greve em serviços essenciais, cabe ao Poder Público a intervenção a fim de verificar se está sendo assegurada, pelos segmentos profissional e patronal, prestação dos serviços mínimos, suficientes ao atendimento das necessidades inadiáveis da comunidade, enquanto durar o movimento paredista (Lei n. 7.783/89, art. 11). Na greve dos motoristas e cobradores paulistas, em dissídio ajuizado pelo Ministério Público do Trabalho, foi concedida liminar pela qual o Juiz Vice-Presidente do Regional determinou o funcionamento de 80% da frota nos horários

de pico, e de 60% nos demais horários, sob pena de pagamento de multa diária de R$ 50.000,00 pelos suscitados, de forma solidária. Ocorre que, no curso do processo, celebrou-se acordo entre as partes, finalizando-se o movimento paredista. Embora se reconheça que tal fato não pode elidir a ordem expedida pela autoridade competente com fundamento na lei, não há elementos que comprovem o desrespeito, dos suscitados, à determinação judicial, mesmo porque o tempo transcorrido entre deferimento da liminar e o acordo entre as partes foi efêmero. Assim, embora se reconheça a responsabilidade solidária das partes quanto à manutenção das atividades essenciais durante o movimento paredista, não há motivos para condená-las ao pagamento de multa por descumprimento de determinação judicial. Recurso ordinário não provido. (Processo: RODC – 95566/2003-900-02-00.5 Data de Julgamento: 08/05/2008, Relatora Ministra: Dora Maria da Costa, Seção Especializada em Dissídios Coletivos, Data de Publicação: DJ 13/06/2008)

25.6. LEGITIMIDADE

Dispõe a Constituição que compete aos trabalhadores definir a oportunidade da greve, uma vez que o trabalhador é que possui legitimidade da greve. Contudo, para sua devida instauração, compete a legitimidade, ao sindicato, justamente por se tratar de direito coletivo.

Corrobora o artigo 9º da Constituição Federal: por se tratar de direito coletivo quem tem legitimidade para sua instauração é o Sindicato (da Lei n. 7.783/89, artigo 8º), sendo imprescindível a participação do sindicato nas negociações coletivas.

Jurisprudência:
LEGITIMIDADE ATIVA DO SINDICATO PROFISSIONAL. DISSÍDIO COLETIVO DE GREVE. 1. A deflagração da greve não é incompatível com o ajuizamento de ação vocacionada à declaração de sua legalidade. Isto porque o art. 8º, III,da Carta Federal confere ao Sindicato o munus *(dever – poder) de representação dos interesses e direitos coletivos e individuais da categoria. 2. Ademais, a lei assegura a legitimidade para as ações de greve a qualquer das partes ou Ministério Público, inclusive legitima as comissões de greve efêmeras e ad hoc, formadas por grupo de trabalhadores, especialmente eleitas*

para o fim de resolver o conflito coletivo, na hipótese de ausência de Sindicato. Ora, se a Lei de Greve confere legitimação processual para as ações de greve, até mesmo para as coalizões despidas de personalidade jurídica quando há ausência de sindicato, com maior razão há de ser reconhecida a legitimação ad causam sindical. (art. 4º, § 2º, art. 5º, da Lei n. 7783/89). 3. Quanto ao interesse jurídico, o Sindicato possui plena legitimidade na declaração da legalidade da greve à medida que o fato greve desencadeia efeitos no cumprimento do contrato de trabalho. Nesse passo, os trabalhadores têm o direito de ver declarado, pelo Tribunal, que a greve observou as condições previstas na lei para fins de reconhecimento do direito de suspensão do contrato de trabalho, bem como a fixação do direito de percepção dos salários dos dias de paralisação, conforme previsto no art. 7º, da Lei de Greve. 4. Some-se, em regra, a greve é motivada por reivindicações não atendidas pelo empregador. Assim, o Tribunal deve decidir sobre a procedência ou improcedência das reivindicações que motivaram a greve (art. 8º, Lei n. 7783/89), sob pena de negativa de vigência dos textos legais indicados, deixando o conflito instalado na sociedade, na contramão do desiderato de realização da justiça e da paz social. 5. O entendimento aqui registrado não se trata de descaso à Orientação Jurisprudencial n. 12 da SDC do TST, editada em 27.03.98, mas de uma releitura dos textos constitucionais e legais, à vista da interpretação dada pelo Supremo Tribunal Federal ao art. 8º, III, da CF, no julgamento proferido no RE n. 210.029-3-RS, j. 12/06/2006, Rel. Ministro Joaquim Barbosa. (Dissídio Coletivo de Greve. Acórdão n. 2009000747. Processo n. 20047-2009-000-02-00-5. Ano: 2009. Turma: SDC. Relatora Ivani Contini Bramante. Data de Publicação: 28/04/2009)

Conforme já mencionado, o trabalhador é quem possui a legitimidade para propor a greve, portanto cabe a ele decidir sobre a oportunidade desse exercício. Antes do exercício do direito à greve é realizada uma negociação, na qual o sindicato da categoria obrigatoriamente participa.

Antevê relevância mencionar que a palavra oportunidade não significa um mero momento. Se assim fosse, mesmo após uma negociação, poderia se instaurar uma greve. Após o acordo, a greve é vedada, conforme convenção coletiva ou sentença normativa em vigor, exceto no caso de modificações das condições estabelecidas (Lei n. 7.783/89, artigo 14).

25.7. Dissídio coletivo

Imperioso se faz propor negociação coletiva para que haja a instauração da greve. A negociação frustrada acarreta na consequente instauração do dissídio coletivo (artigo 114 § 2º da Constituição Federal), na arbitragem ou na greve.

A competência para julgar o Dissídio Coletivo é da Justiça do Trabalho, que possui legitimidade para requerer a instauração do Dissídio Coletivo, o Ministério Público do Trabalho, as partes e a comissão de trabalhadores (quando não houver entidade sindical que a represente).

De acordo com a Lei n. 10.192/01, para ajuizar o Dissídio Coletivo, a partes deverão apresentar suas propostas, que serão objeto de conciliação ou deliberação. Essa decisão é chamada de sentença normativa, a qual tem o prazo de publicação de 15 dias da decisão do Tribunal.

Insta esclarecer que a Delegacia Regional do Trabalho possui um papel de mediação perante um eventual conflito. Não pode ser considerada como uma intervenção estatal no sindicato. Inclusive, caso haja recusa na negociação, as partes interessadas podem requerer na DRT uma reunião para tentativa de conciliação.

De acordo com o artigo 616, § 1º, da CLT, a intervenção da DRT não é obrigatória na negociação:

> *Art. 616 – Os Sindicatos representativos de categoria econômicas ou profissionais e as empresas, inclusive as que não tenham representação sindical, quando provocados, não podem recusar-se à negociação coletiva.*
>
> *§ 1º – Verificando-se recusa à negociação coletiva, cabe aos Sindicatos ou empresas interessadas dar ciência do fato, conforme o caso, ao Departamento Nacional do Trabalho ou aos órgãos regionais do Ministério do Trabalho e Previdência Social para convocação compulsória dos Sindicatos ou empresas recalcitrantes.*

Jurisprudência:
DISSÍDIO COLETIVO DE GREVE. ACORDO. Tendo em vista que a avença atende aos interesses de ambas as partes, homologa-se o acordo celebrado, na sua íntegra. (Dissídio Coletivo de Greve. Acórdão n. 2009000720. Processo n. 20266-2008-000-02-00-3. Ano: 2008. Turma: SDC. Relator Delvio Buffulin. Data de Publicação: 17/04/2009)

DISSÍDIO COLETIVO DE GREVE. AUTOCOMPOSIÇÃO. Assim como ocorre com o Direito Individual, o Direito Coletivo do Trabalho também é informado pelo princípio de que a autocomposição é a melhor forma de solução dos conflitos. Assim, observados os limites estabelecidos ao direito de livre negociação, merece ser homologado acordo que não fere normas cuja observância a todos se impõe, em razão de sua natureza de ordem pública. (Dissídio Coletivo de Greve. Acórdão n. 2009000356. Processo n. 2008-000-02-00-5. Ano: 2008. Turma: SDC. Relatora Rilma Aparecida Hedmetério. Data de Publicação: 13/03/2009)

DISSÍDIO COLETIVO. INCOMPETÊNCIA ABSOLUTA DO TRT EM FACE DE COMPETÊNCIA FUNCIONAL DO TST. Nos termos do art. 70, alínea "h" do Regimento Interno do TST (Resolução Administrativa n. 1.295/2008), compete à Seção Especializada em Dissídios Coletivos processar e julgar as ações em matéria de greve, quando o conflito exceder a jurisdição de Tribunal Regional do Trabalho. Hipótese verificada nos presentes autos. (Processo 01029-2008-000-05-00-7 DCG, ac. n. 032025/2008. Relatora Desembargadora Lourdes Linhares. SEDC, DJ 05/12/2008)

25.8. Assembleia geral

As informações sobre a Assembleia Geral serão mantidas no estatuto do sindicato, e neste estatuto constarão as formalidades para a convocação da Assembleia Geral como *quorum* para a deliberação do início e término da greve. Na assembleia, serão definidas as reivindicações dos trabalhadores.

A Assembleia Geral será convocada pela confederação, caso inexista a federação, e por esta será convocada no caso de não haver sindicato.

A organização dos trabalhadores não instituída em sindicatos poderá, pela Lei n. 7.783/89, instaurar dissídio coletivo. Além disso, existe a previsão constitucional, artigo 114, § 2º, a qual traz apenas a faculdade de o sindicato instaurar o dissídio coletivo, permitindo dessa forma o ajuizamento pela empresa ou pela comissão de trabalhadores que não estão organizados em sindicatos.

25.9. Comunicação da greve

De acordo com a Lei n. 7.783/89, em seu artigo 3º, antes de a greve ser deflagrada, deverá ocorrer um aviso prévio ao sindicato patronal ou aos empregadores, com antecedência mínima de 48 horas. À luz do art. 13 da mesma lei, se for aos serviços ou atividades essenciais, ficam as entidades sindicais ou os trabalhadores obrigados a comunicar, aos empregadores e usuários, a data prevista para a deflagração da greve, com antecedência de 72 horas. Essa comunicação busca ações e medidas preventivas tanto ao empregador quanto à sociedade, para que não haja nenhuma surpresa para as partes, bem como infração ao direito à liberdade sindical. A intenção do aviso prévio se dá para que a parte interessada em deflagrar a greve possa provar que a parte contrária tomou conhecimento que a greve ocorreria dentro do prazo determinado pela legislação. Nota-se que a lei não traz formalidades para o aviso prévio, podendo ser feito de qualquer forma, isto é, pelo jornal, rádio, TV.

Mister se faz elucidar que a lei de greve não traz nenhuma formalidade sobre a contagem do prazo do aviso prévio. Deve ser utilizado o direito comum para dirimir qualquer dúvida, conforme aduz o artigo 132, §§ 1º e 4º, do Código Civil. A contagem é feita em horas, porém exclui-se o dia do começo e inclui-se o dia do fim. Se o prazo cair no feriado, será prorrogado até o dia útil seguinte.

A ciência ao Ministério Público é feita por simples comunicação, não caracterizando com isso a intervenção sindical, cuja hipótese é vedada pela Constituição Federal. Trata-se, pois, de uma mediação de conflito por parte da DRT e das partes envolvidas no movimento.

25.10. Substituição de funcionários

Cabe ao sindicato ou à comissão de negociação, pelo monitoramento por equipes, manter os equipamentos, bens e máquinas em constante atividade durante uma eventual paralisação. É permitido, durante o período de greve e ausência de acordo, a contratação de funcionários para a manutenção de bens de serviços necessários.

25.11. Direitos e deveres dos paredistas

Como direitos dos grevistas destaca-se a possibilidade de empregar meios pacíficos tendentes a persuadir ou a aliciar os trabalhadores a aderirem à greve e arrecadar fundos, e a livre divulgação do movimento, inclusive com o uso de carros e megafones. Não poderá conter, entretanto, ofensas ao empregador, dispostas em cartazes.

Quanto aos direitos dos grevistas destacam-se os direitos fundamentais, ou seja: o direito à liberdade, à propriedade, à liberdade de trabalho. Desta forma, nota-se que o empregador não poderá constranger o empregado para não aderir ao movimento, ou ainda impedir a publicidade da greve. Por outro lado, os empregados que entenderem que devem trabalhar não poderão ser impedidos pelos grevistas.

Muitos associam as greves aos piquetes de grevistas. O objetivo dos piquetes é atrair a atenção e simpatia do público à sua causa, informando-o sobre as metas que desejam alcançar, as razões que estão por trás da greve, e também desmotivar qualquer um que queira violar a ordem de greve e retornar ao trabalho.

Diferentemente do piquete, a sabotagem é proibida, já que o piquete é um movimento pacífico de greve, e, muitas vezes, os atos de sabotagem se traduzem em forma de vandalismo com emprego de violência, em determinadas situações, para se conseguir os direitos e/ou benefícios.

> Jurisprudência:
> *SANÇÕES DISCIPLINARES APLICADOS AO GREVISTA. LIMITES. O movimento grevista visa primordialmente à manutenção da relação de emprego, lutando para o aprimoramento das condições de trabalho. Portanto, é preciso cautela no exame dessa matéria, para não se invalidar o exercício constitucional do direito à greve, por entender que, participando de um movimento legítimo para a maioria, pratica o obreiro um ato capaz de lhe gerar sanções disciplinares. Logo, não podemos visualizar na greve o aspecto individual, a não ser pelo comportamento distinto de cada empregado, pois ela é um fato coletivo. Além disso, há de serem observados os limites traçados pelo ordenamento jurídico (artigo 9º, § 1º e § 2º, da CF/88 e Lei n. 7.7783/89).* (Processo 00066-2008-096-03-00-2. RO. 7ª Turma. DJMG. Relator: Convocada Ana Maria Amorim Rebouças. Publicado em 14/08/2008)

25.12. ABUSIVIDADE

O artigo 9º § 2º da Constituição Federal reza que devem ser responsabilizados os responsáveis de atos abusivos realizados em meio a greve. Sobre o abuso paredista, Dispõe a Lei de Greve em seu artigo 14:

> Constitui abuso do direito de greve a inobservância das normas contidas na presente Lei, bem como a manutenção da paralisação após a celebração de acordo, convenção ou decisão da Justiça do Trabalho.

Além disso, a Lei n. 7.783/89 arrola algumas formas de abuso de direito, em seu artigo 14, em que estabelece que a inobservância de suas determinações, bem como a manutenção da paralisação mesmo após celebração de acordo, convenção ou decisão da Justiça do Trabalho, é caracterizada como abuso de direito de greve. Uma vez que a greve seja considerada abusiva, o empregador poderá aplicar as penalidades contidas na CLT, que podem ser uma simples advertência até a dispensa por justa causa.

Jurisprudência:
DANOS MORAIS E MATERIAIS DECORRENTES DO EXERCÍCIO DA GREVE. Se a lide envolve a denúncia da greve e as consequências dos atos praticados, é necessária a prova da existência do movimento paredista, pois fato constitutivo do direito buscado. (Processo 00571-2008-000-05-00-2 AD, ac. n. 031964/2008, Relatora Desembargadora Elisa Amado, SEDC, DJ 09/12/2008)

GREVE. ILICITUDE. INDENIZAÇÃO POR DANOS MORAIS E MATERIAIS. NÃO CABIMENTO. Ainda que reconhecida a ilicitude do movimento paredista, em razão da inobservância dos requisitos estabelecidos na Lei n. 7.783/89, não há como ser deferida a indenização vindicada quando a empresa Autora não logra fazer prova robusta dos danos morais e materiais alegadamente sofridos. (Processo 01019-2007-196-05-00-2 RO, ac. n. 024121/2008, Relatora Desembargadora Elisa Amado, 1ª Turma, DJ 06/10/2008)

MOVIMENTO GREVISTA LIDERADO POR EMPREGADO, AFASTADO DE SUAS FUNÇÕES APÓS A MANIFESTAÇÃO PAREDISTA. INDENIZAÇÃO POR DANOS MORAIS. Ainda que o trabalhador tenha o direito de participar de movimento grevista, tal direito só tem condições de se realizar se ocorreu previamente do grupo envolvido decidir pela realização da greve, cabendo ao sindicato convocar a assembleia para deliberação quanto à eclosão do movimento paredista (artigo 4º da Lei n. 7.783, de 1989). No caso específico, revelando a prova oral que o recorrente encabeçou o movimento paredista, arrostando a decisão do Sindicato de não apoiar o movimento, não pode pretender se passar por vítima do empregador, sob a alegação de que sofreu dano moral, por ter sido impedido de entrar na empresa, após a manifestação, que deu origem à paralisação dos serviços. (Processo: 00879-2008-100-03-00-7 RO. DEJT. 3ª Turma. Relator Bolívar Viégas Peixoto. Publicado em 23/03/2009)

25.13. Contrato de trabalho: efeitos e pagamentos

A greve suspende os efeitos contratuais laborais, contudo deverão ser regulados por acordo, convenção, laudo arbitral ou decisão da Justiça do Trabalho. Ocorre que, diante de violação dos dispositivos da Lei n. 7.783/89, o período de paralisação não será caracterizado como suspenso. Entretanto, perante um excesso de greve, o empregador poderá dispensar o empregado por falta grave.

O empregador não poderá realizar contratação de funcionários durante o movimento paredista, salvo para a manutenção das máquinas e equipamentos e diante da demissão dos empregados.

Prevê a Súmula 316 do STF: "A simples adesão à greve não constitui falta grave."

Jurisprudência:
LEGITIMIDADE ATIVA DO SINDICATO PROFISSIONAL. DISSÍDIO COLETIVO DE GREVE. 1. A deflagração da greve não é incompatível com o ajuizamento de ação vocacionada a declaração de sua legalidade. Isto porque o art. 8º, III, da Carta Federal confere ao Sindicato o munus (dever – poder) de representação dos interesses e direitos coletivos e individuais da categoria. 2. Ademais, a lei assegura a legitimidade para as ações de greve a qualquer das partes ou Ministério Público, inclusive legitima as comissões de greve efêmeras e ad hoc, formadas por grupo de trabalhadores, especialmente eleitas para o fim de resolver o conflito coletivo, na hipótese de ausência de

Sindicato. Ora, se a Lei de Greve confere legitimação processual para as ações de greve, até mesmo para as coalizões despidas de personalidade jurídica quando há ausência de sindicato, com maior razão há de ser reconhecida a legitimação ad causam sindical. (art. 4°, § 2°, art. 5°, da Lei n. 7783/89). 3. Quanto ao interesse jurídico, o Sindicato possui plena legitimidade na declaração da legalidade da greve à medida que o fato greve desencadeia efeitos no cumprimento do contrato de trabalho. Nesse passo, os trabalhadores têm o direito de ver declarado, pelo Tribunal, que a greve observou as condições previstas na lei para fins de reconhecimento do direito de suspensão do contrato de trabalho, bem como a fixação do direito de percepção dos salários dos dias de paralisação, conforme previsto no art. 7°, da Lei de Greve. 4. Some-se, em regra, a greve é motivada por reivindicações não atendidas pelo empregador. Assim, o Tribunal deve decidir sobre a procedência ou improcedência das reivindicações que motivaram a greve (art. 8°, Lei n. 7783/89), sob pena de negativa de vigência dos textos legais indicados, deixando o conflito instalado na sociedade, na contramão do desiderato de realização da justiça e da paz social. 5. O entendimento aqui registrado, não se trata de descaso à Orientação Jurisprudencial n. 12 da SDC do TST, editada em 27.03.98, mas de uma releitura dos textos constitucionais e legais, à vista da interpretação dada pelo Supremo Tribunal Federal ao art. 8°, III, da CF, no julgamento proferido no RE n. 210.029-3-RS, j. 12/06/2006, Rel. Ministro Joaquim Barbosa. (Dissídio Coletivo de Greve. Acórdão n. 2009000747. Processo n. 20047-2009-000-02-00-5. Ano: 2009. Turma: SDC. Relatora Ivani Contini Bramante. Data de Publicação: 28/04/2009)

A Lei n. 7.783/89 prevê a suspensão das obrigações contratuais, ou seja, não há o pagamento do salário e não há o cômputo de tempo de serviço. Contudo, caso a greve seja considerada abusiva, os salários não devem ser pagos nem deve ser suspenso o contrato de trabalho. Os Tribunais Regionais têm decidido que os trabalhadores deverão repor os dias parados.

Jurisprudência:
DISSÍDIO COLETIVO DE GREVE. NATUREZA INSTRUMENTAL. ATRASO NAS NEGOCIAÇÕES COLETIVAS DA PLR/2006. NÃO ABUSIVIDADE DO MOVIMENTO PAREDISTA. ESTABILIDADE DE 60 (SESSENTA) DIAS AOS EMPREGADOS.

Considerando-se que não houve possibilidade de conciliação, embora tentada, e, tendo em vista que a greve foi deflagrada em razão do atraso nas negociações coletivas acerca das reivindicações dos trabalhadores, em especial sobre a Participação nos Lucros e/ou Resultado do ano de 2006, é evidente que o movimento paredista em questão não é abusivo, valendo ainda ressaltar que as formalidades legais exigidas quanto à comunicação prévia da empresa restaram observadas. Devido o pagamento dos dias parados, bem como da estabilidade de 60 (sessenta) dias aos empregados, a partir do retorno ao trabalho. (Processo n. 20161-2008-000-02-00-4. Ano: 2008. Turma: SDC. Relatora Vania Paranhos. Data de Publicação: 18/02/2009)

DISSÍDIO COLETIVO - GREVE. DECLARAÇÃO DE SUA NÃO ABUSIVIDADE. PAGAMENTO DOS DIAS PARADOS. Não comprovando o sindicato as alegações aduzidas na exordial de que o sindicato suscitado, após deflagrado o movimento paredista, vem se utilizando de práticas que constituem o abuso de greve, com o escopo de coagir o suscitante a concordar com suas reivindicações e, ainda, verificando-se que os documentos residentes neste processo trazem em seu bojo a prova de que o sindicato representante dos empregadores foi regularmente notificado no prazo de 48 (quarenta e oito) horas, outro caminho a ser perfilhado não há senão o da declaração da legalidade da greve deflagrada, noutro giro, levando-se em conta que, no período de greve, os contratos de trabalho sofrem uma espécie de suspensão temporária, a exemplo do que acontece com o repouso semanal remunerado e o gozo das férias, não há como desobrigar os empregadores do pagamento dos dias de paralisação. (Processo 00146-2008-000-05-00-3 DCG, ac. n. 005532/2008, Relator Desembargador Esequias de Oliveira, SEDC, DJ 02/04/2008)

25.14. Justa causa do empregado

Será dispensado por justa causa o empregado que cometer atos abusivos grevistas (artigo 482 da CLT), assim como responde o sindicato por danos causados pelo movimento grevista, já que lideram e decidem o momento da greve.

Cumpre esclarecer que, em consonância com o artigo 12 da Lei n. 7.783/89, os atos ilícitos cometidos durante a greve serão apurados de acordo com a legislação trabalhista, civil e criminal.

Jurisprudência:

GREVE. EMPREGADO ESTÁVEL. A simples participação em movimento paredista não implica em falta grave ou justa causa para o despedimento do empregado, seja porque a greve é um direito garantido constitucionalmente, seja ainda pelo fato de que tal não se insere nas figuras tipificadas no art. 482 da CLT, que limita os casos de justa causa. (Processo 00320-2005-561-05-00-6 RO, ac. n. 013850/2007, Relatora Desembargadora Delzar Karr. 5ª. Turma, DJ 12/07/2007)

GREVE. JUSTA CAUSA. Tencionamento das circunstâncias. Valoração. A ordem jurídica do Estado Democrático de Direito prevê o instituto da greve como uma garantia fundamental do cidadão-trabalhador, para derradeira solução dos conflitos inerentes às relações entre o capital e o trabalho, sem ser dado ao aplicador do direito desconsiderar o natural tensionamento de suas circunstâncias. Ao mesmo tempo, o acolhimento da justa causa, por construção doutrinária e jurisprudencial, pressupõe prova robusta e cabal da grave irregularidade cometida, ante a drasticidade com que se operam seus efeitos, na órbita patrimonial e psicológica do empregado. De modo que a aplicação da pena capital do direito do trabalho, no âmbito das dissensões de um movimento grevista, impõe maior senso de parcimônia na interpretação dos fatos, posto que os ânimos, quase sempre, em tais momentos, mostram-se exaltados de parte a parte. (Processo n. 00743-2007-211-02-00-3. Ano: 2008. Turma: 6ª. Data de Publicação: 23/05/2008)

RESCISÃO INDIRETA – DESPEDIDA POR JUSTA CAUSA. A despedida por justa causa, como penalidade extrema, pode ser admitida somente quando provada a falta grave do empregado (artigo 482 CLT). Como o empregador detém a faculdade de impor sanções disciplinares, antes de adotar a medida extrema de resolução do contrato, deve ser observado o critério de aferição dessa gravidade, quando o ato faltoso é atribuído ao empregador. O requisito da gravidade da falta é idêntico, seja qual for o contratante que a pratique. (Processo 00990-2008-077-03-00-0 RO. 2ª Turma DJMG. Relator Jales Valadão Cardoso. Publicado em 13/02/2009)

25.15. Greve no setor público

De acordo com a Carta Magna, em seu artigo 37, inciso VII, prevê que o agente público civil poderá exercer a greve, desde que seja regulamentada em lei específica. A Lei de Greve é lei ordinária e não específica, porém, depois de muito tempo de espera e discussão, o STF entende que a Lei de Greve supre a falta de uma lei específica, e os servidores públicos poderão exercer o direito de greve dentro dos limites especificados na lei.

O STF, no julgamento de Mandados de Injunção 670, 708 e 712, decidiu, por maioria, aplicar ao setor público, no que couber, a Lei de Greve vigente do setor privado.

Nesta oportunidade, em relação ao agente público militar, este não tem direito à greve, já que o regime de trabalho que o norteia é embasado na disciplina e hierarquia, tornando-se assim incompatível com o movimento paredista. De acordo com o artigo 142, § 3º, IV, da Constituição, o militar não tem direito de sindicalização e de greve.

Jurisprudência:
DIREITO DE GREVE. APLICAÇÃO ANALÓGICA DA LEI N.7.783, DE 1989, AO SERVIDOR PÚBLICO CELETISTA. A Constituição da República, em seu artigo 9º, assegura aos trabalhadores, em geral, o direito de greve, competindo-lhes decidir sobre a oportunidade de exercê-lo e sobre os interesses que devam por meio dele defender, estando definido em seus §§ 1º e 2º os serviços ou atividades essências inadiáveis da comunidade, caso em que os abusos cometidos sujeitam os responsáveis às penas da lei. Não obstante, o artigo 37, VII, da CRF preconiza que, em relação ao direito de greve do servidor público, ainda que submetido ao regime da CLT, este será exercido nos termos e limites definidos em lei complementar. Ante a ausência de auto-aplicabilidade deste dispositivo constitucional, aplica-se, "in casu", a Lei no. 7.783, de 28/06/1989, viabilizando o exercício do direito de greve aos servidores públicos, diante do vazio semântico. (Processo 00086-2008-045-03-00-0 RO. 3ª Turma DJMG. Relator Bolívar Viégas Peixoto. Publicação: 05/11/2008)

25.16. LOCKOUT OU LOCAUTE

Lockout é a paralisação provisória das atividades da empresa, estabelecimento ou setor, realizada por determinação empresarial, ou seja, por iniciativa do empregador, com o objetivo de exercer pressões sobre os trabalhadores e frustrar a negociação coletiva, ou ainda dificultar o atendimento das reivindicações coletivas obreiras. (Mauricio Godinho Delgado. *Curso de Direito do Trabalho*. 7. ed. São Paulo: LTr, 2008, p. 1408). Esta é uma prática expressamente proibida pelo artigo 17 da Lei n. 7.783/89.

No Direito do Trabalho, a expressão *lockout* (na grafia brasileira "locaute") é o nome que se dá quando a empresa fecha as portas do local de labor com a finalidade de impedir ou dificultar as reivindicações coletivas dos trabalhadores. Importante mensurar que o *lockout* é expressamente proibido no Brasil pela Lei de Greve (artigo 17 da referida lei), e a prática assegura aos trabalhadores o direito ao recebimento de salários durante o período de paralisação. Além dos trabalhadores perceberem os salários nesse período, será contado como tempo de serviço, pois o contrato não sofrerá o efeito da interrupção durante o *lockout*.

Indispensável esclarecer que o fechamento da empresa, determinado por falência ou por ato de autoridade governamental, não é considerado *lockout*.

Jurisprudência:
CONSTANTE DO ACORDO COLETIVO DE TRABALHO VIGENTE. NÃO ABUSIVIDADE. Não se afigura abusiva a greve que decorre do impasse nas tratativas para a implementação de Cláusula prevista no Acordo Coletivo de Trabalho vigente, em vista de expressa previsão do art. 14, parágrafo único, inciso I, da Lei n. 7.783/89. Recurso ordinário a que se dá parcial provimento apenas para autorizar o desconto dos dias parados. (Processo: RODC – 20326/2007-000-02-00.7 Data de Julgamento: 09/03/2009. Relator Ministro: Márcio Eurico Vitral Amaro, Seção Especializada em Dissídios Coletivos, Data de Divulgação: DEJT 20/03/2009)

GREVE LOCALIZADA. NATUREZA INSTRUMENTAL DO MOVIMENTO. REDUÇÃO OU SUPRESSÃO DE DIREITOS PREEXISTENTES. NÃO ABUSIVIDADE DO MOVIMENTO PAREDISTA. ESTABILIDADE DE 60 (SESSENTA) DIAS AOS EMPREGADOS. Considerando-se que a greve foi deflagrada pelos trabalhadores, inconformados com a redução ou supressão de direitos preexistentes garantidos na norma coletiva da categoria profissional diferenciada, em razão da aplicação pela empresa Suscitada de Convenção Coletiva de Trabalho firmada com outro Sindicato profissional sem legitimidade para representação dos seus empregados, é evidente que o movimento paredista em questão não é abusivo. Ressalte-se, ainda, que a Suscitada tinha conhecimento das reivindicações dos obreiros e não procurou solucioná-las,tratando de movimento localizado no âmbito da própria empresa, pelo que a formalidade da notificação prévia, no interregno de 48 (quarenta e oito) horas, afigura-se totalmente irrelevante. Devido o pagamento dos dias parados, bem como da estabilidade de 60 (sessenta) dias aos empregados, a partir do julgamento. (Dissídio Coletivo de Greve. Acórdão n. 2008001480. Processo n. 20367-2007-000-02-00-3. Ano: 2007. Turma: SDC. Relatora Vânia Paranhos. Data de Publicação: 27/06/2008)

Abreviaturas e siglas

ADCT – Ato das Disposições Constitucionais Transitórias
AFT – Auditor Fiscal do Trabalho
ASO – Atestado de Saúde Ocupacional
BTN – Bônus do Tesouro Nacional
CAGED – Cadastro Geral de Empregados e Desempregados
CAT – Comunicação de Acidentes de Trabalho
CC – Código Civil
CCP – Comissão de Conciliação Prévia
CDC – Código de Defesa do Consumidor
CEF – Caixa Econômica Federal
CF – Constituição Federal
CIPA – Comissão Interna de Prevenção de Acidentes
CIPATR – Comissão Interna de Prevenção de Acidentes do Trabalho Rural
CLT – Consolidação das Leis do Trabalho
CTPS – Carteira de Trabalho e Previdência Social
D.O.U – Diário Oficial da União
DARF – Documento de Arrecadação da Receita Federal
DRT – Delegacia Regional do Trabalho
DSR – Descanso Semanal Remunerado
EPC – Equipamento de Proteção Coletivo
EPI – Equipamento de Proteção Individual
EPP – Empresa de Pequeno Porte
FGTS – Fundo de Garantia do Tempo de Serviço
GFIP – Guia de Recolhimento do Fundo de Garantia do Tempo de Serviço e Informações à Previdência Social
GRFP – Guia de Recolhimento Rescisório do FGTS e Informação à Previdência Social
IN – Instrução Normativa
INSS – Instituto Nacional de Seguro Social
IRRF – Imposto de Renda Retido na Fonte
LEP – Lei de Execução Penal

ME – Microempresa
MT – Ministério do Trabalho
MTE – Ministério do Trabalho e Emprego
NIT – Número de Inscrição do Trabalhador
NR – Normas Regulamentadoras
OGMO – Órgão Gestor de Mão de Obra
OIT – Organização Internacional do Trabalho
OJ – Orientação Jurisprudencial
ONU – Organização das Nações Unidas
PASEP – Programa de Formação do Patrimônio do Servidor Público
PAT – Programa de Alimentação do Trabalhador
PIS – Programa de Integração Social
PPRA – Programa de Prevenção de Riscos Ambientais
RAIS – Relação Anual de Informações Sociais
RIT – Regulamento da Inspeção do Trabalho
SDC – Seção de Dissídio Coletivo
SDI – Seção de Dissídio Individual
SEFIP – Sistema Empresa de Recolhimento do FGTS e Informações à Previdência Social
SESMT – Serviço Especializado em Engenharia de Segurança e em Medicina do Trabalho
SHF – Sistema Financeiro da Habitação
SINE – Sistema Nacional de Emprego
SSMT – Secretaria de Segurança e Medicina do Trabalho
STF – Supremo Tribunal Federal
SUS – Sistema Único de Saúde
TRT – Tribunal Regional do Trabalho
TST – Tribunal Superior do Trabalho
UFIR – Unidade Fiscal do Imposto de Renda

Referências

BARROS, Alice Monteiro. *Curso de Direito do Trabalho*. 2. ed. São Paulo: LTr, 2006.

CARRION, Valentin. *Comentários à consolidação das leis do trabalho*. 33. ed. atualizada por Eduardo Carrion. São Paulo: Saraiva, 2008.

CASSAR, Vólia Bonfim. *Direito do Trabalho*. 3. ed. Niterói: Impetus, 2009.

DELGADO, Mauricio Godinho. *Curso de Direito do Trabalho*. 7. ed. São Paulo: LTr, 2008.

GARCIA, Gustavo Filipe Barbosa. *Curso de Direito do Trabalho*. 2. ed. rev., atual. e ampl. São Paulo: Método, 2008.

MANUS, Pedro Paulo Teixeira Manus; ROMAR, Carla Teresa Martins. *CLT e legislação complementar em vigor*. 7. ed. ver. e atual. São Paulo: Atlas, 2009.

MARTINS, Sérgio Pinto Martins. *Direito do Trabalho*. 25. ed. São Paulo: Atlas, 2009.

NASCIMENTO, Amauri Mascaro. *Compêndio de Direito Sindical*. 4. ed. São Paulo: LTr, 2005.

_____. *Curso de Direito do Trabalho*: História e Teoria Geral do Direito do Trabalho – Relações Individuais e Coletivas do Trabalho. 22. ed. rev. e atual. São Paulo: Saraiva, 2007.

_____. *Iniciação ao Direito do Trabalho*. 32. ed. São Paulo: LTr, 2006.

NETO, Francisco Ferreira Jorge; CAVALCANTE, Jouberto de Quadros Pessoa. *Direito do Trabalho*. Tomo II. 4. ed. Rio de Janeiro: Lumen Júris, 2008.

Referências

NETO, José Francisco Siqueira. *Liberdade sindical e representação dos trabalhadores nos locais de trabalho*. São Paulo: LTr, 1999.

PRETTI, Gleibe. CLT Comentada, com doutrina e jurisprudência. 2. ed. rev., atual. e ampl. São Paulo: Ícone, 2012.

Site

www.clt.spaceblog.com.br